复旦大学研究生系列教材
复旦法学·研讨型教学系列教材

刑事诉讼程序正当化的路径选择

马贵翔　主　编

撰稿人（按姓氏笔画排序）
马贵翔　孔凡洲　周　涵

复旦大学出版社

前言

本教材的编写是适应复旦大学本科生研讨型课程改革和研究生课程建设需要而采取的学科建设步骤。涉及内容为法学专业诉讼法学科刑事诉讼法方向。本教材的编写对于提升本科生、研究生刑事诉讼法教学质量具有重要意义。本教材具有以下特色。

第一,突出问题意识。传统教材一般从概念介绍出发,本书则从案例及所涉问题出发,全书八章共用53个典型案例,引导学生理解概念是如何形成的,内容是如何展开的。此种设计有利于强化学生求知欲。

第二,突出理论深度。案例是精心挑选或编写的,所蕴含的问题具有深度挑战性。比如"警方遭遇'超级炸弹'案"要求思考的"警察能否使用刑讯逼供方法逼迫犯罪嫌疑人说出炸弹埋藏地点"问题,涉及公共利益与个人利益、惩罚犯罪与保障人权的深度取舍以及规则的一般与例外、普遍与特殊、如何评价生命价值等重大问题。

第三,突出趣味性。很多案例描述以故事叙事形式展现,比如中国大学教授在美国实习当巡警的"美国巡警的一天",以及"女子下体运毒被查案""辩护人讨厌犯罪嫌疑人仍为其辩护案""死刑犯执行死刑后复活案""检察官当庭殴打法官案""律师会见当事人致其怀孕案"等。部分案例突出其奇异性又能说明普遍性问题,比如"连体人犯罪刑事责任案"涉及的核心问题是惩罚犯罪与保护人权应如何取舍的普遍性问题。

第四,突出资料的层次性。为了协助学生理解、回答案例所提出的系列问题，依据内容的重要性分别设计了"相关理论提示"和"扩展阅读"两个层次的内容阐述。前者以解释基本概念、基本理论为主，后者以介绍理论争议为主并进一步划分为主要争议与文献推荐两个层次。主要争议以直接展示学者言论精华内容为主。文献推荐汇集了大量刑事诉讼法学研究高质量论文索引，并体现了前沿性和最新性。

第五，突出问题悬念。通过案例提出问题后并不直接告诉学生答案或参考意见，而是把答案或参考意见间接隐藏在相关理论提示和扩展阅读中，形成一种学生须先阅读后思考才能找到答案的悬念。此种设计有利于提升学生独立思考问题的能力。

本教材适用于普通法学本科、法学硕士和法律硕士（法学）。本科生与硕士研究生的区分主要在于，前者更多关注案例所涉内容的合法性讨论，后者更多关注案例所涉问题的合理性。本教材具有一书多用或者本研通用特性。

目录
CONTENTS

第一章 刑事诉讼程序理念及纵向构造 ………………………… 1
 一、案例与问题 / 1
  (一) 连体人犯罪刑事责任案 / 1
  (二) 王某故意伤害致死上诉加重案 / 2
  (三) 陈某等四被告人被反复发回重审案 / 2
  (四) 李某申请回避致多次休庭案 / 3
 二、相关理论提示 / 4
  (一) 刑事诉讼程序的目的 / 4
  (二) 刑事诉讼程序的价值 / 8
  (三) 刑事诉讼程序的纵向构造 / 13
 三、扩展阅读 / 18
  (一) 诉讼真实观 / 18
  (二) 诉讼价值理论 / 23
  (三) 司法环境与诉讼程序的关系 / 26
  (四) 文献推荐 / 34

第二章 刑事诉讼程序横向结构 …………………………………… 36
 一、案例与问题 / 36
  (一) 赵某涉嫌强奸被释放引民愤案 / 36

（二）刘某等六被告抢劫未审先定案 / 36
　　（三）检察官当庭殴打法官案 / 37
　　（四）少年网购仿真枪再审改判案 / 38
二、相关理论提示 / 39
　　（一）刑事诉讼横向结构的概念 / 39
　　（二）刑事诉讼横向结构的内容 / 42
　　（三）刑事诉讼横向结构引申出的原则 / 43
　　（四）现实的刑事诉讼横向结构 / 49
三、扩展阅读 / 51
　　（一）刑事诉讼结构论 / 51
　　（二）刑事被害人当事人化的反思与制度重构 / 54
　　（三）文献推荐 / 67

第三章　刑事侦查制度的基本构成及侦查行为规则 …………………… 69
一、案例与问题 / 69
　　（一）美国巡警的一天 / 69
　　（二）警方遭遇"超级炸弹"案 / 72
　　（三）警方诱捕嫌犯致少女再遭强奸案 / 72
　　（四）日本刑警无证搜查案 / 72
　　（五）警察跟踪嫌疑人侦办盗窃案 / 73
　　（六）体检医院检测HIV隐私侵权案 / 73
　　（七）女子下体运毒被查案 / 74
　　（八）警察讯问合伙盗窃嫌疑人笔录 / 74
　　（九）嫌疑人遭昼夜轮番审讯案 / 75
　　（十）证人不配合侦查案 / 75
　　（十一）警察监听涉毒案获嫌犯嫖娼证据 / 76
二、相关理论提示 / 77
　　（一）刑事侦查制度相关概念 / 77
　　（二）刑事侦查制度的基本构成 / 79
　　（三）侦查行为一般规则 / 86

三、扩展阅读 / 89
　　　　（一）公诉权概念的形成与启示 / 89
　　　　（二）侦查体制的类型 / 98
　　　　（三）检警关系的相关争议 / 100
　　　　（四）侦查程序构造的改革 / 105
　　　　（五）刑事立案司法审查程序探析 / 107
　　　　（六）文献推荐 / 117

第四章　刑事辩护制度的基本理论及辩护权规则 …………………… 119
　　一、案例与问题 / 119
　　　　（一）未成年被告人拒绝律师辩护案 / 119
　　　　（二）辩护人获知被告人未被起诉事实案 / 119
　　　　（三）律师利用关系虚假承诺案 / 120
　　　　（四）律师当庭斥责证人案 / 120
　　　　（五）律师多次要求会见被拒案 / 120
　　　　（六）知名律师当庭训斥被告人遭回怼案 / 122
　　　　（七）律师会见当事人致其怀孕案 / 123
　　　　（八）看守所禁止律师携带电脑、手机会见案 / 123
　　　　（九）警察菜园子翻地为哪般 / 123
　　　　（十）被告人及其辩护人当庭沉默案 / 123
　　　　（十一）律师提异议未获准愤然退庭案 / 124
　　　　（十二）辩护人讨厌犯罪嫌疑人仍为其辩护案 / 124
　　二、相关理论提示 / 131
　　　　（一）辩护制度相关概念 / 131
　　　　（二）辩护程序制度的基础理论 / 132
　　　　（三）辩护程序制度的一般构成 / 133
　　　　（四）基本辩护权行使规则 / 137
　　三、扩展阅读 / 140
　　　　（一）看守所中立制度 / 140
　　　　（二）有效辩护理论 / 145

(三) 美国的公设辩护人制度 / 148
　　(四) 文献推荐 / 149

第五章　刑事审判制度的基本结构 ……………………………… 151
　一、案例与问题 / 151
　　(一) 辛普森杀妻案中的陪审团 / 151
　　(二) 被告人一审获有期徒刑上诉改判死刑案 / 152
　二、相关理论提示 / 152
　　(一) 刑事审判制度的相关概念 / 152
　　(二) 刑事审判的模式与分类 / 153
　　(三) 刑事审判程序的基本结构 / 154
　　(四) 审判组织 / 155
　　(五) 刑事判决 / 157
　三、扩展阅读 / 158
　　(一) 陪审团的功能与实现 / 158
　　(二) 刑事审级制度的两种模式：以中美为例的比较分析 / 168
　　(三) 文献推荐 / 176

第六章　刑事庭审规则 ………………………………………………… 178
　一、案例与问题 / 178
　　(一) 律师与侦控部门演绎控辩之争案 / 178
　　(二) 王某蹬三轮车撞人法院不受理检察院抗诉案 / 179
　　(三) 法庭质证过程实录展示 / 180
　二、相关理论提示 / 184
　　(一) 刑事初审程序的概念与构成 / 184
　　(二) 刑事初审准备程序 / 185
　　(三) 刑事初审程序审 / 187
　　(四) 刑事初审集中审 / 188
　　(五) 刑事初审质证规则 / 191
　三、扩展阅读 / 193

（一）刑事证据开示的程序设计 / 193
（二）刑事庭前会议运行实证研究 / 201
（三）刑事诉讼法庭对质规则探析 / 203
（四）"万盛小区盗窃案"庭审简介 / 215
（五）文献推荐 / 227

第七章 刑事审判简易程序 ……………………………………… 229

一、案例与问题 / 229
　　（一）国内辩诉交易第一案 / 229
　　（二）被告人同意适用简易程序多次反悔案 / 230
　　（三）被告人认罪认罚法院未采量刑建议检方抗诉案 / 230

二、相关理论提示 / 231
　　（一）刑事简易程序概念与体系 / 231
　　（二）刑事简易程序的理论基础 / 234
　　（三）认罪处刑程序 / 235
　　（四）辩诉交易的运作 / 237
　　（五）处刑命令程序的运作 / 239

三、扩展阅读 / 240
　　（一）认罪认罚从宽制度的有关争议 / 240
　　（二）简易程序案件集中审理初探 / 244
　　（三）文献推荐 / 256

第八章 上诉、执行与再审程序 ……………………………………… 257

一、案例与问题 / 257
　　（一）被告人二审供认新罪法院改判案 / 257
　　（二）被告人猥亵儿童检方抗诉致重判案 / 258
　　（三）有期徒刑生效后罪犯未被移交执行案 / 258
　　（四）李某、夏某自认为表现优秀而监狱不报送减刑案 / 259
　　（五）死刑犯执行死刑后复活案 / 259
　　（六）聂树斌案件二十年后再审改判无罪案 / 259

二、相关理论提示 / 261

（一）刑事上诉审程序 / 261

（二）刑事执行程序 / 264

（三）刑事再审程序 / 267

三、扩展阅读 / 269

（一）上诉审的续审及审理范围限制 / 269

（二）行刑制度 / 273

（三）刑事再审程序的有关理论争议 / 278

（四）文献推荐 / 280

参考文献 ··· 282
后记 ··· 292

第一章 刑事诉讼程序理念及纵向构造

一、案例与问题

(一) 连体人犯罪刑事责任案

菲律宾有一对连体人臀部相联,一个叫卢奇奥,一个叫西姆普卢奇奥。两人成年后共娶了一对单卵双胎姐妹为妻。兄弟俩酷爱体育,喜欢开汽车、打网球及滑旱冰。有一次,卢奇奥驾车出行,造成了交通事故,于是被诉诸法庭。这可难为了法庭,如若依法判处卢奇奥,另一个人就必须无罪受过,而这为法律所不容。卢奇奥最终因为他得天独厚的"兄弟"而未锒铛入狱。1936 年,卢奇奥因肺炎去世。医生当即为西姆普卢奇奥做了分体手术。但过不了几日,他也追随兄弟,弃世而去。①

问题:

1. 判处卢奇奥刑罚应该如何执行?
2. 能否采取强制措施?如能,应采用何种强制措施?
3. 本案中惩罚犯罪意味着无辜的西姆普也要受到刑罚的损害。惩罚犯罪与保护人权应如何取舍?

---

① 连体人杂谈,http://www.lukee.cn/article.asp?id=131. 转引自张莉. 论连体人的法律人格及其保护[D]. 福建师范大学,2007.

(二) 王某故意伤害致死上诉加重案

王某因犯故意伤害(致人死亡)罪被某市某区法院一审判处有期徒刑十五年。王某不服,上诉至市中级人民法院。中级人民法院经过审查认为,被告人王某犯罪情节属特别严重,应依法判处死刑,原审法院量刑畸轻,遂根据《刑事诉讼法》第二十四条关于上级人民法院必要的时候可以审判下级人民法院管辖的第一审刑事案件的规定,裁定撤销一审法院判决并由中级人民法院进行第一审。审理后,判处被告人王某死刑,剥夺政治权利终身。王某不服,上诉于省高级人民法院。高级人民法院经审理作出了驳回上诉、维持原判的裁定。

问题:
1. 本案区法院、中级法院以及高级法院的做法是否合法?
2. 本案的审理过程提供了哪些启示?

(三) 陈某等四被告人被反复发回重审案

1998年河北省某市陈某、杨某等四名犯罪嫌疑人,因涉嫌抢劫、杀人被逮捕、起诉,在此后的数年间,市中级人民法院曾三次判处四被告人死刑,但每一次均被河北省高级人民法院以"疑点较多,事实不清"为由撤销原判,发回重审。2003年市中级人民法院第四次判决后,省高级人民法院才终于决定不再发回重审,经过一年的复查准备工作后,于2004年3月26日终于做出了终审判决。在证据不充分的条件下认定四人抢劫罪成立,判处陈某、何某、杨某死缓,朱某无期徒刑。①

问题:
1. 本案反复发回重审的根本原因是什么?
2. 本案高级法院的做法是否合法?
3. 本案存在长期羁押的情况,其本质问题是什么? 如何防止?

---

① 侯雪琪. 喊冤27年,四获死刑,"陈国清案"一被告囚满回家[EB/OL]. (2021-3-16)[2021-7-14]. https://news.ifeng.com/c/84fDld5W36l.

（四）李某申请回避致多次休庭案

2009年12月30日，律师李某涉嫌辩护人伪造证据、妨害作证案在某市某区人民法院公开开庭审理。庭审开始后，审判长按照《刑事诉讼法》的相关规定，告知被告人在法庭上享有的权利义务。审判长话音未落，李某即在庭上要求区人民法院和区检察院集体回避。他认为，本地司法部门和案件有利害关系，并举例说，陈良宇等案，本地司法部门都进行了回避。当审判长让李某陈述申请回避的理由时，李某称这个没有法律规定，是学术界在探讨的一个问题。李某的这一要求被审判长依法驳回。申请被驳回后，李某利用自己的法律知识，多次抢着发言。他提出要求审判长、审判员、书记员和公诉人回避。"我会书面提出对你们8个人的回避申请，每人写1份回避申请，把你们换了我再申请，我会这么一直申请回避下去，这是法律赋予我的权利！"他说，公诉人是否回避，需由检察委员会决定，审判长是否回避需由法院院长决定，"审判长无权决定"，但再次被审判长当庭驳回。此时，李某又称，自己还有5个申请要当庭递交给审判长，审判长当时未允许，李某以"如果没有被告人的基本权利，我一句话也不说了，也要求我的律师不要说话，就让公诉人说吧"提出抗议。庭审开始仅24分钟，法庭就宣布休庭10分钟，对被告人李某的申请进行合议。第一次休庭结束后，审判长同意李某提出5个申请，分别是：对龚刚模的伤情进行司法鉴定；申请龚刚模、马晓军等8位证人出庭质证；调取李某在会见龚刚模时的录像、录音证据；申请延期审理其本人的案件；申请将其案件移交市外的其他具有管辖权的法院进行审理。李某的理由是，这直接关系到他是否要求龚刚模做伪证。审判长当庭宣布，12月29日，市法医验伤所对龚刚模做出鉴定后，法院于当日向李某的辩护律师送达了鉴定书；8位证人法院均已通知，但他们均表示不愿意出庭作证。同时，区看守所答复称仅有实时监看装置，但该装置没有录音、录像功能，无法提供李某会见龚刚模时的监控录像。对于李某提出的延期审理和异地管辖的申请，审判长称于法无据，依法驳回。在公诉人发问阶段，李某拒绝回答。审判长提醒他，"你不回答，视为对辩护权的放弃"。李某说："我有很多权利，但都被驳回了，不在乎这个权利。证人不出庭，这个庭开下去没意义。"随后，他再次表示要"沉默"，"我有满肚子的话要说，说话的前提是依法。我已经做好了进监狱的准备，你们想怎么判就怎么判吧"。他又对审判长说，"我就是个烫手山芋，希望审判长尽快丢掉"。宣称要"沉默"后没多久，李某再次要求公诉人回避，他还不忘解释："对不起公诉人，我和你个人没有恩怨，我可能情绪激动，希望你原谅。"李某又要求审判长出具书面解释，为何申请审判人员和公诉人回避的要求被驳回。他认为，自己要求出具书面解释的做法合法，"我当了20年的律师，真有这个规定"。第二次开庭46分钟后，法庭再次宣布休庭10分钟。再次开庭后，法庭经合议庭合议，认为李某的要求于法无据，审判长宣布予以驳回。李某称，"我觉得今天这样的庭审是个笑话"，再次表达抵制情绪。对于指控他伪造证据、教唆龚刚模做伪证，李某认为，他与龚刚模见面时，警方的调查已经结束。李某称，"我还没来得及提交任何证据，你们抓我有点早"。李某称，他会见龚刚模时都拍了录音和录像，但他目前不愿意将这些证据提供给法庭。12时29分，李某再次向审判长提出要求"要上厕所"，审判长第3次宣布休庭。由于多次休庭，昨日上午的庭审一直持续到下午2时，李某提出"我血糖低，饿了要吃饭"，审判长才宣布上午的庭审结束。①

问题：
1. 李某反复向法庭提出要求，是否符合《刑事诉讼法》的规定？
2. 从本案中可获得哪些启示？

二、相关理论提示

（一）刑事诉讼程序的目的

1. 刑事诉讼目的的概念

刑事诉讼目的是一个较为宽泛的表述方法，本身包含以下三个概念。一是指刑事诉讼活动的目的，即刑事诉讼活动所要达到的目标。二是指刑事诉讼法或制度的目的，即制定刑事诉讼法所要达到的目标。比如我国《刑事诉讼法》第一条就对制定刑事诉讼法的目的进行了明确的规定，"为了保证刑法的正确实施，惩罚犯罪，保护人民，保障国家安全和社会公共安全，维护社会主义社会秩序，根据宪法，制定本法"。三是指刑事诉讼程序的目的，即刑事诉讼程序本身所

---

① 李某案第一审庭审实录[EB/OL]. (2015-12-31)[2021-7-14]. http://www.glawyer.net/article/2133.html.

要实现的目标。从这个意义上看,刑事诉讼目的就是刑事诉讼程序所要达到的理想状态或目标。而通常意义上的刑事诉讼目的,主要是指刑事诉讼程序的目的。

2. 刑事诉讼程序目的的两个层次

刑事诉讼程序目的集中体现了刑事司法的本质,是刑事诉讼基本理论的核心内容。全面理解刑事诉讼程序目的,有必要从最终目的和直接目的两个层次上思考。

刑事诉讼程序的最终目的是保证刑事诉讼活动能够实现刑法的目标,即达到不枉不纵的状态。刑事诉讼程序的最终目的具有指导意义,为刑事诉讼程序设定了目标。

刑事诉讼程序的直接目的相对于最终目的是一种手段或方法,即实现最终目的的方法。刑事诉讼程序的直接目的:一方面表现为限制国家司法权力,国家专门机关应当依法行使权力,依法打击和惩罚犯罪;另一方面表现为保护人权,特别是要重点保障犯罪嫌疑人、被告人的人权。保护是目的,打击是手段,当打击犯罪和保护人权出现冲突时,应当坚持保护人权优先,坚持"宁纵勿枉"的原则。

此外,结果本位主义与程序本位主义之间存在争议,主要是讨论到底结果重要还是过程重要。这涉及诉讼目的本质性问题。所谓结果本位主义,是指强调案件结果的重要性。在办理案件过程中,侧重于追求实体公正。法律程序是实现实体法目的的手段和工具。作为功利主义鼻祖的边沁曾提出"实体法的唯一正当目的,是最大限度地增加最大多数社会成员的幸福;程序法的唯一正当目的,则为最大限度地实现实体法,程序法最终有用性要取决于实体法的有用性"。[①] 而程序本位主义是指案件的处理过程必须符合正当程序,诉讼应当追求程序公正。在英美法中存在"正义先于真实"的理念,认为法院的审判只要依照公正的程序进行,就能够作出公正、合理的判决。英国大法官基尔穆尔勋爵认为"必须遵守关于审判活动的程序,即使——在一些例外的场合下——有损于事实真相,也在所不惜",强调程序的重要性。[②] 这一争论混淆了

---

① 转引自陈瑞华. 刑事审判原理论[M]. 北京:法律出版社,2020:40.
② 马贵翔. 诉讼本质之思辨——从探求真相到实现程序正义的内在逻辑[J]. 甘肃政法学院学报,2008(1).

刑事诉讼程序的最终目的和直接目的。刑事诉讼的最终目的当然是追求结果公正,实现实体正义,而从刑事诉讼的直接目的而言,则需要强调程序公正的重要性。两者共同构成了司法公正的内涵,均具有重要意义,不应当轻易将两者对立起来,可以从不同层面去强调。因此,实体公正、结果公正是最终目的,程序公正是直接目的。程序公正先于实体真实,并不意味着优于。"先于"意味着在操作上把程序作为执行标准,但两者本质上无轻重优劣之分。

3. 刑事诉讼程序目的引申出的主要规则

(1) 无罪推定①

从刑事诉讼结构看,无罪推定基本含义是指对任何人正式确定有罪以前应先假定其无罪。"正式确定"指审判机关作出判决,而在审判机关判决以前,侦查、起诉机关只有认定权,不具有正式确定权。正式确定被追诉人有罪是法院的处分权,其他机关无权行使该确定权。我国《刑事诉讼法》第十二条规定:"未经人民法院依法判决,对任何人都不得确定有罪。"这意味着,法院是确定公民有罪的唯一机关,在法院依法作出有罪的判决之前,任何人都是无罪的。事实上,该条重点强调了定罪权属于法院。无罪推定的具体要求体现在以下几个方面:第一,被追诉者在被起诉前处于犯罪嫌疑人的地位,被起诉后则处于被告人的地位,在未经正式宣判为有罪之前,不能定位为"罪犯";第二,在法庭审判过程中,控诉方负有提出证据证明被告人有罪的责任,被告人不承担证明自己有罪或无罪的义务;第三,疑罪从无,即当控诉方不能提出确实充分的证据证实被告人的罪行,法庭经过庭审和补充性调查也不能查明被告人有罪的事实,那么就只能判定被告人无罪。

无罪推定原则的理论依据乃是举证责任分配理论。从举证责任分配来看,基于"谁主张,谁举证"的理论,在刑事诉讼中举证责任应当由控诉方承担,即控诉方对自己提出的案件事实承担证明责任。我国《刑事诉讼法》第五十一条关于举证责任规定:"公诉案件中被告人有罪的举证责任由人民检察院承担,自诉案件中被告人有罪的举证责任由自诉人承担。"据此,我国已经明确了刑事案件由控方承担举证责任的原则。而且可以看出,无罪推定原则的要求与举证责任分配是一致的。

---

① 本部分内容源自马贵翔,郑家奎. 从刑事诉讼结构看无罪推定[J]. 法学,1995(7).

无论在程序上还是实体上,无罪推定均具有重要价值。无罪推定原则的出现,意味着在审判机关正式作出有罪判决之前,均应把被告人看作是无罪的人。首先,这改善了被告人在诉讼中的不利地位。承认被告人的诉讼主体身份,对于实现控辩双方均衡对抗的刑事诉讼构造具有重要作用。其次,这调动了控、辩双方的积极性。被告人诉讼地位的改善,使其可以充分行使辩护权利,积极进行举证活动。而由于被告方在正式审判之前,法律上是无罪的,为了实现控诉的目的,控诉方必须认真调查,收集相关的证据,以达到指控事实的证明标准。在案件审理过程中,控、辩双方的这种积极性的发挥,尤其是在举证质证环节,有利于发现案件真相,推进审判方作出公正的裁决。

(2) 犯罪嫌疑人、被告人享有沉默权[①]

沉默权的基本含义是指刑事被追诉人对司法人员的讯问、审问有权自由决定他在什么情况下发言,在什么情况下不发言。犯罪嫌疑人、被告人的沉默权作为被追诉人的重要权利,来源于美国的"米兰达规则",并通过"米兰达案件"[②]得以确立。沉默权主要包括两个部分:一是陈述自由,犯罪嫌疑人、被告人有权拒绝回答司法人员的讯问,有权自由决定自己在什么情况下发言,在什么情况下不发言,并且强调犯罪嫌疑人、被告人保持沉默在任何情况下都不能被视为是对法庭的蔑视,不得因为沉默而作出对其不利的推论,并进行处罚;二是讯问时的律师在场权,犯罪嫌疑人、被告人有权要求讯问时律师在场,如果聘请律师存在困难,法院有义务为其指定律师。

从刑事诉讼的目的看,沉默权是被追诉人重要的诉讼权利,其理论依据在于被追诉人在诉讼中具有主体地位,基于无罪推定原则,控方有责任对其指控事实的成立承担证明责任。我国没有明确赋予犯罪嫌疑人、被告人沉默权,但已经确立禁止强迫自证其罪原则,同时也保留了被追诉人具有如实供述义务的条款。

沉默权的积极意义在于以下三点。其一,实现刑事诉讼保障人权的目的。沉默权体现了对公民权利的尊重与保护。犯罪嫌疑人、被告人在诉讼中享有独立的诉讼主体地位,人格尊严应当受到保障,未经法院定罪,不得被视为罪犯,因

---

① 本部分内容源自马贵翔.刑事司法程序正义论[M].北京:中国检察出版社,2002:191—195.
② Miranda v. Arizona, 384 U.S. 436(1966).

而其应当受到追诉机关的尊重。其二,沉默权体现控辩平等原则。在诉讼构造中,赋予被追诉人沉默权,强化了辩护方的防御力量。基于控辩双方在实质地位上的力量差距,只有通过"抑强扶弱"的程序规则设计,才能实现控辩平等的诉讼构造。其三,沉默权有利于规制公权力机关的行为。严禁公权力刑讯逼供以及其他违背被追诉人意志自由的取证方法是沉默权的重要内涵,彰显程序正义。但是,我们也应该看到沉默权的确立,的确会增加控诉的难度,那么如果要追究犯罪,实现国家刑罚权,势必需要投入更多的司法资源。同时沉默权并不能完全防止刑讯逼供。因为刑讯逼供的出现是很多原因促成的,例如刑事司法的用刑传统、过度追求实体真相、口供为"证据之王"等,仅仅依靠一个沉默权制度,无法根本解决刑讯逼供的问题。

当然,即使沉默权存在消极意义,目前世界上大多数国家对沉默权制度还是持肯定态度。沉默权的积极意义大于消极意义,可以通过探索沉默权的例外以及配套机制降低沉默权的消极影响。

(二)刑事诉讼程序的价值

1. 刑事诉讼价值的含义

在法哲学中,"价值"一词通常在以下两种意义上使用:一是指法律制度的伦理目标或道德理想,即法律制度赖以存在的道德根据及其在运作中所要实现的理想结果,如正义、自由、平等、秩序、安全、公共福利等;二是指人们据以确定或判断一项法律制度和法律程序好坏的标准,它在对法律制度和法律程序进行评价的过程中是作为具体的准据而存在的。此外,人们在重新构建一项法律制度和法律程序时也会把它作为具体的尺度。换言之,法律价值是人们进行立法和法律实施活动时均要努力实现的道德目标。①

可见,从比较宽泛的意义上而言,刑事诉讼价值与刑事诉讼目的是同等程度的概念,比如刑事诉讼程序的目的是达成程序公正与实体公正,也可以说刑事诉讼程序的价值是实现程序公正与实体公正。但在比较严格的意义上讲,二者是有区别的,刑事诉讼价值可以说是刑事诉讼目的的进一步展开,其实质是对刑事诉讼目的的评价。作为一种评价标准和伦理目标,刑事诉讼价值解决的问题是

---

① 陈瑞华. 刑事审判原理论[M]. 北京:法律出版社,2020:36.

检讨刑事诉讼实现目的的可能性的大小,既要关注刑事诉讼在实现目的方面的积极作用,即所谓正价值,也要关注刑事诉讼在实现目的方面的消极作用,即所谓负价值。

刑事诉讼价值作为一种活动的价值,依赖于刑事诉讼法的价值;而刑事诉讼法的价值又以刑事诉讼程序的价值为基础或前提。因而,研究刑事诉讼程序的价值对于理解刑事诉讼价值具有关键意义。

2. 刑事诉讼程序的正价值

一般意义上,可以把刑事诉讼程序的价值与刑事诉讼程序的功能看作是同等程度的概念。刑事诉讼程序的正价值体现为以下两个方面。第一,刑事诉讼程序为实现实体公正(实质真实或实体真实)提供了程序空间。实体公正是司法公正的重要内容,司法应当以查明案件事实,准确适用法律为目标,裁判结果与案件实体真实相统一。刑事诉讼通过程序规则的完善,可以更好地认定案件事实,确保实体正义的实现。这是刑事诉讼的工具价值。第二,刑事诉讼程序为防止司法腐败提供了程序保障。司法腐败是造成司法不公的重要原因之一,不科学的规则设计往往给腐败因素造成可乘之机。科学的程序具有封闭性,正当程序一旦启动,便依据法定规则有效运行,可以有效排除案外不当因素对案件处理的影响。

3. 刑事诉讼程序的负价值①

刑事诉讼法所规定的刑事诉讼程序是实践意义上的刑事诉讼程序,它是立法者综合考虑刑事诉讼程序的目的,对公正与效率价值选择与平衡的结果,而纯粹理论意义上的刑事诉讼程序则是刑事诉讼程序的应然状态和要求,其并不包含效率。效率对于刑事诉讼程序而言只是一种外在价值,它只是一种政治性目标,而非司法性目标。由于刑事诉讼效率的极端重要性以及刑事诉讼效率与刑事诉讼程序的天然排斥性,刑事诉讼程序的负价值主要体现为与刑事诉讼效率的冲突。合理协调公正与效率的关系成为克服刑事诉讼程序负价值的主要方式。作为刑事诉讼程序正义核心的程序公正,其理想目标是企图对每一起刑事案件的解决都能实现准确认定事实和适用刑法并实现百分之百的实体正义,这是一种纯粹理性。然而,在实践中推行程序公正却受到许多现实因素的制约,比

---

① 本部分内容源自马贵翔. 刑事司法程序正义探微[J]. 复旦学报(社会科学版),2002(1).

如经济发展水平、政治体制、传统文化、执法者素质等。其中,最重要的是诉讼效率对程序公正的冲击,如何协调公正与效率以最大可能实现正义属于实践理性的主要内容。刑事诉讼程序公正的纯粹理性要求依据公正程序所进行的活动以探求实质真实为目标,并不要求遵循在特定的时限内完成诉讼的效率原则,最多只是会强调避免不必要的拖延。但国家为了有效控制犯罪必然要求司法机关加快办案速度,并把这种政策性的效率要求不同程度地体现在刑事诉讼立法中。① 然而,更重要的问题是,"仅仅效率原则本身不可能成为一种正义观"②。一般而言,提高效率将使公正作出不同程度的让步,二者存在一种本质上的对立,因为提高效率一般要求相对放宽对国家刑罚权的限制并相对减少或缩短控辩双方对抗的机会和时间,如此则必须容忍办案错误率的一定程度的增长。因此,一个国家的刑事诉讼法在确定现实的刑事诉讼程序时应合理协调公正与效率的关系。

4. 刑事诉讼程序价值引申出的主要规则

(1) 公正优于效率③

司法公正的实现不得不考虑诉讼效率的制约作用,而提高诉讼效率的难点则在于公正优先的前提性限制。刑事诉讼涉及公民的生命、自由等基本人权,一旦出现错判,纠错成本就会较高,并且难以恢复到原有的状态,因此刑事诉讼中的公正价值往往具有优先性。为了实现公正,通常会花费较多的司法资源,比如被告人获得陪审团审判的权利。适用陪审团审理的案件不仅会消耗大量的司法资源,而且也会花费较多的时间成本,但这是为了实现公正所必需的。过分追求效率则会增加造成冤假错案的风险;但是也不能为了实现公正过度使用资源,如意大利重大案件有的十年才审完,受到欧洲人权委员会谴责。英国有句谚语"迟来的正义不是正义"。综合而言,在公正背景下提高诉讼效率是一项不可动摇的原则。目前各国关于公正与效率的调和平衡的路径基本有两种方式:第一种是实行内部"挖潜"的方法,即在不改变普通程序结构的前提下设立一些有利于加快程序运作的规则,优化诉讼规则;第二种是简

---

① 由此看来,效率根本不是刑事诉讼程序的要求,它是外部强加的,是程序正义的"入侵者",我们宁可把效率作为政治目标也不能把效率作为法律追求。
② [美]约翰·罗尔斯.正义论[M].何怀宏,何包钢,廖申白,译.北京:中国社会科学出版社,1988:67.
③ 本部分源自马贵翔.公正与效率调和的两条路径[J].中国法学,2003(1).

化诉讼结构的方法或者叫采用简易程序,其本质是在不突破程序正义底线的前提下,基于繁简分流的理念,对具备特定条件的案件省略掉一些程序,从而提高办案速度。在当今世界存在"诉讼爆炸""案多人少"的压力下,各国都青睐开展简易程序的改革。而在普通程序中如何实现公正与效率的结合是一个难题。对于刑事诉讼中的公正与效率,立法者必须要作出权衡,对两者做出科学的选择。坚持公正优于效率原则的前提下,即诉讼效率的提高不能在本质上损害公正,通过规则优化在保障公正的基础上尽可能降低司法成本,提高诉讼效率。

(2) 程序真实先于实体真实

前文对刑事诉讼的目的进行了探究,在谈及"结果本位主义"与"程序本位主义"的争论时,我们比较分析了诉讼目的的本质问题。那么此问题在外化为价值判断时,体现的就是程序真实与实体真实之间的关系。所谓"程序真实"就是诉讼中奉行程序正义原则,只要程序是正当的,那么裁判结果就是公正的,即使出现错误,也可不纠正;而"实体真实"是基于实事求是原则,在诉讼中追求实体真相,坚持有错必纠。对于两者之间的关系,应坚持程序真实先于实体真实,即程序正义原则。也就是在刑事诉讼过程中,诉讼参与主体不能为了过于追求实体真实而放弃或者破坏程序制度,损害程序的效力。裁判一旦生效,就具备了既判力。根据既判力理论,生效裁判认定的事实应视为真实,一般不得随意推翻。其理论基础是"一事不再理原则"。这一原则起源于罗马法,具体含义是:对任何人的同一行为,法院作出有效的裁判之后,除非法律另有规定外,任何人不得对此行为再次追诉和审判。大陆法系很多国家在法律中确立了这个原则。最典型的是德国在其《基本法》中规定:"任何人不得因同一行为,受到普通刑法之多次刑罚。"[1]法国则在其《刑事诉讼法》第368条中规定:"任何人在依法宣布无罪,不得因相同的事实受到拘捕或起诉,即使是以不同的罪名实行拘捕或起诉,亦同。"[2]而英美法系的国家则规定了"禁止双重危险"原则,强调任何人不得因同一行为而受到两次以上的刑事追诉和审判,甚至没有强调对同一行为只有作出过有效裁判时才不允许再次受到司法权的评价。"一事不再理"原则与"禁止双

---

[1] 谢佑平. 刑事诉讼国际准则研究[M]. 北京:法律出版社,2002:534.
[2] [法]贝尔纳·布洛克. 法国刑事诉讼法[M]. 罗结珍,译. 北京:中国政法大学出版社,2009:566.

重危险"原则在不同的法系背景下含义有所区别,但两者价值取向都是为了保障人权,强调程序真实,是对刑事诉讼发现实体真实目的的适当抑制,从而实现整个刑事诉讼价值目标的平衡。如果允许针对某个行为进行重复的追诉和审判,就无法防止国家追诉机关滥用追诉权,使被追诉人处于不稳定状态,增加被追诉人的焦虑。

当然,我们需要特别强调的是,不是程序真实优于实体真实,而是程序真实应当先于实体真实。这主要包含以下四个要点。其一,结果是否真实往往缺乏判断标准。在现有的认知能力和技术条件下,我们在通过各种证据种类还原案件客观真相时,往往是尽最大可能地,无限接近案件真相,并不能保证每一个案件都再现出案发时的真实情况。在这种情况下,结果真实没有一个明确、客观的判断标准。而诉讼程序的设置是通过法律固定下来的,具有明确、客观、公开的特征,因此程序就成了衡量司法公正的真正标准。其二,程序是公正的,依据公正程序产生的结果绝大多数情况下也是正确的、合理的,因而可以相信程序。刑事诉讼中,程序具有向被告人宣示正义的价值。正如法律本身的合理性必须向那些受其约束的人予以证明一样,一项刑事裁判也必须向那些受其影响的被告人作出合理性证明。程序还具有公开性的特点,其所产生的裁判结果是可证明的,被告人、辩护人完全可以对案件诉讼程序进行检验。其三,如果结果是对的,过程是不公正的,那么对案件的处理就是不公正的。根据上述合理性证明的论述,通过不公正的程序产生的裁判结果,是无法得到证明的,并且也难以获得被告人认可,有损司法权威。其四,如果结果是错的,过程是公正的,那么对这个案件的处理就是公正的。因为过程是透明的、可证明的,程序本身就能吸收当事人的部分不满。当事人双方对通过正当程序获得的裁判,一般是无异议的。

然而,强调程序真实先于实体真实并不意味着我们并不追求实体真实、案件真相,只是在顺序安排问题上,应当是程序真实在前,实体真实在后。有了程序真实,才能有实体真实。在司法实践中,法官在审理案件时,往往侧重于追求实体真实,探究案件的真相。尽最大可能无限接近实体真实的最佳方法是什么呢?就是要坚持程序真实、程序公正。在此意义上,通过诉讼法确立固定下来的司法程序是有利于查明案件真相的。

（三）刑事诉讼程序的纵向构造

1. 刑事诉讼程序纵向构造的内涵

刑事诉讼程序的纵向构造即刑事诉讼从开始到结束的流程，指的是从立案侦查、起诉、审判的自然流动过程。整个刑事诉讼程序可分为三个阶段：第一，审前阶段，包括立案侦查、起诉准备；第二，审中阶段，又可分为程序审和集中审阶段，程序审主要是解决诉讼中的程序问题，比如证据开示等问题，集中审则是控辩双方在法官的主持下就案件事实与法律适用问题发表意见，解决实体问题的审理程序；第三，审后阶段，主要是指刑事执行程序。

刑事诉讼程序纵向分层构造旨在规范诉讼纵向分层程序，让诉讼程序以逻辑的顺序有条不紊地展开：一方面，规范的诉讼程序可以达到节约诉讼成本、提高诉讼效率的目的；另一方面，严密而具有逻辑的诉讼程序也能更好地防止公权力的恣意，最大限度保障司法公正的实现，保障当事人的权利，实现刑事诉讼法保障人权的价值追求。

2. 刑事诉讼程序纵向构造基本规则

（1）审判中心原则

审判中心原则是审判中心主义在刑事诉讼程序中的具体实现，强调庭审环节在刑事诉讼程序纵向构造中的地位。首先，相对于审前程序，庭审处于核心位置。立案侦查、审查起诉等审前程序具有独立的价值，对于提高庭审效率具有重要的意义。然而，不可否认的是，审前程序所进行的工作，只有在庭审中方可有定论，审前程序相较于庭审具有预备性，因而庭审相较于审前程序处于核心地位。其次，庭审是保障人权、实现司法公正的核心场域。"等腰三角结构"在庭审中的表现最为典型，整个诉讼程序只有在庭审阶段各方的参与最为广泛，在庭审中才能对各项证据进行全面审查，对案件事实进行实质性的认定，判断被告人是否成立犯罪、是否承担刑事责任以及承担何种刑事责任的问题。对被告人实体性权利的处分主要在庭审中进行。"审判中心集中体现为庭审中心，要求与定罪量刑相关的各类证据，无论是言词证据还是实物证据，都要在庭审的聚光灯下充分展现，保证诉讼双方在法庭上充分举证、质证、互相辩驳、发表意见，进而使法官辨明证据真伪，独立地形成心证。"①最后,第一审程序是审判程序的中心。第一审庭审程序相较于二审程序和再审程序,属于整个审判程序的中心。这是因为,所有需要开庭审理的案件都会经过第一审程序的审理,部分案件当事人对一审裁判无异议的情形下,经过一审程序即可"案结事了"。部分案件中,当事人可能上诉、申诉或者检察机关可能抗诉,由此启动二审程序或者再审程序,但一审庭审中对案件事实的认定对上诉审、再审均具有基础作用。因而,第一审庭审程序理应属于整个审判程序的中心。然而,我国刑事诉讼长期坚持"以侦查为中心",架空了庭审的实质作用,导致庭审形式化。针对这一问题,十八届四中全会将"推进以审判为中心的诉讼制度改革"纳入司法改革顶层设计框架。这说明在刑事诉讼纵向结构中,审判的地位已经受到司法改革者的重视。"以审判为中心"是对司法公正价值的回应。

(2) 先定罪后量刑②

定罪量刑是刑事庭审主要解决的实体性问题,刑事庭审的基本任务无非首先是解决定罪问题,然后在定罪事实的基础上解决量刑问题。然而,根据我国目前刑事诉讼法的规定,刑事审判程序先是法庭调查程序,然后是法庭辩论。这种框架的设计存在明显的定罪量刑不分、法庭调查与法庭辩论功能削弱,在法庭辩论阶段还在对事实问题进行解决,容易陷入重复调查的困境等缺陷。在无罪辩护中,辩护方基于无罪辩护的立场需要先进行无罪辩护,然后同时进行量刑辩护,显然处于矛盾之中,不利于辩护的有效进行。刑事庭审定罪与量刑分立的实质是相对于控辩审三方组合的横向构造而言的,并以实现庭审效率为主要价值追求的刑事庭审的纵向构造。其程序运作的核心主要关注在定罪与量刑程序分立的宏观分层框架下的以定罪量刑具体推进次序为内容的微观分段。以此设置定罪程序和量刑程序两个大的程序组件是符合刑事庭审的目的和运行规律的,即改造目前我国刑事庭审法庭调查和法庭辩论的结构,确立先定罪后量刑的纵向庭审结构。在定罪程序中,法官主要处理与定罪相关的证据的调查和辩论,在听取控辩双方意见后确定要件事实以及罪名是否成立。若被告人被认定为有

---

① 陈光中,步洋洋.审判中心与相关诉讼制度改革初探[J].政法论坛,2015(2).
② 本部分源自马贵翔,孔凡洲.定罪量刑分立的程序运作探析[J].贵州民族大学学报(哲学社会科学版),2015(2).

罪,则进入量刑程序,围绕量刑事实、是否承担刑事责任以及具体的刑种等量刑内容展开。反之,如果被告人被认定无罪,则应立即释放被告人,无须再进入量刑程序,即无定罪则无量刑。可见,先定罪后量刑的庭审纵向构造不仅有利于节约司法资源,提高诉讼效率,而且有助于辩护权的充分行使,尊重和保障被告人的人权。

(3) 先程序后实体

刑事诉讼的主要任务在于通过诉讼程序认定犯罪嫌疑人、被告人是否有罪、是否应当承担刑事责任以及承担何种刑事责任的问题,即解决被追诉人的定罪和量刑等实体问题。对被追诉人实体性问题的判断,必须依赖于诉讼程序。程序性问题存在争议时,必然影响到实体性问题的解决。由于长期以来存在"重实体、轻程序"的观念,导致程序性问题没有得到应有的重视,特别是在诉讼程序中较少有专门处理程序性问题的程序设置,导致诉讼程序在运行过程中程序性问题与实体性问题杂糅解决,在处理程序性问题和实体性问题上具有较大的随意性。特别是在庭审中,由于缺乏程序审与集中审的设置,处理实体性问题的庭审往往会因为程序问题存在争议而无法连续进行,会临时性休庭。这不仅影响了庭审的效率,而且不利于裁判者对证据的评价,影响案件事实的认定。在刑事诉讼纵向构造中,凡是涉及程序性争议的,则应当先集中解决程序性问题,比如管辖权异议、回避、证据排除、证人出庭等问题。程序性争议集中处理之后,为审理实体问题奠定了程序基础,清除了程序上的阻碍,方可开始对实体性问题进行集中处理。"先程序后实体"是纵向构造中的具体分层,有利于诉讼的顺利进行,有助于提高诉讼效率。因此,审中阶段可划分为程序审和集中审阶段,涉及程序性的问题,应当在程序审中予以解决,然后在集中审程序中处理实体性问题。

(4) 检审分离[①]

"检审分离"是与"检审亲近"相对应的概念。所谓检审亲近是指检察机关和审判机关在刑事诉讼中形成的较密切的关系。检审亲近现象有多种产生原因。

首先,在制度上,对于检审之间的关系,我国刑事诉讼确立了人民法院、人民检察院和公安机关进行刑事诉讼,应当分工负责、互相配合、互相制约的原则。此原则反映了刑事诉讼的纵向构造并且有利于控制犯罪,提高效率。在案件的

---

① 本部分源自马贵翔.刑事司法程序正义论[M].北京:中国检察出版社,2002:217—219.

纵向传递关系上,任何国家的诉讼制度都体现了这一线性结构。但是,这一原则在实践中过于强调配合,忽略了各自的职能分工,制约不足,尤其是影响法官中立职能的发挥。另外,根据2012年我国对《刑事诉讼法》的修订,改变了之前的"起诉状一本主义",重新确立了案卷移送制度,允许检察机关在起诉时将全部案卷材料移送法院。如此,在开庭审理之前,已经全面阅卷的法官可能会形成预断,对被告人产生"先入为主"的印象。这事实上会动摇法官的中立性,影响庭审的效果。

其次,是观念上原因。根据我国现行《刑事诉讼法》第五条规定:"人民法院依照法律规定独立行使审判权,人民检察院依照法律规定独立行使检察权,不受行政机关、社会团体和个人的干涉。"那么,有一些法官会认为,审判权是国家权力的组成部分,法官是代表国家行使审判权的,代表的是国家。而检察官也是如此,代表国家行使追诉权。既然法官和检察官代表的是同一利益,那么法官如何中立地行使审判权呢? 其实,从理念上讲,法官应该是国家社会为了合理解决纠纷或冲突而塑造出来的一个中立形象,并无利益可言。而实现国家刑罚权,维护国家的利益是检察官的职责。此外,从刑事诉讼法的目的出发,国家制定刑事诉讼法的直接目的在于限制国家司法权力,规范司法权的运作,同时尊重和保护以被告人为主的当事人的人权。其所弘扬的是保护第一,打击第二,保护是目的,打击是手段。但是,在实践中,不少司法人员包括审判人员都认为刑事诉讼的首要目的是打击犯罪、惩罚犯罪。在这种观念下,法官极易会和检察官亲近,排斥辩护律师。

综上,我们需要树立检审分离的观念,不仅仅需要从制度层面上改变,还需要在观念层面上努力。检审分离有利于促进法官中立、树立司法权威、维护司法公正,使人民群众对司法判决的认可度得到极大的提升。

(5) 侦检关系①

侦检关系也是刑事诉讼纵向构造中重要一部分,其主要涉及检察机关与侦查机关在办理案件过程中的权力运行关系。侦检之间的关系一般有两种模式。

一是"侦检分离",指侦查机关和检察机关依据各自的职能分工,分别行使侦

---

① 本部分源自马贵翔.侦检关系的本质及其改革[J].人民检察,2000(8).

查权和起诉权,检察机关无权对侦查主体的侦查行为进行指挥,检察机关的起诉依赖于侦查机关提供的材料。这也是我国目前刑事诉讼中侦检关系的局面。根据我国现行刑事诉讼法对立案管辖的规定,检察院只能对其自行侦查的案件进行侦查,对法律规定由公安机关立案的案件,检察院无权立案侦查。两者是在各自立案管辖的范围内进行自己的侦查活动。虽然《刑事诉讼法》第一百一十三条规定了检察机关的立案监督,即人民检察院认为公安机关不立案理由不能成立的,应当通知公安机关立案,公安机关接到通知后应当立案,但第一百六十三条又赋予公安机关享有撤销案件的权力,这与检察院的立案监督存在矛盾之处。由此,虽然侦查机关所担负的任务的专门性与检察机关的起诉这种"把关"性的工作有所区别,这种层面意义上的分离是刑事诉讼发展的必然要求,但是可以看出公安机关享有完整独立的立案、侦查、撤销案件的权力。而检察机关在审查起诉发现案件存在证据问题,也无法对公安机关进行有效的约束。特别是在自侦案件中,检察机关无法获得公安机关的配合和支持。这样的话,双方会产生相互扯皮或者推诿的情况,直接影响刑事诉讼对效率价值的追求。

二是"侦检同一性",主要是指检察机关的职责是代表国家起诉犯罪,并且出席法庭控诉犯罪,履行举证责任,回答辩护方的质疑;不仅如此,检察机关在决定起诉前,要全面精细地研究和把握案情,要对侦查机关收集的材料进行全面、独立的梳理。起诉的成功与否,在很大程度上取决于检察机关的独立构思,侦查材料只是为完成这种构思所提供的帮助。由此看来,检察机关无论从形式上还是实质上都是典型权威的控诉机关,是控诉的灵魂、关键与代表。相比之下,侦查活动只不过是检察机关起诉犯罪的准备性活动,侦查是从属于检察的或者说侦查是为检察服务的。侦查从属于检察所导致的结果是检察有权对侦查进行控制。控制的本质是侦查机关必须听命于检察机关对收集证据提出的各种要求,防止警察机关在办理刑事案件中出现有案不立、不应立案而立案、拖延侦查或滥用职权侵犯公民权利等现象,以保证检察机关顺利完成代表国家控诉犯罪的使命。

针对我国目前"侦检分离"情况下出现的缺陷,我们可以在"侦检同一性"观念的指导下,通过立法赋予检察机关立案权以及对侦查人员的处罚权等有效措施,促进诉讼案件顺利、高效地进行。

三、扩展阅读

（一）诉讼真实观

诉讼真实观是刑事诉讼的重大理论问题，至今依然存在争议，主要存在实质真实观与形式真实观、法律真实观与客观真实观之争。依照德国学界的经典表述，实质真实主义是指为了发现刑事案件的事实真相，司法官自行对犯罪事实加以调查，不受诉讼参与人之申请或陈述之拘束。① 在我国刑事诉讼法学界，该争议肇始于刑事案件证明标准领域。所谓实质真实是指事实的真实和由事实求得的真实；所谓形式真实是指单纯反映形式中蕴含的真实和由单纯反映形式求得的真实。"反映"和"事实"的关系正是"形式"和"实质"的关系。人反映事实必取一定的形式，诸如思维形式、言词形式、文字形式、音像形式等。如果某些反映形式所反映的事实已不复存在，那么，这样的反映形式蕴含的真实和由这样的反映形式求得的真实就是形式真实，而那些实实在在的事实的真实和由事实求得的真实就是实质真实。我们应确立实质真实的最高真实观地位，也应把它确定为我国诉讼证明的最高目标和最高标准，同时把形式真实确定为我国诉讼证明的最低目标和最低标准。最低标准是辅助性标准，是在最高标准无法达到的情况下需要执行的标准。最低标准对于诉讼证明来讲，是必不可少的。没有最低标准，证据制度也不完善。② 然而，客观真实与实质真实也存在区别。"所谓客观真实就是现存的真实"，"所谓实质真实是指事实的真实和由事实求得的真实"。③ 这两种"真实"存在什么样的差异呢？首先是构成不同。客观真实由客观事物构成，不是客观事物就不可能成为现存真实；实质真实则由事实构成，这包括客观存在的事实、被"书"记载的事实、被人感知的事实和由这三种事实求得的事实。其次是形态不同。客观真实是"存在"形态，它是现实存的；实质真实则是"过去"形态，也就是"历史"形态，因为它的大部分"形象"已经消失了。史学家永远不会把我国历史的"客观真实"显示出来，但却可以不断地把我国历史的

---

① ［德］克劳思·罗科信.刑事诉讼法(第24版)[M].吴丽琪,译.北京：法律出版社,2003：114.
② 裴苍龄.论实质真实[J].中国刑事法杂志,1999(4).
③ 裴苍龄.新证据学论纲[M].北京：中国法制出版社,2002：488,493.

"实质真实"显示出来。办案也一样,司法人员、当事人、诉讼参与人都不可能把案件的"客观真实"显示出来,但却可以把案件的"实质真实"显示出来。最后是真实度不同。客观真实就是客观事物的原模原样,它是全面的真实,"是真实的极限";实质真实只是"实质"上的真实,也即"本质"上的真实。实质上的真实、本质上的真实与客观真实那样的"全面真实"比较起来,当然有差距。但要明确,一个案件的调查,只要获得实质上的真实,也即获得本质上的真实,这个案件事实的认定就不会出现大的差错。这就是实质真实的可贵之处。①

实质真实主义也可以划分为"积极的实质真实发现主义"与"消极的实质真实发现主义",通过比较实质真实发现主义与形式真实发现主义、积极的实质真实发现主义与消极的实质真实发现主义的差异,我们可以指出实质真实发现主义是职权主义刑事诉讼的构成要素,它与职权主义有着共同的理性主义的认识论基础。从这种观点出发,我们应明确反对在刑事诉讼中弃置实质真实发现主义,同时主张将我国实际实行的积极的实质真实发现主义转移为消极的实质真实发现主义,将审判活动的重心转移到防止给无辜者定罪上来。②

辩证唯物主义认识论是我国刑事证据制度的理论基础。否认认识论对证据制度起指导作用属于"误区论","误区论"者的基本理由是:诉讼证明的客体是"法律事实"而非"社会和经济上的事实",因而主要受"公正程序和证据规则的制约而不属于或主要不属于认识论或认识规律的范围"。这些"误区论"者的本身误区在于以下三点。第一,把诉讼事实或法律事实神秘化、特殊化,从而不承认其是社会事实的一部分。其实,一切国家活动包括法院活动及其诉讼活动都是社会活动,法律事实只是社会事实中的一小部分。第二,把认识论的一般规律与诉讼证明的特殊规律对立起来,以个性否定共性,以特殊规律否定一般规律,犯了"白马非马"的错误。第三,过分夸大了程序公正的价值和作用,并把程序正义与认识规律对立起来,从而有意无意地否定或贬低了认识规律对诉讼证明的指导作用。而法律真实就是法律规定的真实,是国家意志的体现,亦即主观真实。正因为如此,法律真实的随意性很大,其真实程度不是以客观事实和规律为根据,而是以法律为准绳的。在刑事证明中,必须坚持以客观真实为主导,而辅之

---

① 裴苍龄.从实质证据观到实质真实标准[J].中国刑事法杂志,2004(6).
② 张建伟.从积极到消极的实质真实发现主义[J].中国法学,2006(4).

以法律真实。客观真实与法律真实论的分歧点在于：法律真实论认为客观真实不可能实现，因而是不科学的，应当以法律真实取代客观真实。不承认客观真实，必然不同程度地走向不可知论，不科学的恰恰是法律真实论者。而相对真实论也有待商榷之处：一是相对真实论往往把诉讼证明看成是与自然证明、社会证明完全不同的范畴，没有任何相通之处；二是相对真实论否认了真实的绝对性和相对性之间的辩证统一关系，认为两者水火不相容；三是相对真实论的错误要害是一切都是相对真实，没有绝对真实，连犯罪人的认定也没有绝对把握性。诉讼客观真实是绝对真实和相对真实的辩证统一，既不能用法律真实来代替，也不能用相对真实来代替。①

有学者直接针对法律真实观进行了批判，认为离开案件事实的真实情况，尤其当法官认定的案件事实与客观的案件事实不相符合，即使诉讼程序是正当的，其判决结论大多数情况下都是不公正的，即使在个别情况下获得了一个公正的判决结论，也只能是一种偶然的巧合，其中并没有必然性。无论是刑事实体法律规范还是刑事程序法律规范都不具有判定案件事实是否真实的功能。"法律真实"所陈述的基本内容与判定证据是否充分的标准重复，所以"法律真实"证明标准是不能成立的，"法律真实"这个概念是一个伪概念。"客观真实"标准是判定证据是否真实和是否充分的有机统一，对传统"客观真实说"作一些必要的限定之后，客观真实标准仍然是刑事诉讼证明的基本标准。②

持法律真实观的学者认为刑事诉讼证明活动中所追求的"客观真实"，是一种理想的司法模式，其实用性、操作性差，不能真正解决诉讼证明中的问题，因而主张用"法律真实"取而代之。所谓法律真实是指公、检、法机关在刑事诉讼证明的过程中，运用证据对案件真实的认定应当符合刑事实体法和程序法的规定，应当达到从法律的角度认为是真实的程度。同时，这一方学者认为：诉讼证明追求法律真实与我国《刑事诉讼法》规定的宗旨和任务相一致；法律真实简明扼要，具体明确，可操作性强，易于适用；法律真实为证据的调查和运用指明了方向，澄清了在运用证据过程中容易混淆的环节和概念。③ 樊崇义先生在2013年重申：

---

① 陈光中,陈海光,魏晓娜.刑事证据制度与认识论——兼与误区论、法律真实论、相对真实论商榷[J].中国法学,2001(1).
② 张继成,杨宗辉.对"法律真实"证明标准的质疑[J].法学研究,2002(4).
③ 樊崇义.客观真实管见——兼论刑事诉讼证明标准[J].中国法学,2000(1).

根据新刑诉法的规定,"证据确实、充分"须符合三个方面的条件。其中,对"排除合理怀疑"的理解和把握,有一个最基本的问题,就是诉讼认识论问题,亦即诉讼认识决定着"排除合理怀疑"的证明标准只能达到相对的实体真实。刑事诉讼的目的也决定了实体真实的相对性。新刑诉法关于证明标准的规定,已经从积极的实体真实转向了消极的实体真实,或曰相对的实体真实,这一观念的转变对证明标准的把握和运用非常重要。①

有学者明确指出,诉讼所蕴含的认识活动并没有建立在案件事实真相得到查明的基础上,换言之,诉讼所蕴含的认识活动即使不能最终完成,或者并无任何明确的结果,裁判者也必须作出旨在解决争端的法律裁判结论。可以说,利益争端的解决,诉讼目的的完成,有时完全可以与事项真相是否得到查明毫不相干,而直接体现出裁判者对法律的理解和法律价值的选择。裁判者就争端和纠纷的解决所作的裁判结论,并不一定非得建立在客观真实的基础上不可。② 也有学者认为,"客观真实说"尽管确实有一定的合理性,但它仅仅将刑事审判看作一种认识活动,抹杀了诉讼中的认识活动与哲学家、历史学家、自然科学家视野下的认识活动之间的界限,并且将这种以"重构已然事件"为目标的认识活动绝对化,不仅不符合认识的发展规律,也排除了人的主观性以及其他诉讼价值存在的可能性。因而"客观真实说"的缺陷是极其明显的:其一,"客观真实说"不仅违背了认识规律,与司法实践状况明显不符,也混淆了司法理想与司法操作之间的关系;其二,"客观真实说"将刑事审判中的事实认知活动,仅仅看作为一种认识活动,不仅有过于简单化之嫌,也不符合人类建立审判制度的目的;其三,"客观真实说"将认识绝对化,忽略了认识主体的主观性因素对作为事实认定手段的证据的影响;其四,以"客观真实说"指导立法和司法实践,不仅不利于一些体现现代法治精神的诉讼原则和诉讼制度在我国《刑事诉讼法》中的确立,也容易为执法者提供违反程序的口实,使得诉讼程序在有损实体真实发现时被漠然抛弃。③

有学者认为法律真实与客观真实两种观点存在根本的分歧。法律真实说认

---

① 樊崇义.证明标准:相对实体真实——《刑事诉讼法》第53条的理解和适用[J].国家检察官学院学报,2013(5).
② 陈瑞华.刑事诉讼的前沿问题[M].北京:中国人民大学出版社,2000:198.
③ 李奋飞.对"客观真实观"的几点批判[J].政法论丛,2006(3).

为,事实具有客观性和主观性统一的特点。对于事实的认定是由人来完成的,而人在完成这一过程的时候是有局限的。而且当某一个人认定它是确实充分的时候,别人是否承认难有一个客观的标准。因此,只有法律的程序正当才可能使案件的裁判具有权威性。而客观真实说则认为,如果不从法律上确定确实充分这一个标准就会导致降低标准,因而只有确立客观真实说才能够确保案件发现真相。后者还认为,前者否认了客观真相是可以发现的,不符合马克思主义认识论的基本理论。分歧的实质在于前者从方法论出发认为刑事诉讼过程中案件错综复杂,确实充分的含义被不同的人把握会有不同的结论。因此,只有法律的规则或者程序才是一种看得见的正义,才能够被人们所接受。而后者从目的论出发认为刑事诉讼的目的是达到客观真实,是绝对真实与相对真实的统一,并且运用认识论的原理解释了绝对性和相对性的含义,认为人们能够认识客观世界,真理总是能够被发现的,而且人们认识的真理有不以人们意志为转移的客观内容,但也是相对的,因为人们的认识能力是有限的,任何真理也只能是近似的。两者的出发点是一致的:前者是依靠程序来实现真相的发现,即通过司法程序实现实体正义;后者是依靠程序和实体真实的标准两个方面也就是所谓的法律客观真实来实现正义。两者并不矛盾,他们的目标是一致的,出发点也是一致的。只是实现的途径不同而已。在这个一致的前提下,法律真实观更科学更有利于实现正义。其理由有两点:一是实体正义只有通过程序正义才能够实现,程序正义有一个看得见的标准,而实体正义没有一个看得见的标准;二是实体标准和程序标准同时确立起来是不可能的。从法律真实说的语义来看,它包含了对客观真相的追求。法律真实中的所谓"真实",其含义与客观并无区别,这也说明,从语义上来看,"法律的客观真实说"是一个没有区别的词语。由此可以看出,法律真实否定论者认为法律真实说否认真相和事实,只追求纯粹的形式的担心是多余的。①

也有学者对司法证明目的和证明标准进行了区分,认为司法证明的目的是就行为过程而言的,体现了证明活动的追求和方向,是带有一定理想色彩的目标;司法证明的标准则是就行为结果而言的,是根据一定的价值观念和需要确定的,是法律所认可的具有现实性品格的衡量准则。在具体案件的司法证明活动

---

① 高一飞.法律真实说与客观真实说:误解中的对立[J].法学,2001(11).

中,司法证明的目的不是必须实现的,而司法证明的标准则是必须满足的。基于这种区别,司法证明的目的是客观真实,司法证明的标准是法律真实。①

国外也有学者指出客观真实主义的弊端,"诚然,准确地认定事实,包括准确地认定有罪和无罪以及准确地量刑,是整个刑事诉讼程序的基础和目标,所以,认识和强调解明真相的重要性本身并没有错误。但是,如果在理念上过分向解明真相倾斜的话,在实际应用上就会出现下列不足:(1)侦查过于严酷,侵害相关人员的权利;(2)审判追随侦查的结果,或者法官过于积极作为,反倒会产生误判的危险"。② 德国刑事诉讼的主导原则是实质真实,这也是职权主义国家区别于当事人主义国家的核心特质。实质真实的传统从中世纪起便在德国生根发芽,经历了传统职权主义、拿破仑法典所构建的新职权主义、1877 年《德意志帝国刑事诉讼法典》的半职权主义以及二战后的现代职权主义。在制度层面,德国实质真实的诉讼观主要体现为法院依职权查明真相的原则,"法院在作出判决前有义务依职权主动查明真相",且"不受诉讼当事人申请或主张的约束",但职权查明义务并非指法院完全越俎代庖,法典和判例对法院职权查明的范围及取证要求进行了设定。随着刑事协商程序正式进入德国刑事诉讼法典,"合意真实"对实质真实造成了一定的冲击。③

(二)诉讼价值理论

公正、效率、效益都是刑事诉讼基本价值,但对三者的偏重学界一直存在争议。波斯纳在其代表作《法律的经济分析》一书中指出:公正在法律中的第二个意义是指效率。在很多的例子中,我们可看到,人们形容不经审判而定罪,无合理的报酬而取走财产或不能请求疏忽的机车骑车对被害人给予损害赔偿是不公正,在这些事例中,这些行为的最好解释是浪费资源。尽管不当得利原则可以从效率的概念导出,稍微思考即可得到在资源稀少的世界,浪费是不道德的行为。判断一项活动是不是公正或"好"应看它是否有利于国民收入提高来衡量的经济效益。④

---

① 何家弘.司法证明的目的是客观真实　司法证明的标准是法律真实[J].诉讼法论丛,2002(00).
② [日]松尾浩也.日本刑事诉讼法(上卷)[M].丁相顺,译.北京:中国人民大学出版社,2005:13.
③ 施鹏鹏.论实质真实——以德国刑事诉讼为背景的考察[J].江苏社会科学,2020(1).
④ [美]理查德·A.波斯纳.法律的经济分析[M].蒋兆康,译.北京:中国大百科全书出版社,1997:31.

有学者在 20 世纪 90 年代初提出，效益是当代法律价值的基本目标，其实践根据主要有以下三个方面。其一，法律在当代的基本使命。法律无论作为一种统治手段，抑或作为一种文化现象都受制于社会整体的发展，尤其受制于社会经济的发展。当代社会经济发展的主题在于最大限度地优化利用和配置资源。尽管人类资源稀缺的矛盾一直与人类相伴而存，但将优化利用和配置资源作为一种明确的社会目标则仅属于现代文明社会。当代社会经济发展的这一主题也相应决定了当代法律的基本使命。法律的当代使命逻辑地派生出这样三项要求：第一，把法律对个别主体行为的评价视角从行为主体延展到社会，换言之，将个别主体行为置于社会整体利益之中加以认识；第二，法律应为有利于资源优化使用和配置的行为提供便利；第三，法律应能够启导或促使人们按照最有效的方式使用资源。从法律的当代使命所衍生的这些要求中，很容易推导出在当代法律中确立效益价值目标的依据。资源优化使用和配置在经济学含义上与效益是彼此含摄的。效益价值目标的确立，使法律的内在价值同其时代使命保持了统一。其二，法律在当代经济生活中的作用领域。法律在当代对经济生活的全面渗透使法律的效益价值日益凸显。这是因为在法律全面渗透的情形下，资源使用和配置的方式很大程度上是由法律决定的。在法律全面渗透的情况下，法律已成为改变资源利用效益的重要变量。每一立法活动，以及每一司法审判行为都会不同程度地改变社会主体的机会成本与实际收益。法律对经济生活的全面渗透也强化了个别法律现象对经济行为、从而也是对行为效益的边际影响。其三，单一正义或公正价值目标的局限性。应当承认，在哲学或伦理学范畴中，正义或公正这一价值目标同效益并不是决然无关的。在亚里士多德、亚当·斯密、斯宾塞以及罗尔斯等人的正义或公正观中，都包含着某些至少是有关效益的内容。然而，就总体而言，正义或公正对效益的含摄是极为有限的，正义或公正无法恰切地表达法律的效益价值目标。波斯纳用效益取代正义的主张显然过于极端，恰当的认识应当是承认正义或公正与效益双重目标的存在，且使之形成互补。[①]

有学者把经济效益价值作为刑事审判程序的伦理标准之一，主张程序的设计和运作符合经济效益的要求，使司法资源的耗费降低到最小程序，同时使最大

---

① 顾培东.效益：当代法律的一个基本价值目标——兼评西方法律经济学[J].中国法学，1992(1).

量的刑事案件以最节俭的方式得到处理。①

　　有学者认为诉讼公正与诉讼效益是一体的，诉讼公正就意味着诉讼效益，诉讼效益也就意味着诉讼公正。一旦诉讼公正得以实现则必然表明刑事诉讼的成本资源配置是合理的、适当的，也即表明诉讼程序运作是经济的，诉讼结果是合目的的。而所有这些也必然实现最佳的诉讼效益。同时最佳的、最大的诉讼效益的实现也就说明成本资源配置有效，其结果必然是诉讼公正的获得。因为社会资源投入产出效益的高低是制约着公正质量的决定性因素。之所以存在着一个对社会资源分配公正问题，是因为存在社会资源的稀缺与不足这一现实。如果能高效利用有限的资源，即以最少量的资源成本创造出最多的利益，也就实现了最大的公正。毫无疑问，一个毫无效益或效益低下的诉讼活动决不能说是公正的，因为它意味着有限司法资源的浪费，自无公正可言。②

　　也有学者结合具体程序设计，指出诉讼的价值取向除了程序安定之外，还必须考虑诉讼效益问题。当然，诉讼效益尽管和程序安定在价值上不能完全等同，但两者有着紧密联系。比如，安定本身往往体现着效益的要求。因为，程序的时限性、不可逆性及终结性作为程序安定的要素，同样也是诉讼效益的要求。诉讼效益作为社会法治化进程中引导和体现司法公正的一个基本的司法目标，不但是设计刑事司法体制必须考虑的基本因素，也是衡量一个国家法律制度文明和科学化程度的标准。也就是说，一个效益低下的诉讼活动不可能是公正的，因为它浪费了国家有限的司法资源。③

　　事实上，贝卡里亚论证的关于刑罚及时性问题，也强调了程序的效率价值。惩罚犯罪的刑罚越是迅速和及时，就越是公正和有益。说它比较公正是因为它减轻了琢磨不定给犯人带来的无益而残酷的折磨，犯人越富有想象力，越感到自己软弱，就越感受到这种折磨。还因为，剥夺自由作为一种刑罚，不能被实行于判决之前，如果并没有那么大的必要这样做的话。在被宣判为罪犯之前，监禁只不过是对一个公民的简单看守；这种看守实质上是惩罚性的，所以持续的时间应该尽量短暂，对犯人也尽量不要苛刻。这一短暂的时间应取决于诉讼所需要的

---

① 陈瑞华. 应当如何设计刑事审判程序[J]. 中外法学，1996(3).
② 沈丙友. 刑事诉讼公正与效益关系之检讨[J]. 中国刑事法杂志，1998(1).
③ 陈卫东，李奋飞. 刑事二审"全面审查原则"的理性反思[J]. 中国人民大学学报，2001(2).

时间以及有权接受审判者入狱的先后次序。诉讼本身应该在尽可能短的时间内结束。一般来说,刑罚的强度和犯罪的下场应该更注重对他人的效用,而对于受刑人则应尽可能不要那么严酷。我说刑罚的及时性是比较有益的,是因为:犯罪与刑罚之间的时间隔得越短,在人们心中,犯罪与刑罚这两个概念的联系就越突出、越持续,因而,人们就很自然地把犯罪看作起因,把刑罚看作不可缺少的必然结果。事实上,这些概念的结合是建构整个人类智慧工厂的水泥,否则,欢乐和痛苦就成了一些无结果的孤立感情。人们越是远离一般的观念和普遍的准则,也就是说,越是平俗,就越是根据直接的和比较接近的联系行事,而忽略比较深远和复杂的联系。这后一种联系仅仅服务于完全醉心于追求某一目标的人,因为他的目光关注着这个唯一的目标,对其他一概视而不见。同样,这种联系也服务于最卓越的头脑,因为他习惯于迅速浏览很多事物,并干练地把很多片面的感情相互对比,因而,他的行动往往是万无一失的。只有使犯罪与刑罚衔接紧凑,才能指望相联的刑罚概念使那些粗俗的头脑从诱惑他们的、有利可图的犯罪图景中猛醒过来。推迟刑罚只会产生这两个概念越离越远的结果。推迟刑罚尽管也给人以惩罚犯罪的印象,然而,它造成的印象不像是惩罚倒像是表演。并且只有在那种本来就有助于增加惩罚感的、对某一犯罪的恐惧心理已经在观众心中减弱之后,才产生这种印象。①

(三) 司法环境与诉讼程序的关系②

1. 诉讼程序的自治性及其环境介入

从概念上讲,司法公正包括实体公正和程序公正两个概念。实体公正也叫实质真实或实体真实,是指法官在解决社会纠纷时要准确认定事实、正确适用法律。法官审理的典型意义首先是对证据进行分析、评判以推导事实是否清楚,然后在事实确信清楚的基础上进行法律分析。法律分析具体说来包括先依据法律规定评判事实的性质,也就是给行为定性,以明确事实是一种何种性质的侵权;然后对事实的严重程度进行界定,这是一种量的估价;最后依法确定纠纷双方(当然实践中多表现为确定被告的责任)的责任分担的界限。可见审理是一种理

---

① [意]切萨雷·贝卡里亚.论犯罪与刑罚[M].黄风,译.北京:北京大学出版社,2008:47—48.
② 本部分源自马贵翔.论司法环境对司法公正的影响及其制度构建[J].杭州商学院学报,2004(2).

性的逻辑推导过程,也是审理者形成内心确信的过程,在实际意义上对案件的解决起着决定性的作用。判决只不过是对审理者对在审理过程中形成的内心确信的一种最终表达。

法官在审理案件时,由于受到种种因素的影响可能作出不正确的判决,而且,从哲学意义上讲,绝对的正确是不可能的,因而,法官作出正确判决或者说实现实体公正无疑是一种最终目的或最高理想。社会或当事人对实体公正的期望应当是尽最大可能达成实体公正。

那么,尽最大可能达成实体公正的最佳方法是什么?所谓程序公正就是在此种意义上形成其概念的。程序公正从最直接的意义上讲是指法官接受和审理案件的方法是公正的。法官审理案件发生错误从法官本身来讲缘于两种情形:一是判断上的失误;二是有意犯错,即故意歪曲事实、曲解法律。显然,如何防止这两种情形是程序公正的主要功能所在。一旦公正的程序确立起来,即意味着案件的处理只要坚持程序就可在绝大多数情况下自然实现实体公正,用不着刻意追求实体公正。可见,程序公正相对于实体公正是手段,相对于当事人、法官和社会则又是目的。也可以说实体公正是最终目的,程序公正是直接目的。程序公正的这种定位具有十分重要的意义。

程序具有自治性,只要程序设计严密,处置得当,就可以确保案件得到公正处理,至于罗尔斯所讲的"不完善的程序正义"[1]是一种可以容忍的必然缺陷,它对整个程序的影响不大。程序的这种"自治性"表现为两个方面。一是科学的诉讼程序结构保证了法官能真正全面地听取案件正反两方面的意见,使诉讼程序结构系统对信息的处理更加准确,以使认定事实和适用法律做到恰如其分。某些法官可能有良好的职业道德,责任心强,不徇私情,始终有一颗公正之心,但若没有科学的诉讼结构作保障,有可能不自觉地出现先入为主或偏听偏信的情况。二是诉讼程序结构正确协调了诉讼主体之间的关系。比如控、辩、审三方关系和他们各自的内部关系,使诉讼主体职责分明、相互制约,从而有效地防止了诉讼

---

[1] 罗尔斯认为,不完善的程序正义的含义是"即便法律被仔细地遵循,过程被公正、恰当地引导,还是有可能达到错误的结果。一个无罪的人可能被判有罪,一个有罪的人却可能逍遥法外。在这类案件中,我们看到了这样一种误判:不正义并非来自人的过错,而是因为某些情况的偶然结合挫败了法律规范的目的"。参见[美]约翰.罗尔斯.正义论[M].何怀宏,何包钢,廖申白,译.北京:中国社会科学出版社,1988:81.

主体的人情和恣意对诉讼过程产生干扰，并在保证程序公正的基础上维护判决的正确性和权威性。某些法官可能与案情有各种各样的情感联系甚至利害关系，或者受到案外人情的拉拢、腐蚀，可能有意使判决走向不公正，但诉讼程序结构中控、辩、审三方有效制约的程序"闭合性"（包括陪审官和法官的有效制约，控、辩双方的申请回避权）、公开审判的程序"开放性"则可以在很大程度上抵消这种弊端。程序的这种"闭合性"与"开放性"功能，其实际效用是真实存在的，比如由临时组成的并受到全封闭管理的陪审团在遵循公正程序和公开审判的条件下审判案件，就可以达到公正的效果。程序的这种"自治性"导致的一个重要结论是，在纯粹理性的意义上讲，所谓司法公正是不存在什么环境问题的。环境问题只能作为一种实践理性而存在。

诉讼程序的自治性虽是排斥环境影响的司法公正的基本防线，但此防线并非天衣无缝、万无一失的。诉讼程序自治性的天然缺陷具体表现为以下三种情形。

其一，陪审团是一种豪华型的审判，耗资巨大，只能适用于少数重大案件，大多数甚至绝大多数案件的审判需要由单个法官或少数法官进行。一方面单个法官或少数法官难以形成陪审团会议那种相互制约的氛围，另一方面对几乎每天都要审理案件的众多职业法官实行全封闭管理，是一件很难办到的事情。这就是说，由单个法官或少数法官进行的审判过程的自治程度要低于陪审团审判，那就是抵抗外界干扰的能力要弱。既然抗干扰能力弱，就要强调环境的塑造。

其二，陪审团在实际操作时，往往是和法官分工负责，即陪审团判事实，法官负责适用法律，英美法系国家采取的就是此种模式。此种情形下，法官适用法律的过程抗外界干扰的能力较之陪审团判事实的过程要弱，环境的作用也得以显示。

其三，退一步说，即使实行陪审团全部审判的形式，主持审判的法官总是不可缺少的，而主持审判的法官往往在一定程度上易影响到陪审团的裁决，比如在审判过程中对控辩双方出示证据进行不适当的引导与限制，在总结提示时进行一定程度的误导等，此种现象的存在使得实际的审判过程总是带有一定程度的易受外界影响的可能性。

从上述三种情形可以发现一种普遍性的现象，即在实际的程序运作过程中，单个或少数法官的审判过程总是不可避免的。虽然单个或少数法官的审判过程,在程序"闭合性"和"开放性"影响下其自治性仍然能达到相当高的水平,但受环境影响的可能性或危险性是程度不同地永远存在的。

上述分析是立足于程序公正前提下对程序制度的自治性和抗干扰能力所作的估价。如果程序本身是不公正的,那么,程序制度的自治性和抗干扰能力将受到根本性的损害。即便是实行完全的陪审团审判的情形,维系那一点点所剩无几的自治性的东西也只剩下法官素质了。

2. 司法环境要素及其作用评估

环境本身是一个相对的概念。人们一般意义上理解的司法公正指的是实体公正。如果是这样的话,那么程序公正也属于"环境"问题,至少在广义上是这样的。但我们理解司法公正的环境问题的本意是指程序制度以外的、影响到实体公正实现程度的各种外围要素。这样一来,在实体公正和环境之间存在一个程序中介。研究环境的影响作用,显然不能忽视程序本身的科学性问题。程序科学、严密将在不同程度上减少环境的影响作用;反之则增大环境的影响作用。在这里,程序可以比喻为"一堵挡风的墙"。至于实际的审判过程总是带有一定程度的易受外界影响的可能性,以及在实际的程序运作过程中无法避免单个或少数法官的审判过程,可以比喻为"没有不透风的墙"。外界的种种因素对实现实体公正的干扰,可以比喻为"风",而环境塑造则可以比喻为"减少风力"。

(1) 法官素质是影响司法的首要环境要素

影响司法公正的首要环境要素是什么?人们容易想到的有所谓司法管理体制的提法。第一,司法管理体制的提法不是一个法学用语,与此相关的法学概念是司法体制和审级制度。第二,从理论上讲诉讼程序的自治性在很大程度上阻挡了司法体制和审级制度这些类似于所谓司法管理体制的制度性构建对司法公正的影响,而程序自治性本身是程序而不是环境。这样,在程序自治性之内影响司法公正的环境要素最直接的当然首推法官素质了。第三,如果司法管理体制的提法是指司法行政管理,那么它对司法公正的影响甚至要低于司法体制和审级制度。

法官在诉讼结构中需要对控辩双方提出的材料和意见进行分析、鉴别,并作出决定诉讼命运的判决,加之法官不承担举证责任,其职责只是判断案件,社会对法官数量的需求相对于检察官和律师要少,这就为法官的精英化创设了必要性。在司法制度设计时,对法官素质提出比检察官、律师更高的要求自是顺理成章的。

所谓公正的诉讼程序,在其创设时,是立足于控辩双方的代理人和法官的素质达到诉讼程序所必需的最低要求。由此引出以下三个命题。

其一,如果诉讼程序是公正的,控辩双方的代理人和法官的素质达到诉讼程序所必需的最低要求,诉讼程序在防止恣意方面将达到良好的效果,此效果是理论上所应达到的最低效果,但它又是良好的。所谓良好意味着,在绝大多数情况下,单靠程序就可以有效防止恣意,法官的抗干扰能力在公正的诉讼程序的"帮助"下,将达到较为理想的程度。所谓程序的"隔音空间效应"能较好地体现出来。所谓良好当然不可能是百分之百,它的含义是罗尔斯所讲的"不完善的程序正义"必然存在的一种现象。

其二,法官的素质越高,越有利于增强单个或少数法官的审判过程的抗干扰能力。当然,需要注意的是,程序的作用仍然是最基本的,没有程序保障,再好的法官也难以抵挡外界的种种干扰。所以,有人说,一个好的程序可以将坏人变成好人,而一个坏的程序却可以将好人变成坏人。

其三,如果法官的素质低于公正的诉讼程序所要求的最低限度,那么,低素质的法官将反过来减损程序本身的自治性。法官素质越低,程序的制约作用越小,这是一种恶性循环。可以说,一个公正的程序对于那些素质非常低下的法官来说简直相当于"对牛弹琴"。

总之,法官素质对司法公正影响的基本评价是,不管程序公正与否,提高法官素质总是一件好事情。

(2) 司法体制是影响司法的第二要素

司法体制的根本价值是强调法官在审判案件时应享有独立分析案情并独立作出判断的权力,其实质也就是自由心证。自由心证最大的好处是给法官一个广泛的判断案情的空间,以便尽可能探求案件的真相并作出正确的判决,其最大的坏处是法官可能以此为借口故意歪曲案件的真相而恣意妄为。正是为防止这种恣意妄为,立法者设计了审判程序予以约束,即依靠程序形成的氛围对法官的判断形成一定的遏制或心理控制,在这种程序空间里,法官会受到审判渲染出的气氛较强烈的影响。但是,正如前面已论及的,在实际的程序运作过程中,单个或少数法官的审判过程总是不可避免的,实际的审判过程总是带有一定程度的易受外界影响的可能性,为尽可能减少这种影响,即前面所讲的"减少风力",除了提高法官素质增强抗干扰能力外,司法制度的设计者专门设计了一整套在程序之外确保法官不受干扰地进行自由心证的制度,这就是司法体制。

司法体制是围绕自由心证层层展开的:第一层次是法官不受案外人或公众的影响,由此产生了新闻监督司法的限制制度;第二层次是法官判案不受本法院领导的影响,由此产生了法院内部管理的非行政化设置;第三层次是法官不受更高一级法院或其领导的影响,由此产生了上下级法院之间的相互独立的关系设置;第四层次是法官不受行政长官、议会的影响,由此产生了法院专属于审判权。这是司法体制最具代表性的内容。为确保此制度的实现,立法者设置了法院经费与人事的独立运作、法官的长期任职制或职务终身制等制度。

从上述论述可以知道,司法体制的设置是在程序公正和法官具备较高素质的基础上考虑的,只有这样才能较好体现司法体制的应有价值,才能最终有利于实现司法的实体公正。

(3) 司法投入是确保司法运转的经济前提

至少从现象上来看,诉讼程序结构的发展与当时的社会经济发展水平有关系。在奴隶制时代,经济发展水平低,国家无力为追究犯罪承担过多的经济支出,与此相适应的是控告式诉讼程序。这种诉讼程序几乎把所有的纠纷都看作是私人纠纷,不带有公诉意义,与现代意义上的刑事司法相去甚远。在封建制时代,随着封建国家经济实力的增强,东、西方广泛实行纠问式诉讼制度。这种诉讼制度虽然忽视甚至取消了辩护制度,但纠举犯罪实行国家追诉的形式,在这一点上则是一个重大进步。特别是在封建社会后期,在法国产生了国王代理人,罪案不由被害人起诉,而由代理人起诉,近似现代检察机关提起公诉。到十四世纪腓力四世在位时,正式设立了检察官。我国汉代开始设立御史台,其部分工作近似现代检察机关。这些事实表明,封建国家已能够为追究犯罪承担一定量的财政支出。在资产阶级革命胜利后,随着资本主义经济的迅猛发展,以大陆法系职权主义诉讼模式和英美法系当事人主义诉讼模式为典型代表的现代意义上的诉讼程序结构被确认下来,并逐步加以完善。总之,在社会经济发展的同时,诉讼程序结构经历了一个由低级到高级的发展过程。从理论上讲,经济发展水平必然制约着国家对司法制度的经济投入。诉讼程序与司法制度的科学化本身并不能保证它的正常运作,除了传统文化、政治结构等因素的影响外,必要的经济投入是前提,经济投入还应具有稳定性。消减必要的开支或不能保护必要的投入,将形成诉讼程序和司法制度的"贫血",并严重妨碍司法公正与效率的实现。

(4) 法治意识是影响司法的潜在因素

传统意义上的法律意识是指公民对法律的感知、认知,其目的主要追求公民守法;法治意识则是指包括政府与公民在内的全社会对法律的信仰,并以政府守法为先。由于法治的本质是对政府权力的限制和对公民权利的保护,因而,法治意识的提出和培养更符合现代法治的发展要求。

虽然政治制度、法律制度乃至人口素质(含文化水平)在根本上影响着法治意识的发展水平,但是政府、公民的法治意识提高反过来推动法治的发展。这是因为法律的本质是依靠政府与公民自觉遵守的规则体系,强制只是例外。

法治意识对司法公正的影响主要体现在:政府法治意识强有利于政府减少对司法的行政干预,并积极支持司法机关依法独立行使职权,从而最终有利于法院作出正确的判决;公民法治意识强有利于公民积极配合司法机关调查案件,查明案件真相,实现实体公正,比如证人法治意识强有利于如实向司法机关提供证言;当事人法治意识强有利于减少诉讼纠缠,进而有利于案件得到迅速、公正的解决;政府与公民法治意识强有利于自觉执行法院判决,不仅有利于最终解决纠纷,更有利于维护法院权威,弘扬法律至上理念。

3. 司法环境塑造战略

目前,包括司法环境建设在内的司法改革作为依法治国的重要组成部分正在全国有步骤地推进,塑造司法环境的战略应把握以下四点。

第一,司法环境建设应与诉讼程序改革相伴进行,并以诉讼程序改革为先导。如果法官的素质低于公正的诉讼程序所要求的最低限度,那么,低素质的法官将反过来减损程序本身的自治性。这就是说,法官素质太低,程序的作用将越来越小。但应当注意的是:其一,程序对于素质太低的法官作用也是有的,并不是等于零;其二,在"自治性"最高的诉讼程序中,比如由临时组成的并受到全封闭管理的陪审团在遵循公正程序的条件下审判案件,法官素质太低将不发生太大影响,而且,陪审团审判解决的又是重大案件并对整个诉讼程序的自治性起着最终的保障作用。总之,公正的诉讼程序是实现实体公正的基本保障,程序不完善,司法环境建设的效果将受到不同程度的消极影响,实质上相当于内耗。这就是说,司法环境建设绝不能孤立进行,应跟随程序改革相机行事。

第二,一如既往并坚定不移地推进法官职业化进程。提高法官素质的好处是无条件限制的。公正的司法审判程序可以在一定程度上刺激或促使法官素质的提高,但也不能忽视这种先程序后素质的改革方式必然要付出的代价,这种容忍低素质的法官对公正审判程序功能的消减,实质也是对司法公正的消减。因而,建构专门的司法组织制度对于提高法官素质不仅具有独立价值,而且实际成为司法公正实现的前提性措施。而这种专门的司法组织制度的一个核心内容就是法官职业化,通俗地讲也就是法官工作的严格控制化、集中化与统一化,其直接目的是确保法官素质。它比法官精英化的提法更为贴切。法官职业化虽是法律职业化的组成部分,但由于法官的审理与裁决是决定案件命运的终局性行为,法官在诉讼程序中扮演的角色最为关键,法官职业化要求显然高于律师职业化、检察官职业化。

　　法官职业化作为一种制度安排,包括两方面的内容。一是对法官本身的实体性要求,包括水平与品格两个层次的内容。水平主要指法律专业水平,即把法律规定和案件联系起来进行理性思维的能力。这种能力包括学理性,比律师、检察官的要求要高,要求法官具有法学家水平的理论能力。品格除了品质高尚的一般性要求外,对于法官而言主要是对法律的不折不扣的信仰。法官从本质上讲他并不代表任何利益,包括国家、公民或个人,他只代表法律或公正,是人类社会为实现法治有意模塑的一个超然、超脱的中立者化身。法官并不顺从民意,他只顺从法律。美国联邦法院一位大法官在中国演讲时曾讲到,法律应当保证法官敢于做出不受欢迎的判决,其理论内涵是相当深刻的。二是保证实现上述实体性要求的制度操作。这是极富实践意义的关键性步骤,内容主要包括严格的法官准入制度(包括资格考试与选拔)和职业自治制度。法官职业化或精英化在目前世界范围内"诉讼爆炸"的情势下愈发显示出必要性。"诉讼爆炸"引起的一个不容回避的事实是:一方面,大量的社会纠纷事实上是在法院外解决的,即通过和解、民间调解、行政司法和仲裁等民间性或准司法的途径解决,法院实际解决的纠纷数量在全部纠纷中所占的比重呈现出明显的下降趋势,至少从客观上看,法院已经不再是解决社会纠纷的主力;另一方面,正是在这样的背景下,世界范围内法院的职能已经在悄然发生重大的转变,即从传统意义上的全力解决纠纷的职能转向依靠职业法官来解释法律(所谓法官创法的本质意义之一),传统意义上的片面增加法官数量以应对急剧膨胀的诉讼案件数量的思路已经开始向减少法官数量并实行法官的"精英化"的方向转变。

第三,在诉讼程序和法官职业化改革的基础上确保司法投入。司法投入能良好发挥作用的前提是程序公正、法官素质达到程序最低要求和司法实现独立,这是司法不能盲目投入的主要理由。在案件数量、公正水平和效率不变情况下,投入越高、效益越低,司法投入不能不考虑客观情况。我国不少地方特别是经济不发达地区,不仅法官素质低,更为严重的是已有的法律程序也不能得到确实执行,审理案件的随意性很大,司法不公与司法腐败现象较严重。这种司法状况将使司法投入所应发挥的效益大打折扣,甚至在一定程度上浪费司法投入。此外,一般地讲,在程序不改革的情况下,公正、效率水平是恒定的,投入应决定于案件数量,而案件数量总是与经济发展水平成正比的,经济的发展往往意味着应当增加司法投入。

第四,培养社会法治意识应以培养政府法治意识为重点。我国传统的法治宣传教育方法是以公民教育为重心展开的,按照现代培养社会法治意识的要求来衡量,需要对这一传统方法进行根本性的反思。培养现代社会法治意识应实现两个方面的根本性的转变:一是培养的对象应从以公民为重心转向以政府为重心;二是培养的理念应当从"治民"转向"治官"。人常说"只有落后的领导没有落后的群众"就包含有这方面的理念。

(四)文献推荐

[1] 陈建军.刑事诉讼的目的、价值及其关系[J].法学研究,2003(4).

[2] 梁静.论刑事诉讼目的之"层次性"[J].河南社会科学,2009(6).

[3] 张秀明.刑事诉讼目的综述[J].法制与社会,2020(6).

[4] 郝银钟.刑事诉讼目的双重论之反思与重构[J].法学,2005(8).

[5] 贾文鹏.刑事诉讼中的价值冲突与平衡问题——实体正义、程序正义与程序效率的价值评析[J].理论探索,2005(1).

[6] 胡铭.司法改革的焦点:公正与效率的平衡——兼论当代刑事诉讼的两大基本价值[J].山东公安专科学校学报,2001(4).

[7] 崔敏."沉默权"不该再沉默——关于"沉默权"的理性思考[J].中国律师,2001(2).

[8] 龙宗智.论配合制约原则的某些"负效应"及其防止[J].中外法学,1991(3).

[9] 魏晓娜,范培根.我国刑事诉讼纵向构造的宏观思考和改革建议[J].国家检察官学院学报,2002(2).

[10] 王超.分工负责、互相配合、互相制约原则之反思——以程序正义为视角[J].法商研究,2005(2).

第二章 刑事诉讼程序横向结构

一、案例与问题

（一）赵某涉嫌强奸被释放引民愤案

赵某因涉嫌强奸被县公安局拘留，由于无法收集到足够证据，公安局只得撤销案件，释放赵某。但当地群众强烈要求公安局处理赵某。县政法委遂召开公检法三家联席会议。会上，公安局局长说，只要检察院敢起诉我就敢重新抓人；检察长说，只要法院敢判我就敢起诉；法院院长说，只要敢起诉我就敢判。于是赵某被重新逮捕、起诉，法院判其有期徒刑七年。

问题：
1. 本案处理程序是否符合刑事诉讼法的规定？
2. 本案提供了哪些启示？

（二）刘某等六被告抢劫未审先定案

刘某等六名被告人结伙抢劫作案19次，先后行凶致伤四人，劫得现金财物总计达六万元。本案由某市检察院于某年11月向某市中级人民法院移送起诉。市中级法院接案后认为，本案案情重大，影响面广，为维护法制教育公民，决定在某人民剧场进行公开审判，并发出旁听证300余张。开庭前，法院考虑到本案事实清楚，证据确凿，情节特别严重，为节省时间，实现当庭宣判，不致让旁听群众失望,由院长提交审判委员会讨论,认定了事实(与起诉书相同),并决定判处刘某、张某死刑,其他四名被告分别被判处无期徒刑及15年以下有期徒刑。会后,合议庭依据审判委员会的决定,开庭前一天就写了当庭宣判的判决书。第二天上午八点半在某人民剧场准时开庭,法庭审判只历时三小时即审理完毕,审判长当庭宣读了判决书。法庭审理过程中,几名辩护律师对案件的基本事实无异议,只在主犯从犯的认定上发表了辩护意见。宣判后除刘某张某表示上诉外,其他被告均表示不上诉。闭庭后,旁听群众普遍认为判得好,打击了犯罪,伸张了正义,维护了法制。

问题:

1. 本案处理程序是否符合《刑事诉讼法》的规定?
2. 本案提供了哪些启示?
3. 舆论与司法之间的关系应如何处理?

(三) 检察官当庭殴打法官案

某年11月15日上午,某县人民法院开庭审理由该县检察院提起公诉的一起刑事案件,庭审时,由于检察官张某在举证质证时发生口误说:"这是我方的辩护意见。"旁听群众哄堂大笑,法官只好当庭纠正:"你是公诉人,这只能是你方的质证意见,怎么成了你的辩护意见了。"在法庭论辩过程中,公诉方由于举证漏洞百出、自相矛盾,被辩护律师辩驳得哑口无言,更是火冒三丈,肆意打断辩护律师的发言,法官提醒张某要注意庭审程序时,张某突然把卷宗摔向法官。法官问:"你干什么?"张某说:"你说干什么。"随即冲向法官,张某拿起法庭上的法槌朝法官头部打去,法官本能地用胳臂挡住,张某又用腿踢法官,并撵到走廊、院子里拳打脚踢这名法官。在法官"逃离"了现场上楼回到办公室后,几名检察官在法院门前叫嚣说:"把×××揪出来,卸掉他的腿!"于是,张某再一次冲到楼上去寻找、殴打法官。当时参加听庭、闻讯围观的群众多达几百人,在场法警也低着头不敢过问,都被检察官的气焰吓到。

问题:

1. 本案发生的根本原因是什么?
2. 本案法官对公诉人违反法庭秩序的行为应如何处理?
3. 本案法官的做法有无错误之处?

（四）少年网购仿真枪再审改判案

2014年7月，时年18岁的四川中学生刘某，花三万余元网购了24支仿真枪。后该批枪型物被福建省石狮海关缉私分局在某市某物流公司查获。8月刘某被刑拘，9月29日被逮捕。2015年4月，某市中级法院以走私武器罪判处刘某无期徒刑。一审判决书中称，经鉴定，送检的24支"仿真枪"有21支以压缩气体为动力发射弹丸，其中有20支具有致伤力，认定为枪支。8月25日，福建省高级人民法院驳回刘某的上诉，维持原判。2016年10月18日，省高级人民法院发布通报称，经依法复查，福建高院作出再审决定，认为原判以走私武器罪，判处原审被告人刘某无期徒刑，量刑明显不当，决定本案由省高级人民法院另行组成合议庭进行再审。2018年8月10日上午，省高级人民法院在漳州公开开庭审理了刘某走私武器再审一案。澎湃新闻在内的数家媒体获准旁听了庭审过程，案件未当庭宣判。庭审现场，刘某辩护人认为，刘某的网购仿真枪从运输到海关扣押到鉴定等环节，没有充分证据显示其订购的仿真枪就是海关查扣的该批次枪支。而检方认为，综合全案证据证实，刘某订购、海关查扣、送检鉴定的系同一批次枪支，并不存在同一性问题。近年来，公民持有、销售他们认为的仿真枪、玩具枪而被认定为真枪的新闻屡见报端，因网购仿真枪获无期徒刑的刘某，只是其中之一。辩护人认为，事情根源在于枪支认定标准2010年骤降为1.8焦耳/平方厘米，约是2001年旧标准的九分之一，与一些民众的预见性、认知存在差异。2018年3月28日，最高人民法院、最高人民检察院联合发布了《关于涉以压缩气体为动力的枪支、气枪铅弹刑事案件定罪量刑问题的批复》，对以压缩气体为动力的枪支、气枪铅弹刑事案件定罪量刑问题作出规定。该批复明确，对于非法制造、买卖、运输、邮寄、储存、持有、私藏、走私以压缩气体为动力且枪口比动能较低的枪支的行为，在决定是否追究刑事责任以及如何裁量刑罚时，不仅应当考虑涉案枪支的数量，还应考虑行为人的主观认知、动机目的等。检方认为，根据"两高"2001年《关于适用刑事司法解释时间效力问题的规定》，该案再审不应适用"两高"涉枪案的批复；辩护人则表示，根据刑法"从旧兼从轻"原则，该批复应该用于该案。2018年12月25日上午，省高级人民法院对原审被告人刘某走私武器再审一案作出宣判：认定刘某构成走私武器罪，但由于涉案枪支未流入社会,社会危害性较小,原判定罪过重,决定撤销原审判决,改判有期徒刑七年三个月。①

问题:

1. 本案形成的原因是什么?
2. 本案提供了哪些启示?

二、相关理论提示

(一)刑事诉讼横向结构的概念

1. 诉讼横向结构的含义②

诉讼程序一方面要限制诉讼主体的恣意妄为,即除了对审判权本身进行直接限制外,尤其要实现起诉权与审判权分立、制衡,落实辩护权与起诉权的直接制衡以及辩护权对审判权的间接制衡,由此形成控辩审三方的权力(利)互动状态;另一方面要把有利查明案件真相并对真相进行准确评判的有效方法或经验用程序规则的形式固定下来,即在平等听取控辩双方有关事实认定和法律适用意见的基础上,由法官居中予以裁判。

诉讼程序的上述两方面的价值,比较明显地体现了程序结构的基本轮廓:一是控辩均衡对抗;二是法官居中裁判。这是一个以控辩均衡对抗为底边,以法官居中裁判为顶点的"等腰三角结构"图形。诉讼的产生根植于探求真相,而诉讼程序的实质则是围绕真相展开。其基本方法是对纠纷双方与第三人形成的"等腰三角"天然格局的固定。固定后的结构与原初状态的等腰三角结构解决纠纷程序相比,更富有力量,富有保障。固定化后的等腰三角结构首先限制了国家司法权力可能发生的武断专横并保护了当事人诉讼权利,为查明真相创造了基本条件。"等腰三角结构"的图形具有以下本质特点。

第一,它源于限制国家司法权力、保护当事人诉讼权利和有利于查明真相的

---

① 李明,周佳琪.少年网购24支仿真枪被判无期 法院称已经从轻[EB/OL].(2016-8-14)[2021-7-14]. http://www.xinhuanet.com/politics/2016-08/14/c_129227465.htm;王选辉."少年购仿真枪被判刑案"刘大蔚刑满出狱:以后赚钱回报家人[EB/OL].(2021-4-3)[2021-7-14]. http://news.cyol.com/gb/articles/2021-04/03/content_8j938TW49.html.

② 本部分源自马贵翔.刑事司法程序正义论[M].北京:中国检察出版社,2002:23—25.

两方面必然性的偶然性交汇,即防止恣意需要控辩均衡对抗和法官中立,而有利于查明真相也需要控辩均衡对抗和法官中立,正是这种两方面需要的偶然性交汇才使得"等腰三角结构"更富有魅力。

第二,它具有程序自治功能。一是"隔音空间"效应。即从总体上看,"等腰三角结构"是有意设计的独立于外部环境的理想空间。理论来源在于在事实和法律面前人人平等,为了排除结构之外人情、宗教、等级观念诸因素给公正审判造成的不良影响,需要这样的独立空间。公开审判虽接受公众监督,但在法庭上除了三方之外,任何人没有发言权。正如季卫东教授所说,法律程序"需要法律规范来创造一个相对独立于外部环境的隔音空间。在这里,只有原告、被告、证人、代理人,不管他们在社会上是新任局长还是卖瓜王婆;在这里,只讨论系争中的判断问题,而不管早晨的茶馆谈笑、傍晚的交通拥挤;在这里,只考虑与本案有关的事实与法律,而不管五百年前的春秋大义、五百年后的地球危机。总之,通过排除各种偏见、不必要的社会影响和不着边际的连环关系的重荷,来获得一个平等对话、自由判断的解放区,这就是现代程序的理想世界"。① 二是程序的不可阻挡效应。即案件一旦进入此结构,任何程序主体都无法阻挡结构运行所导致的最终结论。如果将此结构的运作置于社会舆论的监督之下,则又形成此结构的"开放性"。但"开放性"的本质是对"闭合性"的强化,其实质在于让公民参与案件的判断,在法官不公时实行舆论监督和影响,给法官心理上预先设置压力。相比较而言,"闭合性"是决定性的,"开放性"是补充性的;"闭合性"是内在的优秀品质,"开放性"只是一种有利的环境条件。不公开审判的案件之所以也能实现司法公正,靠的就是此结构所具备的"闭合性"这种优秀品质。

第三,它本身是司法程序公正的象征。从根本意义上讲它有利于查明真相并保证案件的实体上的正确解决,从直接目的上讲则实现了一种所谓"看得见的正义",即此结构实际运作的过程本身将作为权威性的、决定性的、独立性的过程来看待,即只要实现了此结构的正常运作,实体正义就推定为已经实现,或者说只要过程正确就不用担心结果会发生错误。

第四,它是司法程序的理想模式。纯粹理性意义上讲,它只以公正为价

---

① 季卫东.法律程序的意义——对中国法制建设的另一种思考[J].中国社会科学,1993(1).

值追求,或者说它是司法公正的代名词。在具体的司法运作过程中可能受各种因素的影响,发生不同程度的"扭曲""变形",但它的基本精神是永恒的。

第五,它是司法程序区别于行政程序的最典型的表征。行政程序因追求效率第一,其结构表现为裁决者和当事人之间形成的"直线结构",具有显著的命令性,而司法程序应追求公正第一而强调控辩平等和法官中立的格局,具有对话性、协调性和中立性。现代行政程序虽然引进了听证制度,但一方面它不可能实现"等腰",即行政程序中的真正的平等和中立,另一方面也表明了正是行政程序吸收了司法程序的部分精神才产生了听证制度。

第六,法官中立是目标,控辩平等是保障。刑事诉讼程序横向结构的核心是控辩平等,法官中立相对具有一定的实体性,即实现了控辩平等也就基本上实现了法官中立。所以充分的、平等的辩论是此结构的生命所在。任何程序的设计都不可能完美无缺,即便完全实现了"闭合性"和"开放性",也不能说绝对保证了公正,只能说程序向科学又迈进了一步。正如美国学者杰里·科恩所说:"到目前为止,还没有设计出考察有罪无罪比现在用的对辩制度更好的制度。自有'分尸架'和'神裁法'以来,我们的审判法已经带着它的一切缺陷走过一段很长的道路。"[①]

2. 刑事诉讼横向结构的含义

刑事诉讼横向结构反映刑事诉讼主体行为的关系图形或组合方式,体现各诉讼主体在诉讼程序中的地位和相互关系。横向结构主要反映控辩审三方的权力互动的基本格局,即控辩均衡对抗与法官居中裁判的宏观关系。同时也反映控、辩、审各方内部关系,包括法官与陪审员(团)的关系、公诉人与被害人的关系、侦查与检察的关系以及辩护人与被告人的关系等微观关系。

刑事诉讼的结构包括刑事诉讼纵向结构和刑事诉讼横向结构。纵向结构只是一种表面现象,特别是体现不出审控辩三方的实质性关系。刑事诉讼横向结构是狭义上的刑事诉讼结构。研究刑事诉讼横向结构有利于更全面、准确地把握刑事诉讼程序的规律。

[①] [美]汉斯·托奇.司法和犯罪心理学[M].周嘉桂,译.北京:群众出版社,1986:86—87.

(二)刑事诉讼横向结构的内容

1. 基本特点[①]

刑事诉讼横向结构是司法程序结构的一种类型,其基本结构也应当符合司法结构的一般原理和普遍规则。但刑事诉讼毕竟不同于其他类型的诉讼,因此其横向结构也应当受特殊规律的支配。刑事司法在解决刑事纠纷的过程中尤其强调谨小慎微,因为刑事司法最终适用的一般是对法律上推定的犯罪实施者给予一定期限或者终身剥夺自由的刑罚,甚至适用剥夺生命的刑罚,稍有不慎就会造成公民个人的重大损失。就是对证据确凿的真正的罪犯来说,程序操作上的每一次失误都可能造成对被告人人权的不同程度的侵犯。因此,刑事诉讼横向结构有其外在的特色是犯罪的复杂性决定了刑事司法庭前程序的两级延伸。相比较其他诉讼处理的纠纷类型,犯罪具有复杂性,一般需要侦查机关进行侦破,即使不需要专门进行侦破的案件,其证明也较为复杂,而刑事诉讼证明标准又高于其他诉讼的证明标准,因而刑事司法程序只能向庭外作等距离的延伸设计。

2. 一般形式[②]

(1)庭审结构

从结构外观看,刑事庭审结构遵循不同类型诉讼庭审结构的一般模式。从实质上讲,其特殊之处在于诉讼主体的构成存在区别:一是控诉方是由代表国家的公诉人和被害人组成;二是辩护方由具有特殊诉讼地位的被告人和被告人的辩护人组成。由此当然构成一个"等腰三角结构"。庭审结构集中体现了正当程序的特点,是实现司法公正的最优场域。在庭审结构中,法官只需充当消极仲裁员的角色,指挥控辩双方在程序上获得均等的发言机会,不介入双方辩论的实质性问题。这是从理想角度而言的,现实中法官也不同程度地行使提证权和提问权,会不同程度地参与案件事实的实质调查工作。比如,在英美国家的当事人主义刑事司法程序结构中,英国法官如认为有利于审判,有权直接传唤未经起诉方或被告方提请传唤的证人,美国法官有时也使用提问权。

[①] 马贵翔.刑事司法程序正义论[M].北京:中国检察出版社,2002:42—48.
[②] 本部分内容源自马贵翔.刑事司法程序正义论[M].北京:中国检察出版社,2002:48—49.

(2) 庭外"一级延伸"

"一级延伸"是指检察官、被害人和被告人、辩护人所作的庭前诉讼准备,以检察官决定起诉为界线。诉讼重心在于是否确定被告人。庭外控辩之均衡对抗形成刑事司法程序"一级延伸"之大结构,也是"等腰三角结构"。

(3) 庭外"二级延伸"

"二级延伸"是基于证明犯罪的复杂性,为确定嫌疑人、重大嫌疑人而进行的预审过程,同时均衡对抗又要求辩护人提前介入诉讼。"二级延伸"的鲜明特征是侦查机关介入诉讼过程。预审是为了控诉所做的准备,这反映了检、侦"一体化"倾向。控、辩均衡对抗形成的刑事诉讼程序"二级延伸"大结构,也是"等腰三角结构"。这说明,不管司法程序结构如何变幻,公正原则是贯彻始终的。

(三) 刑事诉讼横向结构引申出的原则

1. 法官中立原则[①]

在西方学者的传统观念里,判断法律程序公正的两个标准:一是"自然正义"原则;二是"正当法律程序"原则。"自然正义"有两项基本要求,其中一项就是"任何人不得做自己案件的法官"。[②] 美国学者戈尔丁提出的法律程序公正的标准中其中一项是"中立",包括:第一,"与自身有关的人不应该是法官";第二,结果中不应含纠纷解决者个人利益;第三,纠纷解决者不应有支持或反对某一方的偏见。[③] 根据上述内容,可看出法官在刑事司法程序结构中,应处于中立的地位。在"等腰三角"的诉讼结构中,以法官居中裁判为顶点,"等腰"代表着审判方至原告的距离等于审判方至被告的距离。法官不偏不倚地听取原、被告双方的意见。法官中立原则的本质是法官的"超然性"和"被动性"。法官在刑事诉讼中的任务就是在审判中,无任何偏私地全面听取控、辩双方的意见,并最终形成对证据、事实的判断,作出裁决。法官的职责在于"听审",是作为"消极裁判者"存在。确保法官中立的制度安排主要包括:

第一,设置实体性规则。其一,自由心证原则对于塑造法官中立、独立的形

[①] 本部分参见马贵翔. 刑事司法程序正义论[M]. 北京:中国检察出版社,2002:50—51.
[②] 陈瑞华. 刑事审判原理论[M]. 北京:法律出版社,2020:73.
[③] [美]马丁·P. 戈尔丁. 法律哲学[M]. 齐海滨,译. 北京:生活·读书·新知三联书店,1987:240.

象具有直接作用。法官中立,意味着法官只是一个消极的仲裁者,法律只要求法官在认真听取双方陈述的基础上作出判断,这就为法官对具体问题作出具体分析提供了程序上的基本保障。在这个基本保障之下法官对案件证据、意见所做的分析和最终形成的确信也就是"自由心证"的实质内容。其二,法官职权的消极设置,即缩小法官的职权范围,法官在审判过程中不能介入实质性的调查,只能在程序上把握。实质性的调查主要指提证和提问。法官参与提证、提问,容易先入为主,即使法官内心是公正的,外观上也会引起控诉方与辩护方的误解。由此,法官既承担积极调查职能又承担裁判职能是不科学的,控审职能应当分离。其三,法官不负举证责任。举证责任是控、辩双方的事情,控辩双方有责任把案件的所有证据和意见摆在法官面前。法官在庭审中的地位类似于"主持人"的身份,主要职责是听审,通过全面听取控辩双方的意见形成正确的判决。如果法官依职权调取证据,一旦过于活跃就会损害到法官审判职能的实现,会出现诉讼职能重合。而且这样的话,法官往往会形成预断,不利于作出正确的判决。其四,树立中立、权威形象。法官需要注意自身在庭审中的形象,包括眼神、言语举止。法庭之上公开训斥犯罪嫌疑人不合适。对控方和辩方的行为要一视同仁。但是一定的权威是解决争议的必要条件。如果在法庭审判中,控、辩双方或案外人大闹法庭,蔑视法官,将严重影响到判决的权威性,将使当事人遵守法庭判决的意识变得淡薄。为了维护法官的权威,对扰乱法庭的人,法官应有权警告、制止,甚至直接作出判决追究其刑事责任。因为此类行为都是在审判过程中发生的,事实清楚,可以立即作出判决并执行。

  第二,实行程序控制达到法官中立。诉讼程序是诉讼三方都可以直接感知到的,对程序控制得当,会使判决更让控、辩双方信服。其一,通过审判组织制约法官,比如实行合议庭或者陪审团制度,制约法官的权力。在英美法系国家,由陪审团对案件事实问题进行认定。从理论上讲,设立陪审法官是为了防止职业法官的主观臆断而实行的审判权的分立和制衡。在审判过程中,陪审官必须服从法官的指挥,而法官又必须服从陪审官就事实问题所作出的判决。其二,设立审级制度。案件经过初审之后,可以获得上级法院的审查。西方国家采用的基本格局是由初审到上诉审再到终审,我国目前实行两审终审制。其三,通过立法规定"一事不再理""起诉一本主义"的原则。"一事不再理"原则属于大陆法系的重要原则,英美法系类似的原则称之为"禁止双重危险"原则,其内涵具有相似性,即一个人不能因同一行为或者同一罪名受到两次或者多次审判或处罚。"起诉一本主义"是指允许控诉方先向法官递交起诉状或起诉书,但不得对证据和案情作详细描述,尤其禁止移送全部案卷材料和证据。这样以免引起法官的预先审查、防止法官先入为主甚至先定后审,使庭审流于形式。其四,法官在程序上指挥审判也要特别注意维护公正。在审判时间的把握上,应尽量保证控、辩双方把要说的话、提的证都说完、提完。在调查、辩论次数的掌握上,应特别注意保证控、辩双方均等的发言机会。辩论出现互相人身攻击或纠缠枝节、偏离正题的时候,应当制止,但应同时制止双方,不应只制止一方。需要引导时,应同时提醒双方,不应只提醒一方。

第三,诉讼制度之外的其他保障措施。在司法体制上,实现独立行使职权的职务保障制度。法官采用终身或长期任职制、高薪制以实现法官精英化,有利于提高法官素质和廉政执法。目前我国的法律职业资格考试、法官员额制便在实现此目标。

2. 控辩平等原则①

控辩平等是指在刑事审判的控辩审三方组合中,控诉方与被告方的诉讼地位是平等的。具体而言是指控辩双方的权利、义务是对等的。控辩双方在庭审中享有均等的提证、问证和陈述权利,或者说机会均等。特别需要强调的是,不能认为公诉人是代表国家的,其诉讼地位应优于代表个人权益的辩护律师。必须坚持在事实和法律面前人人平等原则。代表国家的公诉人不应享有特权。

控辩平等对抗与法官居中裁判是公正审判的基本格局,而控辩平等与法官中立相比更具有程序性、操作性,在很大程度上又是法官中立的保障性措施,即没有控辩平等也就不可能有法官中立。控辩平等使法官中立的可能性变成现实性,具体表现为:只要在审判中法官维护了双方诉讼权利和义务的平等,中立自然就实现了。控辩平等对法官中立还具有强制性,它表现为法官一旦有意无意地、不公正地限制任何一方的诉讼权利,抑或不适当地增加任何一方的诉讼义务,将使法官的不公正立即暴露于光天化日之下,并受到社会舆论的谴责。因此,只要诉讼过程充分实现了控辩平等,也就能实现法官中立;实现了法官中立,也就能实现判决的公正。

---

① 本部分内容源自马贵翔.刑事诉讼对控辩平等的追求[J].中国法学,1998(2).

控辩平等在司法中的出现,人们还考虑了另一个有利因素,这就是只有平等,才能使控辩双方的辩论成为真正的辩论,才能保证控辩双方都积极提出最有价值的意见,从而为法官创造一个"兼听则明,偏听则暗"的条件。

可见,控辩平等的作用绝不是唯一的,它在限制国家司法权力和查明事实真相之间实现了最有价值的交叉。在刑事司法程序结构中,控辩平等具有关键性。

在目前情况下,刑事司法中犯罪嫌疑人、被告人由于刑事追诉本身的特殊性而处于原始性的不利地位,我们称之为诉讼地位的先天不足。这种先天不足必然导致控辩双方力量的先天失衡。而纠正控辩力量先天失衡,实现控辩平等的方法是增加辩护方的力量,使之拥有可以与控诉方相抗衡的力量。那么在如何收集证据的手段问题上就是一个可以探讨的途径。从现有的条件来看,专门设立一个为辩护职能服务的以国家财力做后盾的侦查机关是不太现实的。那么我们只能从增加控诉方的难度和消极防御的角度思考,于是无罪推定和被告人的沉默权产生了。"无罪推定"即在法庭判决生效之前,假定犯罪嫌疑人、被告人无罪。无罪推定直接产生的原则是控诉方负全部举证责任和证明标准的"无合理怀疑",这样显然增加了控诉的难度。"被告人的沉默权"则是为防止控诉方强迫被告人自我归罪的一项可能找到的最简捷的消极防御手段。有了无罪推定和沉默权,就实现了在不必增加辩护方收集证据的能力的情形下与控方力量的均衡。

上述从消极防御的角度即增加控诉方证明难度、实现控辩收集证据能力的实质均等方面阐述实现控辩平等的路径。为了实现犯罪嫌疑人、被告人诉讼地位与控诉方的全面均等,还应以积极进取的精神实现辩护权的正向扩张,其程序机制是实现控诉权与辩护权程序上的外在均等。我们以庭审为分界线,分为庭审中的控辩程序均等和庭审外的控辩程序均等。庭审中的控辩双方的均等主要体现为在法官面前控辩两方享有均等的提证权、问证权和发言机会而不应有任何偏差。庭审外控辩程序均等主要在于:一是辩护方收集证据的权利,辩护方可在力所能及的范围内收集有利于被告人的证据;二是犯罪嫌疑人、被告人有获得律师帮助的权利,包括有讯问时律师在场权、单独会见权;三是禁止控诉方在起诉时把全部的案卷材料移送给法官,以免引起法官的预先审查、先入为主。

3. 直接言词原则

控辩双方在诉讼结构中除了平等,还必须进行有效的对抗,才能充分阐述各自主张、暴露矛盾,从而有利于法官形成内心确信。为了实现充分有效的对抗,直接言词原则在审判过程中发挥着重要作用。

直接言词原则包括直接审理原则和言词审理原则两个方面。前者也叫作"在场原则",它是指法庭审判时法官、检察官、被告人、辩护人以及其他诉讼参与人必须本人出席审判,直接陈述事实、提出证据和阐述理由,为法官直接采证创造先决条件。在场原则使法庭审判区别于可以听取单方汇报定案的行政操作过程。后者又称为"言词辩论原则",是指法庭审判活动必须以言词陈述的方式进行,不仅参加审判的各方应以言词陈述的方式进行审理、攻击、防御等诉讼行为,而且在法庭上出示证据也应以言词表达的方式为主,物证、书证等实物证据应在言词讯问、询问的必要时及时出示,以使审理过程更富有逻辑性、直观性。直接审理原则和言词审理原则是紧密相关不可分割的:只强调直接原则,就不能排除审判与诉讼各方在场的情况下,仍然实行以出示书面文件为主的书面审理方式这种情形;只强调言词原则,就不能排除审判与诉讼各方在不到场的情况下以打电话等方式进行审理这种情形。直接言词原则所产生的程序性效果是,如果法庭审判没有按直接言词的方式进行审理,视为没有进行审理,所审查过的证据等同于没有出示证据。

直接言词原则的首要价值在于为审判和诉讼各方创造一个探求实体真实的良好环境,以最大可能避免各种间接性的材料本身的不可避免的虚伪性给审判造成的干扰和拖延,其实质是尽可能模拟一种真实的场景。同时,直接言词原则也自然形成了一种使审判和诉讼各方相互制约的"公开场合"氛围,有利于避免审判与诉讼各方的恣意妄为。

直接言词原则是大陆法系国家经过对中世纪纠问式审判制度的改革确立下来的。大陆法系各国要求,审判庭作出判决应根据审问被告人和审查全部证据所得的直接印象作出裁判,而完全不是根据现成的案卷。[①] 英美法系国家虽然没有确立字面上的直接言词原则,但确立了所谓"传闻证据规则"(rule against hearsay),禁止把不是直接感知案件事实的人在法庭上的陈述(即传闻证据)作为定案根据的规则。此规则与直接言词原则具有几乎相同的功能,即两者均不承认证人在法庭之外就案件事实所作的言词证言具有证据能力,而不论这种证言是以书面方式还是以他人转述(即传来证据)的方式在法庭上提出,除非满足

[①] 陈瑞华. 刑事审判原理论[M]. 北京:法律出版社,2020:207.

例外情形。

4. 自由心证原则[①]

如前所述,自由心证可以对实现法官中立提供保障。可见,在刑事诉讼构造中必然会产生自由心证。自由心证与刑事诉讼结构的关系是相辅相成的,自由心证与刑事诉讼结构的要求相适应,而自由心证又反过来对刑事诉讼结构发生积极的影响,这些影响均具有观念性的意义。自由心证强调法官对证据信息的不受干扰的分析过程,其基本含义是法官或陪审官对案件证据进行自由判断并最终形成"内心确信"的思维过程。《法国刑事诉讼法典》第342条对自由心证作出了经典表述:"法律对陪审官用何种方式认定事实并不计较。法律并不为陪审官规定据以判断证据是否齐全和充分的任何规则;法律仅要求陪审官深思细察,并本诸良心,诚实推求已经提出的对被告人有利或不利的证据,在他们的理智上产生了何种印象;法律不对陪审官说:'经若干名证人证明的事实即为真实的事实';法律亦未说:'未经某种记录、某种证件、若干证人、若干凭证证明的事实,即不得视为已有充分证明';法律仅对陪审官提出:'你们已经形成内心确信否?'此即陪审官职责之所在。"从这段表述可以看出,法官的所谓"自由心证"也是在对"已经提出的对被告人有利或不利的证据"深思细察之后而形成的"内心确信",其前提仍然是证据。

自由心证的特点体现为以下四个方面。

第一,自由心证要求法官不受干预,冷静沉思。在法定证据制度中,法律预先规定了证据证明力的大小,由此剥夺了法官对案件事实和证据的独立判断,法官在庭审中只需机械地进行简单的计算即可认定案件事实。自由心证则认为法官亲历了庭审,依据其在庭审中掌握的证据信息,独立判断,即可对案件事实作出最优判断,任何案外干预都会影响司法公正。

第二,自由心证正确的深层原因是法官的良知与理性。良知一般是品质性要求,起码要求是法官不能有意歪曲事实,进一步的要求是不能带有偏见,总之要有一颗探索真理的公正之心;理性要求法官凭借自己的经验与知识逻辑地推导出案件真相。良知和理性是进行正确的自由心证的条件。

第三,以一定的证据为基础。这也是证据裁判主义的传统含义。自由心证

[①] 本部分内容源自马贵翔.从刑事诉讼结构看"自由心证"[J].云南法学,1995(4).

是通过对控辩双方提出的证据进行分析后形成的"内心确信"。这说明自由心证的核心在于依据证据,包括"已经提出的对被告人有利或不利的证据"。

第四,形成内心确信是自由心证完成的标志。内心确信同时也是证明标准。证明标准是指在诉讼证明中,运用证据证明案件事实所要达到的程度,也称之为"证明度"。在刑事案件中,法庭查证到什么程度才算属实呢?这涉及证明标准问题。从自由心证来看,只有查证到法官能形成内心确信的程度才算达到证明标准。

5. 审判公开原则

审判公开原则也叫作"公开审判原则"。狭义上的审判公开是指法院对案件的审理和判决的宣告向社会公开,公民可以到法庭旁听,新闻记者也可以采访报道。广义上的审判公开还包括向当事人公开。审判公开作为一项原则并不排斥对少数不宜公开的案件进行不公开审理。我国《刑事诉讼法》在确立了审判公开原则的同时,也规定了审判公开原则的例外,比如:有关国家秘密或者个人隐私的案件,不公开审理;涉及商业秘密的案件,当事人申请不公开审理的,可以不公开审理。但不公开审理的案件,应当当庭宣布不公开审理的理由。

审判公开原则的价值主要体现为以下四个方面:第一,把审理和判决置于公众的监督之下,有利于防止不同程度的"暗箱操作",确保案件审理和判决的正确性;第二,把审理和判决向社会公开,有利于向社会宣示正义,此种功能的实质是为实现程序正义发挥重要作用,使正义能够"看得见";第三,审判公开也是向公民进行法制教育的良好形式,有利于提高公民的法治意识,起到预防犯罪的作用;第四,审判公开也有利于实现保障人权的目的,可以让当事人充分参与庭审过程,行使庭审中的各项权利。

(四)现实的刑事诉讼横向结构[①]

现实的刑事诉讼横向结构类型就是所谓的刑事诉讼模式,刑事诉讼的当事人主义诉讼模式和职权主义诉讼模式代表了当今世界刑事诉讼结构的两种形式。前者指海洋法系国家的刑事诉讼模式,以英国和美国为代表;后者指大陆法系国家的刑事诉讼模式,以法国和德国为代表。

---

① 本部分内容源自马贵翔.刑事司法程序正义论[M].北京:中国检察出版社,2002:251—253.

当事人主义诉讼模式与职权主义诉讼模式至少在以下几个方面是相同的：其一，都承认控、辩双方在法庭上有均等的提证、问证权；其二，都强调维护法官的公正形象；其三，为防止法官的个人恣意，都允许陪审团参与审判；其四，庭外都允许辩护律师在侦查、起诉的任何阶段介入诉讼；其五，都承认无罪推定、自由心证和被告人的沉默权。

当事人主义刑事诉讼模式与职权主义刑事诉讼模式的不同点在于以下四个方面。

第一，当事人主义刑事诉讼模式特别强调控、辩双方的明显的对抗性，而职权主义刑事诉讼模式一般强调的是控、辩双方享有均等的提证权和问证权。比如，在庭审中，英美刑事司法程序结构的证人一般由控、辩各方自己传唤，而法国、德国刑事司法程序结构的证人则由法官传唤。英美刑事司法程序结构规定了集中体现控、辩对抗的交叉询问方式，并赋予双方对等的反对权。而法国、德国则没有此类庭审方式。在庭审外，英美国家赋予辩护律师自行调查收集证据的权利，甚至允许律师委托私人侦探调查取证。但法国和德国并未赋予律师充分的调查取证权。

第二，当事人主义刑事诉讼模式中的法官可以说是一个消极的仲裁者，而职权主义刑事诉讼模式中的法官是一个积极的仲裁者。在英美刑事司法程序结构中，法官一般不直接介入对证据的实质性调查和辩论，主要是主持和指挥庭审，不直接进行提证、问证；而法国、德国刑事司法程序结构则特别强调发挥法官的职权作用，法官不仅有权直接传唤证人、出示证据，也有权讯问被告人，甚至陪审员也可以询问证人、被告人。

第三，当事人主义诉讼模式把法官和陪审团的职责明确加以划分。陪审团只负责听审和判定被告人是否有罪，法官则在此基础上负责适用法律。英美法系国家均是这么规定的。而职权主义刑事司法程序结构则规定法官和陪审官在庭审中具有同等的权力，共同听审、共同提证、问证，共同投票作出判决。

第四，当事人主义诉讼模式把实行"起诉状一本主义"视为当然，以防止控诉方向法官移送案卷材料后使法官形成先入之见。英美刑事诉讼均实行"起诉状一本主义"。而职权主义诉讼模式则实行案卷材料在开庭前先移送法院审查的办法，允许法官在开庭前阅卷，庭审主要在于解决法官基于庭前阅卷而无法化解的疑团，因而法官在庭审中显得积极主动。法国和德国的刑事诉讼模式就是如此。

一个国家的司法价值模式决定了一个国家立法上对诉讼结构模式的选择。价值模式和司法程序结构实际上是统一的。就我国的价值模式而言,同样体现在三方组合中。根据以上两种模式的比较,可发现我国的刑事诉讼是偏向于职权主义诉讼模式的。

三、扩展阅读

（一）刑事诉讼结构论

20世纪90年代初有关刑事诉讼结构的争论是刑事诉讼领域的热点问题,龙宗智教授和马贵翔教授以《现代法学》为阵地,进行了深入的讨论。龙宗智教授认为,在现代刑事诉讼中,控诉、辩护与审判为三种最基本的诉讼要素和诉讼功能,并成为刑事诉讼结构的基本支点。所谓"诉讼",即法学家们所称的"三方组合",在这一组合中,原告和被告形成一定的诉讼对抗,法官则是居于其间、居于其上的仲裁者,由此而形成一个正三角结构,这种"三角结构",正是"诉讼"结构区别于"命令——服从"这种行政管理结构的特质与特征。作为"三方组合","诉讼"这一结构本身蕴含着一些基本的诉讼原则,包括：诉、审分离原则；辩、诉对抗原则；"司法至上"及"审判中心"论。按照系统相对性的原理,从另一角度观察,同一过程又呈现出另一结构形态。刑事诉讼活动主要是国家为维护其统治秩序而发动,追究惩罚犯罪、整肃社会越轨行为的活动家,设置警、检、法机关分别承担一定职能,刑事案件则按特定程序由侦查、起诉到审判递传。在三机关之间实际存在着一种"工序关系",即线形关系。线形结构,是刑事诉讼构造区别于民事诉讼、行政诉讼构造的特征。公检法三机关在刑事诉讼中,"分工负责,互相配合,互相制约",是我国刑诉法制对这种线形关系的一种注释。由此而言,将承担追究犯罪职能的国家专门机关与在案件中有直接利害关系的当事人适当区分也是有一定根据的。对"线形结构"内在精神的把握,应注意两点：一是该结构强调三机关维护法律秩序的作用,主张"职能不同,目标一致",因而具有一体化趋势,单纯的线形结构与"司法至上"相排斥；二是该结构中起主体能动作用的主要是国家公安司法机关,"配合""制约"均在这些机关之间发生,而被告人则主要作为侦讯客体存在。因此,侦控机关可以对被告人采取强制处分,如羁押、搜查、扣押等,不致因此产生与结构法理不协调的问题。"三角结构"和"线形结构"的提出,形成了刑事诉讼结构的两重结构理论。① 然而,两重构造理论存在一些概念上的误区,因此本书作者同年针对刑事诉讼的两重结构进行了质疑。刑事诉讼的结构,说它是一种三角结构是可以的,但若说还存在一种线形结构,这在概念上讲不通。当然,现代许多国家刑事司法活动中,确实存在着警、检、法之间的工序关系、流程关系,但这是一种刑事程序,刑事程序和诉讼程序是两个不同的概念,我们通常所说的刑事诉讼活动,实际上是诉讼与诉讼外的行政性程序的结合。此外,把三方组合看成是正三角结构,实际上体现不出审判中心司法至上的原则。因为在正三角结构中,作为审判之外的控诉、辩护也是顶点,而控诉中心或辩护中心显然与诉讼结构的功能不合。这么说,三方组合应该是一个等腰三角结构,审判至控诉的距离与审判至辩护的距离是相等的,但不等于控诉至辩护的距离。这样,一方面体现了审判中法官的公正裁断,不偏不倚,另一方面体现了审判中心原则。由此,马贵翔教授在国内率先提出了等腰三角结构的刑事诉讼结构论。② 而等腰三角结构的诉讼结构论也已经被学界广泛接受。

有学者认为三角结构论反映了诉讼的本质,线形结构不是刑事诉讼的结构,并且进一步提出刑事诉讼的整体结构形态并不是正三角结构,也不是等腰三角结构,而是一个倒三角结构。它的特点是:第一,公诉机关与审判机关同处于一条水平线上;第二,被告人处于被追诉和被审判的位置。其原因在于,公诉中控、辩双方的法律地位并不是平等的。公诉中的控方是检察机关,而检察机关在公诉的整体构成中是与审判机关处于同等法律地位,并不是与被他追诉的被告人处于同等法律地位。检察机关与审判机关同为国家司法机关,他们分别行使国家公诉权和国家审判权,这种情况决定了他们在公诉的整体构成中所处的地位必要在同一水平线上。③ 有学者通过考察国内外刑事法庭设置,认为我国现行刑事审判结构实际呈现出一种类似伞状的几何图形,即由审判人员、公诉人(加上被害人及其诉讼代理人)和辩护人共同组成一张伞面,被告人孤零零独自位于伞把一端的"伞形结构"。该结构的基本特征是:第一,审判人员不是消极、中立

---

① 龙宗智.刑事诉讼的两重结构辨析[J].现代法学,1991(3).
② 马贵翔.刑事诉讼的'两重结构论'质疑——与龙宗智同志商榷[J].现代法学,1991(6).
③ 裴苍龄.刑事诉讼结构论[J].诉讼法论丛,1998(2).

的听证者，他们既是庭审程序的"主持者"，也是案件实体真实的"发现者"，拥有强大的、几乎不受限制的法庭调查权；第二，检察机关在法庭审判中"一身二任"，既作为公诉机关代表国家追诉犯罪，又是法律监督机关，依法对法庭审判实施监督；第三，被害人作为当事人参与法庭审判，与公诉机关相互配合、补充，构成公诉案件控诉主体的二元化，导致控、辩力量对比进一步失衡；第四，在法庭上，辩护人席与被告人席分隔设置，辩护人作为被告人合法利益的维护者在整个庭审过程中不能与被告人及时交流、沟通和协商；第五，被告人在法庭审判中不享有沉默权，必须接受审判人员、公诉人、被害人及其诉讼代理人乃至辩护人对其展开的轮番讯问，成为"讯问的对象"。他们认为此种结构存在弊端，应当以"三角形结构"为目标，改革和完善我国刑事审判构造。[1]

国内早期关于刑事诉讼构造的系统性研究成果为李心鉴博士的《刑事诉讼构造论》。在书中，他选择首先到"现代刑诉构造理论的发源地美国"进行基础理论溯源，全面介绍和深入评析了美国刑诉模式学说，帕卡的犯罪控制模式与正当程序模式、格里费斯的争斗模式与家庭模式、戈德斯坦的弹劾模式与纠问模式、达马斯卡的职权纠明模式与当事人抗争模式、阶层模式与同位模式。在刑事诉讼构造的基本类型方面，他认为刑诉构造的基本类型有：欧洲古代中世纪的弹劾式与纠问式诉讼构造，现代欧洲大陆的职权主义与英美国家的当事人主义诉讼构造，以及日本的当事人主义为主、以职权主义为辅的诉讼构造。同时，他提出了一些非常具有理论意义的观点，比如"当事人主义虽然是以弹劾主义为基础发展起来的，但其内容要比弹劾主义丰富得多；职权主义与纠问主义有相似之处，而同时又有着与弹劾主义的相似；二者均不能混同"，"现代职权主义与当事人主义互有吸收，但并未趋同，也并不存在完全彻底的职权主义或当事人主义的诉讼构造"，等等。他关于刑事诉讼构造概念的界定得到了理论界的基本认可，并被形象地概括为"三方诉讼构造"。他将诉讼构造界定为"由一定的诉讼目的所决定的，并由主要诉讼程序和证据规则中的诉讼基本方式所体现的控诉、辩护、裁判三方的法律地位和相互关系"。[2]

---

[1] 卞建林，李菁菁. 从我国刑事法庭设置看刑事审判构造的完善[J]. 法学研究，2004(3).
[2] 李心鉴. 刑事诉讼构造论[M]. 北京：中国政法大学出版社，1992：6—7.

（二）刑事被害人当事人化的反思与制度重构[①]

1. 问题的提出

改革开放初期，西方恢复性司法理念传入我国，愈来愈多学者关注刑事被害人[②]这一在以往犯罪行为责任追究中受保护力度最薄弱的诉讼参与者。20世纪80年代以来，学界掀起关于我国被害人诉讼地位的论争，并在90年代前期进入研究高峰。不少学者回应传统刑事司法存在的被害人权利保障不足的严重缺陷，主张被害人当事人化。我国1996年修订的《刑事诉讼法》通过第八十二条确定被害人为刑事诉讼当事人。此后，随着修订后《刑事诉讼法》的适用、刑事诉讼法学课程推广，更多人认为赋予被害人以当事人的诉讼地位具有天然的合理性，不容置疑。由是，这一争论被搁置20余年。曾经我们以为通过立法确立起被害人在刑事诉讼中的当事人地位和赋予被害人广泛的诉讼权利就可以一劳永逸，很多司法实践难题便能迎刃而解，但20多年以来的司法实践并非如此。长久以来，犯罪损害公私合一贯穿于我国司法运作中，实践效果并不乐观，主要表现为以下两点。

第一，作为当事人的被害人对被追诉人定罪量刑的干预对司法结果公正造成负面影响。犯罪损害公私合一使得被害人参与并影响刑事诉讼变得合理，而刑事诉讼中被害人的实质参与则使得控辩之间的紧张关系又多了一份角力，让长期以来为保障被追诉人的努力因被害人当事人地位的持续存在而被抵消和消减。被害人的受损权益和生活秩序短期内难以修复，甚至陷入生活困顿的局面，无形中加剧被害人的报应心理和对司法机关裁判结果的不满程度。随着信息化的发展，被害人除了在案件审理过程中就被追诉人定罪量刑问题向法庭直接陈述意见外，甚至不惜通过申诉、上访等救济渠道要求给予被追诉人更严厉的刑罚。在一些情况下他们还会通过报刊、网络、自媒体等多种途径提高案件关注度，甚至引导民意走向，以在控辩抗衡中增加话语权，对法官裁判结果施加影响。被害人向司法机关提出的严惩被追诉人的意见，在一些情况下会使得司法机关或基于对犯罪损害的认识偏差或基于舆论压力，违背罪刑相适应原则，加重被追

[①] 本部分内容源自马贵翔，林婧. 刑事被害人当事人化的反思与制度重构[J]. 河北法学. 2020(1).
[②] 本部分所称刑事被害人，仅指直接遭受犯罪侵害的自然人，并不包括其他学者探讨的单位被害人、国家被害人、民族被害人、社会被害人、人类被害人。出于行文方便的需要，本部分以下一律简称被害人。

诉人的刑事责任,甚至引发刑事冤案。立法的认可和司法的默许,向被害人传递了这样的认识——被害人介入和干预被追诉人的定罪量刑问题可行且有效。以安徽阜阳的一起杀人案为例,一审中合议庭、审委会一致认为应判无罪,但被害人父亲周某在得知法院可能作出无罪判决后前往法院自尽,判决随后逆转,五个被追诉人中,两人被判处死刑立即执行,一人被判处无期徒刑,两人被判处15年有期徒刑。在历经上诉、发回重审、再次上诉后,安徽高院仍作出留有余地的判决,酿成了被追诉人及其家属妻离子散、生活困窘的悲剧,案发22年后安徽高院最终改判无罪。① 该案引发"被害人及其家属是否成为第二法官"的讨论。

第二,公私合一的制度设计对被害人民事权益保障形成妨碍。犯罪损害公私合一使得刑事立法与实践同侵权责任法在面对被害人救助问题时,产生矛盾。立法和司法更多关注犯罪公益损害的刑事责任,对犯罪私益损害的民事赔偿问题的关切不足,最终使得被害人合法权益落空。犯罪行为发生后,由于单独提起民事诉讼存在现实障碍、附带民事诉讼赔偿范围有限、有关精神损害赔偿的民事法律制度薄弱、被追诉人赔偿能力不高或恶意转移财产不予赔偿、执行不到位等诸多因素,被害人实际获得的赔偿数额极其有限。这使得部分被害人将仇恨转嫁到对被追诉人的刑罚要求上,一定程度上也模糊了个人报应和制度报应②的边界。

上述司法困境不免引导我们思考这些现象背后的原因。对此,诸多学者都进行了不同程度的探索,主要集中于构筑四元三级的刑事诉讼结构、诉诸传统刑事诉讼对抗性司法模式之外的私力合作模式③、完善被害人刑事诉讼权利等方面。鲜有学者从刑事被害人诉讼地位的角度予以反思,被害人去当事人化的理论研究薄弱。就收集到文献而言,仅发现一篇学术文章主张重新审视我国刑事被害人的诉讼地位。④ 我们在探寻缘由时,发觉前述司法现象是多重因素共同

---

① 详见李云芳.安徽司法恶例:被害人父亲法院自尽,被告无罪变死刑[EB/OL].(2014-7-25)[2019-6-1].https://www.thepaper.cn/newsDetail_forward_1256495;邵克.安徽"无罪改判死刑"疑案复查两年无果,5被告人4人已出狱[EB/OL].(2016-11-11)[2019-6-1].https://www.thepaper.cn/newsDetail_forward_1558963;曹林华.安徽"五周杀人案"写入最高法报告蒙冤21年获平反[EB/OL].(2019-03-13)[2019-6-1].http://news.china.com.cn/2019-03/13/content_74564157.htm.
② 周国均,宗克华.刑事诉讼中被害人法律地位之研讨[J].河北法学,2003(1).
③ 陈瑞华.刑事诉讼的私力合作模式——刑事和解在中国的兴起[J].中国法学,2006(5).
④ 胡铭教授在2018年发表于《政法论坛》的《审判中心与被害人权利保障中的利益衡量》一文中提出,以被害人为刑事诉讼当事人的角色定位存在诸多问题,既同公诉案件的属性相冲突,也与被害人的证人身份相矛盾。

作用的结果。其中,未能合理界分犯罪行为的双重损害,并让刑事被害人以刑事案件当事人身份参与诉讼、对被追诉人定罪量刑发表意见,从而形成公私不分的诉讼制度,或为产生和加剧上述现象的关键制度性原因。故而,我们试图从被害人的诉讼地位出发,着眼于犯罪损害的属性对刑事被害人当事人化的立法模式进行反思以正本清源。

2. 刑事被害人当事人化的理论误区

犯罪行为[①]具有双重属性:一是犯罪行为侵犯公共利益产生隶属的法律关系,引发公诉;二是犯罪行为意味着被追诉人对被害人的合法权益的侵犯,产生平权的法律关系,引起私诉。侵犯公益和侵犯私益构成犯罪行为的两个方面。基于此,犯罪损害的公私分离,指的是一旦犯罪行为发生,犯罪行为对被害人私益的损害和对公共利益的损害同时存在,应当将二者区分开来,不得混淆。这是剖析犯罪行为责任的分析框架,是厘清犯罪双重损害各自的追究程序的逻辑起点,也是科学合理追究犯罪行为责任的必经程序。其核心在于,追究损害被害人私益的行为责任的诉讼程序和追究损害公共利益的行为责任的诉讼程序相互独立、并行不悖。因此,私益受损的被害人只能就自己受损的利益发表意见,不得对公共利益受损的行为责任发表意见,即不得就被追诉人的定罪量刑问题发表意见,不得对法官适用刑事法律作出刑事裁判的过程施加影响。究其本质,刑事被害人当事人化的理论误区之核心在于犯罪损害追诉方式的公私合一。

从现实的法律规定和司法实践来看,在两大法系主要代表国家以及我国的刑事诉讼中,被害人的诉讼地位和权利保障情况,如表 2-1 所示[②]。在犯罪损害的公私分离问题上,落实最彻底的主要是在美英法系国家和日本。在美国、英国和日本,被害人以证人身份参与刑事诉讼。美国、日本刑事诉讼中没有附带民事诉讼程序,被害人因犯罪行为而遭受的损失的赔偿问题,只能在刑事案件审理终结后,单独提起民事诉讼。有所不同的是,根据《英国司法法》的规定,英国法官在刑事案件审理中经被害人同意可以直接发布赔偿令,要求被追诉人赔偿被害人因犯罪行为遭受的损害,避免了单独提起的民事诉讼给被害人造成时间负累

---

① 本部分所称犯罪行为指自然人直接遭受犯罪侵害的犯罪行为,即有直接受害人的犯罪行为。
② 此表是根据《美国被害人及证人保护法》《日本刑事诉讼法》《英国司法法》《英国被害人法》《法国刑事诉讼法》《德国刑事诉讼法》《中华人民共和国刑事诉讼法》等整理而成。

和精神负担。在法国、德国等国家的自诉案件中,被害人作为自诉人追究被追诉人的刑事责任。法国设置了刑事附带民事诉讼程序,德国则称为附带诉讼程序,被害人的民事问题与被追诉人刑事责任一并解决,被害人则作为民事当事人参与案件审理过程。20 世纪 80 年代以来,大陆法系国家借鉴英国赔偿令制度的优势,将之融合到原有的刑事附带民事诉讼程序之中,被害人在刑事庭审中陈述其受害状况并提出赔偿请求,法官在刑事庭审中以刑事赔偿令责令被追诉人付诸赔偿,赔偿令作为法定刑之一可独立适用,亦可折抵自由刑,提高了被追诉人对被害人的赔偿给付率。自新中国成立以来,被害人在我国刑事诉讼中的地位经历了从公诉案件非当事人到公诉案件当事人的逐渐强化的过程。特别是 2012 年刑诉法修正案增加的刑事和解程序和 2018 年修正案增加的刑事速裁程序、认罪认罚从宽制度,[①]均将被害人是否谅解作为法定的量刑考量因素,是强化被害人诉讼地位的标志性立法。

表 2-1 主要代表国家被害人的诉讼地位和权利保障情况

国家	诉讼地位	是否可以就定罪量刑发表意见	获物质帮助的渠道		诉讼权利
			诉讼内	诉讼外	
美国	证人	否	单独的民事诉讼	国家补偿、社会救助	刑事诉讼知情权
日本		否			
英国		否	单独的民事诉讼 刑事赔偿令		
法国	自诉人、附带民事当事人	是	附带民事诉讼		除知情权外,还可查阅案卷,甚至出席庭审对证人发问
德国			附带诉讼		
中国	当事人	否	附带民事诉讼 刑事和解 刑事速裁 认罪认罚从宽	国家司法救助	

我国刑事被害人当事人化的理论误区主要表现为以下两个方面。

---

① 详见最高人民法院、最高人民检察院、公安部等于 2016 年 11 月印发的《关于在部分地区开展刑事案件认罪认罚从宽制度试点工作的办法》的第七条。

第一,公私合一的立法模式人为混淆了公益和私益的界限。我国学者主张被害人以当事人身份参与刑事诉讼,实质是犯罪损害的公私合一,其立论依据主要有二:其一,国家利益和被害人个人利益具有同质性,犯罪行为是对被害人法益的侵犯,并在被害人与被追诉人之间产生刑事法律关系,因此,实现国家刑罚权的过程就是实现被害人的刑事权利[1];其二,犯罪具有私人侵犯性,倘若刑事追诉缺乏被害人的实质性参与,被害人的利益被忽视,受损的社会关系难以得到修复,就会衍生出被害人通过涉诉上访、舆论造势等方式寻求救济等现象,被害人的实质参与有利于被追诉人挖掘更多资源以弥补被害人损失,当被害人利益获得充分保障时,对判决的认可度随之提升[2]。刑事诉讼的本质是公益诉讼,实现国家刑罚权的主要价值构成是公益。一个行为受到刑法规制和刑事追诉,不在于其对个人法益的损害,而在于对超个人法益的挑战。私人侵犯性是犯罪行为与普通违法、违约行为的共同属性,是否侵犯超个人法益才是犯罪行为与违法、违约行为的分野。被害人个人利益的司法救济路径是私诉[3],公诉机关代表国家追究被追诉人罪责以维护社会公益则通过公诉实现,公诉机关和被害人的价值追求和实现程序并不一致,二者不应混同。从公益和私益的不同性质来看,犯罪损害公私合一和以之为基础的被害人当事人化的主张混淆了公益和私益的界限,难以自圆其说。实现犯罪损害公私分离、对被害人去当事人化,是经刑事诉讼发展历程检验、符合刑事司法规律的选择。因此,被害人受损的私益应当通过独立的民事诉讼或者附带民事诉讼解决;在刑事诉讼中,被害人不应该影响法官对被追诉人行为的定性,也不应影响法官作出的合乎刑事法律的量刑。

第二,公私合一的立法模式制造了公益和私益冲突、形成内耗[4]。长期以来,我国刑事司法致力于寻求社会公益和被害人私益的平衡点,暗含着犯罪损害公私合一的内在逻辑。基于这一出发点,以被害人为刑事诉讼当事人的立法设

---

[1] 杨正万.刑事被害人问题研究——从诉讼角度的观察[M].北京:中国人民公安大学出版社,2002:217.
[2] 杨正万.刑事被害人权利保护论纲[J].中外法学,2007(2).
[3] 自诉不同于私诉。自诉指的是被害人及其法定理人在刑事诉讼中提起诉讼的行为。结合罗马法中公诉、私诉的划分,私诉指的是被害人为保护其私权提起诉讼的行为,本部分所称私诉正是这一层面的意思。
[4] 此处的内耗指的是将两种权益相互捆绑时,二者相互冲突导致相互损耗。一方面,引发控辩失衡,妨害司法公正;另一方面,致使私益保障有缺。

计人为造成社会公益和被害人私益的冲突。尽管给了被害人看似体面的地位,但犯罪行为带来的风险依然由被害人承担其中的多数。一方面,公诉人的国家视角与被害人的私人视角不同,社会公益与被害人私益所包含的内容也不同。前者需要考虑公共安全、社会秩序、犯罪控制等多重问题,后者囊括的则是被害人的人格权、身份权、财产权等权利和利益。前者追究的被追诉人刑事责任是被追诉人对国家和社会公众的抽象责任,而被害人要求被追诉人履行的是对被害人个人的具体责任。前者侧重于通过惩罚实现威慑、预防的效果,后者侧重于被害人的身心修复。公诉人为维护社会公益履行职务行为的过程中,忽视、遗漏、难以兼顾被害人私益是必然结果。国家代表的社会公众与犯罪人和刑事被害人等自然人个体之间必然存在诸多利害冲突,这种冲突的背后则是个体主义、自由主义与群体主义、集体主义之间的价值冲突。[1] 另一方面,行使公诉权的公诉人是自然人,其职务行为的履行过程受其办案经验、业务能力、情感体验等内在因素和客观中立义务、有关机关和个人干预等外在因素制约,不同于被害人切身受害的本能诉求。[2] 善意的立法无法改变刑事司法重视犯罪预防和风险控制,而忽视被害人权益保护和恢复的倾向,反而导致被害人在经历身心和财产的第一次伤害、社会交往中的第二次伤害后,遭受司法带来的第三次伤害。[3] 由于国家忽视民事侵权问题的妥善解决,使得被追诉人很难通过正规、专门、科学合理的制度化途径最大限度恢复被害人的生活秩序,导致刑事纠纷的粗放式解决,带来法外救济压缩司法裁判空间等司法困境,甚至引发被害人的恶逆变。[4] 当立法设计旨在保护被害人却引致被害人的不利和对司法公正的质疑时,就需要反思被害人保护手段的妥当性与合目的性。立足于有效保护被害人法益的立场,被害人去当事人化妥当且合乎目的。正义、人权、平等是犯罪人的需要,亦是被害人所企盼的。只有严格分离犯罪行为的公益损害和私益损害,并通过民事诉讼

---

[1] 杜永浩.论我国刑法中刑事被害人保护的缺失——兼及检察机关公诉权与刑事被害人保护的利害冲突[J].政法学刊,2003(3).
[2] 杨旺年.论刑事被害人的诉讼地位、诉讼权利及其保障[J].法律科学(西北政法学院学报),2002(6).
[3] 20世纪日本学者宫泽浩一在《被害者化及其对策》一文中提出被害者化的理论,其将被害人化这一过程划分为被害人受到伤害的三个阶段。第一次指的是犯罪行为对被害人的直接侵害;第二次指的是因犯罪行为受到来自身边亲友、邻居甚至陌生人的非议等加剧心理创伤;第三次指的是,被害人的身心损害难以通过司法获得修复而加重被害人的受害程度。
[4] 被害人的恶逆变现象,即被害人化的第三个阶段的其中一种状态,指的是被害人犯罪人化。

程序保障被害人权益,调整和追究犯罪行为的法律才真正实现了由国家主义向人本主义的转变。①

3. 刑事被害人去当事人化的制度重构

实现犯罪损害的公私分离,需要赋予参与刑事诉讼的被害人合理的诉讼地位及与之相适应的诉讼权利。在刑事诉讼中,被害人诉讼内权利表现出较强的外部性,尤其是起诉权、申诉权、表达意见权等实质诉讼内权利,直接影响诉讼进程和诉讼结果;参与庭审权、诉讼知情权等形式诉讼内权利以及民事求偿权、补偿权、社会救助权等诉讼外权利则不直接影响刑事追诉活动。② 刑事被害人去当事人化的内在构造,以重新界定刑事被害人的诉讼地位为核心,以限制被害人实质诉讼内权利、保障被害人形式诉讼内权利和诉讼外权利为支撑。

第一,在刑事立法中确立被害人为特殊诉讼参与人,而非当事人。从犯罪行为的双重属性出发,被追诉人犯罪行为的责任追究、被追诉人对被害人的人身财产损害的补偿应区分开来。前者是国家垄断的公权,后者是被害人的私权。被害人是否为刑事诉讼当事人的问题,可转化为被追诉人是否向被害人承担刑事责任的问题。对侵犯超个人法益行为的追诉,实质是将国家拟制为被害人,被追诉人作为义务人,被追诉人向国家承担刑事责任,对义务人的义务享有权利的主体是国家。现代西方国家普遍实行代议制,在代议制下,立法是公共意志的表达,是公民与国家缔结的调整社会关系的公共契约,刑事立法亦然,刑罚的意义在于惩戒破坏契约秩序、违反义务的行为。③ 刑事司法中的司法为民,是为一般民众谋福祉,其指向的是一般主体而非被害人等特殊主体。追求罪刑法定,是基于社会整体公平正义的考虑,与保护被害人一方的公平正义并无直接联系。如果刑事司法为特殊主体谋福利,司法天平倾斜,不可避免会引发司法公正性的质疑。国家和被追诉人是刑事法律关系的两方主体,而被害人仅是事件当事人,并非直接与被追诉人相对的诉讼当事人。④ 基于此,被害人应被排除在追究被追诉人刑事责任的当事方之外,其在刑事诉讼中是特殊的诉讼参与人:一方面,具

---

① 刘东根. 犯罪被害人地位的变迁及我国刑事立法的完善[J]. 中国人民公安大学学报,2007(2).
② 胡铭. 审判中心与被害人权利保障中的利益衡量[J]. 政法论坛,2018(1).
③ 陈浩然. 理论刑法学[M]. 上海:上海人民出版社,2000:13.
④ 黄东熊,吴景芳. 刑事诉讼法论[M]. 台北:三民书局,2001:42.

有证人的地位，作为证据的来源之一；另一方面，由于直接遭受犯罪行为侵害，而具有特殊性，与鉴定人、其他证人等诉讼参与人相比，具有诉讼知情权。当前刑事法学研究和司法实践存在不少误区①，其根源在于将犯罪行为的两种属性混为一谈而导致逻辑不清，认识不清则导致解决问题时针对性不足，如同多米诺骨牌一般最终导致对刑事被害人的保护收效甚微。当合理区分二者之后，不存在赋予被害人公诉案件上诉权的争议，也不存在加强被追诉人保护就弱化被害人利益保护空间的纠结。

第二，废除被害人在刑事审判中就定罪量刑发表意见的权利。被害人不是刑事诉权的享有者，不应同检察官、被追诉人一样直接对是否定罪、定何种罪名直接施以影响。被害人在一审、二审、审判监督程序乃至缺席审判程序中，除了解案件相关信息外，还有对定罪结果的知情权，以及以证人身份陈述所知道的案件情况，为追究犯罪服务。人类司法的进步之一，就是犯罪损害的公私分离。追究被追诉人刑事责任不是因为被害人个人遭受损害，而是基于侵害行为的公益损害风险或结果。因此，刑事诉讼仅解决公益损害的责任问题，被害人的话语权仅限于私害及其修复问题。换言之，被害人只能就犯罪的私人损害表达意见，对犯罪的公共损害则由代表公共利益的公诉机关来发声。刑事诉讼中被害人的言论和表现常使法官混淆二者，建立被追诉人因被害人权益受损应承担刑事责任的不正确联系，继而产生对危害结果认识即公益损害判断的误解和偏离，最终影响司法结果。事实上，附带民事诉讼广泛且不加区分的适用，无形中也加剧了法官的混淆和认识偏差。一旦侵害行为发生，其公共损害是客观的、已然的、确定的，不因被害人的言论，也不因被害人私益是否得到补足而改变。遭受私益损害的主体就犯罪公益损害的责任承担问题表达意见并影响责任追究结果，存在逻辑混乱与纠结，也是对司法公私分离的摒弃和倒退。我国的刑事和解程序以及刑事速裁程序、认罪认罚从宽制度的部分规定，增设了被害人影响案件实体判决和诉讼进程的法律渠道，实际上将触角伸到了刑事法边界以外。刑事和解的本质是被追诉人通过赔偿被害人获得量刑上的克减或不起诉的优待。对于达成和

---

① 此处误区，大致可以概括为这样的观点：我国长期以来在犯罪行为发生后，强调的主要是国家刑罚权的实现，后来有所改进，实现国家刑罚权往往处于主导地位，受损的被害人利益之保护则处于次要、附属的地位，被害人获得的救济往往是有限的，不足以弥补其损失或者与此遭受的损失持平。因此，在刑事诉讼中被害人权益保障和国家刑罚权实现应当并行不悖且处于大致对等地位。

解的案件，检察院可以作出不起诉决定，而法院则可以从宽处罚，这与辩诉协商制度不同的是，被害人对案件的处理结果发挥实质影响。《刑事诉讼法》新增的刑事速裁程序则明确了当被追诉人与被害人未就附带民事诉讼赔偿等事项达成调解或者和解协议时，不得适用速裁程序，这一规定使得被害人的参与成为影响诉讼程序选择的考量因素，会对各诉讼主体形成误导，也不利于诉讼程序的公私分离。新增的认罪认罚从宽制度则规定，被追诉人认罪认罚，公诉机关应当听取被害人对案件审理程序、从宽处理建议案件的事实和法律问题等的意见。与认罪认罚从宽制度相关的司法解释明确提出要保障被追诉人的诉讼权利，保障被害人的合法权益，要依法听取被害人意见，将被追诉人与被害人是否达成和解或赔偿被害人损失，作为量刑的重要考虑因素。[①] 上述规定把对平权的法律关系的调整与对隶属的法律关系的调整混淆。公诉机关按照有利于公益的方式履行职权，不受被害人影响，不需要听取被害人意见。作为私主体的被害人影响着公益诉讼的进程和结果，有将个人利益凌驾于公共利益之上的嫌疑。宜取消刑事和解程序以及刑事速裁程序、认罪认罚从宽制度中涉及被害人影响案件实体判决和诉讼进程的部分规定。

第三，废止被害人的刑事自诉权。当前，我国的刑事自诉案件主要包括三类：公诉转自诉的案件、告诉才处理的案件和被害人有证据证明的轻微刑事案件。被害人刑事自诉权的基础并不在于被害人遭受犯罪行为侵害，而是被害人刑事起诉具有补充性、最后性和权力监督功能。非常态情形下，国家赋予被害人刑事案件起诉权，是监督国家权力和实现刑事正义的需要。只有在公诉权应当启动而公诉机关不予启动时，由被害人履行控诉职能才具有正当性。因此，第一类自诉案件有其存在的合理性。从长期来看，实现犯罪损害的公私合一，宜借鉴强制起诉制度，取消这类案件的被害人起诉权。第二、三类刑事自诉案件，应逐渐归置到公诉案件中去，原因如下：首先，这类案件不存在公诉机关的不作为，将其纳入公诉范围，既是刑事法律体系内在逻辑自洽的要求，也可避免被害人法律知识结构、受教育水平、经济能力有限等导致的不利影响，亦符合刑事自诉范

[①] 详见最高人民法院《关于全面深入推进刑事案件认罪认罚从宽制度试点工作的通知》（法〔2018〕114号）和最高人民法院、最高人民检察院、公安部、国家安全部、司法部印发《关于在部分地区开展刑事案件认罪认罚从宽制度试点工作的办法》（法〔2016〕386号）。

围逐渐缩小的世界趋势①；其次，被害人不告则法院不理，意味着这类案件的起诉权具有处分性、是可以放弃的，违背了刑事起诉权非处分性的特性，背离刑事法的价值追求；最后，有起诉权就应当有上诉权，根据我国《刑事诉讼法》，被害人只得请求检察院提起抗诉，并无上诉权，从而使得刑事法出现内在规定的自相矛盾，强行论证矛盾内容合理性不符合科学研究的精神。

第四，切断被害人引起刑事二审、再审的程序路径。无论怎样，我们都不能否认，公诉案件诉讼程序的发生和发展，是检察院和被追诉人分别行使诉权的结果，但值得注意的是，被害人被取代和限制的是刑事诉讼意义上的诉权，在民事方面其诉权自始至终存在，当前作为民事诉讼原告或者附带民事诉讼原告人时，同被追诉人享有对等的权利义务。② 公诉案件享有诉权的主体参与诉讼的价值追求不同于民事诉讼，由此产生刑事诉权与民事诉权实现规律的差异，例如民事诉权的享有和处分属于意思自治范畴，而刑事诉权的专属性和处分性受到严格的法律限制。当被害人认为刑事裁判有失公允、应当推翻时，我国现有法律设置了被害人的申诉渠道，很多学者认为这一举措对被害人的保护力度不足，建议赋予被害人公诉案件的上诉权、再审抗诉权。被害人并非诉权主体，其主要通过发表受害陈述参与公诉程序，而非辅助指控，当其认为刑事裁判有失公允而申诉时，这类同于公众对司法机关办案质量的监督，因此，并不当然引起上诉和再审程序，但可以构成专业的司法机关及其工作人员发现错误的线索，并根据需要在二审和上诉程序中作为证人出庭作证。③

4. 刑事被害人去当事人化的配套措施

出于保障被害人权益的考量，刑事被害人去当事人化的制度设计需要配套举措的支撑。我国的问题在于支撑制度的条件已具备但支撑制度尚未跟进。除了前一部分所提的理顺内在制度外，还需要贯穿事前预防到事后保护的相应配套举措，构筑起切实、完备、有效的被害人权利救济体系。

第一，允许被害人对物质和精神损害单独提起民事诉讼。若对一项制度的期许没有超过该制度的效力所及范围，应当首先完善制度本身，直接设置或者引

---

① 周国均，宗克华. 刑事诉讼中被害人法律地位之研讨[J]. 河北法学，2003(1).
② 徐静村，谢佑平. 刑事诉讼中的诉权初探[J]. 现代法学，1992(1).
③ 胡立新. 略论刑事诉权——兼议公诉案件中被害人的诉讼地位[J]. 法治论丛，1993(4).

入新的制度可能会陷入钱穆陷阱;若一项制度被寄托了更多期望而超出该制度的效力所及范围,则需要给制度减负。既然我们无论如何改进现代刑事诉讼制度,都改变不了刑事诉讼实现价值的有限性,即刑事诉讼注重的是公共利益的实现,被害人的权利实现和保障功能是极其有限的,就应采取更包容开放的姿态,摈弃旧观念,从公诉之外的私诉中寻求被害人权益的救济渠道。犯罪行为本质上是严重的侵权行为,比起关注被追诉人会被判处多少年自由刑,被害人往往仰赖于恢复生活秩序的物质需求。要求刑事诉讼直接、正面补足被害人受损权益,可能产生适得其反的效果。在倡导公民权利保护的今天,《刑事诉讼法》不仅仅是保障被追诉人的权利,更肩负着不置被害人于不利地位的使命,间接保障被害人合法权益不受侵犯。保障刑事被害人权益,需要从本源入手,抽丝剥茧,破除以往处置有直接被害人的犯罪行为时,重刑轻民、刑主民辅、以刑代民的粗放观念和实践惯性,让"刑事的归刑事,民事的归民事"①,限缩附带民事诉讼、责令退赔的适用空间,允许被害人对物质和精神损害单独提起民事诉讼。对此,2009年通过的《侵权责任法》第四条进行了专门而清晰的规定,"侵权人因同一行为应当承担行政责任或者刑事责任的,不影响依法承担侵权责任。因同一行为应当承担侵权责任和行政责任、刑事责任,侵权人的财产不足以支付的,先承担侵权责任"。但实践中则表现为,刑事裁判以责令退赔的方式僭越民事裁判的领地。首先,"退赔"是私主体之间的私行为,责令退赔只能是民事裁判结果,不应成为刑事判决的判项。在法国、美国等国家,20 世纪 30 年代以来,司法能动主义在实践中开始凸显,但私人诉讼仍秉持不告不理的基本立场,被害人损害赔偿请求不能由检察官提起,也不能由刑事法官依职权自行启动被害人损害赔偿的民事诉讼程序,即使被害人无诉讼行为能力亦不例外。② 当前刑事立法允许司法机关直接以责令退赔的方式解决被害人的民事权益,是法律父爱主义的表现。其次,刑事判决书的判项应当是限于定罪、量刑的确定,我国《刑法》第三章明确规定,刑罚分为主刑和附加刑,责令退赔既非主刑,也非附加刑,将其作为刑事判决的判项,缺乏上位法依据。此外,《刑法》第六十四条、《最高人民法院关于适用

---

① 这指的是犯罪行为引起的刑事责任与民事责任同时存在,分别通过刑事诉讼程序、民事诉讼程序予以解决。
② [法]贝尔纳·布洛克.法国刑事诉讼法[M].罗结珍,译.北京:中国政法大学出版社,2009:128.

《中华人民共和国刑事诉讼法〉的解释》（法释〔2012〕21 号）第一百三十九条关于责令退赔的规定，仅指司法机关督促被追诉人履行民事义务①，《最高人民法院关于适用刑法第六十四条有关问题的批复》却据此认定被害人的财产损失只能通过追缴和责令退赔予以救济，并以刑事裁判记载的追缴、责令退赔具体内容为限，被害人不得提起附带民事诉讼或单独提起民事诉讼，此举以刑代民，超越刑事裁判的边界，剥夺了被害人的民事司法救济权，这一问题在最高人民法院(2017)最高法民申 106 号裁判文书②中充分暴露。刑事法的效能在立法和司法实践中被过度放大，而民事救济空间则被大大压缩，被害人的精神损害和物质损害难以获得有效救济。就附带民事诉讼是否有存在必要的问题，为了提高诉讼效率、解决纠纷，民事部分只涉及赃款赃物且经被害人同意的情形，得以附带民事诉讼的方式解决；对于人身性犯罪直接引起的民事损害赔偿、犯罪外行为引起的民事诉讼和反诉以及涉及第三人的民事诉讼，宜单独提起民事诉讼，最终的趋势应当是鲜有附带民事诉讼，独立的民事诉讼为主流。

第二，完善精神损害赔偿制度。物质补偿有利于被害人缓和精神痛苦和尽早恢复生活秩序，精神损害赔偿显得尤为重要。对因犯罪行为引起的精神损害赔偿的认可，是一个国家肯定人格权价值的缩影。刑罚的执行无法代替对被害人的精神损害赔偿。我国刑事附带民事诉讼拒绝解决犯罪行为引起的精神损害问题，也不允许被害人单独提起民事诉讼以请求精神损害赔偿。③ 普通侵权行为可以对精神损害寻求司法救济，而严重的犯罪行为引起的精神损害则求助无门。如前所述，应当允许被害人通过提起单独的民事诉讼程序主张精神损害赔

---

① 2021 年 3 月 1 日施行的《最高人民法院关于适用〈中华人民共和国刑事诉讼法〉的解释》在第一百七十六条保留了相关规定。
② 该案被害人因被追诉人非法吸收公众存款的犯罪行为遭受财产损失，其通过刑事追缴退赔程序未得到足额补偿，向法院提起民事诉讼。一审、二审以及最高人民法院再审均认为，生效刑事判决已通过责令退赔对被害人的财产损失作出处理，性质上是对被害人民事权利的救济手段，与民事判决具有同等法律效力，未补足的部分只得通过执行程序寻求救济，并依据《最高人民法院关于适用〈中华人民共和国刑事诉讼法〉的解释》第一百七十七条认定被害人提起民事诉讼不符合法律规定的受理条件。
③ 详见《中华人民共和国刑事诉讼法》第一百零一条、《最高人民法院关于适用〈中华人民共和国刑事诉讼法〉的解释》第一百七十五条(取代已失效的《最高人民法院关于人民法院是否受理刑事案件被害人提起精神损害赔偿民事诉讼问题的批复》)。后者内容为：被害人因人身权利受到犯罪侵犯或者财物被犯罪分子毁坏而遭受物质损失的，有权在刑事诉讼过程中提起附带民事诉讼；被害人死亡或者丧失行为能力的，其法定代理人、近亲属有权提起附带民事诉讼。因受到犯罪侵犯，提起附带民事诉讼或者单独提起民事诉讼要求赔偿精神损失的，人民法院不予受理。

偿。此外，无论是对犯罪行为还是普通违法行为请求精神损害赔偿的主张，得到法院支持的比例不高，即使获得法院支持者，获赔数额并不高，我国亟待加强精神损害赔偿的理论研究，完善精神损害赔偿制度，科学划定精神损害赔偿标准，扩大精神损害的赔偿范围和赔偿力度。

第三，建立刑事被害人国家补偿制度。无论是通过当前刑事诉讼中追缴和责令退赔弥补被害人物质损害，还是将来我国立法可能出现的通过民事诉讼程序弥补被害人物质损害和精神损害，难以避免遇到被追诉人财力不足、转移财产而被害人急需资金周转的情况。长期以来，犯罪行为发生后，所有公众的注意力都直接指向被追诉人，却常常忽略了因违法行为而遭受巨大损失的被害人及其亲属。对被害人而言，被追诉人的刑罚负担不如尽早恢复生活来得更现实。在被追诉人被判入狱或执行死刑的情况下，被害人的财产权益难以实现。为了防止遭受犯罪行为侵害的被害人再次为因犯罪行为承受生活负累，为了不让因刑事诉讼进程让被害人的正义迟到，宜确立起我国的被害人国家补偿制度。2004年来，部分地方开始探索刑事被害人救助制度。① 2005年，最高人民法院发布了《关于对经济确有困难的当事人提供司法救助的规定》，这一阶段的司法救助仅限于对确有经济困难的民事、行政诉讼原告，救助方式仅限于诉讼费用的缓交、减交、免交。2014年，中央政法委会同最高人民法院、最高人民检察院、财政部等中央国家机关制定并实施《关于建立完善国家司法救助制度的意见（试行）》，此时的国家司法救助是对遭受犯罪侵害或民事侵权，无法通过诉讼获得有效赔偿的受害人进行的一次性、辅助性救济措施，遭受犯罪侵害的人只能在案件无法侦破的情况获得救助，不适用于案件进入刑事审判阶段的被害人。同年，最高人民检察院制定了《关于建立完善国家司法救助制度的意见（试行）》，将刑事诉讼的救助对象扩展到被害人或其近亲属、举报人、证人、鉴定人。2016年，最高人民法院、最高人民检察院分别发布《关于加强和规范人民法院国家司法救助工作的意见》《人民检察院国家司法救助工作细则（试行）》，对救助对象进行更为细致

---

① 详见最高人民法院关于人民法院开展刑事被害人救助工作有关情况的新闻发布稿[DB/OL].（2012-9-25）[2019-6-1]. http://www.pkulaw.cn/fulltext_form.aspx?Db=lawexplanation&Gid=1efb4022d3d30696aa1a991624cf80e8bdfb.

的列举,就刑事诉讼而言,救助对象仍有限。[①] 上述规定体现了我国在救助被害人上的突破,但救助要求高,且当前开展的司法救助也仅是由国家机关提供的一次性的经济援助,经济发展带来的丰厚社会资源和回馈潜力并没有在被害人的救助中充分释放,还需要更多的努力。譬如,变救助为补偿,扩大受益对象的范围;不局限于司法阶段的补偿,即使未进行刑事立案只要确是受犯罪行为侵害,被害人即可申请补偿,国家则获得补偿数额范围内对被追诉人的追偿权;通过建立救助基金等措施,拓宽补偿的资金来源;当前的司法救助制度仅通过中央文件、司法解释进行规定,宜尽快制定已列入十二届全国人大常委会立法规划的《刑事被害人救助法》或《司法救助法》[②],赋予国家补偿制度合法地位。

(三)文献推荐

[1] 黄豹.刑事诉讼构造的研究起源及概念辨析[J].中南民族大学学报(人文社会科学版),2006(S1).

[2] 胡莲芳.刑事诉讼构造的系统化研究——兼析传统"三方诉讼构造"对刑事诉讼实践的分析缺陷[J].法学论坛,2021(3).

[3] 杨诚.浅析法官中立的作用及其实现途径[J].湖南行政学院学报,2001(3).

[4] 郭建华.刑事诉讼中法官中立的制度设计[J].湖北教育学院学报,2007(5).

[5] 关然.浅析美国陪审团制度下法官权力——反观中国司法公正之路[J].商,2016(3).

[6] 张保生.审判中心与控辩平等[J].法制与社会发展,2016(3).

[7] 管宇.论控辩平等原则[D].北京:中国政法大学,2006.

---

① 根据上述文件,刑事诉讼的救助对象包括:救助对象包括:(1)无法通过诉讼获得赔偿且重伤残、生活困难的被害人;(2)因犯罪侵害危及生命,急需救治而无力承担医疗救治费用的被害人;(3)无法通过诉讼获得赔偿且生活困难的因犯罪侵害死亡的被害人的近亲属或赡养、抚养、扶养的人;(4)因犯罪遭受财产损失且无法通过诉讼获得赔偿的生活困难的被害人;(5)因受到打击报复遭受人身财产损失且无法通过诉讼获得赔偿的生活困难的举报人、证人、鉴定人。
② 详见全国人民代表大会法律委员会关于第十二届全国人民代表大会第五次会议主席团交付审议的代表提出的议案审议结果的报告[EB/OL].(2017-12-27)[2019-6-1]. http://www.npc.gov.cn/npc/c12435/201712/268a29534d134a8bad6776614c475952.shtml.

[8] 冯伟哲.以审判为中心的警检关系[J].法制与社会,2019(10).

[9] 鲁晓荣.中外警检关系比较及我国警检模式之构想[J].中国刑事法杂志,2009(4).

[10] 宋英辉,张建港.刑事程序中警、检关系模式之探讨[J].政法论坛,1998(2).

[11] 克里斯汀娜·拉塞杰,陈萍.欧洲主要国家刑事领域中被害人地位简评——欧洲比较刑法中的犯罪被害人权利[J].中德法学论坛,2019(2).

[12] 宋英辉.英、美、法、联邦德国四国刑事被害人保护对策之比较[J].法律科学(西北政法学院学报),1990(5).

[13] 杨萌.辩护律师与被告人辩护冲突解决机制研究[D].武汉:华中师范大学,2017.

第三章 刑事侦查制度的基本构成及侦查行为规则

一、案例与问题

(一) 美国巡警的一天

中国人民大学何家弘自述：我在美国当巡警。①

1992年9月的一天下午,库克县警察局的迈克尔·布莱克伯恩警官开车来接我去"见习"巡警工作。他身材高大,体格健壮,目光中带着几分幽默。上车后,他首先拿出一张印有文字的纸让我签名。我看了一遍上面的文字,才知道这是一份"声明书"。其大意是说：我是自愿坐上这辆警车的;如果发生意外事故,我个人负责。迈克尔解释道："这是真正的巡逻,所以必须按规定办。"我看了看迈克尔脸上的笑容,签上了我的名字。开车到芝加哥西部的梅恩镇后,迈克尔说这段时间一般没事,便请我到附近的一家"热狗店"去吃"热狗"。店主是墨西哥移民。迈克尔付款时店主只收半价,并称这是该店对警察的优惠政策。迈克尔也没有坚持,看来他对此已经习惯了。坐在餐桌上,他告诉我有些餐馆对警察的优惠是百分之百,因为那些店主认为有警察在其餐馆就餐等于提高了该店的"安全度"。饭后,我们刚回到警车上就听到了警察局通讯指挥中心在呼叫,说有一

---

① 本部分内容源自何家弘.游学美国法学院[EB/OL].(2015-5-8)[2021-7-15]. http://newspaper.jcrb.com/html/2015-05/08/content_185742.htm.

位妇女报案说其女儿失踪了。当我们驱车来到那位报案人的家时,那个小女孩已经回来了。她说自己放学后走丢了,是一个老太太开车把她送回来的。她母亲是个单身女子,眼睛都哭肿了。后来布莱克伯恩告诉我,当地最近发生了两起残害儿童的案件,所以居民们都很害怕。

此时天已经黑了,我们来到当地一家颇受青年人喜爱的"夜总会"。这家夜总会的陈设很像乡村酒店,周围摆放着大大小小的本色木桌椅;中间是一个犹如拳击比赛用的方形木台;木台周围是舞场。此时有两个白人青年在木台上边奏边唱——一人弹电吉他,一人弹电子琴。周围有一些青年男女在如醉如痴地跳着迪斯科舞。

迈克尔带着我沿边上转了一圈,然后走到门内的阴影处。他对我说,他主要想看看有没有未成年人在这里喝酒。按照当地的法律规定,未满21岁者不能饮酒。正在这时,他手中的步话机又叫了起来——指挥中心说有人报警,让我们立即赶赴现场。他对我说了声"走",我们快步向警车走去。我们一路鸣着警笛赶到现场。那是一栋二层单元式住宅楼。此时已有七八辆警车停在路旁。我们与其他警察聚到一起,得知有一位住在此楼上的老妇人给警察局打电话说听到一楼的一个房间内有女人惨叫的声音。迈克尔安派几名警察在窗外守候,然后带着五名警察进入楼内。他让我跟在他的身后。我们来到出事那家人的门外,有警察按了门铃。过了好一会,门才打开。门口站着一个头发散乱、衣衫不整、脸上有泪痕和伤痕的白人姑娘。见到警察,她愣了一下,然后忙说她们家没事。她正要关门,只见从屋里走出一个身材高大的白人青年。他一眼看见了我,便要挤过来。由于我是来人中唯一穿便服的人,而且是亚洲人,所以他大概把我当成了打电话报警的"告密人"!女青年急忙拦住他,并大声对我们说:"他今天喝了点酒。我们家没事,你们快走吧!"男青年一把推开姑娘,开门就向我冲来。迈克尔见状急忙和另外两名警察上前拦住那个男青年,将他推回屋内。那姑娘趁势关上屋门,但屋里又传出了喊叫声。迈克尔带着我们走出了那栋楼房。我刚才吓出一身冷汗,此时又有些内疚——因为我怕那男青年又会迁怒于那位姑娘。我问迈克尔:"这事就不管了吗?"他似乎有些奇怪地看了我一眼;"这种事太多了,管不过来!"正在这时,步话机又响了,让我们立即赶赴一个交通事故的现场。坐在警车上,我的心中很有些慨叹。说老实话,让我吃惊的并不是那个白人青年的举止,而是警察们对这种殴打妻子或女友现象的司空见惯的态度!晚上11点许,迈克尔开车送我回家。

新闻报道①:电视或电影中的封锁现场的情节,大家再熟悉也不过了,除了封锁现场,不让其他人破坏现场证据以外,警察还会采用怎样的方式处理现场呢?

和大家所了解的情况不大一样,一般第一到凶杀案件现场的不是刑警,而是巡警。一般凶杀案件往往发生在白天,白天群众活动较为频繁,并且白天大家都有足够的精力,只有在夜间,大家基本上都休息的时候,才给歹徒留下了较好的作案时机。而警察机构基本上都有勘察队以及专业刑事侦查队,所以说刑警往往不会全天值班,特别是在凌晨这个点,凶杀案件的高发点时期,第一时间勘察凶杀现场的责任,自然也就落在了巡警的身上。巡警来到现场以后,最为关键的任务便是大家影视小说当中最为熟悉的情节,保护现场了。但是除了保护现场之外,巡警还有其他重要工作要做。由于目击凶杀案件以后,报警人往往会比较紧张,在这种情绪下,报警人往往未能深入了解情况,便会在自然反应下,声称被害者已经死亡。巡警到达现场后,除了要保护好现场外,还要确认被害者有没有真的死亡。在有些情况下,被害者压根就没死,他只是昏过去了,或者受伤了。如果巡警不检查,不及时救治的话,那被害者很可能会得不到及时救治。而巡警确认被害者状况进行及时救治以后,往往会为警方提供更加有利的线索,不论是破案还是指控凶犯,都能提供有力证据。美国巡警在这方面的经验就相当值得我们借鉴,不要轻易相信报警人所说的被害者已经被凶手杀死之类的话,而应当认为被害者还活着,并全力仔细检查后再做论断。那么美国巡警是如何保护现场的呢?首先巡警会对现场进行分析,再决定是否要寻求支援,采用警戒绳索或别的障碍物对现场进行保护。如果是犯罪现场,并且情况适合的话,会采用荧光塑料带将现场圈起来,并且印上不得超过警戒线的标识。巡警会果断控制围观群众,礼貌地劝其离开,必要时候则会采用强制手段。巡警还要记录下证人的名字,详细地址以及联系方式,并且对证据的位置进行记录。

问题:

1. 如何评价巡警对刑事案件调查的性质?

---

① 美国巡警如果遇到凶杀案是如何处置现场的?[EB/OL].(2017-4-18)[2021-7-15]. https://zhidao.baidu.com/daily/view?id=49116.

2. 此案对完善我国刑事立案制度有何启示？

(二) 警方遭遇"超级炸弹"案

警察某日上午十时拘留了一名涉嫌恐怖活动犯罪的嫌疑人王某,嫌疑人王某非常淡定地说:"我在本市某人口聚集地安放了一颗超级炸弹,十点半准时起爆。你们就等着好戏看吧!"

问题:

1. 本案警察能否使用刑讯逼供方法逼迫犯罪嫌疑人说出炸弹埋藏地点？
2. 本案提供了哪些启示？

(三) 警方诱捕嫌犯致少女再遭强奸案

据印媒报道,一名少女一周前和男友外出时,遭两名嫌犯恐吓并夺走手机。随后,嫌犯又尾随独自回家的少女,在树林实施了强奸。更令人愤恨的是,他们还用抢来的手机录下视频,准备继续用视频敲诈她。后来,家人带少女报了案。负责调查案子的警官提出一项"诱捕"计划,要少女约嫌犯出来,佯装同意付钱赎回手机与视频,然后一举抓获嫌犯。但令人震惊的是,抓捕行动竟遭遇"沟通不畅",保护人员跟丢女孩,警方就这样跟女孩失去了联系。然后,孤身赴会的女孩,就又被强奸了一次,几小时后,警方才在火车站抓到了两名犯罪嫌疑人。①

问题:

1. 造成本案被害人被再次强奸后果的原因是什么？
2. 如何规制诱惑侦查的合理限度？
3. 本案有何启示？

(四) 日本刑警无证搜查案

《刑事物语5:片山刑警在山城》电影中有如下情节。日本某市郊区傍晚,来自市警察署的刑警数次要求进入一农户搜查均被女户主拒绝并被户主要求离开。警察站在门外拒绝离开陷入僵持。半夜时分,狂风大作,电闪雷鸣,大雨瓢

---

① 少女遭强暴警方劝其作诱饵 诱捕失败后再遭强奸[EB/OL]. (2015-7-15)[2021-7-15]. http://news.youth.cn/sh/201507/t20150715_6866345.htm.

泼而来。女户主从睡梦中惊醒,想起警察搜查一事,好奇打开窗户观察,一幕画面映入眼帘:闪电中不断显示大雨中的刑警依然纹丝不动。片刻迟疑后,户主撑一把雨伞走到警察面前说:我同意搜查了!

问题:

1. 本案中刑警的搜查程序是否合法?
2. 当搜查对象比较配合的时候,警察是否可以在没有搜查令的情况下直接搜查?
3. 本案对完善我国的侦查制度有何启示?

(五)警察跟踪嫌疑人侦办盗窃案

警察李某在侦破一起盗窃自行车案件时发现某小区居民于某有作案嫌疑。某日傍晚先潜伏在小区大门口。待于某走出来时,悄悄跟在后面,先后跟踪于某到过香烟店洗脚店小面馆某大商场等场所,最后跟随于某返回小区门口,发现于某进入小区后撤离。持续时间2小时10分钟。

问题:

1. 警察李某的行为属于侦查行为中的哪一类?
2. 李某的侦查行为是否合法?
3. 侦查行为需要经过严格的批准程序才能展开,这一条件在一般案件中是否适用?如适用,是否会束缚侦查人员的侦查行为?
4. 侦查行为与个人隐私权之间有何关系?

(六)体检医院检测 HIV 隐私侵权案

四川男青年谢鹏(化名)被体检医院做了艾滋病病毒(HIV)检测项目。结果是:他被查出是一名艾滋病病毒携带者。2018年12月27日,四川省内江市市中区人民法院审理了这样一起"HIV隐私侵权案"。提起诉讼的谢鹏认为,体检医院在他不知情的情况下对他做了 HIV 抗体检测,侵犯了他的隐私权。①

问题:

1. 医院私自检测艾滋病是一种什么性质的行为?

---

① 青年体检不知情下被检测艾滋病:有权利不做检测[EB/OL]. (2018 - 12 - 28)[2021 - 7 - 15]. https://baijiahao.baidu.com/s?id=1621048607443968858.

2. 侦查中强制采样的主体是谁?

3. 刑事侦查措施与防疫措施有何区别?

(七) 女子下体运毒被查案

女子罗某、陆某自愿充当贩毒集团的运毒工具,2人在缅甸先用保险套将海洛因塞入个人阴道内。24日晚间入境时,检警调人员对2人施以盘检,女调查官最后从2女下体取出10球以保险套包覆的毒品,2女才俯首认罪被依走私毒品罪嫌送办。24日下午,办案人员查出她们自缅甸仰光机场启程,经过我国香港启德机场欲自台中清泉岗入境,检警调人员随即派员到海关准备拦检,2女入关后还一前一后分开走,故意装作不认识,以躲避查验,当办案人员盘检她们时,摸到2人肚皮"鼓鼓的"有异状,2女一度辩称正值生理期下体塞放的是卫生巾。女调查官随后带同2女至侦讯室做进一步查验,因陆某是首次运毒,遭盘检时非常紧张,侦讯不久即吐实,并供出上游及同伙罗某,换罗某被盘检时,一度对办案人员发火,还咆哮"怎么可以检查女人的下体"。办案人员指出,2女将1整块重达336克的海洛因砖打散成粉状,分成10等分,装入保险套中,制作成圆球体,再塞入下体内,每人塞5颗。①

问题:

1. 搜查范围应不应该有限制?

2. 侦查权对隐私权可涉入的程度是什么?能否设置绝对隐私不介入规则?

(八) 警察讯问合伙盗窃嫌疑人笔录

讯问笔录一则:犯罪嫌疑人王某、王某系兄弟,某年3月5日被某公安机关以合伙盗窃嫌疑依法拘留。3月7日送看守所。侦查员李某于同年3月8日在本市榕湖宾馆第一次对上述犯罪嫌疑人进行了如下讯问。

问:你们是什么时间被拘留的?

答:3月5日早上9点。

---

① 女子利用阴道运毒被查 大喊"怎可检查女人下体"[EB/OL]. (2013-10-25)[2021-7-15]. http://www.chinanews.com/tw/2013/10-25/5426533.shtml.

问：你们知道自己为什么被拘留吗？

答：不知道。

问：你们应该知道，我们的政策是"坦白从宽，抗拒从严"，隐瞒罪行是没有好处的。

答：我们俩的确没有犯罪，希望公安局调查。

问：不要骗人了，既然到了公安局，说明你们的罪行已经暴露，还是老实交代，争取宽大处理吧。

答：我们不知道你们要我们交代什么罪行。

问：你们有什么罪就交代什么。

答：我们缺点错误是有的，但没有犯罪。

问：我们有确凿的证据证明你们俩犯了罪。你们说自己无罪，可以拿出证明你们无罪的证据，不然就要以抗拒从严的政策，从重处罚。

讯问人：李××（签名）

被讯问人：王××、王××（签名）

讯问时间：某年3月8日

问题：

1. 上述讯问笔录反映了哪些程序违法？
2. 上述讯问笔录反映了哪些执法不当？
3. 临时逮捕与羁押有何区别？

（九）嫌疑人遭昼夜轮番审讯案

邢某因涉嫌信用卡诈骗被公安机关刑事拘留。公安机关为迅速破案对其进行昼夜突审轮番审讯达48小时，终于获取了邢某口供得以破案。其间不允许邢某睡觉，只允许上了几次厕所，吃了三顿饭。

问题：

1. 公安机关的做法是否正确？
2. 如何对待邢某的口供？

（十）证人不配合侦查案

事例一：某KTV门口发生一起打斗事件，导致二人死亡。警察赶到现场寻找证人无人配合,便将旁边门店的员工全部带到派出所(说是去做人证),从凌晨二点半一直关到早上七点多,其间员工实在无法忍受,提出抗议,警方竟然出手打人。被拘员工遂在网上发帖呼吁社会关注。

事例二:检察官王某与张某前往证人李某家要求李某前往检察机关提供证言。李某提出检察官应先出示证件。检察官出示证件后,李某又要求检察官出示有关传唤证人的文书。检察官解释只是了解一下情况,并无相关文书。李某当即表示:"你们以为我是什么人?要我去哪就去哪?我要上班,没有空,耽误了时间你们要赔偿。"检察官王某说:"要不到你家聊聊也行。"李某提出要进他家门,必须有搜查证,否则就报警。检察官张某认为李某故意刁难,决定对李某上点手段,不料李某是个练家子,直接将张某摔倒在地,王某见状上前帮忙也被打倒。李某报了警,说有人要绑架他,还大声嚷着说打人了。警察到场后先查验了两位检察官的证件,然后说检察官执行公务也不能打人,真打了人是要承担法律责任的。同时劝了李某几句,希望他配合检察官的工作。随后警察便离开了。而院子里已经挤满了围观群众,大多是李某的亲友,两位检察官觉得暂时无法向李某获取证言,也只能离开。

问题:

1. 证人不配合作证的原因是什么?
2. 证人出庭作证与庭外作证的区别是什么?
3. 如何完善侦查询问证人制度?

(十一)警察监听涉毒案获嫌犯嫖娼证据

梁某涉嫌贩卖毒品,某侦查机关依法对其居住的某宾馆308房间进行监听。经14天监听未发现贩卖毒品的相关事实,但录制了梁某两次嫖娼证据。事后,侦查机关将梁某嫖娼的录像录音资料移交治安大队,治安大队依法对梁某的嫖娼进行了行政处罚。

问题:

1. 本案中对梁某嫖娼的录像录音资料处理方法是否合法?
2. 对监听获取的材料应如何保管、处置?
3. 本案提供了哪些启示?

二、相关理论提示

(一)刑事侦查制度相关概念

1. 刑事侦查的概念、价值

侦查具有多重含义,而刑事侦查是指侦查机关为收集犯罪证据、查清案件事实而进行的庭外调查活动。我国《刑事诉讼法》第一百零八条对侦查的概念进行了界定:侦查是指公安机关、人民检察院对于刑事案件,依照法律进行的收集证据、查明案情的工作和有关的强制性措施。可见,刑事侦查的对象是刑事案件,其内容是收集证据、查明案情的工作以及有关的强制性措施。

侦查是我国刑事诉讼的重要阶段,具有重要的价值。刑事侦查的价值可以分为正价值和负价值。刑事侦查的正价值主要包括两个方面。第一,收集犯罪证据。刑事侦查是追究犯罪的基础性工作。在刑事案件中,犯罪行为发生在过去,需要对犯罪事实进行回溯性认定,因而需要收集与案件相关的证据。犯罪发生后,犯罪分子往往会采用销毁、隐藏证据等手段妨碍犯罪事实被发现。只有通过侦查,才能够发现、收集犯罪证据,抓获犯罪嫌疑人,查明案件事实。第二,维护社会稳定。侦查机关天然的第一要务就是控制犯罪。通过侦查,可以查明犯罪事实,及时抓获犯罪分子,起到有效打击犯罪、防范再犯、维护社会稳定的作用。

刑事侦查也存在负价值。为了实现侦查的任务,有效打击犯罪,各国均赋予侦查机关广泛的侦查权,并且由国家强制力作为侦查权的支撑。侦查行为表现为一系列的强制性措施,包括讯问、搜查、查封、冻结等。其中一部分极具强制性的措施,比如搜查、扣押等,可能涉及对公民基本权利的侵犯,对公民基本人权存在威胁。

2. 刑事侦查制度的概念、价值

刑事侦查制度是指为有效达成侦查之目的而设置的正式侦查程序和相关管理制度的总称。正式侦查程序包括:权力归属、行为种类、侦查规则、权力制约。广义上的侦查制度还包括相关管理制度:侦查的组织制度、内部管理制度等。

刑事侦查制度的价值也具有正价值和负价值之分。刑事侦查制度的正价值主要指两个方面。第一,科学的侦查程序有利于防止因过度侦查而侵犯人权。通过建立侦查的正当程序,并且用立法的形式赋予侦查机关和侦查人员足够的侦查权,特别是将一些实践中常用的且具有合理性的侦查手段明确下来,使侦查人员依法行使侦查行为,这样可以防止侦查权恣意侵犯人权。第二,科学的侦查管理制度有利于提高侦查效率。通过侦查管理制度,明确上下级之间职权范围,防止相互之间推诿、扯皮,充分调动和发挥侦查人员的积极性,使侦查权运行符合侦查工作的规律,从而提高侦查的效率。

刑事侦查制度也存在负价值。第一,即使是科学的侦查制度仍对控制犯罪的效率造成减损。为了有效控制犯罪,侦查权具有主动性和扩张性,在行使过程中易对公民基本权利造成侵犯,但人权保障也是刑事诉讼的重要目的,因而需要通过立法确立科学、正当的侦查程序,使侦查权依法行使,受到制衡,这事实上是对侦查权的限制,束缚了侦查人员的手脚,影响侦查控制犯罪的效率。第二,不科学的侦查管理制度降低侦查效率。侦查往往需要由具体的侦查人员进行,侦查人员直接关系侦查任务的完成及侦查质量。而侦查管理制度主要涉及侦查人员在侦查中的权力行使机制和利益分配问题,不符合侦查权运行规律的侦查管理制度,比如不合理的考核制度,会给侦查人员办案造成困扰。

3. 刑事侦查制度在刑事诉讼制度中的定位

刑事侦查是刑事诉讼的重要阶段,刑事侦查制度也是刑事诉讼制度的重要组成部分。

第一,刑事侦查属于审前程序。从刑事诉讼的纵向构造而言,侦查属于审判前程序。

第二,刑事侦查属于审前程序之控诉准备制度。侦查旨在发现犯罪线索,收集证据,查获犯罪嫌疑人,为控诉做准备。由此也可以看出侦查活动是从属于控诉活动的。

第三,刑事侦查属于审前程序之控诉准备制度之基础。从控诉的角度而言,侦查的结果是控诉的基础,公诉人的指控往往依赖于侦查活动。当然,据此则形成了侦查中心主义。特别是在此阶段收集发现的证据如果无法达到追诉的证明标准,那么案件在侦查阶段就会终结,不会再进入到控诉环节。

(二)刑事侦查制度的基本构成

1. 权力主体

侦查的权力主体具有多元化。一些国家认为个人侦查员为侦查主体,国家授予个人侦查权;少数国家赋予单位侦查权主体地位,比如检察机关承担侦查职责,具体侦查时由检察机关授权警察行使侦查权。

我国则是通过法律法规授予一些机关行使侦查的权力。公安机关负责大部分刑事案件的侦查,法律规定特别享有侦查权的部门包括:国安部门侦查国家安全案件、检察机关侦查自侦案件及公安移送的案件、军队保卫部门侦查军队范围内犯罪、监狱侦查监狱内犯罪,中国海警局也具有侦查权。从我国侦查实践看,侦查权主体有扩张的倾向,应减少授予一些单位侦查权,防止侦查权滥用,侵犯公民合法权益。比如出入境管理处对偷越国境的案件、卫计委和医院对医院内杀医生的案件的办理就是典型的例证。除军队外其他保卫处均无侦查权,但其他单位的保卫部门可对本单位日常工作中工作人员的安全问题进行管理协调维护,包括配合公安机关搜集证据如提供监控录像、寻找证人。

2. 侦查模式

(1) 对抗式侦查模式与职权式侦查模式[①]

以控辩双方在诉讼中能否进行平等对抗为标准,可分为对抗式侦查模式和职权式侦查模式。在英美法系国家,一贯是强调控辩双方平等、裁判者中立,所以一般是采用对抗式侦查模式,辩护方有较多的单独调查的权利。在英美法系国家,法律明确赋予犯罪嫌疑人及其律师较大的权利以强化其防御权。而且律师在整个诉讼中,包括侦查阶段,都具有极重要的地位,法律赋予律师在侦查阶段享有一系列的权利,如自行调查取证权、委托私家侦探调查取证权、秘密会见犯罪嫌疑人权等,保障犯罪嫌疑人及其律师能充分、有效地行使辩护权。

在大陆法系国家,由于传统上都是中央集权国家,庞大的国家机关及强大的国家权力渗透到社会生活的各个方面,国民对国家权力信任、依赖、服从,这就决定了大陆法系国家倾向于采用职权式侦查模式。在大陆法系国家,辩护方权利相对有限。在侦查阶段,辩护方只有较少的单独调查的权利,并且权利行使受到

---

① 万毅. 转折与定位:侦查模式与中国侦查程序改革[J]. 现代法学,2003(2).

极大的限制。例如律师会见犯罪嫌疑人需要经过警察的同意。

(2) 司法型侦查模式与行政型侦查模式①

以侦查行为是否强调受到法院司法审查为标准,可分为司法型侦查模式和行政型侦查模式。司法型侦查模式是指在侦查程序中强调通过司法权制约侦查权,对侦查人员强制性权力的合法性由中立的司法官进行审查。在英美法系国家,法院在侦查机构中担任中立的裁判者,实行司法令状主义。侦查机关采用强制性侦查措施时,都需要通过法院以司法令状的形式批准才能实施。实行司法审查制度的国家,如果律师发现扣押、搜查中存在问题,就可以向治安法官起诉,并举行听证会审查其合法性。大陆法系国家,比如在法国对强制性侦查措施的司法审查是由预审法官负责,在德国则是由检察官负责。

行政型侦查模式是指法院不直接介入侦查程序中,"不受司法控制,由侦查机关自行决定的侦查程序。苏联为代表的社会主义国家则普遍采用行政型侦查模式。其基本特征为:侦查程序由侦查机关(检察机关)自行控制,法官不介入侦查,强制侦查措施的采用也由侦查机关自由裁量决定,由于缺乏一个中立的司法裁判者来对侦查机关的行为加以制约,这就使得整个侦查程序缺乏一种控、辩、审三方组合的司法型结构,而呈现出一种行政性型结构,即由侦查机关及其相对人构成的两方组合"。②

(3) 发展趋势③

值得我们注意的是,大陆法系国家近年来纷纷对其侦查程序进行重大改革,随之而来,侦查结构亦必然作出调整,这对于我们无疑是有一定借鉴意义的。改革的直接原因在于,大陆法系的主要国家,法国、德国的审问式侦查结构日益受到严厉的批判,人们对于刑事诉讼中的官僚化、行政化以及刑讯逼供等表现出极大不满,改革呼声日益强烈。主要大陆法系国家纷纷借鉴英美法系的对抗式模式对本国的刑事诉讼制度进行改革,以至于现在的职权主义越来越走向混合式诉讼结构。总的来看,发展趋势是普遍建立针对侦查行为的司法授权和司法审查机制;被告人的沉默权和律师帮助权得到较为普遍的确立,辩护律师在侦查中

---

① 万毅. 转折与定位:侦查模式与中国侦查程序改革[J]. 现代法学,2003(2).
② 同①.
③ 本部分内容源自马贵翔,胡铭. 正当程序与刑事诉讼的现代化[M]. 北京:中国检察出版社,2007:87.

的参与范围得到扩大;普遍通过司法裁判程序对侦查活动进行制约①,如在法国,为了限制预审法官相对过大的权力,对先行羁押这一强制措施实行双重监督,进一步保障当事人的人身自由权利,并在 2000 年 6 月设立了"自由与羁押法官"。根据法国《刑事诉讼法典》第 137-1 条的规定,"自由与羁押法官"为在职法官,由大审法院院长任命,与院长、第一副院长和副院长为相同等级。其重要职责是决定或者延长先行羁押,并对释放请求作出决定。由于自由与羁押法官是通过对审辩论作出裁定,其可以得到一名书记员的帮助。先行羁押措施一般是在预审法官和自由与羁押法官均同意的情况下,才能实施。②

在德国,对于预审法官的改革走在法国前面。早在 1974 年,德国便废除了预审法官,对于影响极深、极强的措施,改由侦查法官决定,如证据保全、签发羁押命令或暂时收容命令、命令实施身体检查或抽血检验、通讯监听及录音、科技仪器的使用等。这些措施往往都是直接涉及公民的基本人权,由中立的法官决定显然更能防止其被滥用。对于紧急情况下检察官或司法警察径行采用的措施,一般法律都规定需要法官事后核准,如临时逮捕中,被逮捕人必须立即被带到法官面前。值得注意的是,侦查法官虽然名有"侦查",实际上却不得自己进行侦查,需要时只能嘱托检察官进行补充侦查。此外,在德国,增强辩护人在侦查阶段的参与权利的呼声日高,如 2004 年 2 月由两个执政党的议会党团提交的《刑事诉讼程序改革讨论草案》建议中提出,警察讯问被嫌疑人时,应给予辩护人"参与的机会",检察机关询问证人、鉴定人和共同被告的情况,也同样适用。③

在日本,为了加强犯罪嫌疑人的保护、强化辩方权利,对国选辩护人制度也进行了改革。以前,请求公派辩护人的权利只有在公诉提起之后,也就是当事人变成被告人以后才被承认,而在提起公诉以前犯罪嫌疑人是不享有这一权利的,现在则是将此提前到了侦查阶段,但是,提供公派辩护人只限于犯罪事实比较严重的案件,即日本的《刑事诉讼法》第 37 条第 2 款规定,限于"死刑或无期或长期三年以上的惩役或禁锢的案件"。在俄罗斯,旧刑事诉讼法典规定辩护人一般只能在侦查终结时,才被准许参加诉讼,而 2001 新法典则规定在侦查程序中确定

---

① 陈瑞华. 刑事侦查构造之比较研究[J]. 政法论坛,1999(5).
② 陈光中. 21 世纪域外刑事诉讼立法最新发展[M]. 北京:中国政法大学出版社,2004:224.
③ 陈光中. 21 世纪域外刑事诉讼立法最新发展[M]. 北京:中国政法大学出版社,2004:242—243.

为被告人时有权请辩护人,被拘捕或受羁押的犯罪嫌疑人也有权请辩护人参加诉讼,至于轻罪案件在调查程序和自诉程序中从提起刑事案件起就有权请辩护人。

从这些国家的改革措施中,可以看出其基本思路是确立或完善侦查程序中的参与机制,加大犯罪嫌疑人人权保障的力度,并试图在控制犯罪和保障人权之间寻求一种平衡。特别是引入中立的司法审查机制,促进侦查结构中的平等对抗。我国目前实行的是职权式侦查模式、行政型侦查模式。在新中国建立初期,我国侦查制度受到苏联法律的影响。另外,长期以来主要强调打击犯罪,查明案件真相的刑事诉讼目的,也是形成现有侦查模式的重要原因。

3. 强制侦查与任意侦查的关系

强制侦查是指采用具有强制性手段,不需要相关人员事先同意而实施的侦查。比如搜查,并不以被搜查对象同意为条件;任意侦查是指不采用具有强制性手段,不损害公民基本的权益,而是在有关人员同意的前提下自愿配合的侦查行为,强调有关人员的同意、配合的侦查行为,比如在火车盗窃案中,乘警要求乘客自己打开包,被搜查人自愿配合。任意侦查原则源于日本,其《刑事诉讼法》第179条规定:"为了达到侦查目的,可以进行必要的调查。但是,如本法无特别规定的,不得进行强制措施。"

就这两者的关系而言,其应坚持如下原则,即以任意侦查为主,强制侦查为例外/辅,在避免公民权利损害的同时可以提高效率;目前我国法律上没有任意侦查的概念,警察带表格获得同意即可。① 任意侦查在提高侦查效率方面是很有意义。"任意侦查是通过当事人同意的方式制约侦查权,强制侦查是用司法审查的方式制约侦查权"。②

4. 合理确定侦查行为种类

(1) 公开侦查与秘密侦查

侦查的过程一般不向社会公开,但如果侦查过程向当事人公开,当事人知晓侦查主体采取的侦查行为,那么此种侦查就属于公开侦查。在特定情形下,为了提高证据搜集效率,侦查主体往往会采取一些隐秘的措施进行侦查,当事人对侦

---

① 马贵翔,胡铭. 正当程序与刑事诉讼的现代化[M]. 北京:中国检察出版社,2007:70.
② 陈闻高. 论侦查的任意性与强制性——以任意侦查与强制侦查的关系为视角[J]. 河南警察学院学报,2015(5).

查过程不知情,这便是秘密侦查。秘密侦查主要包括技术侦查、隐匿身份的侦查及控制下交付。我国《刑事诉讼法》中对技术侦查进行了体系化的规定。技术侦查作为一种特殊侦查手段,也属于秘密侦查范畴。由于技术侦查限制了公民通信自由与通信秘密等宪法权利,因此侦查主体采取技术侦查需遵守严格的审批程序,并且有适用范围和时间限制,技术侦查过程中获得的与案件无关的信息应及时销毁。对于技术侦查,国家安全机关适用较多,而且规则限制较少,这主要是考虑国家安全机关所侦办的案件具有特殊性。

(2) 具体种类

侦查行为的具体种类,可以从公开侦查与秘密侦查两个层面来讨论。公开侦查包括搜查、扣押和讯问三种方式。搜查,即司法机关为了收集证据、查获犯罪嫌疑人,依法对人的身体、物品、住处和其他有关场所进行搜寻和检查的强制方法。在英美国家,搜查的范围广,包括勘验、检查、网上查询、人身检查。扣押,主要是对涉案财物进行强制管控。讯问,是指为了查明是否犯罪以及有关犯罪的情节,侦查机关有权对犯罪嫌疑人进行面对面的发问。由于讯问涉及对公民人身自由的限制,因此对讯问时间、地点、方法、手段均应当有要求,英美法系国家明确赋予犯罪嫌疑人沉默权。在必要时,前述三类侦查行为可以强制适用。在我国,公开侦查的手段还有司法鉴定、通缉等。未来我国应整合侦查行为的种类,弱化讯问制度,减少受"口供中心主义"影响,考虑赋予犯罪嫌疑人、被告人沉默权。

秘密侦查也有多种类型。对于秘密侦查的手段各国名称不同,处于混乱状态,常见的有以下五种。

第一,秘密监听,是指侦查机关未经当事人许可,对其通话、信息交流的内容进行听取,比如临时装监听设备、通常录音录像设备。公开场合摄像头为公开监听。在实施秘密监听时,也会出现一些问题。监听与公民隐私权的冲突最为突出,特别是在公民家中进行监听会极大侵犯个人隐私,所以秘密监听的时机、启动条件、监听范围应进行规范,对秘密监听进行严格的限制。比如在侦破间谍案件时发现的嫖娼事实能否移交公安机关?这种与监听目标不同的案件情况,不属于监听的范围,应当予以保密。我国《刑事诉讼法》第一百五十二条就规定:"侦查人员对采取技术侦查措施过程中知悉的国家秘密、商业秘密和个人隐私,应当保密;对采取技术侦查措施获取的与案件无关的材料,必须及时销毁。"

第二,乔装侦查,即侦查人员隐匿自己真实身份进行侦查,比如"钓鱼执法"、警察圈套等诱惑侦查行为,以及派出侦查人员隐匿身份或目的担任"卧底"的行为。诱惑侦查是指在案件侦查过程中,侦查人员根据已经掌握的线索设置诱饵,引诱侦查对象实施犯罪行为,进而侦破案件、拘捕被诱惑者的侦查行为。诱惑侦查又分为"犯意诱发型诱惑侦查"和"机会提供型诱惑侦查",前者是指原本并无犯罪故意之人因侦查机关的引诱产生犯意进而实施犯罪行为,而后者则是指侦查机关为已有犯意之人提供了实施犯罪行为的机会或条件。美国规定不准采用诱发犯意的侦查手段,只能是机会创造不能创造犯罪。我国《刑事诉讼法》第一百五十三条也提到秘密侦查手段适用时不得诱使他人犯罪。《公安机关办理刑事案件程序规定》第二百七十一条中规定隐匿身份实施侦查时,不得使用促使他人产生犯罪意图的方法诱使他人犯罪,不得采用可能危害公共安全或者发生重大人身危险的方法。乔装侦查是打击毒品犯罪、恐怖主义犯罪等有组织犯罪的重要"武器",但适用不当必然会威胁侦查人员的安全,以及存在引诱公民犯罪之嫌,因此在适用的案件范围、条件方面应当予以规范。

第三,电子信息截留,是指侦查机关未经当事人许可,对当事人的电子邮件等信息交流方式进行监控,截留相关讯息的侦查行为,比如不经同意通过技术手段侵入当事人的微信、邮箱、QQ、手机。在互联网社会,此种侦查手段使用广泛,经过目前能够掌握的资料显示,截止到 2012 年 12 月底,我国公安机关网络警察数量为 2 万人左右。[①] 然而,侦查机关的信息截留措施属于一种侵入式侦查手段,必然会限制和干预当事人的隐私权和通信自由权,因此需要结合现代信息技术的特点,严格限制信息截留的范围和程序,寻求侦破案件与隐私保护之间的平衡。

第四,秘密搜查、扣押、采样。搜查一般属于公开侦查行为,搜查需要履行特定的程序,并且需要见证人在场。但广义上的搜查还包括当事人不知情的搜查,实践中也存在秘密搜查的行为。秘密搜查的秘密性可以从两方面来理解:一是搜查的全过程(启动、实施和结果)对外保密而不公开;二是搜查不仅向当事人、辩护人保密,而且无见证人在场,除公安机关侦查人员之外,不允许其他人员在

---

① 苏鹏冲,杨明.公安机关提高互联网安全监控能力研究[J].中国人民公安大学学报(自然科学版),2013(2).

场。① 而在秘密搜查的过程中,侦查人员对于涉案的有关物品可直接予以扣押,此时扣押与搜查同时进行,也以秘密的形式进行。还有不经同意秘密提取身体样本如汗液、血液等个人的生物信息。此类侦查行为对公民隐私权的损害更为严重,提取公民生物信息还涉及公民人格尊严、身体健康等重大权利。

第五,跟踪、控制下交付、特勤、线人等。跟踪是侦查人员在不暴露的情形下对犯罪嫌疑人进行的一种动态尾随的观察活动,以获得证据和线索,实践中存在跟踪行为,但立法规定并不明确。控制下交付是指侦查机关发现有关线索或查获毒品等违禁品,在保密的前提下对毒品等违禁品或有关人员进行严密监视、控制,按照犯罪嫌疑人事先计划或约定的方向、路线、地点和方式,顺其自然,将毒品等违禁品"交付"给最终接货者,使侦查机关能够发现和将涉案的所有犯罪嫌疑人一网打尽的整个侦查过程。② 此外还有通过特勤、线人侦办案件的情形,主要是培养犯罪集团中向公安机关汇报情况的人员,因为存在安全风险,且对周围人有影响,因此需要严格规制,发展线人一般需要批准。

我国秘密侦查措施的规定还待细化,立法没有对其概念内涵进行界定,比如卧底、特勤是否属于秘密侦查?对其构成要件、种类划分、适用范围,没有进行系统明确的规定。而是笼统地规定了实施原则、实施要求。一方面,这些原则性的规定操作性差并且缺乏制约,缺乏对侦查人员的侦查行为进行有效指引,束缚了侦查人员的手脚,也造成侦查人员畏首畏尾,不利于侦查的进行。丹宁勋爵提出,每一社会均须有保护本身不受犯罪分子危害的手段,社会必须有权逮捕、搜查、监禁那些不法分子,应当支持警察,承认他们是保卫我们免遭暴力和威胁的前线力量,这是一个有责任感的公民在现实的要求下应尽的义务。③ 另一方面,立法过粗导致侦查权不受约束,没有程序性规定容易侵害人权。无法可依却又畅通无阻的侦查权是对公民人权的最大威胁。

5. 侦查的司法审查

令状主义与司法审查是现代法治国家普遍遵循的原则,在侦查程序中主要强调通过司法权制约侦查权,对警察强制性权力的合法性进行审查,保障公民个

---

① 万毅.秘密搜查制度批判[J].法学,2011(11).
② 陈光中.刑事诉讼法[M].北京:北京大学出版社、高等教育出版社,2016:310.
③ [英]丹宁勋爵.法律的正当程序[M].李克强,杨百揆,刘庸安,译.北京:法律出版社,2011:117—120.

人的权利不受警察的强制性权力的非法侵害。在侦查程序中，该原则要求未经司法官签署令状或审查，不得对公民实施拘留、逮捕等强制措施以及搜查、扣押、监听等强制性侦查措施，对于侦查中的强制处分，公民有申请司法救济的权利。同时，应当规定司法审查的例外情况，即在法定紧急情况下，侦查机关可自行决定采取强制性侦查措施，但事后必须尽快取得司法官的追认授权。[①]

而我国《刑事诉讼法》以及《公安机关办理刑事案件程序规定》对侦查的规定是有限的。虽然对于讯问、询问、搜查等公开的侦查措施进行了详细的规定，但对秘密侦查、技术侦查的规定还不够细化。随着电子网络技术的发展，电子监听、跟踪、GPS定位系统、"天眼"监控系统等对人的隐私涉及程度较高的技术侦查和其他秘密侦查措施将会广泛应用，这些侦查措施使用不当，很容易产生侵犯人权的问题。因此，我们应该在侦查制度中引入司法审查制度。虽然人民检察院可以通过行使批捕权和审查起诉对侦查进行监督，但是侦查措施都是由侦查机关自己决定行使的，事前监督缺位，并没有形成有效的监督机制。在《刑事诉讼法》明确赋予检察机关自侦权的背景下，对于检察院自侦的案件，其侦查则由检察机关自己决定、自己监督，可能无法保持中立性。基于此，普通刑事案件的强制性措施的司法审查权可以交给检察官，对检察院自侦案件应由法院来审查。而从长远看，对于侦查行为的审查，应当引入司法审查机制，由中立的法院进行审查。

（三）侦查行为一般规则

1. 启动程序

第一，启动主体，即申请采取搜查、扣押等侦查措施的主体，通常为享有侦查权的主体，具体是公安机关、检察机关以及其他享有侦查权的机关的直接承办案件的侦查人员。

第二，启动条件，侦查行为涉及公民人身权和财产权，因此启动侦查行为必须满足特定的条件。侦查行为的启动应当建立在一定的证据基础上。侦查主体只有掌握相当线索，方能启动侦查行为。其争议点主要在证明标准的高低，基本原则是对公民人身权限制程度越高，启动的证明标准就应当越高。比如侦查主体对人身采取搜查措施的证明标准就要高于扣押措施的证明标准。我国目前并

---

① 本部分内容源自马贵翔，胡铭. 正当程序与刑事诉讼的现代化[M]. 北京：中国检察出版社，2007：79.

没有区分不同的侦查措施适用不同的证明标准。

2. 审查批准程序

第一,审查批准主体,即谁有权决定实施侦查行为。根据我国《刑事诉讼法》的规定,侦查机关往往享有自行决定实施侦查行为的权力。比如司法实践中,公安局或检察院采用搜查措施,审批主体实行的是"谁搜查谁决定"。而在确立司法审查制度的国家中,审批权主体统一归于(预审)法官,少数国家检察机关可以批准。

第二,审查方法。多数审查是以书面审查为准,辅之以听证的方式;少数影响重大案件,需要通过举行公开听证会。无论采用哪一种方式,关键在于审批时是否听取犯罪嫌疑人、辩护人的意见。

3. 决定程序

审批主体经过审查后,可根据证据和案件事实使用决定的方式作出批准或不批准采用某种侦查行为。批准采用某种侦查行为,应签发相应的法律文书,如搜查证。侦查人员持有法官签发的文书方可采取相关侦查措施。不批准采取相关侦查行为的,办案人员不得采取有关措施。

4. 执行程序

首先,侦查人员采取侦查措施时,应先向相关人员表明身份,通常表现为出示工作证。我国还没有设置表明身份的制度,对侦查主体亮明身份的行为应进行统一规制,如在拘留、逮捕中,警察执法时应如何表明身份以及需要遵循哪些程序尚不明确。还有在侦查人员表明身份过程中,犯罪嫌疑人欲逃跑,如何表明身份?侦查人员是否可以大声告知其身份,希望对方配合工作,即视为亮明身份?这方面的规定应该明确细致。

其次,侦查人员出示采取侦查行为的批准文件,即出示审批机关签发的文书或者令状,以表明采取侦查行为的合法性。我国实践中具体表现为搜查证及其他相关批准文件。

再次,应对执行人员的执行方法进行规制。通常执行方法属于技巧、策略,执行人员灵活处理现场各种情况,对执行过程中的程序性问题需要重点规制。比如侦查人员在侦查时应首先注意安全,然后在对意外情况的处置时,注意灵活性。再比如在搜查过程中,犯罪嫌疑人拒绝搜查后,那么搜查可以转为刑事拘留,然后对其再搜查。在执行中还要注意男女有别,如需要对女犯罪嫌疑人进行搜查等,应由女工作人员执行。执行过程应进行拍照录像,固定相关材料,侦查过程中侦查人员不得少于二人。对人身、场所在搜查程序上应当有差别地对待。

最后,对执行时间的要求。为避免侦查行为过分干扰公民的正常生活,有必要对采取侦查行为的时间进行规范。我国立法上尚无关于执行时间的明确规定。有些国家则禁止夜间搜查,比如美国《联邦刑事诉讼规则》第41条第3款第1项规定,除在特殊情形下,并且经过特别授权,搜查不得在夜间进行。同时根据美国联邦刑事诉讼规则的有关解释,此处的夜间是指自早上6时以前晚上10时以后。①

5. 其他特殊情形

(1) 无证搜查、扣押

侦查行为的实施应当获得审批,但是在特定情况下也允许无证搜查、扣押。比如在情况紧急时,不及时采取相应措施,可能无法实现侦查的任务,此时即可进行无证搜查、扣押,有关审批文件事后补办。但适用条件应当严格限制,通常适用于巡逻警迫身搜查、临时性拦截车辆等。

(2) 秘密侦查

秘密侦查属于特殊侦查措施,侦查人员身份的隐秘性是其典型特征,在秘密侦查过程中,要确保侦查人员身份不暴露。因此,对于秘密侦查,侦查人员在执行时不必表明身份、出示批准文件。侦查措施不同,其执行方法也不同,对表明身份的要求不一样。秘密侦查适用的案件类型比较特殊,侦查人员的安全处于危险之中。如要求表明身份,就会有暴露的风险,直接威胁侦查人员的生命案件,侦查的任务也会搁置。

(3) 救济程序

警察申请采取某种侦查措施,但是法官未批准,在重大的案件中,侦查人员可以申诉。另外,犯罪嫌疑人对于滥用侦查的行为也有权寻求司法救济。在我国,主要是向侦查机关申诉或者控告。

(4) 辩护权的保障

辩护权是犯罪嫌疑人的重要诉讼权利,侦查机关应当保障犯罪嫌疑人的辩护权。首先应当确保犯罪嫌疑人的知情权,就是指向犯罪嫌疑人公开对其采取侦查措施的理由、其他相关情况。其次,人权保障原则,指发生意外情况采取武

---

① 赵新江,刘净瑜. 浅析禁止夜间搜查原则[J]. 楚天法治,2014(8).

力时应节制,要遵循必要性原则,即侦查措施的实施是必要的,不采取该措施就不能有效地制止意外情况的发生。执行过程中也应注意人道问题,比如犯罪嫌疑人若是怀孕的妇女、老弱病残,在执行时应区别对待。此外还应注意执法过程中的文明问题。

三、扩展阅读

(一) 公诉权概念的形成与启示[①]

作为司法制度重要组成部分并以规范公诉权为核心的公诉制度,以公诉机关对各种侵害社会公益的行为实施检控为主要使命。公诉权的恰当运作对保护社会公益尽可能免遭不法侵害发挥着关键性的作用。伴随国际、国内经济增长与繁荣的是犯罪和其他侵害社会公益的行为的快速增长,这也使公诉制度所发挥的作用更为重大。然而,公诉权运作机制的科学性来源于理论上对公诉权概念的准确把握。

1. 公诉权概念起源

原始社会,对于冲突的解决实行所谓"私力救济"方式,即主要依靠冲突双方自身的力量予以解决。缓和的方法有以忍耐、说服为特征的和解和寻求中间人的调停;极端的方式有所谓"同态复仇""血亲复仇"等。"私力救济"最大的弊端是容易普遍性地诱发暴力冲突,进而危及人类自身安全。在国家产生以后的奴隶制时代开始由国家控制冲突的最终裁决,出现了所谓"公力救济"方式,当事人在冲突无法自行解决时向政府起诉,自此产生了诉讼的概念与制度。"公力救济"方式虽然只是国家对审判权而非起诉权的操控,但它为公诉权的产生创设了先决条件,没有"公力救济"就不会有公诉权。

公诉权自身的形成经历了从自诉、社会起诉到国家起诉的演化过程。在最早的控告式诉讼[②]形式下,把包含犯罪在内的所有的纠纷看作私人冲突,未形成

[①] 本部分内容源自马贵翔,李剑. 公诉权概念的形成与启示[J]. 诉讼法论丛,2006(00).
[②] 弹劾主义诉讼也叫控告主义诉讼。古埃及、古巴比伦、古印度、古希腊、古罗马共和时期和欧洲日耳曼法前期时代实行此种诉讼模式。比较典型地存在于罗马共和时期和英国的封建时代。特点是:没有原告就没有法官;原被告双方平等辩论;法官消极裁判;审判公开;证据运用上在案件疑难时实行"神明裁判"。

明确的公益保护观念和制度,起诉实行受害者直接起诉即自诉的方式。在控告式诉讼实行的同时和后期,产生了社会起诉或公共起诉形式,如在古雅典的法律中,存在着一种"公共起诉"方式,它与前一种"自诉"方式之区别是它可由任何享有完全权利的公民提出;在古罗马法中,对亵渎神圣的犯罪,由于没有具体的被害人,除奴隶、未成年人和妇女外,其他人皆可起诉,也采用了一种公共起诉方式。① 这种公共起诉制度已经以一定的公益概念为支撑,可以把它看作是公诉制度的雏形。另外,十三世纪的法国和英国仍然实行控告式诉讼,当时分别产生了法国的国王代理人和英国的皇室法律顾问制度。当时的国王代理人和皇室法律顾问,均可代理国王或皇室参加诉讼,尤其法国的国王代理人,可以代理国王提起租税等方面的民事诉讼。这种国王代理人和皇室法律顾问制度虽然只是国王或皇室的私人代表,但考虑到当时专制统治下君主利益与国家利益至少在认识上关联较紧密,也可以作为公诉制度发展的早期形式之一。

当人类社会迈入封建社会之后,大部分国家在强化专制统治的同时对公益保护的认识进一步明确化,这在当时实行的纠问式诉讼方式②中得到明显体现。纠问式诉讼的一个鲜明特点是对危害所谓国家利益的案件实行国家追诉的方式即由国家行使起诉权的方式,由此形成了真正意义上的公诉权的概念。国家起诉较之自诉和个人行使的公共起诉显然提高了起诉能力,强化了对公益的维护,同时由国家统一行使起诉权也有效防止了个人起诉上的恣意,有利于维护法制的统一。需要特别强调的是,纠问式诉讼下追诉的所谓侵害国家利益中的行为是局限于刑事犯罪行为的,还未形成民事公诉、行政公诉的概念。这也是刑事公诉作为传统公诉的重要原因。比较有普遍代表意义的公诉制度模式主要是以法国为代表的大陆国家的起诉制度。

2. 现代公诉权概念的形成:公诉权的独立运作

现代意义上的公诉权运作制度是在继承控告式诉讼和纠问式诉讼优点和克服其缺点的现代式诉讼方式下产生的。控告式诉讼第一次创设了法官消极仲裁

---

① 参见王志华. 公诉权理论新探[D]. 湘潭:湘潭大学,2002.
② 纠问式诉讼结构也叫审问主义诉讼结构。罗马帝国时期和法兰克王国加强王权后开始实行纠问式诉讼结构。《加洛林纳法典》规定了典型的纠问主义诉讼程序。英国在君主专制主义时期其星座法庭也实行纠问主义诉讼结构。强化国家追诉(公诉)法官兼任公诉人控辩不平等审判不公开证据运用上实行"法定证据制度"(或形式证据制度);漠视人权,有罪推定。

和原被告双方平等辩论的格局,虽具备了一般司法程序结构的要求,但由于主体构成单一,缺乏制约,而且把犯罪仅仅看作是公民个人之间的纠纷,未能认识到犯罪给整个社会造成的威胁,把所谓"没有原告就没有法官"的公式简单适用于刑事诉讼,缺乏控、辩双方在庭外的有效的诉讼准备,凡此种种,使得控告式诉讼软弱无力,法官在事实真相无法查明时甚至搞神明裁判。纠问式诉讼实行国家纠举犯罪的方式,强化了法官的职权,改变了控告式诉讼那种软弱无力的现象,提高了诉讼效率。但纠问式诉讼在强化法官职权的同时却犯了另一个错误,那就是忽视甚至取消了辩护并由法官兼任公诉人,这就使控、辩对抗变成了法官与被告人的对抗。而有罪推定和刑讯逼供是这种诉讼方式的必然要求。资产阶级革命胜利后,与资本主义民主、法制相适应的现代意义上的诉讼方式应运而生。有些学者把它叫作诉讼主义诉讼方式。① 不管是英美法系国家的当事人主义诉讼方式(又叫辩论主义诉讼方式),还是大陆法系国家的职权主义诉讼方式,它们一方面继承了弹劾主义和纠问主义诉讼方式的合理部分(前者主要指原、被告双方平等对抗和法官中立,后者指要坚定追诉犯罪的方式),另一方面实施了刑事诉讼方式的一些突破性改革(如实行检察与审判的分离和侦查与审判的分离,由专门的检察机关和侦查机关进行控诉准备和控诉;把被告人辩护权范围扩展为包括可以委托辩护人辩护和辩护人在庭审前控诉准备时提前介入诉讼在内的完整意义上的辩护;为了限制法官专权实行法官与陪审官的分离)。而资本主义的其他一些特有的诉讼原则,如自由心证、无罪推定、被告人的沉默权等则是与诉讼主义诉讼方式相适应。可见,现代式诉讼方式下的公诉权运作的基本模式是在审判与起诉分离前提下的公诉权(包括侦查权)的独立运作。由于英国与法国是较早进行资产阶级革命的国家,法国的以检察官为代表的具有大陆法系特点的公诉制度和英国的以大陪审团为代表的具有英美法系特点的公诉制度,对相关国家的公诉制度的建立都起到示范作用。

3. 现代公诉权概念的确立:公诉权的专属性与公诉的基本运作模式

人类自我协调自我发展的一个重要标志就是确立一种秩序,主要还是谋求确立一种法律秩序。在人类确立法律秩序的过程中,认识到控制越轨行为对公益的损害则是一种极富意义的重要进步。那么如何控制越轨行为对公益的损害

---

① 朱云.刑事诉讼证据制度[M].北京:法律出版社,1986:26.

呢？逻辑的推演是：第一步是通过制定实体法对损害公益的越轨行为设定成立要件和惩罚标准，比如用刑法来规定定罪量刑标准就属于这种情形；第二步就是为兑现实体法而设定操作性方法，即程序规则。而程序规定的第一步就是设定公诉权的归属。一定意义上讲，公诉只是一种追诉危害公益行为的一种程序愿望，概念自然是明确的，那就是提起公益诉讼。但由谁提起呢？是任何公民和组织都可以行使呢？还是应该限定特定的人员或组织行使此项权力？这是不可随意进行的。把公诉权赋予特定的人员或组织，即形成一种专属性，这具有极为重要的意义。

第一，公诉权专属性的设定有效防止了随意提起公诉可能导致的人权侵害。案件的最终判决固然是由法官来完成的，但一个无辜者在被提起公诉后，即使最终宣告他无罪，之前他所遭受的名誉与自由方面的损害是很难予以完全赔偿的，更为危险的是，法官是人不是神，错误起诉完全有可能提高法官的错判率。

第二，公诉权专属性的设定有效防止了随意起诉可能引起的资源浪费。随意起诉的公民或组织可能缺乏对相应实体法的专门研究，更易受情绪左右而缺乏证明意识，由此可能把一些不应该提起公诉的案件而提起公诉，从而造成人的精力、时间和财物上的过多损失。

第三，公诉权专属性的设定提高了追诉损害公益行为的效率，有效减少了责任人逃避责任的可能。专门的公诉人是受过专门训练的人员，而且得到了公诉机关或公诉组织的管理与支持，在收集证据、运用证据和采取强制措施方面的能力较强，这使得责任人试图通过狡辩、逃脱等方式蒙混过关的可能性大为减小。

第四，现代意义上的公诉权的专属性还进一步体现为检审分离，即法官不能兼任公诉人，这个意义上的公诉权的设定对于实现司法公正具有重大意义，主要依据在于它为确保法官中立迈出了极为重要的一步。

当然，现代公诉权专属性的设定并不是完美无缺的，其自身的负价值主要体现为以下三个方面。

第一，公诉权的设定增加了公共资源的投入，随着侵害公益行为数量的激剧增长，国家为实现公诉制度的有效运作方面的财政投入是巨大的。

第二，公诉权的设定在一定程度上降低了受害人个人受保护的程度。这在刑事公诉中表现得较为明显。公诉人的存在使得刑事被害人的诉求受到一定程度的抑制，特别是在刑事被害人的要求与公诉人的要求相左时，这种倾向会表现得更加明显。

第三，公诉权的设定使被告方的诉讼地位受到威胁。公诉权是有组织的国家行为，其实力远远超过被告方的力量，这就为实现控辩平等造成了较大困难，而控辩不平等会造成审判不公的可能性是当然存在的。

现代公诉权运作机制的直接目标就是尽可能发扬其优势而减少其负价值，既有对公诉权的肯定与鼓励，又有对其进行限制的必要步骤。前者主要体现为扩大公诉范围，确保公诉的必要财政投入，强化对公诉人的职业训练与管理，特别是发挥公诉在诉讼结构中对其他权力（利）的制约；后者主要表现为尽可能精简机构、节省开支、限制自由裁量、强化被告方的诉讼地位、完善辩护制度、确保法官中立等措施。

从一定层面上讲，权力是实施某种行为的排他性资格。权力来源于法律的授予、习惯的认可或来源于继承。权力与权利的一个重要区别是，作为公民权利基本部分的人权可以说是与生俱来的，或者说是"天赋"的，但权力却从来不可能是天赋的。公诉权是权力的一种，是进行公诉的排他性资格。这样说当然是比较简单的，因为到底什么是公诉才是我们应当详细解读的内容。

公诉包含多方面的含义。一是提起公诉。提起公诉是一种单一性的行为。在这个意义上，公诉等同于提起公诉行为，特指法庭上公诉人代表国家控诉犯罪的此种正式行动。它是一种公诉机关行使公诉权的标志。这个意义上的公诉实指法庭审判中公诉方的职业行为。二是公诉阶段。特指侦查机关侦查终结后由检察机关进行的公诉准备活动的总称，包括阅卷、核实证据、补充侦查、作出公诉决定以及制作起诉书等。公诉阶段也叫提起公诉阶段，强调这一点的意义在于突出检察对侦查终结案件的过滤或把关作用。三是公诉制度。这是指为尽可能高效率地实现公诉目的而设立的公诉管理制度和公诉运作程序的一系列实体与程序规则的总称。公诉管理制度主要指检察官组织制度，广义上也包括警察组织制度；公诉运作程序主要指《刑事诉讼法》规定的追诉犯罪的程序。

对公诉的代表性解释是把公诉看作是指控诉方实施控诉的一系列必要行为的总称。在诉讼结构中，总的包括三个部分。

一是公诉准备，指开庭前的公诉活动，其目的是为实现控诉进行的庭审前准备。如在刑事诉讼中包括立案、侦查、对公安机关侦查终结案件的审查、决定提起公诉或不起诉或撤销案件等。

二是正式公诉,即法庭上控诉方的正式行动,包括宣读起诉书(公诉正式开始的标志)、举证、回应被告方质疑以及提起上诉等。

三是对判决执行活动进行监督。

4. 公诉权概念的现代扩展

作为诉讼制度中的一项重要制度的公诉权制度,随着人类社会文明的发展而日新月异。公诉权在随后的发展中,不断地成熟壮大,并呈现出许多新的特点。总的来说,公诉权的发展主要表现为公诉权运用的领域得到开拓,已经突破了传统的刑事诉讼领域,开始在民事、行政领域崭露头角,公诉权在整个诉讼领域中显示着旺盛的生命力。在民事、行政诉讼中,仅由个人对侵害公益的行为进行追诉存在着很多弊端:一是由于被害人个人的力量有限,导致在收集证据证明侵害行为违法上往往出现力不从心的情况,而使侵权行为人逍遥法外;二是在许多情况下,侵害行为不仅侵害了直接的被害人的权利而且还侵害了国家或社会的利益,但由于仅由直接被害人起诉,往往出现对国家或社会利益维护不够甚至被忽视的情况;三是在私诉的情况下,某些被害人觉得侵害行为已经发生,已不能挽回,只要自己能得到满意的赔偿,是否对侵害人进行罚款或一定的惩处对他来说并不是很重要了,但这样不利于社会对类似侵权再次发生的防范。由公诉权产生的历史渊源可知,维护公益、弥补私权的局限性是人类设置公诉权的第一目的,而刑事诉讼所维护的公益仅为公益中的一部分,这就决定了公诉权有向民事、行政领域渗透的本质属性。在世界各国,公诉权发展到民事、行政领域的势头方兴未艾。

民事公诉制度是与民事自诉相区别的一种制度,是指检察机关在法律授权的条件下,为维护国家和社会利益或维护公共秩序,代表国家对一定范围的民事案件提起公诉的制度。随着社会经济的发展,原属于民事领域的一些社会关系,由于涉及公共利益而逐渐与传统的平等主体之间的民事关系相区别开来,出现了民法公法化的趋势。市场经济的发展是导致这一趋势的主要助力,政府为了弥补市场的缺陷,以期保护自由竞争和经济民主,对市场关系进行直接参与或干预,由此产生了政府成为民事关系主体的一种区别于传统民事关系的社会关系。这种关系不仅关系着个别民事主体的利益,更多地牵涉着社会公共经济利益,甚至是社会秩序的稳定。对这类社会关系的侵害,仅由个别主体发动诉讼,往往无法有效地保护社会公共利益,民事公诉制度因此应运而生。民事公诉制度与刑事公诉制度最大的共同之处在于对国家或社会(公共)利益的保护。大陆法系国家的民事公诉制度最早建立在法国,1806 年法国《民事诉讼法》规定:检察官通过起诉或其他方式可以介入"关于国之安宁之诉讼,关于官府之诉讼,关于属于官之土地、邑并公舍之诉讼,关于困贫人不公赠与之诉讼"等民事案件。德国和日本设有公共利益代表人制度由检察官代表社会公共利益提起民事诉讼。在英美法系国家,英国的检察长最早是作为国王的代表,在涉及皇室权益时,以国王或皇室的名义提起诉讼;涉及公共利益的案件,为防止重复起诉,检察长可应告发人的请求以检察长的名义提起诉讼,但实践中对这些案件是否提起诉讼并不取决于告发人,检察长可以依职权提起且不负担诉讼费用。[①] 美国相应的立法也规定,各级检察长"在被指控的违法行为影响到整个国家利益,涉及宪法要求关心的国家事务或涉及国家有确保全体公民平等权利的义务"时有权提起民事诉讼,同时检察长还可以依据环保法、税法等提起相应的民事诉讼。[②] 美国环境保护法、防止空气污染条例、防止水污染条例、防止港口污染和河流污染条例、噪声控制条例、危险货物运输条例等均授权检察官提起相应的诉讼。[③]

行政公诉是与行政相对人向法院提起自诉相区别的一种制度,是指检察机关依法对涉及国家或社会利益及具有公益性质的案件,在无行政相对人或行政相对人不敢、不愿或无力起诉的情况下,代表国家将相关行政案件提交法院审判的一种制度。随着政府角色由"守夜人"向管理者的转变,行政权力逐渐渗透到社会的方方面面。行政事务的特点决定了行政权力具有自由裁量性、主动性和广泛性等特点,使行政权力比其他权力更具有滥用的可能,于是对行政权力的限制是必不可少的,行政诉讼被视为是各种控权方式中最有效的手段。但在一些涉及国家或社会利益的行政案件中,由于受害的行政相对人势单力薄,往往出现不敢、不愿或无力起诉的情况,从而无法达到维护国家和社会利益,无法实现制约行政权的目的。由国家检察机关代表国家起诉便被认为是解决这一问题较可取的方案。历史上最早实行行政公诉制度的是德国。19 世纪末,德国巴伐利亚

---

① 常英,王云红.民事公诉制度研究[J].国家检察官学院学报,2002(4).
② 卞建林,译.美国联邦刑事诉讼规则与证据规则[M].北京:中国政法大学出版社,1996:21.
③ 蔡彦敏.从规范到运作——论民事诉讼中的检察监督[J].法学评论,2000(3).

邦开始在行政法院内设立检察官,负责对政府的违法行为向法院提起行政诉讼,从而开了检察官提起行政公诉的先河。

5. 公诉权概念形成的启示

第一,正视检察机关的性质。公诉的本质来源于保护公益的需要,即对侵害公益的行为提起诉讼。而检察机关是在公诉权实现独立运作以后被赋予行使公诉权的专属诉讼主体。由此我们看到,检察机关的性质明显体现为两个方面:一是检察机关是公益的代表;二是检察机关只是一个起诉主体。把这两方面的性质结合起来就是公诉主体。检察机关作为公诉主体不仅是一个历史命题,也是一个逻辑的命题,没有公诉就不可能有检察机关。虽然理论界对于我国检察机关法律监督属性的质疑历来就有,近几年这类质疑又日渐增多,但是主张检察院法律监督定位的观点仍有相当市场,在检察系统内部尤其如此。把检察院定位为法律监督机关,不仅是诉讼中的控辩平等难以实现,更直接危及诉讼实体正义的实现。① 之所以强调正视检察机关的性质定位,是想表达两个方面的意思:其一,公诉作为检察机关的传统职能也是唯一职能,是司法制度发展的内在规律的体现,只有正确认识这一规律才能为我国司法制度的改革特别是检察制度的改革形成正确的认识基础,反之则有害于我国检察制度的科学化;其二,对检察机关性质的正确认识在现阶段可以把检察机关的法律监督属性定位为一种暂时性或者过渡性,也就是说检察机关作为法律监督机关在中国现实的政治体制司法体制下具有符合中国国情的特点。随着我国经济政治体的进一步改革和依法治国的进一步推进,检察机关必将完成它作为法律监督机关的使命。

第二,公诉权有广阔的发展空间。公诉权的涉猎范围的确定以是否属于公益为标准。传统公诉对刑事犯罪的检控并未代表公诉的所有形式。民事公诉、行政公诉在世界范围内的逐步扩展可以视为凸显公诉本质的重大事件。它的发展绝不是偶然的也不是暂时的,其制度将随着社会的繁荣与发展日渐丰富和完善起来。那么,是不是说刑事、民事和行政公诉已经涵盖了公诉的全部内容?恐

---

① 我国宪法对检察院法律监督职能的规定与联合国的相关规定不同。联合国《关于检察官作用的准则》第11条的规定"检察官应在刑事诉讼中和根据法律授权和当地惯例,在调查犯罪、监督调查的合法性、监督法院判决的执行和作为公众利益的代表行使其他职能中发挥积极作用"中可以看出,检察官权力或检察权与法律监督权是种属关系的概念,法律监督是检察权的组成部分之一;更重要的是,此准则规定的法律监督与我国现行的法律监督概念的一个重大差别是未表明审判监督的概念。

怕未必尽然。比如把违宪审查纳入公诉权的范围就是其中一个不可忽视的内容。违宪审查是指由特定的国家机关按照法定的程序对某些行为或法律、法规等规范性文件进行合宪性审查，并对其作出是否合宪的裁决的制度。启动违宪审查的方式一般有三种：由公民、社会团体以及其他组织提起的申诉；由审判机关在审判过程中主动发现违宪的情形并作出裁决或提交由违宪审查机关审查；违宪审查机关主动发现违宪情形并作出处理。违宪审查机关主动发现违宪的情况毕竟有限，审判机关发现违宪的情况又具有被动性，公民、社会团体以及其他组织提起申述必须具有一个条件，即只有在因法律、法规等规范性文件的实施而发生具体案件时，公民、社会团体以及其他组织才得以向违宪审查机关提出进行违宪审查的请求。因此，公民、社会团体以及其他组织提起的违宪审查具有滞后性。鉴于此，赋予检察机关启动违宪审查权，以便主动对与宪法相违背的法律、法规等规范性文件提起违宪审查，起到防患于未然的效果，更有利于维护公民的权益和法律的统一。我国目前还未形成民事公诉和行政公诉制度，基本上局限于刚刚兴起的理论研究的范围。至于把违宪审查纳入公诉权的范围目前在理论上仍未形成初步认识。当然民事、行政公诉乃至违宪审查公诉的扩展并不意味着刑事公诉的减弱，恰恰相反，刑事公诉作为传统的公诉形式在未来的发展中将继续以主要的公诉形式存在，其原因主要来源于普通刑事犯罪数量的大幅度增加。

　　第三，把公诉的基本运作模式分为公诉准备与正式公诉具有重要意义。如前所述，公诉是控诉方实施控诉一系列必要行为的总称，主要分成公诉准备和正式公诉两个部分。这一划分是根据诉讼结构的正式审判和审判准备理论作出的，其意义十分重要。一是在审判阶段的公诉运作都属于公诉准备。在刑事诉讼中，侦查机关的侦查活动，其实质不过是公诉准备的组成部分之一，在理论上不具有独立性，这也是检察指挥控制侦查的基本理论依据，舍此难以作出其他合理解释。因此，现行《刑事诉讼法》规定的侦查独立运作的机制由此可见其与公诉准备理论的相悖之处，实有改革之必要。至于目前理论界一部分人所主张的在维持侦查机关相对独立的前提下的公诉引导侦查的观点，其实质是一种折中方案或过渡措施而非最终方案。我们应对检察对侦查指挥与控制机制的最终确立充满信心。二是撤回公诉制度的建立与正式公诉和公诉准备的区分有直接关系。现行《刑事诉讼法》为防止重复起诉和超期羁押取消了撤回起诉的规定，但这一做法未必妥当,主要是未能区别公诉准备和正式公诉的不同情形:在公诉准备阶段由于法庭审判毕竟没有正式开始,不存在重复起诉的问题应当允许撤回起诉。至少超期羁押是羁押制度本身的问题,不应与撤回起诉混为一谈,法庭正式审判开始后,应予防止的是撤回起诉后又重新起诉的情形,这是避免双重危险原则所要求的。因此,正式审判中的撤回起诉重点是由法律明确规定撤回起诉的后果等同于撤销起诉,其效力也等同于无罪判决,而且撤销起诉后不得重新起诉,由此可见正式审判中的撤回起诉不是不可以,关键是制度设置应合理。

第四,尽可能避免公诉权负价值。一是应该树立控辩平等的牢固信念。公诉权作为一种强大的公权力对弱小的被告人确实构成严重威胁,因制度设计不合理导致的公诉高于辩护的状态不仅危及被告人人权,也危及案件实体正义的实现。在现阶段我国检察机关作为法律监督机关的状况下,控诉高于辩护的观念仍有很大市场,这是必须认真对待的问题。二是应该确实尊重刑事被害人的权利,公诉权的存在使被害人的利益容易受到忽视,这是一个常见的问题。我国现行《刑事诉讼法》虽然把被害人规定为当事人并且享有"公诉转自诉"的权利,体现了立法者对被害人权利的关注,但改革尚未到位,比如被害人对被告人刑事责任或轻或重的要求仍缺乏完善的表达渠道,这方面至少包括被害人上诉权的缺失。

(二)侦查体制的类型

侦查体制是司法制度的重要内容,涉及侦查权的配置、侦查组织体系及其运行机制问题,主要是指规范侦查机关之间内部以及上下级相互关系的规则总称。侦查体制对侦查任务的实现以及侦查程序均有重要影响,因此有必要专门探讨。何家弘、陈永生等学者对世界各国侦查体制进行了考察,认为侦查体制主要有以下几种类型。

第一,集中型侦查与分散型侦查。根据从事刑事侦查的警察机关在纵向组织结构上的不同,侦查体制可分为集中式侦查体制和分散式侦查体制。所谓集中式侦查体制,是指全国各级警察机关上令下从,统一归属中央警察机关领导和指挥的侦查体制。而分散式侦查体制则刚好相反,是指各级警察机构分属地方政府领导,中央和地方各级警察机构之间没有严格隶属关系的侦查体制。大陆法系中央与地方警察机构之间有隶属关系,上级侦查机关领导下级侦查机关,上下一体,因而属于集中型侦查体制;英美法系特别是美国,联邦和各州均设置了警察机构,各地警察机构受当地政府领导,联邦与各州警察机构之间没有隶属关系,由此形成了分散型侦查体制。虽然集中式警察体制有利于统一执法,加强地区之间的联系和提高打击犯罪的工作效率,但其缺乏适应地区特点的执法灵活性;分散式警察体制还有利于防止警察专横,避免出现"警察国家",但分散式侦查体制致命的弱点是缺乏执法的统一和效率。

第二,单轨制侦查与双轨制侦查。根据侦查权是否由国家垄断,侦查权在刑事程序中控辩双方之间分配格局的不同,侦查体制可以分为单轨式侦查体制和双轨式侦查体制。所谓单轨式侦查体制,是指侦查活动由代表国家的侦查机关单独进行,公民个人无权进行侦查活动的一种侦查体制。所谓双轨式侦查体制,是指侦查活动由代表国家的侦查机关和代表公民个人的辩护方同时进行的一种侦查体制。大陆法系国家的侦查体制属单轨制,英美法系国家的侦查体制属双轨制。单轨制下的法国,侦查材料主要服务于公诉方,辩护律师也可使用侦查人员收集的证据材料,并可以要求警方补充侦查;双轨制下的美国,辩护律师可以聘请私人侦探或民间鉴定人员就案件事实进行调查并收集证据,包括勘查现场、询问证人和检验物证等。如果现场和物证已处于警方的控制之下,那么辩护律师应在勘查或检验之前征得检察官或警方的同意,而法律规定后者对此不得设置障碍。在有些情况下,辩护律师甚至可以请未参与本案调查的其他警察机构的人员为其勘查现场、检验物证和出庭作证。①

第三,一步式侦查与二步式侦查。根据警察机关的内部侦查组织有无阶段划分,侦查体制可以分为一步式侦查体制和二步式侦查体制。所谓二步式侦查体制,是指刑事案件的侦查过程明确分为初步侦查和后续侦查两个阶段,而且这两个阶段的侦查工作由两个不同部门的警员分别负责的侦查体制。通常,初步侦查阶段的主要任务是询问报案人、受害人、目击人及有关群众并初步勘验现场,以便查明案件的基本情况并尽快收集可能与作案人有关的信息,然后写出报告,报送给负责此类案件的后续侦查部门;后续侦查部门通常是按不同的案件组建专业化侦查组织,其任务是通过深入细致的调查来查明案件情况,并全面收集证据和查明作案人。所谓一步式侦查体制,是指整个侦查过程没有明确的阶段

---

① 何家弘.外国犯罪侦查制度[M].北京:中国人民大学出版社,1995:28—29.

划分,一个案件的侦查工作由一个部门的警员从头到尾负责的侦查体制。①

第四,专门化侦查与一般化侦查。根据侦查主体在侦查活动中受理案件的权限分工,可以把侦查体制分为两种基本模式:一种是根据犯罪的种类进行分工,同时把侦查主体分成若干个专业队伍,各专业队伍分别对其自身范围内的案件进行立案侦查,不允许相互介入对方的侦查活动,此为专门化侦查;另一种是根据管辖地域进行分工,即把侦查主体按地域划分成若干个地区分队或派驻警区,分别负责其警区内发生的所有犯罪案件的侦查工作,此为一般化侦查。②

第五,复合式侦查与并列式侦查。根据警察与检察机关之间行使侦查权方式的不同,侦查体制可以分为复合式侦查体制与并列式侦查体制。所谓复合式侦查体制,是指对每一具体刑事案件,警察和检察机关都同时享有侦查权,警察机关负责实施具体的侦查行为,检察机关负责监督和指挥警察机关进行侦查的一种侦查体制。所谓并列式侦查体制,是指警察机关和检察机关虽然可能都享有侦查权,但对每一具体的刑事案件,则只有一个机关享有侦查权,检察机关也无权监督和指挥警察机关的一种侦查体制。以此为标准,大陆法系国家的侦查体制属复合式,英美法系国家的侦查体制属并列式。③

(三) 检警关系的相关争议

侦诉关系或者检警关系一直是刑事诉讼法学界讨论的重要理论问题。有学者认为世界各国的侦诉关系,大体有如下几种:一是侦查和起诉职能由同一主体承担,侦查、起诉之间无明显的阶段划分,此为"完全结合型";二是侦查和起诉职能由不同的主体承担,分为两个十分清楚的诉讼阶段,称为"分离型";三是侦查和起诉职能有分工,也有阶段的划分,但侦查和起诉又有结合的一面,体现在阶段的划分不十分明显,同时行使公诉权的机关对侦查有指示权,可以参与、指挥侦查,这种模式称为"交叉型"。考察侦诉关系的发展历史可以发现,侦查、起诉之间的关系有一个规律性的走向,即从完全的结合型和完全的分离型向交叉型发展。中国现行侦诉关系是在分工负责、互相配合、互相制约的原则上构建

---

① 何家弘.外国犯罪侦查制度[M].北京:中国人民大学出版社,1995:40—42.
② 邢晓东.专门化侦查与一般化侦查[J].江苏公安专科学校学报,2002(3).
③ 陈永生.侦查体制比较研究[J].国家检察官学院学报,2000(2).

的,应当说这一原则来源于实践,它符合权力制衡及认识论的原理,实际上也反映了交叉型诉讼模式的基本内核,因而它符合诉讼发展的规律,具有一定的科学性。尽管中国诉讼法据以确立侦诉关系的原则是科学的,可是在具体程序设计上却存在缺陷。自侦案件的侦诉关系过分结合,而其他刑事公诉案件的侦诉关系则过于分离。因此,在保持现有的侦诉关系的原则和好的做法的前提下,应在程序上做如下原则调整:一是在侦诉关系中加强公诉机关的主导地位,赋予起诉机关一定的侦查指挥权,主要是一般的侦查指示权,强调侦查为起诉服务的思想;二是在《刑事诉讼法》中明确规定检察机关的自侦案件的侦查、起诉也实行分离制约;三是严格区分和限制各侦查机关的侦查管辖权,这样有利于侦查专门化,也有利于明确职责和侦诉制约关系;四是从立法上肯定公诉机关的"提前介入"作法,以使侦诉阶段模糊化,规定提前介入主要是提前审查证据,提出对证据的意见和取证方向的建议,行使其一般指示权,明确规定侦查工作必须对公诉开放,以加强对公安、安全机关的侦查活动的监督;五是赋予起诉机关对违法警官以处分权或者处分建议权,以增强监督力度。[1]

也有学者认为,考虑世界各国刑事诉讼制度中对于侦查权与检察权在刑事诉讼中相互关系的界定及检察官角色的定位,主要有以下几种模式。一是主导型。这种类型的国家十分强调刑事司法的高度集中统一,在调查追诉的过程中偏重对诉讼效率的追求,因而为了防止侦查机关可能出现的离心倾向,往往将侦查指挥权、侦查监督权集中赋予检察机关,并在检察机关的统一领导下由双方共同行使侦查权。在侦查的整个过程中,检察机关居于主导地位。有的国家甚至规定检察机关即为侦查机关,即检察权包含侦查权。大陆法系国家多属于此类型。二是指导参与型。采取这种模式的典型国家是美国。由于美国司法体制采取非系统主义,并没有建立起组织严密的全国性警察机关和检察机关,而只有地方、州和联邦的警察体制和检察体制。因而,在履行各自职责时采取分散独立的工作方式,并各负其责。但是这并非意味着检察官在犯罪侦查活动中无所作为。虽然检察官的主要职责是在刑事案件中代表国家提起公诉,可他们也有权参与侦查工作。值得注意的是,这只是检察官享有的诉讼权利,并不是其法定义务。在多数案件中,检察官并不亲自进行侦查,而是指导和监督专业侦查人员或大陪

---

[1] 王德光.侦诉关系研究[J].中国刑事法杂志,1998(6).

审团。不过在某些情况下,如在那些人口稀少的地区或小城镇中,检察官往往亲自主持并开展侦查工作。在一些大都市,检察官也往往应公众的要求而承担侦查工作,特别是在有暴力团体或地痞流氓牵涉在内的案件,或警察人员因受不正当之利害关系牵制,而不能公正进行侦查工作时。有些检察机构有自己的专门侦查人员;还有些检察机构经常从当地警察局抽调侦探组成侦查队伍。所以,虽然从表面上看美国的检察机关与警察机关是一种十分松散的关系,但检察官对警察侦查取证活动的指导参与作用是不容忽略的。三是协助型。在日本,一般认为,侦查的目的之一是为公诉做准备,而提起公诉和维持公诉的责任属于检察官,这就需要检察官和司法警察职员在犯罪侦查上相互协助,也需要检察官从公诉的角度对司法警察职员的侦查行为进行制约,故日本《刑事诉讼法》赋予了检察官一定的指示权、指挥权。根据日本《刑事诉讼法》的有关规定,第一次侦查一般由司法警察职员负责,检察官只在必要时才可以自行侦查、指挥司法警察协助其侦查或者做必要的一般指示。也就是说,检察官的侦查权居于第二性,但检察官对司法警察官员仍拥有一般性指示权与指挥权。他们认为"分工负责""互相制约"的原则,由于存在着一些带有根本性缺陷的种种弊端,故不宜再用来调整公安机关和检察机关之间的相互关系,更不能作为构建我国刑事司法体制的指导性原则,应予废止。而由于侦、检一体化模式集中体现了诉讼规律的基本要求,顺应了当今世界刑事诉讼法学发展的历史潮流,所以应当作为我国刑事司法体制改革的首选目标。他们认为在构建侦、检一体化刑事司法模式时,应充分体现将控制犯罪和保护人权的有机统一作为直接目的,并强调提高效率与保障权利的高度一致性的价值观念。首先,确立检察官在侦查阶段的主导核心地位,并增强检察机关对侦查程序的监控力度,使侦查机关的所有诉讼行为,特别是调查、取证行为,必须服从检察机关的领导、指挥和监督,从而使检察官真正成为影响侦查、公诉程序进程的核心力量。侦查机关的法定职能分工仍然是以侦查为本,即明确规定侦查权完全是一种依附于检察权的司法权力。这是侦、检一体化模式的基本理念。其次,在具体诉讼制度的设计上,要突出强调检察机关在刑事诉讼中对侦查机关的侦查取证行为的领导、指挥、监督权;在司法体制改革中,就应当将承担侦查职能的司法警察划归检察机关领导和管理。即采取司法警察与治安警察分离制度,对现行公安管理体制进行分流重组。再次,建立检察机关对立案、撤案、结案统一审查制度,防止执法机关擅自枉法分流刑事案件,这既是侦、检一体化模式的一项重要内容，也是检察机关发挥其法律监督职能的重要形式。最后，实现检察官的社会精英化，这是保障侦、检一体化模式高效运作的基本条件。①

有学者认为世界范围内典型的、最具代表性的侦查模式有两种。一种是以当事人主义诉讼观为支撑的对抗制侦查模式，这种模式将国家侦控机关、被告人及其辩护人均视为当事人，双方当事人平等享有调查罪案的权利，不承认任何一方当事人有优于他方当事人的侦查权。这具体体现在：首先不承认罪案调查是国家机关的专属权力，肯定双方都有权各自独立收集证据，在侦查阶段，辩护方的辩护性调查与侦控方的罪案调查同时展开并相互制约；其次不承认侦控机关单方面的强制处分权，任何强制性措施只能由法院以司法令状批准实施，被告方收集证据同样拥有申请法院强制处分的权利；最后被告与国家机关同样是侦查权行使的主体，而不是侦查的客体，因而被告不负有忍受国家机关侦讯的义务，其诉讼权利得到切实保障。另一种是由职权主义诉讼观主导的非对抗制侦查模式。职权主义诉讼不承认控辩双方在侦查阶段的平等地位，因此法律只规定侦查机关享有侦查权，否认或者限制辩护一方的侦查权。犯罪嫌疑人、被告人认为存在能够证明自己无罪、罪轻或者应当减轻处罚的证据，可以请求侦查或者审判机关予以收集，如果侦查或审判机关不予收集或收集不力，这类证据便有自然灭失或者不能有效进入诉讼以致影响查明事实真相并导致发生错误裁判的可能。同时由于嫌疑人或被告人是侦查对象，而侦查属于国家机关的单方行为，因此嫌疑人或被告人必然负有忍受国家机关侦讯的义务。这种侦查模式强调对侦查机关和侦查人员的信赖，并赋予其较大的侦讯权力，因而有利于侦查工作尽快取得成效，但又极易忽视和损害嫌疑人、被告人的权益。而实行这种侦查模式的国家，大多采"检警一体化"体制，检察官处于主导侦查的地位。如在德国，警察在侦查活动中只负有辅助检察院的责任；在法国，检察官一旦出现在勘验现场，司法警察立即丧失权力；在意大利，检察官有权调动司法警察。这些国家所建立的侦查制度有它们各自的体制背景，而这种体制背景与我国现有的检警体制有本质上的不同，主要是这些国家的检察官对警察行为拥有实质的监督

---

① 陈卫东，郝银钟. 侦、检一体化模式研究——兼论我国刑事司法体制改革的必要性[J]. 法学研究，1999(1).

权力。

关于侦查权的配置问题。我国检察机关"独立行使检察权"的核心内容是行使公诉权,而公诉权的本质是对犯罪的追诉权,它以追究被告人刑事责任、遏制犯罪、恢复被破坏了的法律秩序为使命,因此理所当然地拥有对犯罪的侦查权。也可以说,侦查权是公诉权所派生的权力。在我国目前的体制条件下,法律似可这样规定:人民检察院独立行使国家公诉权,统一负责刑事案件的侦查和起诉,公安机关、国家安全机关分别负责对所管辖的刑事案件实行侦查;公安机关和国家安全机关在侦查活动中采取强制侦查行为须经人民检察院同意;检察机关在侦查活动中采取强制侦查行为,须报经上一级检察院批准。这样设计,既解决了侦查权的归属问题,也有利于加强对强制侦查行为的监督,防止侦查手段的滥用,实现保障人权的目标。而对于侦查中的检警关系问题,虽然有学者主张明确将侦查权归属于检察机关,侦查权的具体行使由法律分授给各侦查机关,但他认为在我国的具体国情下,不宜采用"检警一体化"模式构筑侦查中的检警关系。因为在"检警一体化"侦查体制中,检察官处于绝对主导的指挥地位,刑事警察处于被支配的被动地位,只是侦查中的辅助力量,这与我国检警间的现实关系毫无共同之处,如果盲目借鉴,必然带来不利后果。[①]

有学者认为我国检警关系模式是以"分工负责、互相配合、互相制约"和"检察机关的法律监督职能"为基础的一种具有鲜明特色的模式:一方面,检警机关在侦查程序中均是相对独立地行使各自的追诉权,此与英美国家的检警分立模式相似,但是因为检警机关又存在着互相配合、互相制约的关系,这使之又区别于英美国家模式;另一方面,检察机关对警察机关的侦查活动可以进行监督,此与大陆法系国家的检警结合模式在理念上有相通之处,但在警察机关对检察机关的职权行为可以进行制约以及警察机关享有广泛而独立的侦查权方面,又与大陆模式显然不同。要优化我国侦查程序中检警关系模式应该做到以下三点。一是坚持公安机关为侦查主体、享有独立侦查权的现行侦查体制。警察担当侦查主体并享有独立的侦查权从侦查活动顺利进行的实践来看实为必要,也够使检察官站在第三方的位置上,有助于从侦查构造上防止警察机关滥权和保障人权。而从犯罪控制的角度而言,因为犯罪侦查需要及时迅速,否则侦查突破契机

---

① 徐静村.侦查程序改革要论[J].中国刑事法杂志,2010(6).

稍纵即逝,如果警察不享有独立的侦查权而要时时受检察官掣肘,侦查活动自然无法顺利展开,侦查目的也就无从达成了。二是建立检察引导警察进行侦查取证的机制。这一机制首先仅仅指涉检察对警察行为的"引导",而不涉及对警察行为的领导;其次,仅仅应该指涉检察对警察"取证"行为的引导,而不及其他。三是强化检察机关对警察机关的侦查监督制度。但是,此一解决问题的思路在实践中会面临着这样几个问题:首先,在我国,检察机关是法定的法律监督机关,其所行使的法律监督职能甚至上升为宪法规范,那么在我国宪法没有作出修改之前,部门法又如何能够取消检察机关的法律监督职能;其次,人们总是先验地认为司法审查是最佳的规制权力方式,但殊不知此一结论在目前还只适用于西方的法治语境;最后,现行的侦查监督体制在发挥对警察权力规制作用的有效性上的确出现了一些问题,但是这些问题基本上都是由于侦查监督相关的保障制度和配套措施的缺乏所导致的,因此检察机关的侦查监督还绝没有至"病入膏肓"的程度,只是相关的解决方案相对缺乏而已。①

(四)侦查程序构造的改革

我国侦查程序在整体构造上的一些缺陷。第一,缺少一个中立的裁判者,这使得由中立司法机构主持的司法审查和授权机制并不存在。第二,犯罪嫌疑人承担着被迫自证其罪的义务,辩方律师所能提供的帮助极为有限,嫌疑人的诉讼主体地位受到极大的削弱,甚至沦为诉讼的客体。第三,为犯罪嫌疑人提供法律帮助的律师,②对侦查活动的参与范围极为有限,对侦查机构权力的制约极其微弱,导致侦查几乎完全变成侦查机构针对犯罪嫌疑人的单方面追诉活动。第四,本来应当由不负有侦查职责的司法机构实施的司法审查活动,却由侦查机构负责人或者检察机关进行授权和审查,这种所谓的"内部制约"和"法律监督",对于保证侦查活动的合法性不具有积极有效的作用。我国侦查程序的缺陷显示出侦查并没有按照"诉讼"的构造进行构建,而是多多少少保持了行政活动的色彩,同时也暴露出整个司法制度存在着一定的缺陷和不足。公、检、法三机关"流水作

---

① 卞建林.论我国侦查程序中检警关系的优化——以制度的功能分析为中心[J].国家检察官学院学报,2005(3).
② 现行《刑事诉讼法》已经明确侦查阶段律师可以辩护人身份介入案件,但该问题依然存在。

业式"的诉讼构造是与重结果、轻过程的程序价值观密切相连的。这一观念走到最后,必然会走向国家主义与功利主义的共同轨道上。①

学界针对侦查程序的局限,从优化审查逮捕的角度提出对侦查行为的制约机制,主要是构建以裁判为核心的诉讼化审查逮捕模式。学界有观点指出,应采用法院统一审查逮捕模式,由法院统一行使逮捕决定权,以制约公安机关、检察机关行使的追诉权,更好地实现刑事诉讼保障人权的目的。② 也有学者认为审查逮捕不应是行政化的审批活动,而应是审前的程序性裁判活动。它由侦查机关提出提请批捕的正式请求,由中立的检察机关作为裁判方主持,在犯罪嫌疑人及其辩护律师等诉讼参与人的共同参加下,解决关涉犯罪嫌疑人人身自由的重大程序性问题。为此需建构控、辩、裁的三方结构,在中立裁判方的主持下,保证控辩双方平等地参与及对抗;同时,采用听证的方式,通过完备的权利保障及程序安排,保证控辩双方以公开、理性的方式共同参与,并尽可能发挥其对裁判权的影响。但由法院统一审查逮捕的条件还不成熟。③ 也有学者认为我国传统的审查逮捕程序在实践运行中呈现单方审、案卷审和书面审三个特点。审查逮捕程序的诉讼化改革,实质就是主张按照"两造具备、师听五辞"的对审主义原则来重新设计审查逮捕程序,其具体要求可以概括为"三变":一是变"单方审"为"对审",即检察官应在充分听取提请逮捕的公安机关和犯罪嫌疑人双方的意见之后作出决定;二是变"案卷审"为"庭审",即检察官应在提请逮捕的公安机关和犯罪嫌疑人到庭的情况下,通过开庭的方式公开进行审查后作出决定;三是变"书面审"为"言词审",即在检察官主持下,提请逮捕的公安机关、犯罪嫌疑人及其辩护律师当庭发表意见。④

也有学者认为,在犯罪侦查过程中,为了有效地搜集证据,防止嫌疑人逃避侦查与审判,需要实施以限制人身自由、妨碍其财产、隐私、通信自由等权利行使的强制侦查,具体措施如强制到案、拘留、逮捕、搜查、扣押、冻结、强制体检与采样、监听等。但因这些措施的强制性及侵权性,必须依法慎重适用。尤其对长期羁押等重大强制侦查行为,更须严格程序,防止对公民基本权利的侵犯。由于侦

---

① 陈瑞华. 刑事侦查构造之比较研究[J]. 政法论坛,1999(5).
② 刘计划. 逮捕审查制度的中国模式及其改革[J]. 法学研究,2012(2).
③ 闵春雷. 论审查逮捕程序的诉讼化[J]. 法制与社会发展,2016(3).
④ 万毅. 审查逮捕程序诉讼化改革的背景与框架[J]. 人民检察,2017(10).

查机关为完成其任务,不可避免地从侦查效益与便宜性考虑,最大限度地利用强制侦查措施,对强制侦查如无外部节制,对公民与组织权益的不当侵犯将不可避免。这种外部节制,就是建立强制侦查的司法审查制度。即以司法权对强制侦查进行事先审查,以司法令状批准并将其作为强制侦查正当性与合法性的依据;或以司法权对已实施的侦查行为进行事后审查及诉讼救济,以实现公民权益保障的目的。①

(五)刑事立案司法审查程序探析②

1. 问题的提出

在刑事立案过程中,当事人和社会公众与受理案件的机关(以下简称"受案机关")围绕案件是否应该立案产生矛盾冲突的现象历来较为突出,诸如"泸县太伏中学学生坠亡事件""西华县奉母一中何某被强奸案""红黄蓝幼儿园猥亵幼童事件"③等,这些案件因未被公安机关定性为刑事案件决定立案而一度成为全民热议的焦点,使公众产生了"正义无处伸张"的不满情绪。在新兴网络媒体高度

---

① 龙宗智. 强制侦查司法审查制度的完善[J]. 中国法学,2011(6).
② 本部分内容源自马贵翔,施岚. 论刑事立案司法审查程序的构建[J]. 政法学刊,2018(5).
③ 泸县太伏中学学生坠亡事件:2017年4月1日,四川泸县太伏中学学生赵某在宿舍楼后身亡。家属接到学校通知赶到现场,发现孩子背部、头部、胸部多处紫红淤血,认为其生前遭受殴打。网络谣传有五名校霸因对赵某收取一万元保护费未果将其打死抛尸楼下。后经公安机关调查,确认赵某的损伤为高坠伤,无其他暴力加害形成的损伤,可以排除他杀。警方认定该案不存在犯罪事实,未将其定性为刑事案件。参见李英强. 泸县通报太伏中学学生死亡事件家属:后背紫色淤血[EB/OL]. (2017-4-3)[2018-1-13]. http://www.mnw.cn/news/shehui/1657080.html.
西华县奉母一中何某被强奸案:2017年7月4日,12岁女孩何嘉嘉(化名)的二姑何花(化名)发布微博称,西华县奉母一中副校长、政教主任于2017年3月至6月分别在值班室和宿舍将何嘉嘉强奸十余次。何花报案后西华县公安局向何花下达《不予立案通知书》称该局经审查认为该案无犯罪事实发生。7月5日,周口市公安局对该案发布核查通报,维持西华县公安局作出的不予立案决定,并对涉嫌妨碍作证的何某利、涉嫌编造发布虚假信息的郭某根、何某先、张某芝依法刑事拘留。参见"12岁女孩遭老师性侵案"核查结论:查不属实 4名策划炒作人员被刑拘[EB/OL]. (2017-7-27)[2018-1-13]. http://news.sina.com.cn/o/2017-07-27/doc-ifyinwmp0359840.shtml.
红黄蓝幼儿园猥亵幼童事件:2017年11月22日,有朝阳区红黄蓝新天地幼儿园幼儿家长报警称,怀疑其孩子在幼儿园内受到教师侵害,且疑似受到猥亵。11月28日,警方通报涉事幼儿园共有教职工78人,男性8人,工作过程均不具备单独接触儿童条件,经专家会诊,对相关涉事女童进行人身检查未见异常,并对涉嫌编造"涉事幼儿园群体猥亵幼童"的李某某、刘某行政拘留。参见警方通报红黄蓝幼儿园事件:2人编造"群体猥亵幼童"[EB/OL]. (2017-11-28)[2018-1-13]. http://news.163.com/17/1128/21/D4C31B2A0001899O.html.

发达的今天,信息传播的速度不断加快,许多原本只被小部分人群所知悉的事件能够短时间内在全国范围飞速传播,特别是在涉及刑事案件或可能涉及刑事案件时,舆情往往会演变成为公众对于公安司法机关和相关政府部门的讨伐。在新媒体时代下,公权力被置于大众的视野之中,公众或出于正义感或出于维护公共利益的目的时刻关注着公安司法机关的一举一动,刑事立案问题也不例外。当受案机关对案件的初查结果不符合公众的心理预期时,不论其作出的不立案决定是否正确,被害人和关注事件发展的公众都会存在质疑,不仅质疑受案机关的职务廉洁性,也会质疑立案程序和立案决定的正当性。当纷繁复杂的立案冲突不断爆发,就会加剧公众对受案机关的信任危机。

  导致上述刑事立案争议的原因有很多,例如受案机关可能存在对应当立案的案件不予立案,或者虽然受案机关是依法作出的不立案决定,但是被害人及社会公众并不相信受案机关对案件作出的判断。除了以上这些直接原因以外,被害人与受案机关对是否应该立案存在争议的最根本原因则是缺少能够有效规范刑事立案,防止徇私舞弊现象发生,保障立案程序正当性的制度。我国现行《刑事诉讼法》第一百零九条至第一百一十四条对立案程序进行了规定,但是仅仅六条规定并不足以将立案细化为一套严谨完善的程序,对立案条件以及立案过程过于简单的规定使立案程序难以实现正当化。1996年,我国《刑事诉讼法》增加了人民检察院对公安机关的立案监督,由此确定了依靠监督方式修正公安机关立案决定,试图保障公安机关正确立案的制度。到目前为止,我国刑事立案监督的方式从广义上来讲主要有控告人申请复议、公诉转自诉和人民检察院对公安机关的立案监督,然而这三种方式都各自存在一些不足之处。首先是控告人申请复议,根据《刑事诉讼法》第一百一十二条规定,控告人对于受案机关作出的不立案决定如果不服可以申请复议。根据《刑事诉讼法》第一百一十条可知:向受案机关提供立案材料来源的控告人仅指被害人本人;举报人是指除了被害人本人之外的任何单位和个人;报案人则既包括被害人本人也包括除了被害人本人之外的任何单位和个人。因此,控告人有权对不立案决定申请复议实则是只有被害人才可以申请复议,除了被害人之外的举报人和报案人均不能对受案机关的不立案决定申请复议。控告人申请复议的规定在很大程度上限制了具有复议权的主体范围,而主体范围的缩小并不利于立案监督的实施。例如在人民检察院自侦的案件中,故意泄露国家秘密、失职造成珍贵文物损毁流失等犯罪很难确定直接被侵害对象。① 在被害人不确定的情况下,举报人和报案人又不具有复议权,单纯依靠控告人申请复议难以实现立案监督。其次是公诉转自诉,根据《刑事诉讼法》第二百一十条规定,被害人有证据证明对被告人侵犯自己人身、财产权利的行为应当依法追究刑事责任,而公安机关或者人民检察院不予追究被告人刑事责任的,被害人可以向人民法院提起自诉。这类案件是由公诉案件转化为自诉案件,"不予追究被告人刑事责任"即包括公安机关和检察机关对案件作出不予立案的决定。在这种情形下,被害人可以直接向人民法院提起自诉达到对立案进行监督的目的,然而公诉转自诉案件却要求被害人必须有证据证明犯罪事实,如果缺乏罪证,人民法院会说服自诉人撤回自诉或裁定驳回起诉。因此在被害人没有证据时,以公诉转自诉的方式进行立案监督收效甚微。最后是人民检察院的立案监督,《刑事诉讼法》第一百一十三条规定了专门的立案监督机制,即人民检察院对公安机关的立案监督,但是立案监督在实践中却面临了一系列的困境,诸如立法规定粗疏致使立案监督效果一般,办案人员人手短缺无力顾及立案监督,②检察机关监督措施缺乏强制力,公安机关先立案后撤案或者立而不侦,侦而不力等困难。

上述三种立案监督方式因为缺少中立的第三方以及在中立第三方参与下开展对话的平台,故未能实现立案程序的正当化,而同时包含中立的第三方和平等的对话平台的制度就是刑事立案司法审查制度。因此,在现有的立案制度和立案监督方式不能有效规制刑事立案矛盾冲突的情况下,构建刑事立案司法审查程序的重要性不言而喻。

2. 刑事立案司法审查程序的概念及原则

刑事立案司法审查程序是指,为了保证受案机关立案的公正性和正当性,由法官对案件进行公开审查并最终决定是否立案的程序。纵观世界各国,刑事诉讼程序的启动存在两种模式,即随机型模式与程序型模式。在随机型启动模式下,一旦追诉机关通过各种途径获悉犯罪消息,就立即启动程序加以调查,并不需要经过特别的立案程序,而程序型启动模式则必须经过一道专门的开启程序,才能正式展开侦查。刑事立案司法审查程序针对的正是程序型启动模式,目的

---

① 王婧. 浅谈自侦案件的不立案监督——从控告人的复议权谈起[J]. 法制与社会,2013(34).
② 季美君,单民. 论刑事立案监督的困境与出路[J]. 法学评论,2013(2).

是防止受案机关恣意立案,滥用立案决定权,损害涉讼公民的合法权益,从而达到公正立案、正确立案的目标。在随机型启动模式中,虽然没有专门的立案程序,但仍存在与刑事立案司法审查程序相类似的制度。例如英国的验尸官制度起源于1194年。验尸官(Coroner)最初是由国王任命的,其职责是作为国王之代表来保护国王的财产和王室的利益并制约郡长的权力。[1] 随着保护国王财产的职能逐渐减弱,验尸官最终演变成为专门负责死亡案件调查的官员,出现了验尸官法庭和验尸官陪审团。"在英国,法院验尸官的首要责任是调查非正常死亡案件或者其他存在疑点的死亡案件的死者身份、死因、死亡时间等。如果死亡案件看起来是非正常或者暴力引起的,那么必须向验尸官报告。验尸官将会进行尸体检查,如果检查结果揭示属于正常死亡,那么将会对此进行记录。如果属于非正常死亡,或者死亡发生在一些特定的情况下(如死亡发生在监狱里或者在警察监管期间,或者死亡的原因不明),那么将会对死亡进行立案调查。"[2]英国的验尸官制度通过设置验尸官法庭对非正常死亡或存有疑点的死亡案件进行调查,经过法庭审讯最终决定是否要对案件进行立案调查,而刑事立案司法审查程序亦是在特定情况下由法官审查案件并作出是否立案的决定。这两种制度虽然适用在不同的刑事诉讼程序启动模式下,但是在功能上有相类似之处,都是树立法律权威,提升公民对国家司法机关信任度的有力方式。

在横向比较不同刑事诉讼启动模式下有关立案的制度后,再着眼于纵向角度,从立案司法审查在刑事诉讼程序中的定位出发来探究这个问题。一方面,立案司法审查程序与立案程序是部分与整体的关系,前者并不是所有案件在立案时都必须经过的阶段。也就是说,在常态下仍然是由受案机关决定是否立案,并不需要法官的介入,只有在特定情况下案件才需要由法官进行司法审查,此时立案决定权也从受案机关转移到法官手中。另一方面,立案司法审查程序属于刑事司法审查制度体系,是其组成部分之一,除立案司法审查之外还包括逮捕的司法审查、羁押的司法审查、搜查扣押的司法审查等法官针对侦查机关的强制措施和侦查行为进行的司法审查程序。侦控机关的强制处分措施必须经过法院的审

---

[1] 何家弘.英国的犯罪侦查制度[J].中国人民公安大学学报(社会科学版),1992(4).
[2] 杜敏哲,杨琳琳.英国的验尸官法院[EB/OL].(2012-4-6)[2019-6-1]. http://bjgy.chinacourt.org/article/detail/2012/04/id/885561.shtml.

批,即实行司法令状主义,通过法官对案件进行公正地审查以达到抑制侦查权,保障涉讼公民人权的目的。受案机关的立案决定权本质上正属于侦查程序启动权,因此立案司法审查与侦控阶段的司法审查共同构成了刑事司法审查制度体系。

刑事立案司法审查程序作为刑事诉讼程序的一部分,对刑事诉讼中的基本原则要一以贯之,因此刑事立案司法审查程序应当遵循的原则如下。第一,司法审查主体中立原则。作为司法审查主体的法官,在案件的审查过程中应当恪守中立,不偏向任何一方,做到不偏听、不偏信,要利用其利益无涉的居中地位引导司法审查程序进行,解决立案问题。只有司法审查主体保持客观中立的地位,才能够对案件事实作出清醒的判断,并在此基础上作出公正合法的立案决定,平息因立案问题带来的纷争。第二,两造平等对抗原则。在司法审查程序中,对抗的双方是被害人与受案机关、被控告人。对抗的双方主体地位平等、权利对等,并在此基础之上展开攻击防御活动。在两造平等对抗下,双方的意见能够得到充分表达,案情越辩越明,同时法官应对双方给予同等的关注,综合考虑双方意见后形成最终的立案决定。第三,参与原则。首先是与案件相关的当事人需要参与到司法审查程序中来,案件能否立案与当事人切身利益相关,为了维护自身的权益当事人应积极参与司法审查程序,享有对案件相关情况的知情权和发表自己意见的权利。其次是需要普通公民参与司法审查程序,普通公民不仅可以作为证人、举报人或报案人在司法审查程序中承担一部分职能,还可以对司法审查进行监督,见证审查过程和审查结果的公开性和公正性。第四,公开原则。为了实现"看得见的正义",保证参与原则能够得到执行,保障审查过程和结果的正当性,刑事立案司法审查程序应当以公开审查为原则,做到审查过程公开,审查结果公开。同时,对案件进行公开审查有利于提高公众对司法的信任度和接受度,用程序的公开和透明回应质疑的声音。但是立案司法审查程序毕竟区别于正式的审判程序,作为一种审前程序,其公开的程度与审判程序相比要受到一些特殊的限制。

3. 刑事立案司法审查程序的适用范围和条件

刑事立案司法审查程序的适用范围决定了在受案机关立案时能够进入司法审查程序并经由法官作出立案决定的案件范围,因此是立案司法审查程序的重要内容。如前所述,并非所有案件在立案时都必须经过司法审查程序。一方面,如果案件所涉犯罪无论罪轻罪重均由法官进行司法审查,那无疑会加重法官负担,降低诉讼效率,造成司法资源的极大浪费。另一方面,如果被害人对受案机关的不立案决定并不存在异议,无人向法官提出审查案件的申请,那么法官基于司法的被动性不会主动开启司法审查程序,案件就不能进入司法审查阶段。概括来说,刑事立案司法审查程序适用于涉及较严重的犯罪且存在异议的案件。

确定我国立案司法审查机制的案件适用范围,应先明确受案机关范围,根据我国《刑事诉讼法》第一百零九条和第一百一十二条规定,刑事案件的立案权由公安机关、人民检察院和人民法院行使,然而由人民法院立案的自诉案件并不适用司法审查程序,这是因为人民法院的立案与公、检两机关的立案在本质上并不相同。公安机关和人民检察院作出立案决定后,意味着将正式对案件展开侦查,而人民法院对自诉案件立案后则意味着案件进入审判程序。程序型启动模式之所以设置专门的立案程序,其初衷是为弥补侦查阶段司法审查机制的缺乏,防止侦查机关滥用侦查权,侵犯公民人权。因此,从立案程序设立的原意来看,立案是对侦查程序的开启,刑事立案司法审查程序中所针对的立案应是公安机关和检察机关的立案,而人民法院对自诉案件立案其含义应等同于法院对公诉案件审查后的"决定开庭审理"。此外,2015年实施的《关于人民法院推行立案登记制改革的意见》规定:"对不符合法律规定的起诉、自诉和申请,应当依法裁决不予受理或者不予立案,并载明理由。当事人不服的,可以提起上诉或者申请复议。"该条规定也为当事人不服自诉案件的不立案决定提供了上诉和复议两条救济途径。因此,在我国的立案司法审查程序中受案机关仅指公安机关和检察机关。①

受案机关明确后,应进一步确定我国立案司法审查程序适用的具体案件范围。"涉及较严重的犯罪"和"存在异议"是适用立案司法审查的两项重要前提条件。对于涉及较严重犯罪的案件来说,是指犯罪事实较重,可能判处徒刑以上刑罚的案件,如果被控告人可能仅被判处管制、拘役或者独立适用附加刑等较轻刑罚,则不适用立案司法审查程序。对于"存在异议"来说,主要可以分为以下两种

---

① 2018年3月20日,第十三届全国人大一次会议表决通过了《中华人民共和国监察法》,监察法规定监察委员会行使调查职权而非侦查职权,故暂不列在本文受案机关讨论范围内。从《人民检察院组织法(修订草案)》《中华人民共和国刑事诉讼法(修正草案)》来看,检察机关仍享有一定的侦查权,因此仍属于立案司法审查受案机关。

情况。第一，对受案机关的不立案决定存在异议。当受案机关对案件作出不予立案的决定时，被害人可能会对该决定存在异议，如果受案机关是通过举报或报案的方式接受案件的，非被害人的举报人或报案人也可能会对案件的不立案决定存在异议。作为案件的知情者，若举报人或报案人对不立案决定表示不服，也应赋予其申请立案司法审查的权利。因此在受案机关不立案的情况下，被害人、举报人、报案人存在异议的，案件可以进入司法审查程序。但是在实践中还存在这样一种情况，即被害人（举报人、报案人）对受案机关的不立案决定不表示异议，而社会公众却存在着较大争议，此时为防止出现被害人（举报人、报案人）因受到恐吓、威胁或与受案机关私下达成协议等原因不敢或不能提出异议的情况，应赋予公众向人民法院申请立案司法审查的权利。同时为了保证公众申请司法审查是基于案件本身的争议性而不是因为个别公民滥用申请权，应对提出申请的公民人数作出规定。例如当人民法院收到10份以上来自不同申请人对同一案件提出的立案司法审查申请时，案件可以进入司法审查程序，若符合司法审查标准，人民法院应启动立案司法审查程序。第二，对受案机关拖延立案存在异议。为了制约受案机关接受案件材料后长时间不作出立案答复的情况，应允许被害人（举报人、报案人）在受案机关拖延立案时申请司法审查。《公安部关于改革完善受案立案制度的意见》规定："刑事案件立案审查期限原则上不超过3日；涉嫌犯罪线索需要查证的，立案审查期限不超过7日；重大疑难复杂案件，经县级以上公安机关负责人批准，立案审查期限可以延长至30日。"根据该规定，公安机关的立案审查期限最长为30日。这意味着公安机关受案之日起30日内必须作出立案或不立案的决定，而人民检察院对立案审查期限尚没有具体的规定，姑且可以将二者的最长立案审查期限统一限定为30日。如果受案机关在接受案件之日起30日内没有作出立案或不立案的决定，则视为拖延立案，被害人（举报人、报案人）可以向人民法院申请立案司法审查。在立案司法审查程序的适用范围中之所以未囊括对受案机关的立案决定存在异议的情形，是因为案件立案后要经过人民检察院批准逮捕、审查起诉以及法院的最终审判，如果立案决定存在错误，在后续的刑事诉讼程序中也可以得到纠正，因此不再特别针对受案机关的立案决定进行司法审查。

刑事立案司法审查程序的适用条件是案件能够进入立案司法审查程序的门槛，除了要符合上述案件范围外，还需要满足以下两项条件。第一，期限条件。

申请主体向人民法院提出立案司法审查申请,应在一定的期限内提出。这是因为:其一,法律不保护躺在权利上睡觉的人,既然赋予了申请主体申请立案司法审查的权利,那么申请主体就应该及时行使权利维护自己所要保护的合法权益,不应该消极懈怠致使权利设立的目的落空;其二,通常案发初期是调查取证的最佳时机,案件证据较容易获取,但随时间推移会不可逆地灭失。① 如果受案机关对案件不予立案,申请主体又在案发后很长时间才申请司法审查,可能会导致因为证据缺失难以立案或者立案后无法侦结的情况。因此,对申请立案司法审查的期限应作出规定,该期限不宜过长也不宜过短,要给予申请主体相对充分的时间行使权利,可以考虑将申请期限限定为30日。即申请主体对受案机关不立案决定不服的,可在收到通知后30日以内向法院申请司法审查;受案机关拖延立案的,申请主体可以在30日以内向法院申请司法审查。第二,穷尽救济途径。所谓穷尽救济途径,是指被害人在向人民法院提出立案司法审查申请前,应先通过控告人复议、申请人民检察院立案监督的方式寻求救济,受案机关仍不立案的,被害人才可以向人民法院申请立案司法审查。除了被害人以外的其他申请主体,不能通过控告人复议、人民检察院立案监督寻求救济的,可以直接向法院申请立案司法审查。在此应当特别说明的是立案司法审查程序与公诉转自诉的方式不能并用,二者都是由法官对案件进行审查或审理,并最终由法官作出决定,只能选其一。若被害人选择了自己承担举证责任向人民法院提起自诉,那么他便不能再申请法院进行立案司法审查以达到让受案机关侦查案件的目的,若被害人选择了向法院提出立案司法审查的申请,那么即使法官作出了不立案的决定,被害人也不能再行提起自诉。在有证据支持自己诉求的情况下,被害人可以选择公诉转自诉的方式应对受案机关的不立案决定,但是在被害人没有证据证明犯罪事实的发生时,申请法官启动立案司法审查程序无疑是最好的选择。

4. 刑事立案司法审查的程序设计

(1) 审查的启动

刑事立案司法审查程序是需要经过申请才能够启动的程序,其中决定启动的主体自然是法官,而申请的主体则包括三类。其一,受案机关可以作为申请主体向法院申请立案司法审查。当受案机关作出不立案决定后,被害人(举报人、

---

① 雷鑫洪.刑事立案监督实证研究[J].国家检察官学院学报,2016(6).

报案人)对该决定明确表示不服的,受案机关可以出于为被害人(举报人、报案人)减轻讼累的考量或避免不必要的纠纷,主动申请人民法院对案件进行立案司法审查。其二,被害人、举报人、报案人可以作为申请主体。如果被害人死亡、丧失行为能力无法提出申请的,或者被害人是限制行为能力人以及由于年老、患病、盲、聋、哑等原因不能亲自提出申请的,其法定代理人、近亲属可以代为申请立案司法审查。其三,社会公众可以作为申请主体。不仅公民个人可以作为申请主体,有关社团、协会也可以向法院提出申请,作为与案件利益无涉的"旁观者",这类主体必须在被害人(举报人、报案人)对案件的不立案决定未提出异议的情况下才能向法院申请立案司法审查。申请主体应当参加司法审查程序,无正当理由不出庭的视为撤回申请。申请主体需采用书面的方式向法院提出申请。受案机关申请司法审查的,应向法院提交申请并将案件材料移送给人民法院并通知相关当事人。其他申请主体申请司法审查的,应向法院提交申请书,法院收到申请书后,需通知受案机关将被申请案件的相关材料移送人民法院。人民法院初步审查申请书和案件材料是否符合适用司法审查程序的条件:若符合,则应制作《启动立案司法审查程序通知书》送达受案机关和申请人;若不符合,则应决定不予受理,并将案件材料退回受案机关由其自行决定是否立案。

(2)审查的程序

刑事立案司法审查采用公开的听证式审查程序,在法官的居中主持下,被害人(举报人、报案人)与受案机关、被控告人平等对抗,各自提出证据并发表意见,法官在听取各方对案件的看法后作出是否立案的决定。在司法审查程序中被害人(举报人、报案人)和被控告人均可以委托代理律师出庭参加听证审查程序,为其提供法律帮助。听证式的审查程序与正式的审判程序不同,主要存在以下几点区别。

其一,审判组织。在正式的审判程序中存在合议庭和独议庭两种审判组织形式,而在立案司法审查程序中可以不组成合议庭,采用独任制由一名法官单独对案件进行审查。

其二,公开程度。一般情况下,刑事案件的审理过程和审判结果向当事人和社会公开,但涉及国家秘密、个人隐私和审判未成年人时,案件不公开审理。而立案司法审查程序作为一种审前听证程序,其公开程度要低于审判程序。不公开审理的案件原则上不公开进行立案司法审查。当案件公开后会对后续侦查行为造成障碍,或案件存在多个被控告人,且其他人有可能逃避侦查和审判时,为保障程序的进行,可以考虑不公开或延迟公开案件的相关信息。

其三,证据要求。法庭审判时根据直接言词审理原则的要求,法官必须在法庭上亲自听取证人的口头陈述,证人有出庭作证的义务。而在立案司法审查程序中,证人可以通过书面方式作证,出具证人证言,并且不严格排除传闻证据,证人可以转述传闻内容作为其证言,由法官决定是否采信。

其四,证明标准。刑事诉讼审判阶段的证明标准是排除合理怀疑,而在立案司法审查阶段,证明标准应显著低于诉讼中的最高标准,可以适用怀疑①的标准。怀疑是在诉讼中能够采取法律行动的最低证明标准,立案作为刑事诉讼的开端,以怀疑为证明标准符合对案件由浅入深的了解过程,符合认知规律和经验事实。因此当法官怀疑有犯罪事实发生时,即可以对案件作出立案的决定。

刑事立案司法审查程序相比于普通审判程序要简化得多,法官以查清案件事实提高审查效率为目标,根据案件的具体情况主导审查程序进行。首先,由受案机关和被控告人发表意见并出示证据。在审查程序开始后,受案机关要向法官说明案情,初查结论以及作出不立案决定的原因,受案机关发表意见后由被控告人发表意见。被控告人作为案件当事人,案件是否立案与其存在着密切的利害关系,受案机关的不立案决定虽然暂时对其有利,但是经过法官的司法审查,不立案的结果有可能会被改变,因此被控告人也要向法官表达自己的意见,帮助法官了解案件事实,与受案机关一起维持原不立案决定。在《法国刑事诉讼法典》中也规定预审法官只有在事先听取当事人的辩解说明之后,或者让其能够说明情况之后才能进行审查。受案机关和被控告人有证据证明其观点的,要向法庭提交相关证据。在立案司法审查程序中不严格适用直接言辞原则,证人可以书面证言代替出庭作证,但当法官强烈怀疑证人证言的真实性,或两造提供的证人证言存在重大矛盾时,法官可以决定传唤证人到庭接受询问。其次,由被害人(举报人、报案人)发表意见并出示证据。在被控告人意见陈述完毕后,对受案机

---

① 美国将诉讼的证明标准分为九等:第一等是绝对确定;第二等是排除合理怀疑;第三等是清楚和有说服力的证据;第四等是优势证据;第五等是合理根据,适用于签发逮捕、搜查令状等情况;第六等是有理由的相信,适用于拦截和搜身;第七等是有理由的怀疑,足以将被告人宣告无罪;第八等是怀疑,可以开始侦查;第九等是无线索,不足以采取任何法律行动。参见谭世贵.刑事诉讼法学[M].北京:法律出版社,2009:384。

关不立案决定存在异议的被害人(举报人、报案人)或者社会公众说明其认为应当立案的理由,对受案机关认定的案件事实存在疑问的,应当提出。被害人(举报人、报案人)和社会公众的异议是促使法院进行司法审查的原因,因此被害人(举报人、报案人)和社会公众应当充分表达自己的观点,未委托代理律师的,法官应及时进行释明。被害人(举报人、报案人)和社会公众有证据证明其观点的,要向法庭提交相关证据。再次,由双方就案件是不是构成犯罪,犯罪情节是否轻微和是否应该立案展开辩论。最后,由双方围绕已知的案件情况和证据发表最后的陈述意见。最后陈述是各方主体诉求得以有效表达的最后一次机会,因此法庭应当保障各方主体充分行使最后陈述的权利。

(3) 审查的结果

法庭审查程序结束后,法官应在审查活动的基础上,对案件事实和相关证据进行分析和判断并依据《刑事诉讼法》第一百一十二条作出如下决定：法官认为有犯罪事实发生并且需要追究刑事责任的,应当作出立案决定；法官认为没有犯罪事实发生,或者犯罪事实显著轻微,不需要追究刑事责任的,应当作出不予立案的决定；法官认为案件不属于立案司法审查程序适用范围的,应决定驳回申请人的申请。法官作出决定后,应当制作《刑事立案决定书》或《不予立案决定书》送达受案机关和相关当事人,决定书上应载明案件事实、审查过程、审查结论和决定理由,并将决定书进行公示。因为司法具有终极性特征,立案司法审查程序又是穷尽各种救济途径后的最终选择,所以法官对案件是否立案的决定一经作出立即生效,受案机关和各方主体不得对该决定提起上诉或申请复议。

(六) 文献推荐

[1] 陈瑞华.刑事侦查构造之比较研究[J].政法论坛,1999(5).

[2] 刘计划.法国、德国参与式侦查模式改革及其借鉴[J].法商研究,2006(3).

[3] 施俊镇.论我国侦查构造的重塑[J].湖北警官学院学报,2020(5).

[4] 陈卫东,程雷.任意侦查与强制侦查理论之介评——以同意取证行为为核心的分析[J].证据学论坛,2004(1).

[5] 蒋石平.侦查行为研究[D].重庆：西南政法大学,2002.

[6] 宋远升.论侦查行为的分类[J].犯罪研究,2009(3).

[7] 潘利平.刑事搜查制度研究[D].成都：四川大学,2006.

[8] 龙建明.论我国刑事扣押制度的完善[J].云南社会科学,2015(3).

[9] 唐兢,胡凯.国外侦查讯问制度之比较[J].政法学刊,2009(2).

[10] 俞波涛.德国和美国秘密侦查制度比较[J].人民检察,2008(21).

[11] 刘涛.秘密侦查措施中基本概念的界定与分类研究[J].西南民族大学学报(人文社科版),2016(5).

[12] 庞常青.美国刑事监听制度研究[D].济南：山东大学,2020.

[13] 张倩.英国的死因裁判制度及实践运行考察[N].人民法院报,2018-07-13(8).

第四章 刑事辩护制度的基本理论及辩护权规则

一、案例与问题

（一）未成年被告人拒绝律师辩护案

未成年被告人贾某涉嫌盗窃被提起公诉。因本人拒绝委托辩护人，近亲属也没有帮助他委托辩护人，法院依法指定了一名辩护人。开庭审判时，贾某坚决拒绝指定辩护人为他辩护，并扬言他永远不需要辩护人。

问题：
1. 法官如何处理？
2. 本案对完善我国辩护制度有何启示？

（二）辩护人获知被告人未被起诉事实案

被告人徐某因犯抢劫罪被某县检察院依法提起公诉。开庭审判前，徐某委托县律师事务所的江某担任他的辩护人。辩护人江某在第二次会见被告人徐某时，从徐某的口中得知徐某在对被害人刘某抢劫后还存在强奸未遂行为，但被害人陈述中均未涉及这一点，预审卷、起诉卷中也未有记录，被告人徐某也未对公安局、检察院做过交代。

问题：
1. 辩护律师江某对这一问题可以采取哪些解决办法？

2. 如果律师选择揭发,应如何处理?

(三) 律师利用关系虚假承诺案

犯罪嫌疑人高某的母亲去某律师事务所委托辩护律师。刚进门说明来意后即被律师郑某拉到门外角落里,郑某对高某的母亲说,他认识法院院长,是老同学,这个案子包在他身上,判刑绝对不超过一年,极有可能会争取到缓刑,但收费要高,因为律师也要打点各个关系。随后双方签了委托书,收费 36 万元。后来法院实际判了有期徒刑九年,上诉后又被驳回。

问题:
1. 律师的行为是否违法?
2. 律师应承担什么法律责任?

(四) 律师当庭斥责证人案

某律师在法庭上盘问证人,提了几个设计好的问题后暴露了证人说谎和品行不端,此后直接当庭斥责证人是无赖、人渣。

问题:
1. 律师的行为是否违法?
2. 本案提供哪些启示?

(五) 律师多次要求会见被拒案

吴律师自述:

12 月 9 日,我接到犯罪嫌疑人劳某某家属于前一天寄出的授权委托书,12 月 10 日赶到某市。会见前的一天晚上,我把所有搜集的案件的媒体材料又看了一遍,包括网上公布的相关案件的判决书全文。

12 月 11 日上午 8 点,我准时赶到某市第一看守所。前几天,我跟犯罪嫌疑人劳某某的家属反复确认,她刑拘后被关押在这里。但是,诡异的事情发生了。在我提交整套委托手续和律师手续要求会见时,看守所工作人员说,查无此人。

我向犯罪嫌疑人劳某某家属要来办案警官的电话,一位是黄警官,一位是万警官,是他们通知犯罪嫌疑人劳某某家属,说劳某被关押在某市第一看守所,并且要求劳某哥哥到刑侦支队签收书面通知的。两位警官都接电话了,当我说明来意后,他们均表示,要向领导请示汇报。我又通过短信再次说明了我要求会见的诉求,黄警官回复说,他要跟领导汇报一下。然后,就陷入了漫长的等待。上午等待了三个半小时。半个小时,一个小时,两个小时,三个小时……我几乎每隔几分钟就给两位警官打电话或发短信,但后来均无回复,一直等到上午下班。下班时被告知竟然查无此人。

中午,我与劳某某家属去了市公安局,我在信访接待室填写了反映情况的单子,要求接待人员尽快向领导汇报,因为不予律师会见,严重违反了《刑事诉讼法》的规定。我希望,越是重大案件,越要慎重,不要公然违法,制造法治的反面例子。

接着,我们又去了市公安局刑侦支队。在刑侦支队,家属见到了办案民警黄警官。黄警官对我特别提防,让家属单独进去聊了一会儿。后来得知,除了签收拘留通知书外,还要他们保证,不对外透露相关情况。我看到的拘留通知书上赫然写着:劳某某因涉嫌故意杀人罪,已于11月28日中午11时被刑拘,目前羁押在市第一看守所,落款处还有市公安局的公章。我当面问黄警官,请问为什么不让律师会见呢?他脸色一变:"注意你的态度!都说了跟领导汇报了!"至于我后面提示他的这种做法违反《刑事诉讼法》的规定,他不再回应,留给我一个后脑勺。

随后,我带家属到了市人民检察院控申科,我向接待人员反映了公安机关不让律师会见的情况,接待的老同志认真地做了记录,并复印了拘留通知书、授权委托书、律所介绍信及律师证复印件等材料,并表示会尽快向领导汇报再答复我。

下午三点,我们再次返回看守所。上午接待我的工作人员看到我都笑了:"又来了?协调好了没有啊?"我提交上拘留通知书:"你看,这上面白纸黑字写着,劳某关押在市第一看守所,盖的是市公安局的公章啊。"她很和气,但也很无奈:"可是我们系统上查不到啊!"我问:"能不能把你们领导找来?"终于来了一个领导模样的男子。他说得倒是蛮实诚的:"吴律师,我们查了,是有信息录入,但人从来就没有关进来过,这么大的案子,我们也不会冒天下之大不韪骗你啊。"给办案民警打电话,依然是没人接。我当天给他们俩打的电话,没有一百也有几十,但除了开始接通过几个,后来他们的手机仿佛挂在树上一样。劳某某,就这样在南昌市公安局失踪了。

今天上午接到市检察院第八检察部(控申)电话通知,经他们核查,劳某某并没有关押在市第一看守所。至于人在哪,他们也不知道。随后,警方的通报来了。根据11号律师会见后第二天发布的这份《警方通报》,12月11日,已经失去人身自由的劳某口头和书面形式提出:拒绝家属与警方接触、拒绝家人为其聘请律师。为保障劳某某的合法权益,公安机关已经指定法律援助中心律师为其提供法律援助。①

问题:

1.《警方通报》提供的犯罪嫌疑人口头和书面提出的拒绝为其聘请律师的声明是否合法?

2. 如何保障犯罪嫌疑人、被告人自由选择律师的权利?

(六) 知名律师当庭训斥被告人遭"回怼"案

2019年5月一位知名律师当庭训斥当事人的片段在微信群中广泛传播,引发了很大的争议和讨论。这位训斥当事人的辩护律师,就是因系列案件而全国知名的某律师事务所主任陈律师。这段视频片段,通过观察可以得知,是另一位律师通过手机,从5月17日某市中级人民法院开庭审理并网络直播的一个刑事案件中翻录的。庭审刚开始,被告人问法庭庭审直播有没有开启,陈律师像法官一样,教训自己的当事人:"直播不直播不是你被告人管的事情,你现在就认真接受审判就行了。"被告人大为不快:"这是我的一项权利,而且也是法庭事前同意的,权利是应该得到保障的。"发问过程中,律师:"你废话多不多? 你不弄(音)这一句不弄这一句,直接回答就行了吗?"被告人:"我不是不弄这一句不弄这一句,不是这样才(说我)态度不好,我是无罪才这样。"律师:"你认为无罪就无罪了?"后面还有,律师"怼"自己的当事人:"你烦不烦啊。"被告人也有"怼"辩护人:"你为他辩护,还是为我辩护啊?"②

问题:

1. 律师的行为是否违法?

---

① 梁波."劳荣枝拒绝家属为其请律师"吴丹红:正义要以看得见方式实现[EB/OL]. (2019-12-12) [2021-7-15]. https://baijiahao.baidu.com/s?id=1652695735648872306.
② "律师当庭训斥当事人"事件当事人陈兴荣回应[EB/OL]. (2019-5-21) [2021-6-15]. https://www.sohu.com/a/315443782_434128.

2. 法官对违法律师能否取消辩护人的资格？

(七) 律师会见当事人致其怀孕案

美国印第安纳州一男律师利用会见女当事人的机会多次在看守所会见室与当事人发生性关系致其怀孕。

问题：

1. 如何评价律师和当事人发生性关系的合法性？
2. 律师会见当事人时，律师与当事人之间应不应设置隔离带？

(八) 看守所禁止律师携带电脑、手机会见案

某辩护律师去某看守所会见犯罪嫌疑人，办手续时工作人员告知律师，看守所有新规定，律师不得携带电脑和手机会见。经交涉未果，律师只好只带了纸和笔会见了犯罪嫌疑人。

问题：

1. 看守所的规定是否合法？
2. 看守所处于何种地位？

(九) 警察菜园子翻地为哪般

犯罪嫌疑人徐某给辩护律师写了封信，其中说到，那把作案的斧头其实埋在他家菜园子里。不久，徐某接到妻子来信说，几天前家里突然来了五个警察把菜园子翻了个遍，翻得还很深，她不知道怎么回事。不过原打算花钱请人犁地的，这下省钱了。事后了解，律师并未收到这封信。

问题：

1. 出现案例中现象的原因是什么？
2. 本案提供了哪些启示？

(十) 被告人及其辩护人当庭沉默案

某法院在审理一起盗窃案件，法庭辩论时，当公诉人发表完公诉词后被告人及其律师均沉默不语，经法官提示其发言后仍然保持沉默达三分钟。

问题：

1. 法官如何处理这种情形？
2. 本案的主要启示是什么？

（十一）律师提异议未获准愤然退庭案

2017年12月21日上午9时，"6·22保姆纵火案"在某市中级人民法院一审开庭。市检察院以放火罪、盗窃罪，依法对涉嫌纵火的保姆莫某提起公诉。当天9点整，庭审开始。大约10分钟后，莫某的辩护律师党律师向法庭提出管辖权异议，要求停止案件审理，等待最高法院指示。党律师说，市中院并不是唯一具有管辖权的法院。审判长称，刑事案件中犯罪地法院拥有管辖权，并决定依法继续审理。随后，党律师四次表示"抗议"，并最终退出庭审。临走时喊话莫某："我不在场的情况下，任何人提问你都不要回答。"9点半左右，法官宣布延期开庭。①

问题：

1. 本案律师的行为是否合法？
2. 律师行使辩护权是否应当有界限？
3. 在特定的情况下，比如律师用辩护人的身份威胁法官，法院能否认定辩护委托关系无效？

（十二）辩护人讨厌犯罪嫌疑人仍为其辩护案

某律师自述：

这是我从事律师职业以来最纠结的一个案子。案情并不复杂，一位男子报警称，在某居民楼内有人被杀。警察到现场后，看到这名报警男子浑身是血，手里拿着一把水果刀。里屋的床上，一名女子躺在血泊中，已经死亡。经检验，死者全身有多处刀伤，其中，右颈总动脉全层破裂，右肝叶被捅刺，致急性失血性休克死亡。警方立即控制这名男子，以涉嫌故意伤害致死将其刑拘。这起案件有一些比较特殊的地方，该名男子的身份是一位法律工作者，而且，在他的左胸部

---

① 杭州保姆纵火案：一场意外中断的庭审背后[EB/OL].(2017-12-21)[2021-6-17]. https://www.sohu.com/a/211871289_375839.

和脸部有多处刀伤。案发的时间为2月15日,是情人节的第二天早上。

根据王某的讲述,死者小英(化名)与他相识多年,是他回老家出差时在按摩店认识的。按摩结束之后,他给小英留了一张名片,从此两人便开始交往,多次发生性关系。后来小英一直缠着他,要和他结婚,他不同意,因为他已经有了女朋友。案发前两天,小英特意从老家来北京找他,住在他租住的房间里。他已经为小英买好了回家的火车票,并清理了小英在他住处的物品。案发当天早上,他被胸口的一阵刺痛惊醒,发现小英拿着刀在扎他。他立即跳下床逃出卧室,到厨房拿了一把水果刀,再次进入卧室的时候他发现小英已经趴在床上。他走过去用水果刀扎了一下小英的左后腰一下,小英没有任何反应。于是他报警,直到警察出现。王某反复强调,在前一天晚上,小英煮了牛奶强迫他一定要喝下。他怀疑小英在牛奶里面下了安眠药,所以他才会睡得那么沉。小英就是要杀死他的,他是受害人。

程序进入到检察院阶段,我们已经可以看到案件的全部证据材料。但是,看完卷宗后,我的心一下跌到了谷底。关于王某与小英的关系,根据王某的供述,他们通过按摩认识后,小英就来到北京工作,和他住在一起。小英为他怀孕两次,有一次还是双胞胎。但是由于小英有较为严重的肾病,医生说不能生产,否则性命难保。所以,两次都是在怀孕六七个月的时候流产。王某想和小英分手,但是小英一直不肯答应,总是缠着他,包括到他工作的单位去闹。一年前,两人发生争吵,王某将小英打伤,被派出所治安拘留十五天。案发前两天,小英来到王某的住处,两人发生多次争吵。王某给小英买好了回家的车票,并将小英遗留在他住处的物品通过邮局邮寄回家,还给小英银行卡上打了5000元。情人节那天晚上,应小英的要求,王某还为她买了一枝玫瑰花。回家之后,王某为小英烧水洗澡、搓背,然后两人回房间休息。临睡前,小英为王某煮了牛奶。关于第二天早上发生的事情,王某在公安局的讲述有两个不同的版本。

版本一:迷迷糊糊睡觉中,王某感觉胸部刺痛。睁眼一看,小英正拿着刀扎王某的胸部。他立即将刀夺过来,扎了小英左肋一刀,然后报警。这种版本是王某早期的几次口供。

版本二:痛醒后他跳下床,进入厨房拿了一把水果刀,重新回到卧室,小英已经趴在床上,他扎了小英左后腰一刀,然后报警。这是第一次会见时王某向我们讲述的版本,而且此后他对案发过程都是这样讲述。

从始至终，王某都强调只扎了小英一刀。但是，小英身上至少有五六处刀伤，其中两处致命伤，另外几处的伤口也很深。警方从现场提取了两把刀，一把是刃长为十多厘米的水果刀，一把是刃长五六厘米的折叠刀（削铅笔的小刀）。根据法医的说法：王某脸上的刀伤，可以由折叠刀形成；小英身上的伤口和王某胸口的刀伤，可以由水果刀形成。然而，如果王某第二个版本的陈述是真实的，小英并没有接触王某从厨房拿出来的水果刀，那么，王某胸口和小英身上的水果刀刀伤，绝对不可能由小英造成。这就意味着：无论如何，王某说了假话！而且经不起推敲！

一次次地翻阅案卷，我对小英的遭遇充满了同情。小英刚出生就被亲生父母遗弃，被人收养后很早就出来做按摩女郎。结识王某后，以为人生从此有了依靠。王某比她大十多岁，她仍然来到北京与王某同居，并为他怀孕两次。虽然王某并不愿意，她还是执意想把孩子生下来。由于肾病的原因，她不能生育，被迫流产。当她得知王某另有新欢，与王某发生争吵，被王某打伤。她回到老家治病，为了和王某一起过情人节，特意来北京，没想到失去了生命。

看着案卷中血腥的现场照片和小英身体上的多处刀口，我百感交集。这是一个身世悲惨的女人，命运对她如此刻薄！被遗弃，做按摩女，患肾病，流产，不能生育，被抛弃，惨死。我该如何为王某辩解，才能让自己的良心不受谴责？

阅卷之后，有一段时间我没有亲自去会见王某，而是让我的助手去会见。我不想见他。做律师这么多年，我从来没有这么反感过自己的当事人。而这个案件中的王某，令我无语和愤怒。王某是一名法律工作者，有一定的法律知识和经验。他很固执地要求我按照他的思路辩护。他执意认为他是无罪的，认为自己的行为是正当防卫，认为自己才是受害人。

我很纠结。根据已有的证据，我内心确信，小英身上的刀伤是王某造成，他虽矢口否认但又漏洞百出，而且还要求我必须做无罪辩护。我想过退出辩护，但是基于种种原因，我必须坚持到底，把辩护工作完成。我想过独立辩护，不管王某如何做无罪辩解，我做我的罪轻辩护。但我又担心，在法庭之上王某会对我提出抗议，拒绝我继续辩护，影响庭审的顺利进行。

我决定暂时抛开个人情感，重新阅卷，看看能否有所收获。回归理性之后，我还是从案卷里面发现了不少问题。我一直认为，只要律师认真、细心，任何一个刑事案件都能找到突破口。我的助手连律师协助我辩护。阅卷的时候，我们发现了一些不合常理的地方。比如王某住的是群租房,命案发生的时候,隔壁房间还有两位合租者。他们在证言中说,听到王某和小英争吵,女子的声音很高,但是没有听到其他的异常响动。群租房的隔音效果都很差。按正常情况,如果是王某对小英行凶,小英应当会发出呼救声或者惨叫,还会有打斗的声音。小英并非一刀毙命,是失血性休克死亡,完全有时间求救。但是,隔壁房间的人没有听到呼救,这一点比较奇怪。

仅仅是没有呼救,当然不足以否定王某的故意伤害行为。我们将《物证检验报告》制作了一张表格,从中我发现一个非常奇怪的现象:警方从小英身上、王某身上和现场提取了多处血迹化验,化验结果却显示:小英身上没有王某的血,王某身上也没有小英的血。这怎么可能呢?小英身上有五六处较深的刀伤,分布在胸部、颈部、左后腰、右后腰、背部,水果刀的刀刃并不长,如果王某近距离刺扎小英,必然会沾上小英的血。尤其是颈部的那一刀,切断了颈部总动脉,鲜血必然喷溅而出,但是王某手上和身上居然没有小英的血!而且,小英的身上也没有王某的血。警察见到王某的时候,他浑身是血,居然没有沾到小英身上?

当事双方身上都没有对方的血迹,说明什么问题?只有一种可能性:在伤害过程中,双方没有发生身体接触。如果没有身体接触,可不可以意味着,小英的伤害不是由王某造成的呢?不仅如此。从现场提取的五处血迹来看,有一处血迹(北墙墙面)未检出,床周边其他方位的三处(西侧地面、南侧简易衣柜上、西南侧地面)血迹都是王某的,只有床单上的枕头附近血迹是小英的。这说明什么?小英的血迹非常集中,只出现在她趴着的部位周边。如果小英受到伤害时有挣扎、反抗,身体会有大幅度的动作,血迹也会分布在各处,而不仅仅是身边的床单上。再次强调:小英右颈部的总动脉是割断的,只要她稍作挣扎,鲜血必然喷溅在墙壁和地面上。但是,没有!我百思不得其解。难道,小英真的是自杀吗?

我一直觉得,人不可能采取自虐的方式自杀,本案中小英多处刀伤,怎么可能是自己造成的呢?但是在这个案子办理过程中,新闻里出现了"十一刀自杀"的案例,引起社会舆论强烈关注。专家说,"十一刀自杀"不奇怪,国外还有一百多刀自杀的案例。

之前我不相信小英是自杀的,"专家"的说法我也只是一笑置之。但是,现场的血迹让我对这个问题产生了浓厚的兴趣。现场血迹当然是可以作为一个重要的观点提出,但我觉得还是有些单薄。我还需要找一些疑点,来证明我的猜想。我久久地凝视着凶案现场的照片。小英趴在床上,周围一滩血迹。我注意到,案卷里面有几处矛盾的地方,比如:根据报警后到场施救的120医生的说法,她看到小英"趴在床上,双手叠交于胸前",但是现场照片中,小英的手却是伸出来的。根据现场勘验笔录,折叠刀在头部右侧的床单上提取,但是根据破案报告的描述,折叠刀是在小英身体下面找到的。

问题出来了。如果小英是趴着的,那么行凶过程是怎样的?根据尸检结果,小英的伤口大多在正面。如果伤口是王某造成的,王某必然与小英面对面实施伤害行为。正常情况下,小英遇到刺扎后,应当是顺着作用力的方向,仰面倒下。当然,也不排除迎着作用力方向倒下的可能性。但是这样一来,小英必然倒在王某身上,而王某身上却没有小英的血!小英的姿势和血迹的分布互相印证,再次说明:小英与王某没有身体接触!对于这个发现,我既兴奋,又觉得不可思议。我突然注意到在她身体下面找到的折叠刀,顿时豁然开朗。在我的内心深处,一直排斥小英是自杀,所以我没有往这个方面去想。如果当时小英双手握着折叠刀,正在扎自己的身体,在她倒下去的时候,"双手叠交于胸前",折叠刀被压在身体下面,就可以解释得通了。

我们还发现,案卷材料对作案工具的描述存在很大的差异。在现场勘验笔录中,对现场提取的水果刀的描述是"刃长23厘米,柄长11.5厘米",精确到了小数点以后,可见用尺子当场做了测量。王某在第一次供述中也说"刀刃长20厘米左右",两者能够互相印证。但是,后来数据发生了重大变化,无论是王某供述还是辨认笔录,刀刃的长度都变成了"10多厘米"。从图片上看,刀刃长度为11厘米左右。如何解释这个问题?王某讲述刀把是"木质"的,但是110警员却说刀把是"塑料"的。王某和110警员一致说:王某在开门后,在警察的喝令下,将手中的刀扔在门厅的过道上,但是现场勘验笔录记载,是在防盗门外提取的作案工具。尤其是,水果刀和折叠刀上都没有提取到指纹!我最初认为是王某将指纹擦拭掉了,但是110警员的证词说明,王某开门的时候手里还拿着刀,喝令其扔下刀后,王某随即被控制,不可能有时间去销毁作案工具上的指纹。作案工具出现这么多疑点,只存在两种可能性:侦查人员工作不严谨,或者是现场还有另外一把刀存在。前者的可能性最大,但是,从对王某有利的角度来说,我当然主张是后者。够了,足够了。呼救声、血迹、姿势、作案工具,这四个方面的疑点能够说明很多问题。

  庭审的那天，我们早早地来到法庭等候，旁听的还有我的几位同事。公诉人是位女检察官，合议庭由两位女法官、一位女陪审员组成，加上一位女书记员，一位女辩护人连律师，控辩审三方，除我之外是清一色的女性。如果在美国，这可是对被告人非常不利的。因为本案的受害人是女性，庭审参与人的性别结构可能会对被告人不公平。

  被告人到庭之前，我特意来到公诉人的面前，就案件情况做了一个简单的沟通。我一向认为，在刑事辩护中公诉人与律师虽然观点对立，但是律师不要对公诉人抱有敌意，而是要积极地沟通，充分地理解公诉人的职责，争取公诉人的好感和尊重。在中国现行的司法体制下，律师不一定非要通过勾兑的方式获得案件的最好结果。法庭上与公诉人之间不依不饶、针锋相对未必是最佳的辩护方案。理解和尊重他人，是赢得他人理解和尊重的前提。

  庭前的短暂沟通，使得公诉人打消了对我的戒备心理。我告诉她，在庭审过程中我会对证据存在的问题发表一些看法。公诉人很友善地表示能够理解。在接下来的庭审中，我和公诉人的交手一直都是在友好的气氛下进行。

  王某的表现果然不出我所料。公诉人宣读完起诉书后，法官询问他的意见，他说：我收到起诉书之后当场就撕了，现在我手里没有起诉书，我要求你们再给我提供一份。法官和公诉人面面相觑，我只有苦笑，把自己手中的起诉书递给他。又不是小孩子，再大的冤屈，撕掉起诉书就能否定指控吗？既然敢撕掉起诉书，那就别再要求法庭给你重新提供一份啊。王某拿过起诉书，开始了他漫长的无罪辩解。总而言之，他才是受害人，小英是杀人未遂后畏罪自杀。王某说：我今天成为被告，是我的悲哀，也是某些人的悲哀。还好，他没有说是"法律的悲哀"。法官充满耐心地听王某陈述完，然后开始法庭调查。在公诉人询问的过程中，王某几次打断其提问，坚持要把事情按照他的意愿讲述清楚。有很多次，王某伸出手指，对着打断其发言的公诉人和法官指指点点，说：你们到底让不让我把话说完？看得出来，今天的法官和公诉人都有着很好的涵养。也许是王某的法律工作者身份，使得法官和公诉人手下留情。换了一般当事人，他们早就粗暴地喝令他闭嘴了。在会见王某的时候，我已经一再提醒他，在法庭上的发言要注意自己的法律人身份，注意法官能不能接受，但是他今天在法庭上的表现，令人万分失望，甚至觉得无耻。公诉人问王某：你和小英是什么关系？他的回答是：

没有什么关系。公诉人问：你们在一起多次发生性关系，小英为你怀孕和流产两次，你们难道不是同居关系或男女朋友关系？王某的回答令人震惊：我是被她强迫发生性关系的！人，不能无耻到这个地步。在自行辩护的阶段，王某甚至说："她该死，她死有余辜，她不死，我没有好日子过，只有她死，我才能过上好日子。我之所以没挣到钱，都是被她害的。她死了，我的生活才能重新开始。"这是人话吗？这是一个法律人说的话吗？这不是在向法庭表明他的杀人动机吗？我几次想顺手抄起东西砸向他，还是强忍住了。公诉人和法官面无表情，我却坐立不安。为这样的人辩护，我有苦难言，羞愧万分。我绞尽脑汁地寻找证据缺陷，是不是在为虎作伥？我只有努力屏蔽来自王某的一切声音，视他为透明，才可以在法庭上坚持下去。原打算让连律师做第一轮辩护，我决定还是自己先发表辩护意见。我的辩护词经过反复推敲，既要指出证据存在的不足之处，又要避免"无罪"和"小英系自杀"的文字表述，分寸的拿捏花了我不少心血。

我说：就本案证据与起诉书的指控存在的冲突，与公诉人商榷，供法庭参考。然后从以下四个方面发表我的意见。(1)当事人双方身上都没有对方的血迹，小英的血迹集中在床头部位，说明双方没有发生肢体接触，还说明小英没有明显的挣扎和反抗，这一点与起诉书"故意伤害致死"的指控是冲突的。(2)小英死亡时趴在床上，而其受伤部位大多在身体正面，这一点与他杀矛盾。一般情况下，如果是他人从正面实施侵害，小英应当仰面倒下。如果是面对侵害者倒下，侵害者身上必然沾上小英血迹。同时，小英双手在胸前叠交，说明其死亡时没有进行挣扎和反抗，身体下找到的折叠刀可以说明，小英很可能双手握着折叠刀在自己胸前(我回避了"自杀"二字)。(3)房间隔音效果不好，但是隔壁房间的室友只听到吵架声，没有听到呼救和搏斗的声音，这一点，与指控也是矛盾的。(4)可能存在重要物证丢失的情形。因为作案工具的长度、提取位置和刀柄材质的描述存在重大差异，而且没能提取到任何指纹。我们要求出示原物。

我知道，这四处疑点是可以解释的，无非是基于两个原因。第一，是巧合。世界上就是存在很多无法解释的巧合。现场的血迹可能就是一种巧合。室友没有听到呼救和打斗声，也许是他们恰好没有听到，也许是声音太小而没有听到。第二，是侦查人员的工作失误。侦查的时候应当在现场和王某身上提取更多的血迹进行化验，而且还要考虑血迹被覆盖的问题。刀具长度问题，很可能是侦查人员现场勘验的笔误。但是，无论是巧合，还是工作失误，"疑点利益归于被告人"这一点是不能动摇的。我在辩护词的最后说:"辩护人对本案的辩护意见,并不代表辩护人对被告人人品的认可。谢谢!"①

问题:

1. 辩护律师讨厌犯罪嫌疑人能否签订委托协议?

2. 辩护律师当庭说"辩护人对本案的辩护意见,并不代表辩护人对被告人人品的认可"是否合法?

二、相关理论提示

(一)辩护制度相关概念

1. 辩护与辩护权②

辩护即在刑事案件中,犯罪嫌疑人、被告人及其辩护人反驳控诉,提出事实和理由证明犯罪嫌疑人、被告人无罪、罪轻或应当减轻、免除处罚的行为,旨在保护犯罪嫌疑人、被告人的合法权益。我国《刑事诉讼法》第三十七条规定:辩护人的责任是根据事实和法律,提出犯罪嫌疑人、被告人无罪、罪轻或者减轻、免除其刑事责任的材料和意见,维护犯罪嫌疑人、被告人的诉讼权利和其他合法权益。辩护权即对辩护行为的法律认可,是法律赋予犯罪嫌疑人、被告人的专属性诉讼权利,可由犯罪嫌疑人、被告人自行行使,也可以通过委托辩护人或国家指派辩护人行使。辩护权具有广义、狭义之分。狭义的辩护权是指被告人针对指控进行反驳、辩解以及获得辩护人帮助的权利,其通过陈述权、提供证据权、提问权、辩论权、获得辩护人帮助权等得以具体化;广义的辩护权除了包括狭义辩护权之外,还包括其延伸部分,如证据调查请求权、上诉权、申诉权等。辩护权具有防御性和绝对性的特点。③ 现代刑事诉讼中,犯罪嫌疑人、被告人的辩护权包括知悉指控罪名权、侦查在场权、沉默权、陈述权、诘问权、调查证据申请权、辩论权、获得辩护人帮助权、救济权、回避申请权等。其中获得辩护人帮助权,无论是在英美法系国家还是在大陆法系国家,都被确认为犯罪嫌疑人、被告人最重要的一项

---

① 易胜华律师办案手记之血疑[EB/OL]. (2011-12-8)[2021-7-15]. http://blog.sina.com.cn/s/blog_60c125880100vur8.html.

② 本部分内容源自马贵翔,胡铭. 正当程序与刑事诉讼的现代化[M]. 北京:中国检察出版社,2007:145.

③ 熊秋红. 刑事辩护论[M]. 北京:法律出版社,1998:6—7.

权利。

2. 辩护制度

广义的辩护制度是指为保障辩护权设立的程序与组织体系等规则的总称。狭义的辩护制度是指辩护程序制度，其核心内容是保障性的，即如何保障辩护权的顺利行使，达到有效辩护的目的。在立法上主要表现为给予辩护方反驳控诉的一系列授权及其相关程序设置，具体包含：委托辩护人特别是律师的介入案件的时间、辩护方式、辩护的种类、辩护人的权利与义务等一系列规则的总和。

(二) 辩护程序制度的基础理论

1. 辩护程序制度在刑事诉讼程序结构中的定位

第一，辩护职能属于刑事诉讼三大职能制度之一。刑事诉讼结构由控、辩、审三方组成，分别承担控诉、辩护及裁判的诉讼职能，由此形成了"等腰三角"的诉讼构造。辩护程序制度有助于保障辩护职能的实现，实现控辩平等对抗的构造。

第二，辩护包括审前辩护、审判辩护和执行辩护。刑事辩护具有全程性，在刑事诉讼流程中辩护制度可分为庭审前诉讼阶段的辩护、庭审过程中的辩护以及庭审完毕后执行阶段的辩护。根据我国2012年修订的《刑事诉讼法》的规定，律师作为辩护人介入案件的时间提前至侦查阶段，庭审前诉讼阶段的辩护制度得以充实。

第三，审判辩护是中心，是审判程序的基本构成之一。相比较审前辩护和执行阶段的辩护，庭审中的辩护是辩护制度的中心。庭前辩护具有为庭审辩护准备的属性，包括律师在庭前的会见、阅卷等，均是为更好地在庭审中进行辩护服务的。庭前辩护的重点是程序辩护，即确保犯罪嫌疑人诉讼权利不被侵犯。执行阶段的辩护则侧重于权利救济性。而以审判为中心的诉讼制度意味着庭审中的辩护效果直接关系被告人实体利益的处分。"整个刑事审判活动就是在控诉、裁判和辩护这三项诉讼职能的区分及其相互制衡中进行的。"[①] 从庭审的程序看，辩护也是庭审程序不可分割的组成部分，缺失辩护环节，庭审将变成两方构造，庭审程序也不再完整。

---

① 陈瑞华. 刑事审判原理论[M]. 北京：法律出版社，2020：236.

2. 辩护程序制度的功能

第一,在侦查、起诉制度已经限制公权力的基础上进一步维护辩护权的实现。辩护程序的设置是通过抑强扶弱的方式对公权力的限制,让辩护方能够有效对抗控诉权,以最大程度维护辩护方合法权益。

第二,在辩护权易被公诉权侵犯的地方明示相应的辩护权。辩护具有民间性,相对作为国家公权力机关的控方,显然处于弱势地位。辩护程序可针对控辩易冲突及辩护权易被限制的环节进行规范,以保障辩护权有效行使。

第三,在辩护权可能滥用的时候作出必要限制。辩护程序制度也有规范辩护权的功能,防止辩护方滥用辩护权。比如明确辩护人在庭审中的真实义务,严格对当事人的忠诚义务、保密义务等。

(三)辩护程序制度的一般构成

1. 辩护权主体的限定

(1)犯罪嫌疑人、被告人

犯罪嫌疑人、被告人是辩护权利的直接享有人。辩护权是法律赋予犯罪嫌疑人、被告人的权利,用以维护其在诉讼中的合法权益。第一,有权在任何诉讼阶段直接行使。自行辩护不受时间限制,公民一旦被追诉,进入刑事诉讼程序,就有权通过辩护维护自身合法权益。而辩护人辩护则需要履行相应手续,遵循特定的时间要求,目前我国规定律师最早作为辩护人介入案件的时间是在侦查阶段。第二,基于法律和诉讼日益复杂、专业,为提高诉讼效率和实现有效辩护,弥补犯罪嫌疑人、被告人自行辩护的不足,允许辩护人对其进行辅助。比如在庭审中突出专业辩护,强调由专业的辩护律师承担审判过程中的辩护职能。现代刑事辩护发展的趋势是刑事案件中均应当有辩护人进行辩护,在犯罪嫌疑人、被告人无力聘请律师担任辩护人时,国家有义务为其指派律师担任辩护人。同时在审判阶段,被告人也可以自行辩护,法院须保障被告人的直接辩护权。

(2)辩护人

辩护人是辩护权利的派生享有人。第一,辩护人辩护权来源于犯罪嫌疑人、被告人的委托授权。法律明确规定犯罪嫌疑人、被告人除自行辩护外,还可以采用委托辩护的方式,并且对辩护人的范围进行了明示。第二,辩护人为完成所委托的授权需要享有一整套辩护人的辩护权。辩护人享有的辩护权的种类是辅助犯罪嫌疑人、被告人履行辩护职能，以达到有效辩护的基石。当然，为了促使辩护人履行辩护职责，辩护人也应当遵守特定的义务。

(3) 犯罪嫌疑人、被告人辩护权和辩护人辩护权的关系

自行辩护和辩护人辩护是实现辩护权的两种形式，辩护权天然属于被追诉人，辩护人的辩护权具有派生性。首先，辩护人通过犯罪嫌疑人、被告人的委托获得辩护权，并不影响犯罪嫌疑人、被告人的自行辩护。其次，辩护人一旦获得犯罪嫌疑人、被告人的委托，即具有独立的诉讼地位。辩护人有权依据事实、法律和自己的判断独立地从事维护委托人的合法权益的辩护活动，不受委托人的意思的控制。这和诉讼代理人的地位有所区别。

2. 宏观权利架构[①]

在刑事诉讼中，控诉方相比较辩护方天然处于优势地位，而实现控辩平衡是现代刑事诉讼构造的基本要求。为此，只能通过赋予辩护方更多的诉讼权利，增强辩护方的防御能力，改善控辩先天不平衡的局面。

(1) 举证责任的免除

第一，举证责任的免除，即犯罪嫌疑人、被告人不承担证明自己有罪或者无罪的责任。通过规定无罪推定原则与赋予犯罪嫌疑人、被告人沉默权来强化犯罪嫌疑人、被告人的防御力量。无罪推定原则即在审判机关对被告人作出正式确定有罪的判决之前先假定被告人无罪。这一原则，给控诉方带来了一种压力：不能证明有罪就是无罪。这就对控方提高了要求，如果要说服法官，使指控成立，必须扎实地进行调查，以求收集到确实、充分的证据。同时也激发了被告方的积极性，应充分行使自己的辩护权利，如有证据，可积极地进行举证、证明活动。赋予犯罪嫌疑人、被告人沉默权在于刑事被告人有权自由决定其在什么情况下发言，在什么情况下不发言。即沉默或者不沉默是由犯罪嫌疑人、被告人自己选择的，并且追诉方不能因为当事人的沉默而作出对其不利的推论。这有利于防止刑讯逼供，增加了控诉方的难度，有利于实现控辩平等。但在适用沉默权时，一般会增加一定的限度，如果控诉方已经提供了有力的证据，此时被告方仍然保持沉默，则法官可作出不利于被告人的解释或判决。

[①] 本部分内容源自马贵翔，胡铭. 正当程序与刑事诉讼的现代化[M]. 北京：中国检察出版社，2007：147—152.

(2) 审前对抗控诉权

审前对抗控诉权,即在正式庭审之前,犯罪嫌疑人、被告人应享有的用以维护自己的合法诉讼权益、对抗控诉方的诉讼权利,主要包括以下几种。

第一,通信权,主要是指与律师、家属、朋友通信的权利。与家属、朋友之间的通信应考虑人道主义原则进行设计。此处着重指前者,与律师的通信权,包括会见权和使用通信工具通信权。犯罪嫌疑人、被告人一般处于羁押状态,此种情形下与律师进行通信,有助于双方沟通案件信息,商定辩护策略。被羁押在看守所的犯罪嫌疑人及其辩护律师是否应该享有不受限制的通信自由?为确保案件顺利侦办,处于羁押状态的犯罪嫌疑人与案外人的通信权应当受到限制,可考虑根据干扰案件的程度在限制程度上进行区分。但应保障其与辩护律师的通信权,原则上与辩护律师的通信权不应受限。

第二,收集证据权,辩护律师的收集证据的权利是保障其实现有效辩护的重要权利。控诉方具有客观义务,因此法律要求侦查机关既要收集对指控有利的证据,又要收集对指控不利的证据。但实践中,基于双方处于对抗的地位,以及不同的诉讼职能,为了达成指控的目的,控诉方往往对被追诉人不利的证据较为积极。为了实现有效辩护,控辩平等对抗,就需要辩护律师去收集证据。但是考虑律师的身份,辩护律师不能强制收集证据。若确有需要,可以申请法官调取证据。如果需要找控方证人收集证据,应事先通报公诉方并且需公诉人在场陪同。

第三,讯问在场权,即侦查人员讯问犯罪嫌疑人时,律师应当在场。在律师不在场的情况下,侦查人员通过讯问犯罪嫌疑人获得证据,应当作为非法证据予以排除。这有利于防止侦查人员对犯罪嫌疑人的刑讯逼供,违背犯罪嫌疑人的意志自由获得口供。允许辩护律师享有讯问在场权是发展趋势,我国目前没有规定。英美法系基本有这方面的法律规定,例如美国就规定在犯罪嫌疑人被羁押讯问之前,有权被告知在讯问时要求律师在场。

第四,针对强制措施和侦查行为的发表意见权、申请保释权。允许辩护律师对侦查人员对犯罪嫌疑人采用的侦查行为或者强制措施发表意见,辩护律师认为采取的措施不当,可以申请变更。对符合条件可以申请保释的犯罪嫌疑人,辩护方享有申请保释的权利。我国尚无保释的规定,但辩护人有权申请强制措施的变更。

第五,在法官预审时建议停止启动审判权。在预审法官收到所有起诉材料进行审查时,辩护律师也有权向预审法官提供不符合起诉条件的各种证据材料,建议预审法官停止启动正式庭审,以达到辩护的效果。

第六,证据开示阶段要求开示证据权。在证据开示阶段,辩护律师享有要求控诉方开示已收集、发现的证据。未经开示的证据,不得作为定案依据。这是确保辩护方知情权,弥补辩护方取证能力不强的重要程序设计。

第七,在庭前会议阶段提出排除非法证据与主审法官、陪审员回避权。在庭前会议阶段,辩护律师有权就回避、管辖等程序性问题提出异议,有权要求对非法获得的证据予以排除。

(3) 审判对抗控诉权

审判对抗控诉权,这是在正式庭审阶段辩护律师享有的权利。其包括:质证权,首先体现在有权质疑公诉方出证(比如提出证据证明公诉方的证据与本案无关或者证明证据来源程序违法应排除),其次有权直接出示证据与公诉方对抗,直接提出证据证明被告人无罪或罪轻(如在英美的交叉询问程序中的交叉质证环节充分体现了辩护方的质证权,先由控方询问控方的证人,接着辩护律师询问控方证人,然后再主询问,之后再反询问,直到双方对证人已无问题提出);发表意见权,即对案件事实认定和适用法律法规提出意见,在刑事诉讼中表现为对定罪量刑的意见,辩护人在庭审中应对被告人适用的罪名、量刑幅度发表意见;平等权,在庭审中,辩护律师有权要求法官对控、辩双方平等对待,如发表意见时间均等,发问的次数;上诉权,辩护律师认为判决结果有错误的,可征求被告人的意见,得到同意后,享有上诉的权利;上诉审程序中的反驳控诉权,在上诉审程序中,上诉人及辩护人依然享有从事实、证据和程序等方面反驳指控的权利;再审程序中的反驳控诉权,在再审程序中,辩护方也有权对事实、法律适用提出意见,以维护被告人的合法权益。

(4) 刑事执行辩护权

刑事执行中的辩护权。一是通信会见权,在执行程序中也应保障罪犯与律师双向的通信会见权。二是申请再审权,当事人及其法定代理人、近亲属和有关案外人对已经发生法律效力的判决、裁定认为确有错误或侵害其合法权益,可以提起申诉。并且法律明确规定申诉可以委托律师代为进行。三是要求监外执行、减刑假释权,对于符合条件申请监外执行、减刑假释的罪犯,可协助其申请。四是日常监狱管理中为委托人提供法律帮助,比如代理申诉控告、代理诉冤等。

（四）基本辩护权行使规则

1. 针对控诉的法庭反驳权

（1）证据质疑权

第一，口头质疑。通过直接言词表达对控诉方提出的证据进行质疑、反驳。

第二，举证质疑。虽然辩护方不承担证明责任，但在庭审中可以提出证据对控诉方的观点进行反驳。

（2）法律反驳权

第一，反驳罪名。对起诉书中指控的罪名，辩护方可以发表不同的看法。

第二，反驳控诉量刑主张。对控方提出的量刑建议，辩护方有权提出异议，以获得有利于被告人的量刑。

第三，提出法律主张。辩护人一般由律师担任，具有专业性，在庭审中不仅可以对事实证据问题进行反驳质疑，也可以就法律适用问题发表独立的意见。

2. 针对侦查的收集证据权

律师收集证据的职权是有限制的，主要体现为律师收集证据并不同时享有采取强制性措施的权力，这是因为这些措施直接涉及公民的人身和财产权利，必须强调严格的管理，不然会导致破坏法制和随意侵犯公民权利的现象发生。从理论上讲，律师在收集证据时：如果遇到拒绝作证或拒绝提供证据的情况，可以在庭审中请求法官予以传唤，必要时法官可以采取拘传、罚款等强制性的措施，有些国家对拒绝作证甚至以蔑视法庭罪论处；如果遇到拒绝提供重要的物证和书证或视听资料时，律师应当请求法官予以扣押。律师的收集证据权相当于任意侦查行为，也就是说律师在收集证据过程中，如果对方比较配合，那么就可以提高效率，直接收集。目前，我国法律中没有明确规定犯罪嫌疑人、被告人有收集证据的权利。律师向有关单位、个人收集证据，有关单位和个人是否应当配合也没有法律依据。律师向被害人及控方证人收集证据时，需要经人民检察院、人民法院批准，还要被害人及控方证人同意。

3. 针对羁押的会见权、通信权[①]

犯罪嫌疑人多处于被羁押之中,被限制了人身自由,由此产生了律师会见犯罪嫌疑人的需要。律师会见权包括见面权、秘密交谈权和记录权等。现代世界各国都承认律师的会见权。通信自由是公民权利的重要内容,辩护师与被告人的通信也不例外。但是,如果会见通信不是私下秘密进行,而是有侦查机关在场,犯罪嫌疑人就可能会因为种种顾虑不愿向律师说出案件真相和其他相关事实,比如侦查机关的刑讯逼供、违反侦查行为等,律师在侦查阶段的作用就大大降低。因此,必须对单独会见权、秘密通信权予以保障。比如联合国《囚犯待遇最低限度标准规则》规定:未经审讯的囚犯可以会见律师,警察或监所官员对于囚犯与律师间的会谈,可用目光监视,但不得在可以听见谈话的距离以内;联合国《关于律师作用的基本原则》第 8 条规定:遭逮捕、拘留或监禁的所有的人应有充分机会、时间和便利条件,毫无迟延地在不被窃听、不经检查和完全保密情况下接受律师来访和与律师联系协商。这种协商可在执法人员能看得见但听不见的范围内进行。

上述指导性规范在许多国家的刑事诉讼法中有不同程度的体现,并且对会见通信权主要从两个方面加以规定。

一是设定侦查人员对犯罪嫌疑人的告知义务,即告知犯罪嫌疑人有权聘请并会见辩护律师,如《英国 1984 年警察与刑事证据法》规定:"除附件 B 所规定的限制之外,所有被警方拘留的人必须被告知他们在任何时候有权以会面、书信或电话的方式与其律师取得单独联系。"美国的"米兰达规则"规定警察在讯问犯罪嫌疑人之前必须告知其有权同律师商议。

二是设定会见通信的方式、时间和限制谈话的内容。例如《法国刑事诉讼法典》第 63 条规定:"在拘留二十小时以后,被拘留人可以要求会见律师;被指定的律师可以在秘密得以保守的条件下会见被拘留人;会面不得超过三十分钟;在会见过程中,律师不得以任何人的言辞为依据,透露案件的情况。"总的看来,英美法系国家对单独会见权的限制很少,大陆法系国家的限制条件较多,往往在不同程度上对会见通信的方式、时间和谈话内容作出一些限制性规定。当然在实践

[①] 本部分内容源自马贵翔,胡铭.正当程序与刑事诉讼的现代化[M].北京:中国检察出版社,2007:148—149.

中,为了办案需要或防止嫌疑人逃跑以及发生其他事故,辩护律师会见犯罪嫌疑人要在侦查机关"看得到听不到"的范围内进行。

4. 针对讯问的辩护律师在场权①

为保护犯罪嫌疑人的权利,防止侦查、起诉机关讯问犯罪嫌疑人时采取逼供、诱供甚至刑讯等非法手段,现在相当多的国家允许辩护律师在讯问时在场。剥夺此项权利不仅导致讯问无效,而且在证据确实的情况下,对实施了刑讯逼供等非法行为的侦查员要进行惩罚。英美法系国家的辩护律师一般享有比较充分的讯问在场权。例如美国"米兰达规则"要求在羁押讯问之前,犯罪嫌疑人必须被告知:讯问时有权请一名律师在场,在没有提供律师的情况下进行讯问就是侵犯了嫌疑人的正当权利。英国原则上允许律师在警察讯问犯罪嫌疑人时在场,但有时可因侦查上的需要而受到一定限制。大陆法系国家对律师讯问在场权的限制性规定较多,具体而言有三种做法:第一,赋予辩护律师在警察讯问犯罪嫌疑人时的在场权,如意大利、俄罗斯;第二,禁止辩护律师在警察讯问犯罪嫌疑人时在场,但允许辩护律师在其他侦查官员讯问犯罪嫌疑人时在场,如法国和德国;第三,禁止辩护律师在侦查官员讯问犯罪嫌疑人时在场,如日本和荷兰。随着两大法系的逐渐融合,原先法律没有规定辩护律师讯问在场权的国家对这个问题也逐渐出现松动的迹象,在一些法规中或实践中允许辩护律师讯问时在场。如日本《犯罪侦查规范》第180条第2款规定:"讯问中,要求辩护人及其他适当的人员在场时,必须要求在场人在供述笔录上加盖印章。"在日本司法实践中,通常也可以让辩护人在场。②

5. 要求控诉方开示证据权③

辩护律师与犯罪嫌疑人会见通信和调查证据的活动,虽然可以使律师收集到有利于嫌疑人的一些证据,但是由于不像控诉方那样有侦查机关的帮助,辩护律师很难通过自己的调查活动收集到充分有效的证据,而且事实上不论是对犯罪嫌疑人有利还是不利的证据,由侦查机关的侦查活动就已经能收集得比较全

---

① 本部分内容源自马贵翔,胡铭. 正当程序与刑事诉讼的现代化[M]. 北京:中国检察出版社,2007:149—150.
② 孙长永. 刑事诉讼证据与程序[M]. 北京:中国检察出版社,2003:240—244.
③ 本部分内容源自马贵翔,胡铭. 正当程序与刑事诉讼的现代化[M]. 北京:中国检察出版社,2007:151—152.

面,辩护律师也没必要重复进行调查取证活动。鉴于这种情况,赋予辩护律师阅卷权和查验证物权,可以使律师全面了解案件事实,从而为其辩护活动做好充分的准备。

在英国,辩护律师的阅卷权和查验证物权是通过证据展示制度而加以保障的。证据展示是控辩双方在正式开庭审判前,相互披露各自掌握的证据材料,但是控诉方披露的证据范围比辩护方披露的范围广泛。具体讲,控诉方应当披露其打算在开庭审判时作为指控依据的证据材料和不打算在开庭审判时使用的证据材料,即在侦查过程中收集到的全部证据材料,无论是否具有相关性。控诉方还应当披露对控方证人不利的证据。辩护方只在以下几种情况下有披露证据的义务:不在现场的证据;专家证言;在严重欺诈案件的预备性审理程序中。在美国,披露证据的范围和英国基本相同,证据披露的规则有两种:一是有的证据一经请求即应披露;二是有的证据只有向法院提出动议才能被披露。

三、扩展阅读

(一) 看守所中立制度

1. 羁押权和侦查权分离的概念与价值

羁押权和侦查权分离的实质是看守所中立或独立。其价值在于消除控方对被告人的人身自由有随意性的支配。

控方对被告人的人身自由有随意性的支配权,即羁押权与侦查权的合二为一导致司法专横甚至司法暴力。这种专横与暴力的直接后果是对正当程序形成毁灭性的破坏。其一,沉默权无能为力。沉默权会在司法暴力面前化为乌有,警察也可以一边告诉他享有沉默权,一边又对他刑讯逼供,因犯罪嫌疑人无法证明刑讯逼供的事实,这样就会在被迫放弃沉默权的情况下还要签字承认是自愿放弃沉默权。其二,同步录像只是马其诺防线。尽管在侦查人员讯问犯罪嫌疑人的过程中有侦查技术人员或看守所的技术人员录音录像,即审录分离,但毕竟是"一家人"在互相配合;尽管规定了全程、同步录音录像,但如果出现先审后录或者录后剪辑行为,第三方难以获悉或进行有效审查。其三,讯问在场可以被规避。律师的讯问在场权在羁押与侦查合二为一的情况下,无法发挥防止刑讯逼供的作用。同时,律师顺利进入到看守所,就是很困难的事情。警察可以在律师在场时,对其不使用暴力;在律师不在时,就会出现暴力行为。

2. 各国羁押权和侦查权分离的制度比较

(1) 各国羁押权和侦查权分离的制度现状

世界上不少国家、地区很重视侦查与羁押的分离。

在英国,警察向治安法院提出起诉后,羁押不再由警察或皇家检察署负责,而毫无例外地由法院作出裁决。对被告人的羁押场所也不再是警察局,而是其他限制人身自由的场所。具体而言,如果被告人年满21岁,羁押场所是监狱;如果被告人年龄在17岁至20岁之间,羁押场所为拘留中心或者监狱;如果被告人不满17岁,他将被羁押在当地的看护中心。例外情况下,也可以羁押在拘留中心或者监狱。这些监狱、拘留中心、看护中心都不由警察机构、皇家检察署控制,而由专门的司法行政机构来加以管理。

而在警察提出起诉之前,被逮捕的嫌疑人几乎都被羁押在各警察局内设的拘留室之中。但为防止警察权的滥用,避免嫌疑人的权利受到任意侵害,英国法律将警察的侦查权与羁押权进行了分离。具体而言,负责侦查的警察拥有逮捕、讯问、收集证据等权力,但对被羁押的嫌疑人的控制和管理则掌握在两种特殊的警察官员手里,他们是"羁押官"(custoday officer)和审查官(review officer)。这两种警察官员的警衔通常高于侦查警察,也不受当地警察机构的直接控制。其中羁押官的职责是确保被捕者在被羁押在警察局期间,获得法律所规定的适当待遇。对于被捕者在羁押期间的所有情况,羁押官都要作出详细的记录。羁押官还有权对被捕者的犯罪证据进行审查,对不符合起诉条件的及时释放,对符合条件的案件及时起诉。审查官的职责是对羁押的合法性进行持续的审查。一般来说,在羁押官决定对嫌疑人采取羁押的6小时以内,必须由审查官对羁押的合法性重新进行审查。此后每隔9个小时,审查官员都要对羁押的合法性进行自动审查。这种审查一般会持续到警察对嫌疑人提出起诉之时。由于羁押官、审查官都不介入警察的侦查活动,也不对侦查的成功负有责任,因此他们能够对案件保持相对中立和超然的态度。①

在美国,审前羁押的场所是警察局或者监狱。对犯罪嫌疑人的羁押通常始于逮捕。警察对犯罪嫌疑人实施逮捕之后,应当将其带到警察局,履行相关的登

---

① 陈瑞华. 审前羁押的法律控制——比较法角度的分析[J]. 政法论坛. 2001(4).

记手续或者照相、提取指纹(重罪情况下)。如果警长认为证据不足,或者罪行轻微不足以提起诉讼者,可以采取适当"训诫"后送交其亲属;如果确认不曾犯罪者,就予以释放。此时,警察局就无须对犯罪嫌疑人予以羁押。根据《联邦刑事诉讼规则》的规定,无论是有证逮捕,还是无证逮捕,警察执行逮捕后,都必须将被捕人无不必要延误地带至联邦治安法官处(初次到庭)。如果联邦治安法官因正当理由不在,则带至美国法典授权的州或者地方的司法官员处。这表明,在逮捕之后、治安法官初次聆讯之前,由警察局对被捕人予以关押。为了防止警察侵犯被捕者的合法权益,在大多数司法区,立法和司法规则都要求将被捕者无不必要延误地解送至治安法官或地方法官面前接受讯问。尽管"无不必要延误"的确切含义各州不太一致,但在联邦和大多数州,如果超过 6 小时仍未将被捕人解送至法官面前接受讯问,是考虑被告人认罪交代是否自愿的一个重要因素。对于无证逮捕的,通常情况下,这种聆讯至迟在逮捕后的 4 小时之内进行。否则,继续羁押有可能构成违宪。上述情况表明,警察局对被捕人的羁押期限在通常情况下最多为两天。治安法官在聆讯之后,可依法决定继续关押或者附条件释放被告人。如果需要对被告人继续羁押(等待传讯或者审判),通常情况下由县监狱(county jail)执行。对于未成年的犯罪嫌疑人,逮捕之后、法官初次见面(inieial appearance)之前,由警察局青少年部(police juvenile)实行关押;在候审期间,由青少年拘留机构(juvenile detention facility)实行关押。①

在德国,根据《德国刑事诉讼法典》第 119 条的规定,对未决的犯罪嫌疑人、被告人应当移送监狱进行关押,但是不允许将未决犯与已决犯关押在同一房间。在有可能的情况下,平时也应将他与服刑囚犯隔离开来。而且,在与羁押目的不相冲突,以及不干扰监狱秩序的前提下,允许被捕人自费为自己创造较舒适的环境、消磨时光的事宜。在德国,由于监狱管理机构属于司法部管辖,而警察机构属于内务部管辖,因此关押被捕人的监狱与行使侦查权的警察机构之间不存在领导与被领导的关系,从而有助于保障被捕人在关押期间的合法权益不受警察机构的任意侵犯。此外,根据《德国刑事诉讼法典》第 126 条的规定,有重要根据可以估计某人是在无责任能力或者减轻责任能力(刑法典第 20 条、第 21 条)状态下实施了犯罪行为,并且可能移送精神病院、戒瘾所的时候,在为了公共安全

---

① 姜青.未决羁押之研究[D].杭州:浙江工商大学,2010.

有此必要的条件下,法院可以用安置令将他暂时移送于精神病院、戒瘾所。这表明,在特殊情况下,精神病院、戒瘾所也可能成为限制被捕人的人身自由的合法场所。①

在法国,根据《法国刑事诉讼法典》第714条第1款的规定,法国对犯罪嫌疑人和被告人的羁押场所是看守所。第714条第2款规定,每一个大审法院、每一个上诉法院及每一个重罪法庭都应附设一个看守所,除通过法律指定成立的法院或法庭附设的看守所外;在后者的情况下,应由法令来确定哪一个看守所来关押犯罪嫌疑人或被告人。第716条规定,大审法院或上诉法院对犯罪嫌疑人或被告人采取临时羁押措施时,应按规章昼夜单独关押。但因看守所内部的安排,或因人多拥挤或因有关人根据工作组织的需要,要求工作时,这一规定可以放弃。在不违反看守所的纪律和安全要求的情况下,应满足犯罪嫌疑人、被告人行使辩护权的要求而允许其与外通讯或利用其他与外界联络的条件。原则上,受先行拘押的人不应当与已经受到最终确定的有罪判决的人关押在一起,而应当关在被告人看守区内,但是如果看守机构并未严格划分看守区域,那么看守场所相互紧紧相连是不可避免的。但无论如何,共同受审查人不应关在一起。②

(2) 各国羁押权和侦查权分离的制度评价③

一般而言,无论是由法官通过司法授权实施的逮捕,还是由检察官或者司法警察自行决定采取的逮捕,它都是以强制方式使犯罪嫌疑人到案的一种措施,因而一般只会带来较短时间的人身监禁。逮捕后的法定羁押期限一旦结束,检察官或者司法警察就应当毫不迟延地将犯罪嫌疑人送交法官。而法官通常需要举行听证或者讯问程序,听取被告人、辩护人、警察、检察官等的意见或者辩论,就羁押的理由和必要性进行司法审查,以便就是否需要继续羁押以及羁押的期限作出裁决。

如果以法官就羁押问题举行司法审查为界线,总结上述各国未决羁押场所的设置,我们不难看出各国未决羁押场所设置的基本规律:在法官就是否需要继续羁押举行司法审查之前,犯罪嫌疑人被羁押在警察机关控制之下的拘留所

---

① 姜青.未决羁押之研究[D].杭州:浙江工商大学,2010.
② [法]卡斯东·斯特法尼,乔治·勒瓦索,贝尔纳·布洛克.法国刑事诉讼法精义(下)[M].罗结珍,译.北京:中国政法大学出版社,1999:620.
③ 本部分内容源自孙本鹏.比较法视野中的未决羁押场所设置[J].人民司法,2004(7).

或者看守所内,而在法官经过司法审查并作出羁押裁决之后,犯罪嫌疑人或者被告人通常被羁押在监狱或者其他不由警察或者检察官控制的监禁场所里。一般来说,司法审查之后的羁押场所通常受各国司法行政机关的管理和控制,而不再受侦控机关的约束。这表明,与逮捕和羁押的分离相适应,侦控机关采取的人身监禁和司法机关(法院)决定的未决羁押就分别由不同的场所来执行。而且,司法审查之后的羁押期限远远多于司法审查之前的羁押期限。① 于是,上述各国通过上述制度设计实现了侦查机关和羁押场所的分离。在一般情况下,未决羁押会给犯罪嫌疑人、被告人带来较长时间的人身监禁,因此未决羁押是一种最为严厉的强制措施。在羁押期间,犯罪嫌疑人、被告人的处境无疑对其非常不利。由于侦控机关和犯罪嫌疑人、被告人的立场具有天然的对立性,再加上犯罪嫌疑人、被告人本身就是一种十分重要甚至最重要的一种证据来源,因此如果让侦控机关对犯罪嫌疑人、被告人的羁押场所进行控制,那么侦控机关势必会利用羁押的绝佳机会对犯罪嫌疑人、被告人施加强大的压力,通过各种非正当性的手段获取有用的控诉证据。这样,不仅犯罪嫌疑人、被告人的一系列诉讼权利和公民权利无法得到保障,而且他们随时有可能被沦为犯罪侦查的工具或者刑事追诉的手段。由此可见,上述各国普遍实行侦查机关和羁押场所相分离的制度的最主要原因在于避免侦查机关利用羁押犯罪嫌疑人的便利条件对犯罪嫌疑人采取各种不恰当的或者非法的方法取得犯罪嫌疑人的口供,以便确保犯罪嫌疑人、被告人的各种诉讼权得到顺利实现,从而保障他们的人权不受任意侵犯。

实践也证明,上述各国实行侦查机关和羁押场所相分离制度不仅有助于保障犯罪嫌疑人的诉讼权利得到顺利实现,而且有效地防止了侦查机关的刑讯逼供等非法取证行为。再加上西方国家普遍规定了司法审查原则以及比较完善的权利救济机制,侦查部门往往难以利用羁押的机会对犯罪嫌疑人或者被告人采

---

① 例如,在英国,犯罪嫌疑人在起诉前被警察羁押的最长时间为 96 个小时,而从在治安法院第一次出庭到移送起诉程序为止,羁押期限为 70 天;从第一次出庭到简易审判时为止,羁押期限为 70 天;从移送起诉到刑事法院审判时为止,羁押期限为 112 天。再如,在德国,警察逮捕后羁押犯罪嫌疑人的时间最长不得超过 48 小时,而未决羁押一般不得超过 6 个月。当然,为了保障犯罪嫌疑人或者被告人的合法权益,西方各国都为被羁押者提供了必要的司法救济手段。如英美法系的保释制度、人身保护令制度,大陆法系的申请司法复查制度、上诉制度等。

取刑讯逼供等不人道的侦查方法。

(二)有效辩护理论

刑事诉讼的历史就是辩护权不断扩大的历史。随着我国刑事辩护制度的发展,有关辩护制度的理论研究也不断深入,其中有效辩护和无效辩护理论最为突出。有学者认为,"有效辩护原则,至少应当包括以下几层意思:一是犯罪嫌疑人、被告人作为刑事诉讼当事人在诉讼过程中应当享有充分的辩护权;二是应当允许犯罪嫌疑人、被告人聘请合格的能够有效履行辩护义务的辩护人为其辩护,包括审前阶段的辩护和审判阶段的辩护,甚至还应当包括执行阶段提供的法律援助;三是国家应当保障犯罪嫌疑人、被告人自行充分行使辩护权,设立法律援助制度,确保犯罪嫌疑人、被告人获得律师的帮助"。[①] 还有学者也指出:"按照各国通行的做法,有效辩护的基本含义包括以下内容:(1)被指控人既可以自己进行辩护,也可以聘请律师为其辩护,在法定情形下,法院还应当为其指定辩护律师;(2)被指控人在指控的任何阶段都可以行使辩护权,都可以委托他人为其辩护;(3)法律应赋予被指控人以广泛的诉讼权利,如有权获知本人被指控的内容,有权被告知可以委托辩护人,有权申请调取新的物证书证、通知新的证人出庭,有权询问证人和鉴定人,有权要求重新鉴定和勘验,有权对判决、裁定提起上诉,等等;(4)对于被告人及其辩护人正确的辩护意见,审判机关应当采纳。"[②]有学者在2006年较为系统地介绍了美国联邦最高法院确立"有效辩护"理念的经典案例,提出"美国无效辩护制度是一项保障刑事被追诉人获得律师有效辩护和公平审判的制度",特别是1984年美国联邦最高法院在斯特里克兰(Strickland)一案创制了确认无效辩护的双重检验标准。首先,法院必须确定律师的辩护行为是否存在缺陷;其次,法院必须确定律师的缺陷行为对被告人的辩护是否带来损害和不利。[③] 在我国的刑事诉讼制度中,有效辩护制度的引入并不存在较大的理论障碍。我国《律师法》和《刑事诉讼法》也都为保障被告人获得高质量的辩护做出了诸多方面的努力,而这些努力也是符合有效辩护理念的。我国宪法所

[①] 宋英辉.刑事诉讼原理[M].北京:法律出版社,2003:118.
[②] 卞建林.刑事诉讼法学[M].北京:法律出版社,1997:20.
[③] 林劲松.美国无效辩护制度及其借鉴意义[J].华东政法学院学报,2006(4).

确立的"被告人有权获得辩护"的原则,其实也可以被扩大解释成为"被告人有权获得有效辩护"的原则。但是在可预见的未来,中国引入无效辩护制度的可能性是很小的。①

有效辩护可分为广义上的有效辩护与狭义上的有效辩护,两者在问题指向上存在差异:前者以实现被指控人的公正审判权为目标,探讨辩护权及其保障体系;后者则主要关注律师辩护的质量,并确立律师有效辩护的行为标准以及无效辩护的认定标准。无论哪一种含义上的有效辩护,引入中国都不存在理论上的障碍,而且确立有效辩护的理念,对于推动我国刑事辩护制度的改革和发展,具有很强的现实意义。但在我国目前不宜通过建立无效辩护制度倒逼律师辩护质量的提高以及对被告人的权利进行救济。保障律师辩护的质量,应主要通过严格规定取得律师执业资格的条件,加强对律师的业务培训,提高律师业务素质,以及加强律师的职业道德和执业纪律教育,提高律师的责任心,制定律师有效辩护的标准等办法加以正向促进。对于辩护律师的不称职行为,可以通过加强行业内惩戒的方式予以处理;对于律师不称职可能带来的对被告人的不利影响或不利后果,则主要通过上诉、申诉等途径来解决,如果由于律师辩护不力导致案件事实不清、证据不足,上级法院可能作出撤销原判、发回重审的决定或者进行庭外调查核实工作。②

有学者主张辩护的有效性强调的是辩护行为的目的和效果。从这个意义上讲,有效辩护或辩护的有效性是指犯罪嫌疑人、被告人特别是辩护律师提出的正确的辩护意见或主张被办案机关接受或采纳,在实体上或程序上作出了对犯罪嫌疑人、被告人有利的诉讼决定。具体而言,实体上的有效性主要指辩护方围绕犯罪嫌疑人、被告人是否构成犯罪以及应否承担刑事责任这一问题提出的有关证据或辩护意见,符合案件事实或符合刑事实体法的规定,被办案机关接受或采纳,使犯罪嫌疑人、被告人获得无罪、罪轻、减轻或者免除刑罚等有利的处理决定。程序上的有效性则是指辩护方在诉讼过程中,针对侦查、检察、审判机关在诉讼中存在的程序违法行为,提出异议要求纠正并获得解决的有利结果。③

---

① 陈瑞华.刑事诉讼中的有效辩护问题[J].苏州大学学报(哲学社会科学版),2014(5).
② 熊秋红.有效辩护、无效辩护的国际标准和本土化思考[J].中国刑事法杂志,2014(6).
③ 顾永忠,李竺娉.论刑事辩护的有效性及其实现条件——兼议"无效辩护"在我国的引入[J].西部法学评论,2008(1).

有学者认为从辩护效果角度所作的界定显然存在严重的问题。有效辩护是指律师接受委托或指定担任辩护人后,忠实于委托人的合法权益,尽职尽责地行使各项诉讼权利,及时精准地提出各种有利于委托人的辩护意见,与有权作出裁决结论的专门机关进行了富有意义的协商、抗辩、说服等活动。简言之,"有效辩护"就是尽职尽责的辩护,是在刑事辩护过程中忠诚地履行了辩护职责,完成了"授权委托协议"所约定的辩护义务。并且提出有效辩护的理念可以在以下四个方面得到贯彻和体现:一是合格称职的辩护律师;二是为辩护所必需的防御准备;三是与委托人进行的有效沟通和交流;四是有理、有据、精准、及时的辩护活动。①

有学者认为有效辩护的本义是指有效果、有作用的辩护,可简称为"有效果辩护"。将有效辩护解读为尽职辩护既违背语义学上的通常理解,也与美国的理论与实践不符,"有效辩护"实际上是我国学者引介美国法学概念"有效的律师协助"(effective assistance of counsel)时的误读。虽然有效辩护和尽职辩护都与辩护权保障密切相关,二者存在一定的关联,但也存在明显的不同。一是关注的对象不同。有效辩护的本义是指辩护活动对辩护方而言是有效果的、起到了积极作用,强调的是辩护人的积极参与使得案件的最终处理结果通常比没有辩护人参与的情况下对被告人更为有利,故既关注过程更关注结果。而尽职辩护则主要关注辩护律师的执业行为是否符合律师执业规范、是否达到了刑事辩护律师的通常水平,以辩护律师及其辩护过程为关注对象,意在避免辩护律师不称职对律师职业造成不良影响。尽职辩护强调的是律师行为符合职业要求,达到通常的执业水平。二是关注的内容不同。在刑事诉讼中,辩护活动产生的结果或影响既可能是实体层面的,也可以是程序层面的。具体而言,有效果的辩护包括辩护人提出有利于当事人的回避、管辖等程序性意见被司法机关采纳,以及取保候审等变更强制措施、自首、立功、无罪、罪轻和其他量刑意见等实体性意见是否被司法机关采纳等。而与之不同,尽职辩护侧重考察刑事辩护的过程,关注的主要内容是律师履职行为的主动性、规范性,譬如辩护律师的辩护准备是否充分,如是否阅读完全部案件卷宗、会见被告人等,是否形成了清晰严密的辩护思路,是否采取了适当的辩护策略和技巧,提出了符合案件事实和法律规范的辩护意

---

① 陈瑞华.有效辩护问题的再思考[J].当代法学,2017(6).

见等。我们应当回归有效辩护的本义,以追求满足当事人利益同时也符合法律规定的辩护结果作为辩护评价的主要对象,以"有效果辩护"作为中国式"有效辩护"的话语选择。①

（三）美国的公设辩护人制度②

美国刑事审判中的法律援助问题可以说是一个相对较新的领域,这个领域,作为法律工作者是非常关心的。1964年,美国法院通过的一个法案明确规定,每个司法辖区可以对他们的司法援助有自己的规定,也就是说,美国的50个州都可以制定自己的计划来为支付不起律师费的人们聘请律师。每个贫穷的人如果聘请不了律师,法院都可以为他指定律师。

指定律师有两种形式。一种形式是指定私人律师。私人律师也可以被指定做刑事辩护,由法庭来支付他的薪金,当然这个薪金很低。

另一种形式就是指定公设辩护人。公设辩护人是联邦的,是受美国政府雇佣的,他们分布在美国各州所属的各个区里。在美国一些州内,各个区的公设辩护人由政府任命,每4年被任命一次,可以连任。公设辩护人每个月领工资,薪金大概是一年12万美元。他们的工作主要是做法律援助,为付不起律师费的穷人做辩护。公设辩护人事务所同时还设有助理公设辩护人,主要为公设辩护人提供助理服务。公设辩护人是可以雇佣雇员的,包括法律助手、计算机专家、办公室主任、研究人员。因为政府已经给你提供了这种预算,你可以直接去雇佣其他的服务人员包括法律助手等,不像私人律师那样,在法律援助案件中如果需要雇佣其他助手,还要向法庭申请,并要得到法庭的批准才行。

以上这种在各个区工作的公设辩护人一般都是由上诉法院的法官代表政府所任命的,而不是他同一级的区法院任命,这是为了保持相对的独立。因为本区的辩护人跟本区的法官经常打交道,我们希望给他们更大的自由度,使他更自由地代表当事人,而不被强迫使法官高兴,因为这个法官给他发工资,所以我们希望他们之间保持一定的距离。所以他是由高一级的法院,就是上诉法院来任命的。

---

① 左卫民.有效辩护还是有效果辩护?[J].法学评论,2019(1).
② 本部分内容源自卡门·赫兰德兹.在美国做公设辩护人[N].法制日报,2003-01-29.

联邦公设辩护人事务所的很大一部分法律援助案件是由法院分配的。对分配的案件,他们可以根据自己的需要,比如他们看看这些案件是抢劫银行还是毒品案,然后他们自己决定由哪个律师来做。一般来说,较复杂的案件分配给比较高级的律师做,也有一些相对简单的案件就分配给普通律师去做,有的事务所则是由律师轮流来做。

美国有50个州,包括92个地区,像纽约有东南、西北几个区,有的州只有一个区。90多个司法管辖区只有12个区没有公设律师,其他的区都有公设辩护律师。有的时候公设辩护人事务所也会出现这种情况,就是用于给穷人打官司的钱没有了,用完了,遇到这种情况,有些案件就不能及时做了。比如有一年陪审团都没有办法审案了,因为相关的公设辩护人事务所已拿不出钱来用于律师必需的开销,所以案件就推迟了几个月。

联邦公设律师每年都有预算,那么钱从哪儿来呢?国会拨钱。国会把钱给法院的行政主管,行政主管再把钱拨给公设律师组织。在美国对怎么分配钱也有争议,因为它有内在的矛盾和利害冲突:控制预算的人是法官,而律师必须要在法官面前辩护,这样与法官就有利害冲突,但并不那么激烈。到现在为止,美国就是这样安排的。

(四)文献推荐

[1] 谢佳芬.刑事辩护制度研究[D].北京:中国政法大学,2008.
[2] 李奋飞.论"唯庭审主义"之辩护模式[J].中国法学,2019(1).
[3] 李章仙.辩护律师调查取证新途径——对刑事诉讼中适用调查令制度的思考[J].湖北警官学院学报,2015(6).
[4] 彭剑鸣.看守所场域中的会见权制度改良论[J].江西警察学院学报,2017(3).
[5] 邵聪.讯问时律师在场制度的域外考察与中国构想[J].学术交流,2017(10).
[6] 韩旭.辩护律师会见通信权规定的进步与不足——对《刑诉法修正案(草案)》相关规定的评析[J].国家检察官学院学报,2011(5).
[7] 王琳.庭前会议中的程序性辩护[D].济南:山东政法学院,2018.
[8] 张建伟.强制辩护:一项势在必行的制度[J].中国司法,2010(2).

[9] 谭文键.论律师的辩护豁免权[J].东方法学,2018(6).

[10] 陈学权.论辩护律师的法庭地位——以律师与法官的关系为视角[J].法学杂志,2020(1).

[11] 熊理思,高飞.中美刑辩律师保密特权制度的比较与启示[J].上海公安高等专科学校学报,2014(2).

[12] 王琳.保护嫌疑人权益应从分离侦查羁押权做起[J].新西部,2009(3).

第五章 刑事审判制度的基本结构

一、案例与问题

(一) 辛普森杀妻案中的陪审团

辛普森案中12名陪审员在最后进入审判评议阶段时竟有9名是黑人。辛普森案的首席辩护律师在最后一轮辩论中正是针对陪审团的成员成分适时地打出了种族"王牌"。据判决前的一项问卷调查,74%的白人认为被告有罪,而77%的黑人则认为无罪。辛普森被羁押时间为472天。洛杉矶政府检控开支为900万美元。被告辩护律师开支超过900万美元。控方证人72人,辩方54人。陪审团隔离时间:263日(每人日薪5美元)。1995年10月2日,在辛普森案陪审团退席后,检察官、刑事司法专家,还有全美国亿万电视观众都在猜测,在整个庭审过程中一言不发、面无表情的陪审团一定会有一个长达数日甚至数周的审议讨论过程。黑人陪审员将坚持辛普森无罪,白人陪审员将坚持其有罪,最后可能僵持不下,变成"死结陪审团"。但是,出乎所有人的意料,陪审团4个小时就完成了审议和裁决。10月3日上午10时,当法院书记官罗伯特森女士读到"本审判团裁决奥伦多·詹姆士·辛普森无罪"时,寂静的美国沸腾了。[1]

---

[1] 陪审团利弊分析整理版[EB/OL].(2014-4-25)[2021-7-17].https://wenku.baidu.com/view/7b7fe807852458fb770b56f1.html.

问题：
1. 陪审团裁决辛普森杀妻不成立是否令人信服？
2. 此案提供了哪些启示？

(二) 被告人一审获有期徒刑上诉改判死刑案

被告人陈某因犯抢劫罪被某县法院一审判处有期徒刑十五年。陈某不服，上诉至地区中级人民法院。中级人民法院经过审查认为，被告人陈某犯罪情节属特别严重，应依法判处死刑，原审法院量刑畸轻，遂根据《刑事诉讼法》关于上级人民法院必要的时候可以审判下级人民法院管辖的第一审刑事案件的规定，裁定撤销一审法院判决并由中级人民法院进行第一审。审理后，判处被告人陈某死刑立即执行，剥夺政治权利终身。陈某不服，上诉至省高级人民法院。高级人民法院经审理作出了驳回上诉、维持原判裁定并报最高人民法院复核，最高人民法院作出核准死刑裁定。

问题：
1. 上级法院改判下级法院的判决，是否意味着下级法院的判决错误？
2. 本案中级人民法院和高级人民法院的做法是否正确？
3. 本案提供了哪些启示？

二、相关理论提示

(一) 刑事审判制度的相关概念

1. 审判程序与审判制度

审判程序是审判规则的总称，包括：权力归属规则，用以确定审判权的归属问题；行为规则，即控、辩、审三方在审判程序中各自应遵循的规则；权力制衡规则，确定控、辩、审三方之间关系和审级制度，明确审判权主体（法院）相互之间的关系尤其是上下级法院之间的关系。

审判制度是审判程序与审判方组织制度的总称。审判程序如前所述，而审判方的组织制度主要指职业法官的组织制度和陪审制度。

2. 刑事审判与刑事审判程序

首先，刑事审判是审判的一种，是对刑事案件审理和判决的简称。在我国，刑事审判是指人民法院在控、辩双方及其他诉讼参与人参加下,依照法定的权限和程序,对于依法向其提出诉讼主张的刑事案件进行审理和裁判的诉讼活动。①

其次,从程序上讲,审判刑事案件与审判民事、行政争议案件并无本质区别,只不过因刑事审判涉及更为突出的人权保护问题而在程序操作上显现出一系列特色,比如刑事审判中的原告是国家并由检察机关代行此职责;刑事被害人在公诉案件中依附于原告,在自诉案件中则直接充当原告;刑事被告人处于特殊的诉讼地位,比如在审判中,刑事被告人经常处于被羁押状态,人身自由受到限制,并且特别强调无罪推定原则以及保障其沉默的权利;以及刑事责任的证明标准高于民事和行政责任的证明标准等。不同国家诉讼结构的区别往往形成刑事审判程序定义上的一定程度的区分:在大陆法系,刑事审判程序是指法官在控辩双方的参与下认定刑事案件事实并确定刑事责任所应遵循的程序规则。此定义突出了法官的职权色彩,是职权主义审判模式的刑事审判。在英美法系,刑事审判程序是指控辩双方在法官的主持下认定刑事案件事实并确定刑事责任所应遵循的程序规则。此定义突出了法官的消极性和控辩双方的主动性,指的是当事人主义审判模式下的刑事审判。

在我国,对刑事审判程序的定义有着不同的观点。比如,刑事审判程序是指人民法院、人民检察院在当事人和其他诉讼参与人参加下认定刑事案件事实并确定刑事责任所应遵循的程序规则。也有观点认为,刑事审判程序是人民法院在公诉人、当事人和其他诉讼参与人参加下认定刑事案件事实并确定刑事责任所应遵循的程序规则。这两个定义虽方法不同,但本质上是一样的,即体现了在我国现行刑事司法制度下检察机关作为法律监督机关的特殊地位,同时体现法官在刑事程序中的主导作用。

(二)刑事审判的模式与分类

1. 刑事审判的模式

关于刑事审判的模式,目前世界各国公认分为当事人主义审判模式和职权主义审判模式。详细内容参见本书第二章。

---

① 陈光中.刑事诉讼法[M].北京:北京大学出版社、高等教育出版社,2016:340.

2. 刑事审判的分类

对刑事审判可以从不同的角度进行多种划分，较有意义的划分主要包括以下几个方面。

第一，以案件适用范围为标准，可以把刑事审判分为一般审判程序和特别审判程序。适用于一般案件的审判程序叫作一般审判程序；适用于特殊类型案件的审判程序叫作特别审判程序。特殊案件包括但不限于未成年人犯罪案件、涉外刑事犯罪案件、被告人在逃的犯罪案件、附带民事赔偿案件等。

第二，依据审判作用的不同，可以把刑事审判分为第一审程序和救济审程序。此种划分方法的特点是把第一审程序作为基础，将第一审程序之后的第二审、死刑复核、再审等程序统统归于救济审程序之列，强调第一审之外的审判程序之权利救济功能。

第三，基于是否直接提起公诉，可以把刑事审判划分为公诉审判程序和自诉审判程序。此种划分的特点是体现了自诉审判程序的价值。

第四，根据程序的繁简程度，可以把刑事审判分为普通审判程序和简易审判程序。此种划分的特点是突出了刑事简易程序的价值。

第五，从效力上分，可以把刑事审判分为生效审判程序和审判监督程序。此种划分的特点是突出审判监督程序的特殊性。

（三）刑事审判程序的基本结构

1. 典型结构

刑事审判程序的典型结构是初审结构，即第一审结构。首先，在刑事诉讼纵向构造中，主要分为审前阶段、审判阶段、审判后执行阶段。本章主要对刑事审判阶段的程序进行研究。而刑事审判程序中，一方面，第一审程序是后续审判程序的基础，无论是事实认定还是法律适用，第一审程序的结果对后续程序都有影响，尤其是对案件事实的认定，第一审程序相对后续审判程序更有优势，因此第一审程序对案件的处理居于审判程序核心地位；另一方面，后续审判程序承载着权利救济、权力约束的功能，但启动之后，除了部分原则有区别之外，具体庭审规则主要参照第一审程序进行。因此，第一审程序即初审程序的结构从刑事审判程序纵向结构看，具有典型性。

其次，从刑事诉讼横向构造看，控、辩、审三方之间关系在刑事审判程序中体现尤其明显。理想的刑事诉讼横向结构表现为"控辩平等、控审分离、法官中立"的等腰三角结构,而该结构是公正刑事审判程序的要求。在刑事审判程序中,基于庭审的特点,控、辩、审三方的地位、权力(利)和义务关系最为典型和复杂,为了实现公正审判的要求,庭审阶段形成了典型的等腰三角结构。

2. 审级制度

"审级制度是指法律所规定的审判机关的级别以及案件经过几级法院审判才告终结的制度。"[①]由此,可以看出刑事审级制度包括两个方面的内容:其一是审判机关的组织系统,即国家审判机关的层级;其二是刑事案件经过几审即为终审。从世界范围内来看,主要有三审终审、两审终审和一审终审。目前刑事案件中采用一审终审的比较少,但也有一些,比如在刑事案件中部分裁定、决定。我国主要采用四级两审终审制,但最高人民法院直接作出的裁判,都是直接发生效力的,即存在刑事案件为一审终审的情况。

首先,我们可以根据一个国家的审级制度来推断允许案件几次上诉。我国采用的是两审终审制,即允许上诉一次。西方大多数国家实行的是三审终审制,普遍允许上诉两次。

其次,初审案件的覆盖,是否允许不同级别法院都进行初审?我国法院系统分为四级,设立有基层人民法院、中级人民法院、高级人民法院以及最高人民法院四级。根据《刑事诉讼法》有关级别管辖的规定,我国四级法院均可进行案件的第一审。

最后,在一般模式中,案件可经过三级法院的审理,经历初审、上诉审、终审三个阶段。所有案件从初审法院开始,初审是案件进入审判程序的必经阶段,但不一定经历后续审理程序。在程序设计上,美国是比较典型的三审终审国家,被告人享有两次上诉权。上诉法院只负责审理上诉案件,不审理其他初审案件。终审法院只解决法律问题,也没有第一审案件的管辖权。法院系统采用的是基层法院、上诉法院、终审法院三级构造。

(四)审判组织

审判组织是指案件具体审判时,审判庭的人员构成是由一个职业法官、几个

---

① 陈光中.刑事诉讼法学[M].北京:中国政法大学出版社,1999:37.

职业法官还是职业法官与其他非职业法官一起组成。

1. 一般模式

一般情况下，庭审中采用合议庭审理，即由若干职业法官或职业法官与陪审员共同构成审判组织审理案件，但是初审、上诉审，对审判组织中人数要求不同。例如我国在《刑事诉讼法》第一百八十三条规定："基层人民法院、中级人民法院审判第一审案件，应当由审判员三人或者由审判员和人民陪审员共三人或者七人组成合议庭进行……高级人民法院审判第一审案件，应当由审判员三人至七人或者由审判员和人民陪审员共三人或者七人组成合议庭进行。最高人民法院审判第一审案件，应当由审判员三人至七人组成合议庭进行。人民法院审判上诉和抗诉案件，由审判员三人或者五人组成合议庭进行。合议庭的成员人数应当是单数。"另外，基于合议庭组成人员的不同，可分为由职业法官组成的合议庭，即没有陪审员参与的合议组织；陪审员组成的合议庭，是适用陪审团审理时认定案件事实的裁判组织；以及职业法官与陪审员共同组成的合议庭，共同对案件事实认定及法律适用问题进行裁判。

2. 特别模式

第一，独任审判。独任审判即由职业法官一人审理案件，一般适用于简易程序中。如西方国家辩诉交易，在辩诉交易程序中，就是由一位专业法官对辩诉交易进行正式审查。在我国，适用简易程序审理案件，对可能判处三年有期徒刑以下刑罚的，可以由审判员一人独任审判。此外，适用速裁程序审理的案件，也可以由审判员一人独任审判。

第二，普通陪审。专业法官和普通陪审员一起组成合议庭进行审理，其中审判长为专业法官。德国比较典型，实行"参审制"。在德国，参审制不仅适用于刑事案件的审理，还适用于商事、行政案件的审理。在德国，区法院中设有专门的参审法庭。"参审法庭则负责审理可能判处有期徒刑四年及以上的刑事案件，由一名职业法官和二名平民参审员组成。地方法院则是一审中间级别的法院，负责审理所有情节较为严重的刑事案件，由二至三名职业法官及二名平民参审员组成。"[1]

第三，陪审团制。由依法挑选的与案件无利害关系的普通民众组成团体参

---

[1] 施鹏鹏. 德国参审制：制度与特色[N]. 人民法院报，2014-09-19(8).

与庭审,并负责对案件事实进行认定的审判制度,在美国的部分司法辖区,陪审团也有权对是否适用死刑进行裁决。参与庭审的陪审团被称为小陪审团。考虑到陪审团审理案件的成本,陪审团主要用于少数重大、复杂案件的审理。英国是典型的采用陪审团制度的国家。"根据英国陪审团法的规定,一般情况下,刑事法院的陪审团由12名陪审员组成。如果在审判中有陪审员死亡或者被法庭解除义务的情况,陪审团的人数可以少于12人。"[1]由此,适用典型陪审团审理的案件中,由12名陪审员+1个法官组成案件审判人员。另外,在美国陪审团审判的案件中,"除了符合法定人数的陪审团成员之外,还有数名'候补陪审员'参与庭审全过程,但是不参加评议和裁决。如果陪审员中有人因故不能继续听审或者被开除,同样数量的候补陪审员便成为陪审团的正式成员。这样,庭审便可以继续进行,无需从头开始"[2]。

第四,其他情形,比如二人合议庭、审判委员会。我国设立了审判委员会作为法院内部领导审判工作的重要机构,同时也具有裁判案件的权力。对于疑难、复杂、重大的案件,合议庭认为难以作出决定的,由合议庭提请院长决定提交审判委员会讨论决定。审判委员会可以改变合议庭的意见,并且审判委员会的决定,合议庭应当执行。因此审判委员会也被认为是审判组织。当然,我国学术界围绕着审判委员会制度的正当性及其存废问题一直存在争议,有主张保留的,[3]也有观点认为其已经完成了历史使命,作为审判组织的正当性和合法性已经消失,已无存在的必要。[4]

(五) 刑事判决

1. 典型

判决是人民法院通过审理对案件的实体问题作出的处理决定。根据我国《刑事诉讼法》第二百条规定:"审判长宣布休庭,合议庭进行评议,根据已经查明的事实、证据和有关的法律规定,分别作出以下判决:案件事实清楚,证据确实、充分,依据法律认定被告人有罪的,应当作出有罪判决;依据法律认定被告人无

---

[1] 牟军.试论英国刑事诉讼中的陪审团制度[J].西南民族学院学报(哲学社会科学版),2000(7).
[2] 王以真.外国刑事诉讼法学[M].北京:北京大学出版社,2004:358.
[3] 苏力.基层法院审判委员会制度的考察及思考[J].北大法律评论,1998(2).
[4] 陈瑞华.法院改革的中国经验[J].政法论坛,2016(4).

罪的,应当作出无罪判决;证据不足,不能认定被告人有罪的,应当作出证据不足、指控的犯罪不能成立的无罪判决。"可见,典型意义上的判决主要分为有罪判决和无罪判决两种。

2. 非典型

中间判决,这一概念起源于德国,其含义是指在最终判决作出前,对于案件审理过程中出现的影响诉讼进程的实体性或程序性问题作出的裁决,其发生的法律效力与最终判决一致。在我国,法院在审理案件阶段和执行阶段的程序性问题、部分实体问题以裁定的方式处理,作出裁定的主体是人民法院。与此相关的还有决定,决定适用于诉讼全过程中的程序问题和一些实体问题,一经作出,即发生效力。作出决定的主体包括:公安机关、人民检察院、人民法院。

西方国家中间判决表现为庭审中的释明权、庭外释明权,主要存在于大陆法系国家。如法官听取双方意见后,对于不清楚、不明确的部分,要求解释清楚。这关涉到是否尽到举证责任,包括事实释明和法律释明。庭外释明涉及司法审查。法官释明权不能违反法官中立原则,对于庭审之外进行的释明,需要进行审查。目前这一制度主要存在于民事诉讼中,德国《1877 年民事诉讼法》就规定:"审判长应当依职权向当事人发问,促使当事人阐明不明确的声明,补充陈述不充分的事实,声明证据,进行其他与事实有关的必要陈述,并要求当事人对应当斟酌、并尚存疑点的事项加以注意。"①

三、扩展阅读

(一)陪审团的功能与实现②

1. 陪审团概念起源

陪审,即与法官共同审理,是一种由一部分普通公民参与案件审判的庭审形式。而陪审制度,就是这种吸收普通民众参与审判的制度。可见,陪审和陪审制度这两个概念的内涵是十分广泛的。从这一范畴讲,不论是从历史的纵向发展

---

① 江伟,刘敏.论民事诉讼模式的转换与法官的释明权[J].诉讼法论丛,2001(00).
② 本部分内容源自马贵翔,谢琼.希望与抉择:陪审团的功能与实现解析[J].甘肃政法学院学报,2005(6).

看,还是从当前各国的陪审方式,甚至同一国家同一案件在不同诉讼阶段[①]看,陪审制度可以有多种表现形式[②]。而陪审团,一般是专门指由一部分随机召集起来的、主要负责对案件事实部分做出判断的非法律专业人员所组成的团体。在法国高度推崇陪审团的年代,罗伯斯比尔认为,"我们所习惯的常设法院,解决关系到我们全部利益的、无论有关法律还是有关事实的一切问题时,一贯专横独断地支配我们的命运。假设不用这种常设法院,而任命一些得到社会的信任一视同仁地从社会各阶层中选出进行短期服务的公民,来首先判断作为诉讼争论的根据的事实;再假定法官的职责只是对头一次裁判所认定的这种事实应用法律——我所理解的陪审员就是这样"[③]。陪审团制度就是这样一种由陪审团成员集体负责案件事实的判断、由法官定罪量刑的庭审制度。[④]

古代陪审制度的最初形态可以追溯到公元前6世纪古希腊的斯巴达长老会议和雅典"赫里埃"公民陪审法庭。[⑤] 到公元前450年左右的古罗马,也设置了类似于古希腊的陪审法庭,专门负责审理受贿、渎职等重大刑事案件。[⑥] 而早期日耳曼地区,也出现过一种由民众大会来决定刑事案件的制度,后来的法兰克王国沿用了氏族公社时期的民众大会作为地方法院的审理形式,与此同时百户法院则采用由"柯姆特"(comte)主持、选出七名以上叫作"拉欣布尔格"(rachimbourg)的"判决发现人"(也称智者)参加审理。[⑦] 此外,在英国古老的盎格鲁-撒克逊统治时期(约3到9世纪),也有如贤人会议、百户区法院、郡区法院等以集体判决为法庭根本属性的审理形式。[⑧] 自1066年来自法兰西的诺曼公爵威廉占领英格兰后,将法兰克王国中留下来的古老审判习惯与英国盎格鲁-撒克逊原有的传统融合起来,经过后来亨利一世和亨利二世的一系列司法改革,

---

[①] 如美国有起诉陪审团(大陪审团)和审判陪审团(小陪审团),有着不同的组成人数和职能。
[②] 但是需要注意的是,不管何种形式的陪审制度,"'陪审的审判'不能理解为一件案件仅由陪审员审问……法官和陪审官之间的关系最好描述成合作的关系,互相尊重对方的独立地位"。参见[美]哈罗德·伯曼.美国法律讲话[M].陈若桓,译.北京:三联书店,1988:35.
[③] [法]罗伯斯比尔.革命法制和审判[M].赵涵舆,译.北京:商务印书馆,1985:23—25.
[④] 因此表面上,我国目前的人民陪审制度似乎当然地也属于陪审制度的一种,但与陪审团制度相比,其也仅能说是一种"形似陪审"。
[⑤] 何家弘.陪审制度纵横论[J].法学家,1999(3).
[⑥] 姜小川,陈永生.论陪审制[A]//陈兴良.刑事法评论[C].北京:中国政法大学出版社,2000.
[⑦] 何勤华.法国法律发达史[M].北京:法律出版社,2001:3—12.
[⑧] 何勤华.英国法律发达史[M].北京:法律出版社,1999:3—10.

1166年,随着《克拉灵顿条令》的颁布,陪审团制度正式建立。①

英国早期的陪审团并非就是"自由的堡垒",也不是民主的体现。从早期学者对陪审团的定义中我们可以看到,陪审团最初是由行使公共权力者召集起来的被告人的一群邻居,他们仅是通过宣誓回答一些就已发生事件所提的问题而已。早期陪审团扮演的是证人的角色,被描述为是维护国王特权的工具,是国王的傀儡。② 运用陪审团解决事实纠纷最初也产生于与土地和财产有关的纠纷,差不多比运用陪审团决定被告人在刑事审判中有罪还是无罪早了一个世纪。到13世纪中叶,陪审团审判也是解决普通公民土地所有权纠纷的常用方法,这些纠纷用今天的术语则被称为民事诉讼。尽管记载表明王室法官早在1221年就根据极其强大和可靠的陪审团裁决宣判囚犯死刑,但大多数法官不愿强迫被告人接受陪审团的裁决,尤其是死刑裁决。法官们认为应该要求被大陪审团指控的人选择陪审团审判,而不是将陪审团审判强加于他们。13世纪末,一个由大陪审团成员和从其他管辖区大陪审团挑选出一个或一个以上的陪审员共同组成的具有12名成员的专门审判陪审团成立。1352年通过的一项制定法允许被告人撤换曾经是起诉被告人的大陪审团成员的预备陪审员。这可被看作陪审员必须是公正的和被告人可以赦免不公正的陪审团和陪审员两项原则的雏形。15世纪末,采用审判陪审团250年以后,陪审团不再是"主要由了解犯罪事实的人组成的一个机构,而是审查向其出示的刑事证据的一个机构"③。

传统上将现代的陪审制度分为两种主要形式:一种以英美法系为代表,即上述诞生于英国的陪审团制度,其特点是陪审团负责认定事实,法官负责适用法律,亦称陪审制;另一种以大陆法系为代表,亦称参审制,在这种制度下,法官与陪审员之间没有明确的职能分工,他们组成混合法庭共同认定案件事实、适用法律,投票裁决。而需要强调的是,大陆法系各国的陪审制度事实上也是移植英国

---

① 起初,Grand Jury 既负责起诉,又负责审判犯罪嫌疑人,后来演变成为专司对犯罪提出控告,而审判则由 Petty Jury 负责。参见 DAVID M W. The Oxford Companion to Law[M]. Oxford: Clarendon Press, 1980: 534; MAITLAND F W, POLLOCK F. History of English Law, Vol. 1[M]. 2nd edn. London: Cambridge University Press, 1952: 138.

② BARLOW F. The Feudal Kingdom of England 1042-1216[M]. London: Longmans 1961: 318.

③ [美]爱伦·豪切斯泰勒·斯黛丽,南希·弗兰克. 美国刑事法院诉讼程序[M]. 陈卫东,徐美君,译. 北京:中国人民大学出版社,2002:100—104.

陪审团制度后的产物。以法国为例,尽管古老的法兰克王国早在公元8世纪就出现过陪审制度的最初形态,但在13世纪便开始衰落了。[1] 直到18世纪,充满革命热情的法国人将目光投向了英国陪审团制度,于1791年完整地移植了英国陪审团制度,此后经过150多年的挫折、改革和不断磨合,最终在1943年形成了属于法国特色的陪审制度。类似的,在采行陪审制度的各国中,也都是结合本国的具体情况,对移植过来的陪审团制度进行了改革和完善,使其更适应本国的政治制度、文化传统和诉讼观念等。因此,对于"不仅英美法系国家实行的陪审团制与大陆法系国家实行的参审制形态迥异,而且英美法系内部的英国和美国以及大陆法系内部的法国和德国实行的陪审制也有很大不同"[2]的现象也就不足为奇了。正如一些学者所认为的,罗马法、日耳曼法、教会法均是在相继借鉴吸收了古希腊陪审制度的某些因素和思想精髓的基础上,完善并发展起来了符合自己要求的陪审制。[3]

2. 陪审团的功能

从认识的角度看,陪审团的集体审理方式更有利于探明真相,是保证公正裁决的有效途径。借黑格尔的话"如果说人民可以犯错误,那么个人更能犯错误;个人应当意识到自己会犯错误,并且比人民更容易犯错误"。[4] 作为认识的主体,法官与普通人一样,认定事实的行为也是主观的,是紧紧凭借其难以捉摸的个人的"主观信念"或"经验"作出的,所以仅靠法官一个人独断来认定事实,其判断错误的可能性远比随机选出的一定数量的陪审员的集体判断的概率大得多。古老的民间谚语"三个臭皮匠,赛过诸葛亮"告诉我们,来自民间的集体的智慧是无穷的、不可估量的,吸收陪审员审理案件比单纯的职业法官更有利于实现司法正义,其判断结果也更容易被接受。

陪审团制度除上述基本功能外,还具有以下辅助功能。其一,陪审团参与审判不仅限制了法官恣意,还为法官公正司法有效予以"减压"。对于有陪审团参

---

[1] 刘磊.陪审制的知识考古[A]//陈光中.诉讼法理论与实践(刑事诉讼法学卷)[C].北京:中国政法大学出版社,2003.
[2] 姜小川,陈永生.论陪审制[A]//陈兴良.刑事法评论[C].北京:中国政法大学出版社,2000.
[3] 耿龙玺.英国普通法的历史基础——亨利二世前英国法对普通法形成的影响[J].甘肃政法学院学报,2005(1).
[4] [德]黑格尔.哲学史演讲录(第2卷)[M].贺麟,王太庆,译.北京:商务印书馆,1983:103.

与的案件的审判,法官不用担心个案的判决与社会普遍认识不符而受到来自社会的责难,因为案件的审判不是他一人的主观臆断,而是在服从代表社会各阶层意见的陪审团对事实认定的前提下做出的判决。因此,陪审团在分权和制衡审判的同时,也为法官作出公正裁决卸下了各种思想负担。在某种意义上,可以说陪审制度是维护司法权威的"避雷针"。托克维尔很好地概括了这一功能,即陪审团制度虽然"在表面上限制司法权,实际上则加强了司法权的力量"。[①] 其二,"由同类人审判"是陪审团审判的重要理论基础。即一个严重犯罪的人只有在他的同类人认为其有罪时才可以被关押,这一原则现在已被广泛用运于刑事和民事领域,它要求陪审团成员必须是来自最广泛的社会民众的代表。一方面,这意味着陪审制是民主参与的体现,"不论对被告人还是对普通民众来讲,判决的合法性,都会因被告人是由他的同类人、而不是由对他出身的阶层了解有限的职业法官独断命运,而得到提升",这种参与会把对司法领域的信赖感在陪审团以及社会公众中逐渐传递[②]。陪审团成员来自不同的阶层、不同的职业、不同的年龄段,让这些人以陪审团的形式参加法庭的审理,无疑拓展了司法活动的民主领域及倾听各方意见的渠道,从而增加了社会公众对判决的可接受性。另一方面,"同类人审判"也意味着"今日对他人审判,明日也许是他人对自己进行审判",对等性的增加在无形中也增强了公正性。正是基于这样一种信念,实行陪审制的国家一致认为,普通民众能够而且愿意履行自己的义务、评判事实甚至复杂的事实和证据,作出理智公平的决定。

正如英国肖恩·多兰教授所说,适用陪审团审判的案件数量的下降,更多的是出于成本和便于管理因素考虑,并非原理方面的因素……历任政府都因公共财政原因几经努力缩小陪审团审判的范围,但重要的是,这样的努力通常会受到公众和政界的抵制,这显示了人们对陪审制的强烈推崇,陪审制因此得以长期存在。[③]

3. 陪审团制度的价值考量

任何制度都非完美无缺,都不可避免地有着两面性,即在一系列正价值背后,隐藏着它的负价值。陪审团制度的负价值可以归结为以下几点。

[①] 汤维建.英美陪审团制度的价值论争——兼议我国人民陪审员制度的改造[J].人大法律评论,2000(2).
[②] [英]麦高伟,杰弗里·威尔逊.英国刑事司法程序[M].姚永吉,等译.北京:法律出版社,2003:347.
[③] 同②:349.

第一，陪审团审判所耗费的财力、人力和时间通常要比普通审判多得多。比如要解决陪审员的交通费、一定金额的生活保障金等。再比如在控辩双方结束最后陈述后，在陪审团作出裁判前，法官还需要耗费许多时间来"指示陪审团"（指示陪审团在作出裁决过程中有关的法律知识和法律责任）。也正是由于这一原因，在"诉讼爆炸"的今天，所有案件都用陪审团审判的方式变得越来越不现实，许多国家运用陪审团审判的范围正在大幅减少，[①]取而代之的是各式各样的简易程序，突出代表为美国的辩诉交易。于是，很多人开始怀疑陪审团制度在现代社会存在的价值。

第二，陪审制度的重要理论依据——由同类人来审判，在体现了公正的同时，也带来了一些弊端。首先，在一个多种族社会中，由同类人审判是个不确切的概念。实践中究竟是要由为人公正的人来审判？还是由相同的人或邻居来审判？由随机选出来的一群人来审判？或是由一定数量被克隆出的被告人来审判？如果被告人在一个社会中属于少数人团体或民族，那么陪审团成员是否就只能从这一少数人团体中选呢？而事实上，当总体上考虑如何确保陪审团均衡的代表性时，代表性与实践中的随机选取是难以一致的。[②]许多国家妇女和少数种族在陪审团中没有适当的代表。其次，由同类人组成的陪审团所代表的利益价值与实体公正之间存在着矛盾。陪审团常常留给人们的是为个人利益对抗国家权力的保护者形象，也往往容易将个人的价值观和成见带入到审判中，因此，同类人审判也易于使人们对审判的公正性产生怀疑。

第三，陪审团审判具有很大的不确定性。有时陪审团会受到一方当事人的诱导，[③]也常常在不知不觉中受到媒体偏见性材料的影响，从而作出出人意料的决断。

然而，陪审团制度的上述缺陷并不足以掩盖它的光辉。近年来，日本、俄罗

[①] 有关资料显示，目前世界各国用陪审团审判的案件都减少很多。其中美国只有3.4%；英国约2%—3%；大陆法系国家就更少了。
[②] 例如美国，在多种族聚居社区的黑人被告人案件中，随机选取的极大可能是由12名白人组成陪审团。当然，这并不意味着，这样的陪审团一定比由12名与被告人有相同种族背景的人组成的陪审团有更多的偏见，而后者必然能避免对被告人的偏见。See J. Abramson, We, the Jury: The jury System and the Ideal of Democracy, Cambridge, Massa. (Harverd University Press, 2000), chap. 3.
[③] 例如，在1994年美国辛普森案中，当福尔曼警员在辩方律师步步紧逼下被陪审团认定为一名种族主义者时，控方所有控诉证据几乎全部被否定。

斯陪审团制度的勃兴为陪审团制度的必要性与可行性作了有力的注解。日本长期以来并没有采用陪审团制度,但诉讼活动照样井然有序,法官也颇为公正。然而,日本那种自我封闭式的法院系统虽然有效地保障了审判的清廉公正,但其代价是法官逐步脱离市民社会,法院与日常生活世界完全隔离开来。"洁身自好的审判人员为了避嫌,大有把一切好友故旧的酒会邀请都当作凶险'鸿门宴'的架势,尤有甚者连挑儿女亲家都不肯容忍'非我族类'来攀龙附凤。久而久之,职业法官的正义感就与一般老百姓的正义感发生了不同程度上的游离和隔阂。"[①]于是,随着现代社会的日益复杂化和动态化,法律中没有明文规定的纠纷层出不穷,无疑需要法官在审理案件时随机应变、进行适当的自由裁量,而身处"世外桃源"的职业法官的裁决能否得到社会认可,能否体现社会正义就难免成为疑问。因此,法官的判决也必须接受民意的洗礼——这也是当代各国强调司法参与或民主司法的基本逻辑。事实上,近年来日本也开始关注陪审团制度。2004年5月28日,日本以单行法的形式颁布了《关于裁判员参加刑事审判的法律》。这种"裁判员制度"是一种介乎于英美法系的陪审制和大陆法系德国的参审制之间的新制度,其内容特征可以表述如下:按照英美式陪审制的选任方式,从公民登记簿中随机抽取候选人、根据忌避制度的规范确定审判员,再按照德法式参审制的决定方式,承认审判员基本上享有与职业法官同等的地位和权限,即审判员和职业法官共同做出有罪无罪的判断并衡量和科处相应的刑罚。[②] 因此可以说日本的陪审制度是一种以参审制为基础的结合两者基本特征的新型制度。苏联解体后,俄罗斯各界对于司法改革关注最多的既不是无罪推定原则的切实推行,也不是非法证据排除规则的有效运用,而是将全部精力放在陪审团制度的实施上来。在财政十分紧张的情况下,还规定陪审团成员享有比较优厚的待遇。1993年最初俄罗斯只有5个行政区试行陪审团制度,随着2002年7月1日新的《刑事诉讼法典》生效,发展为20个行政区。法典规定自2003年1月1日开始俄罗斯联邦开始全面实行陪审团制度,新法典第12编还专门规定了陪审法庭审理案件的程序。经过十年的试验,俄罗斯89个行政地区中除车臣地区预计将在

---

① 季卫东.世纪之交日本司法改革的述评[J].环球法律评论,2002(1).
② 陈光中.21世纪初域外刑事诉讼立法之鸟瞰[A]//陈光中.21世纪域外刑事诉讼立法最新发展[C].北京:中国政法大学出版社,2004.

2007年实现陪审团审判制度外,已全部实行陪审团审判。① 通过俄、日两国的陪审团制度的建立与改革,我们不难发现,"对陪审团审判制度的改革只会加强该制度的生命力,而决不会终止该制度的生命。陪审团审判制度不仅在英美法系作为自由的守护神而存在,并且有望在世界的其他地方展示其迷人的魅力"。②

4. 我国陪审团制度的确立

确立我国的陪审团制度,目前最要紧的是立法机关、司法机关、社会乃至学界对陪审团制度价值的重新认识。在我们民族民主意识日益觉醒和高涨以及国家经济实力持续增长的今天,陪审团制度在我国这片传统的土地上生根发芽也是具有可行性的。其制度设计可着重解决以下几方面的问题。

第一,确立陪审员的资格制度。陪审员资格的确定在世界各国的陪审制度中都有规定。一般地,陪审员的资格受到年龄、职业、居所等身份条件以及是否被执行刑罚、有无精神疾病等条件的限制。但是,大多数国家关于职业,特别是法律职业者的限制是没有必要的。陪审团制度的实质是通过民主参与的形式让被告人接受普通民众凭借社会良知和经验对其作出的公正审判,而法律工作者也是普通民众的一部分,他们也具有同样的社会良知和社会经验,只要属于合理回避范围之外,作为随机选入的陪审员之一又何尝不可呢?而且其丰富且专业的知识不仅不会带来偏见,甚至更有利于陪审团对案件事实进行分析和认定。关于陪审团的人数,英国作为陪审团制度的发源地,始终都坚持12人组成的陪审团。而将陪审团制度发扬光大的美国最高法院则在1970年即已同意少于12名成员的陪审团审判,甚至最少可以减少到由6名成员组成陪审团裁决轻罪。③ 日本规定合议庭由职业法官3人和裁判员6人组成。但第一次开庭前被告人如承认犯罪事实而其他人也没有异议的话,可由主审法官决定由法官1人和裁判员4人组成合议庭审理。④ 理想的陪审团还是应

---

① JURY TRIALS IN RUSSIA[EB/OL].(2005-04-23)[2020-05-01].www.russinvecchi.com.
② 易延友.陪审团在衰退吗——当代英美陪审团的发展趋势解读[J].现代法学,2004(3).
③ 英国2003年刑事司法法立法说明[A]//陈光中.21世纪域外刑事诉讼立法最新发展[C].北京:中国政法大学出版社,2004.
④ 张凌.日本刑事诉讼法修改与裁判员制度[A]//陈光中.21世纪域外刑事诉讼立法最新发展[C].北京:中国政法大学出版社,2004.

由 12 名成员组成,并且其成员应符合年龄在 23 周岁以上,有独立的行为能力,在本辖区内居住 5 年以上且有固定居所,没有因犯罪被剥夺陪审权等基本条件。

第二,设定陪审团审理案件的范围。适用陪审团审理案件的范围的确定,一方面关系着陪审团制度的价值能否实现,另一方面又要尽量避免诉讼资源浪费,减少给民众带来的不必要的负担。原则上,所有刑事案件的被告人,都应享有由陪审团审判的权利,陪审团审判应作为像沉默权一样的被告人的一项基本权利。但是对于案情简单、事实清楚、被告人在开庭时已经主动认罪的情形,即可依法采取不需要陪审团的简易程序进行审理。但这种案件必须以被告人已经认罪为前提,否则,被告人对没有陪审团审判的判决不服提起上诉的,则要依普通程序进行审理,即由上诉人选择是否适用陪审团审判其上诉案件。这一设计依据的也是刑事诉讼中对被告人有利的原则。这也类似于西方国家在第二审程序的构建上采取的"平衡论模式",即对于第一审程序正当性较差的案件提供一种更全面的救济程序,而对于第一审程序正当性较高的案件,则只提供有限制的救济。① 这样,根据案件的复杂和轻重程度所作的分流,使陪审团审判事实上只占到全部案件的一小部分,如金字塔的顶端,但其作用却是影响全局的。此外还需强调一点,对于专业性很强的案件,应由特别陪审员参与审理,即选取相关专业人士作为陪审员参与审判。

第三,设计陪审团的挑选程序。陪审团挑选程序的一般基础是随机选择原则。其优点在于"为个案中负责裁决的陪审团产生提供了适当的机制,而当事人对陪审团构成形成影响的机会是极少的"②。首先,要有专门负责挑选陪审员的法官,通过一些程序尽可能全面地(如从户籍机关那里)调取本辖区人员名单资料,经过资格筛选后所形成的名单即可作为陪审员名单。当当事人选择有陪审团审判后,即由主审法官确定案件审理日期,然后,由负责挑选陪审团的法官以电脑抽签的方式从陪审员名单中随机抽选 30—35 人作为陪审员预选人员。挑选法官还应通过陪审员名单上记载的陪审员候选人的联系方式与其取得联系,确定其可以在指定的时间到庭。其次,在审判开始前,还要有一个由主审法官主

---

① 樊崇义.刑事诉讼法实施问题与对策研究[M].北京:中国人民公安大学出版社,2001:556.
② [英]麦高伟,杰弗里·威尔逊.英国刑事司法程序[M].姚永吉,等译.北京:法律出版社,2003:356.

持、由陪审员预选人员、当事人双方及其律师等相关人员参加的询问陪审员预选人员的程序，用于挑选审判陪审团的组成。需要注意的是，在询问挑选陪审员的过程中，虽然赋予被告人要求一定数量的陪审员无因回避的权利[①]，但无论是被告人还是控诉方，这种无因回避都应有所限制，具体规定应根据所控犯罪的严重性及其他具体情况决定，如所控犯罪可处死刑的无因回避次数要明显多于可处三年以下监禁的次数，且被控方的无因回避次数应多于控诉方。此外，询问陪审员还包括控辩双方提出的不限次数的有因回避和法官为了确定是否存在不合资格的事由向预选陪审员提出的必要的询问。挑选结束后，应产生12名正式参加审判的陪审员和2—5名候补陪审员。

第四，建构陪审团审理程序。当陪审员确定后，审判就正式开始。陪审团应当在开庭前提前入庭，法官将在审理开始前向陪审员解释其任务和审判期间必须遵守的规则。陪审员在审判和评议期间应该被隔离，即禁止其与外面对其有影响的人或物接触，包括其家人，但其间法院应给他们提供必要的生活和交通补助。如在审判期间可以将陪审员的食宿安排在特定的宾馆里，直至审判结束。陪审员只负责对案件证据的判断和事实的认定，审理过程中没有提问被告人和证人的权利。在辩论结束后，法官还必须指示陪审团在作出裁决过程中有关的法律知识和陪审团的法律责任，控辩双方均有机会提议他们希望法官给予陪审团的指示内容。之后陪审团即进入评议室，单独对案件进行评议，裁断结果以表决方式进行，取得一致（或多数一致，一般要十人以上达成一致）后由陪审员代表向法官递交裁决书。在法官宣读陪审团裁决结果后，控辩双方都有权利要求法官逐一询问陪审员，要求其郑重陈述被宣读裁决是其作出的裁决。至此，陪审团即可解散。其间，陪审员的义务主要有：必须按照法院指定的时间和地点到达；任职期间必须保守职务上的秘密，不得泄露陪审团的评议内容、表决意见、人数多少以及其他职务上知道的秘密；不得与控辩双方的任何一方接触。对于违反义务的陪审员，应根据法律做出处罚，严重的还可能构成犯罪。

[①] 无因回避是对随机选取原则的修正，其优点在于：与通常提供给被告人的无罪判决前景相比，它给接受审判的被告人以更多的信心。参见[英]麦高伟，杰弗里·威尔逊. 英国刑事司法程序[M]. 姚永吉，等译. 北京：法律出版社，2003：353.

（二）刑事审级制度的两种模式：以中美为例的比较分析①

现代各国刑事诉讼之所以设置刑事审级制度，以便对未发生法律效力的原审裁判进行审查，不仅在于案件经过一次审理就产生法律效力本身具有难以克服的局限性，而且在于刑事审级制度在现代刑事诉讼中具有不可或缺的独特功能。概括说来，现代刑事审级制度具有纠纷解决和规则治理这两项主要功能，即上诉审法院通过对案件的重复审理，不仅可以确保案件得到相对正确的处理，进而促进纠纷解决的正当化，而且可以确保法律的统一适用，通过解释法律或者创造法律的方式不断地修补现行的法律规则。② 考察现代几个主要国家的刑事诉讼程序不难发现，尽管纠纷解决功能与规则治理功能在各国刑事审级制度中都或多或少地有所体现，但是二者在刑事审级制度中的主导地位却因为不同的法律传统等因素而存在明显差异。而根据审级制度的功能结构、初审程序与上诉程序之间的功能划分、上诉程序的审查范围、审级制度的构造等方面的差异，我们可以将现代刑事审级制度划分为最基本的两种模式：一种是以中国为代表的纠纷解决主导型的刑事审级制度模式，另一种是以美国为代表的规则治理主导型的刑事审级制度模式。而相对于中美两国而言，其他几个主要国家的刑事审级制度大致上都可以称之为混合模式。

在美国明确区分初审法院与上诉法院的情况下，第一审程序往往以如何解决纠纷为己任，而第二审程序和第三审程序都以规则治理为主，而很少关注当事人之间的纠纷解决问题。正像美国学者夏皮罗所指出的那样，虽然形式上美国上诉法院也许会从事对在两个具体诉讼当事人之间所发生的具体争议作出最终裁决的工作，但是它们的主要功能是提供统一的法律规则。而这样的规则必须考虑的事项当然比双方当事人所关注的内容要宽泛得多，本质上基于公共政策的考虑制定出来的规则与具体的诉讼几乎没有关系。③ 即美国的法官们不是将案件仅仅视为双方当事人之间的狭隘竞争，而是从更广阔的视角来考虑问题，尤其是从案件所产生的背景来看待面前的案件，以及从更理论性的框架来看待当

---

① 本部分内容源自王超. 刑事审级制度的两种模式：以中美为例的比较分析[J]. 法学评论，2014(1).
② 王超. 西方国家刑事审级制度功能的比较分析[J]. 比较法研究，2012(6).
③ [美]马丁·夏皮罗. 法院：比较法上和政治学上的分析[M]. 张生，李彤，译. 北京：中国政法大学出版社，2005：77.

事人的主张。① 还有学者指出,上诉法院的法官们视其首要功能为创制法律,而不是纠正下级法院的错误,保障下级法院遵守业已确定的法律,甚至上诉审查程序并不是一种纠正错误的有效制度。② 为了为未来的案件制定恰当的法律规则,上诉法院不仅将当事人提出的争议视为与法律规则有关的"样品",③而且凭借其挑选案件的自由裁量权实行"择案而审",④甚至怂恿当事人就某些具有普遍意义的案件提出上诉。⑤ 由此可见,在美国三审终审制中,尽管解决纠纷是各级法院不可或缺的基础性功能,但是美国的传统做法是尽量让第一审就能够彻底地解决控辩双方之间的纷争,而上诉法院和终审法院宁愿借助控辩双方所提供的具有重要法律意义的案件实行规则治理,也不愿意过多地介入控辩双方的具体利益之争。

在美国对抗制审判中,人们普遍认为法庭审判获得案件事实的最佳途径就是让那些与案件结果具有直接利害关系的诉讼当事人分别从有利于自己的角度最大限度地进行举证、质证和相互辩论。尤其是在实行陪审团审判的情况下,陪审团的裁决传统上被认为是"从事实的角度对最后真相的表达"。而上诉法院在没足够保障发现案件事实真相的情况下,也非常尊重陪审团对案件事实的终局性认定。⑥ 上述观念的结果就是,初审法院认定的案件事实只要是在遵循正

---

① [美]阿蒂亚,萨默斯.英美法中的形式与实质——法律推理、法律理论和法律制度的比较研究[M].金敏,等译.北京:中国政法大学出版社,2005:235.
② 同①:247—250.
③ [美]马丁·夏皮罗.法院:比较法上和政治学上的分析[M].张生,李彤,译.北京:中国政法大学出版社,2005:77—78.
④ "择案而审"是美国学者佩里在描述美国联邦最高法院如何受理案件时所采用的一种比较形象的说法。对于美国上诉法院尤其是联邦最高法院选择审理何种案件的详细分析,可以参见[美]H.W.佩里.择案而审:美国最高法院案件受理议程表的形成[M].傅郁林,等译.北京:中国政法大学出版社,2010:181—372;[美]阿蒂亚,萨默斯.英美法中的形式与实质——法律推理、法律理论和法律制度的比较研究[M].金敏,等译.北京:中国政法大学出版社,2005:230—234.
⑤ [美]阿蒂亚,萨默斯.英美法中的形式与实质——法律推理、法律理论和法律制度的比较研究[M].金敏,等译.北京:中国政法大学出版社,2005:230.
⑥ 在陪审团审判制度中,对案件事实的认定是陪审团独自享有的一项权利,如果允许上诉法院审查陪审团的裁决,唯一合乎逻辑的做法就是另外组成陪审团,并由该陪审团对案件事实给予重新认定。且不说这种做法在实践中到底能够起到多大作用,仅就诉讼成本而言,也难以行得通。例如,在德国,花费了几代人的努力建立起来的刑事陪审团制度,到魏玛共和国的时候,被无情地取消了,不为别的,正是因为它过度高昂的费用。参见[比利时]R.C.范·卡内冈.法官、立法者与法学教授——欧洲法律史篇[M].薛张敏敏,译.北京:北京大学出版社,2006:37.

当法律程序以及控辩双方之间平等对抗的情况下作出的,无论正确与否,都被认为是公正的、可接受的,甚至是难以挑战的和终局的。正如美国著名比较法学者达玛什卡指出的那样:"当事人之间的竞赛最好是在一场单一的、持续的法庭表演中集中完成。由于不必在上级权威面前重复上演竞赛过程,诉讼程序又得到进一步的集中:初审程序在一般情况下具备终审的性质。"① 美国学者的实证研究也表明,在刑事诉讼中,上诉法院很少能够成功地挑战初审法院认定的案件事实。② 而在这种情况下,当事人通常无法就初审法院认定的事实问题提出上诉,只能就法律问题提出上诉;上诉法院和终审法院为了集中精力处理一些具有重要法律意义的上诉案件,充分发挥其在法律解释、法律创制、法律统一适用、司法决策等方面的机构性功能,其审查范围也仅局限于法律问题,而排除对事实问题的审查。正因如此,相对于刑事初审程序既审理事实问题又审理法律问题而言,刑事上诉程序是比较纯粹的法律审理程序。实际上,即使在第一审程序中,由于陪审团和庭审法官之间的职能分工,也存在事实审理与法律审理的区分问题,即陪审团在定罪程序中负责裁判事实问题,而庭审法官在量刑程序中负责裁判法律问题。

从系统科学理论的角度来看,刑事审级制度的结构是指刑事初审程序和刑事上诉程序在整个审级制度中的相互关系和组合方式。在美国刑事审级制度中,在实行陪审团审判的情况下,第一审程序属于彻底的事实审理和全面的法律审理;而在实行治安法官审判的情况下,第一审程序只是对案件的初步审理。为了确保第三审法院集中精力处理一些重大的上诉案件,充分发挥较高级别的法院在法律解释、法律创制、法律统一适用、司法决策等方面的功能,其审查范围通常局限于重大的法律问题或者宪法问题,而排除对事实问题的审查。③ 相对于第三审程序而言,美国第二审程序的审理深受陪审团审判的影响。一般来说,如

---

① [美]米尔伊安·R.达玛什卡.司法和国家权力的多种面孔——比较视野中的法律程序[M].郑戈,译.北京:中国政法大学出版社,2004:321.
② Chad M. Oldfather. Appellate Courts, Historical Facts, and the Civil - Criminal Distinction[J]. Vanderbilt Law Review, 2004, 57(2).
③ 正因为美国联邦司法系统对第三审的审查范围限制十分严格,所以当事人向美国联邦最高法院申请调卷令时,绝大多数都没有获得成功。根据美国学者提供的数据,从1981年到1999年,只有平均3.57%的调卷令申请获得了联邦最高法院的同意。详细数据请参见 Jonathan Matthew Cohen. Inside Appellate Courts[M]. Michigan:University of Michigan Press,2002:43.

果第一审程序实行陪审团审判,那么第二审程序只能对法律问题进行审查;如果第一审程序是由治安法官来审判的,那么第二审程序可以对事实认定和法律适用问题都进行重新审查。① 考虑到美国法院对于事实问题的审理随着审级的上升而递减,直至完全消失,我们不妨将美国刑事审级制度的结构称之为锥形结构。

与美国刑事审级制度正好相反,我国两审终审制采取了以纠纷解决为主、以规则治理为辅的功能结构。正是在这个意义上,我们可以将我国两审终审制归结为纠纷主导型的刑事审级制度模式。而这样的功能结构决定了我国刑事审级制度与美国刑事审级制度之间的本质差异。

尽管纠纷解决功能和规则治理功能在我国两审终审制中均有所体现,但是我国审级制度显然更加强调纠纷解决功能。一方面,在我国两审终审制中,刑事审判的内容和目的并不因为审级的改变而发生变化,即无论是第一审法院还是第二审法院,其审判活动都紧紧围绕被告人的定罪量刑问题而展开,以便确保眼前的刑事案件能够得到公正的处理,而很少顾及其裁判结果对未来审判的指导和影响,以及如何满足社会不断发展的需要,进而发挥法律解释、法律创制或者政策制定等规则治理功能。② 尤其值得注意的是,尽管最高人民法院可以通过司法解释的方式将立法机关制定出来的法律予以细化,并在法律难以适应司法实践需要的时候进行适当的扩张解释,但这与西方国家法官通过审级制度进行规则治理存在本质区别。因为,西方国家的法官都是在刑事审级的轨道范围内即通过个案的形式来解释、创制法律,而中国的司法解释通常不是法官以个案的形式产生的,而是像立法机关制定的法律一样具有抽象性、体系化、普遍适用性的特征。③ 另一方面,尽管从理论上讲第二审法院可以凭借其终审权发挥其法

---

① 在美国,由于传统上治安法官审理案件没有审判记录,大多数案件甚至不经抗辩就结案,因此,对于此类判决的上诉审理,只能采取重新审判(de novo)的审理方式,即对事实和法律问题进行重新审理,就像初审从来没有发生过一样。参见[美]爱伦·豪切斯泰勒·斯黛丽,南希·弗兰克.美国刑事法院诉讼程序[M].陈卫东,徐美君,译.北京:中国人民大学出版社,2002:322.

② 需要说明的是,在近年来最高人民法院推行案例指导制度改革之后,我国刑事审级制度的规则治理功能应该会有所增强。但是,考虑到案例指导制度与英美法系判例制度之间的巨大差异,我国刑事审级制度的规则治理功能与美国刑事审级制度的规则治理功能仍然不可同日而语。对我国案例指导制度的详细分析,可以参见陈兴良.案例指导制度的规范考察[J].法学评论,2012(3).

③ 正是由于我国司法解释具有立法化的不良倾向,因此一些学者主张我国应该通过构建判例法制度来化解司法解释的合理性或正当性危机。参见阮防,邵培樟,李唐.试论建立我国的判例法制度[J].法学评论,2005(4).

律统一实施的功能,而且检察机关也有义务通过法律监督来确保法律的统一实施,但是在司法实践中,我国刑事审级制度在保障法律统一实施方面的功能却很难得到充分实现。这是因为,根据我国刑事审判级别管辖,绝大多数刑事案件的终审法院是中级人民法院,而不是级别较高的高级法院或者最高法院。而在终审法院级别较低进而导致其裁判辐射范围较小的情况下,法官在维护法律统一适用方面的功能十分有限。另外,由于裁判结果同检察机关的控诉职能存在直接的利害关系,检察机关在刑事审判中实际上更加关注检察机关的控诉能否获得成功,而对法律的统一实施问题并不感兴趣。刑事司法实践也充分证明,检察机关之所以按照上诉程序提起抗诉,绝大多数情况下都不是基于不同司法管辖区域范围内的相同或者相似案件之间的纵向比较或者横向比较,以及相同或者相似案件能否得到同等或者相似的对待等有利于维护法律统一实施方面的考虑,一般也不会单纯为了被告人的利益,而是为了使被告人获得有罪判决或者更重的刑罚。

相对于美国刑事审级制度中初审程序与上诉程序之间的功能区分而言,我国上诉程序与初审程序的功能则存在明显的趋同现象。在我国两审终审制中,由于第二审程序既是上诉程序又是终审程序,控辩双方通过普通救济程序要求第二审法院纠正一审错误裁判的机会只有一次,因此,我国刑事审级制度不仅没有限制第二审程序的启动事由,允许控辩双方任意以事实认定错误或者法律适用错误为由提起抗诉或者上诉,而且为了确保第二审法院纠正一审错误裁判,第二审法院有权对案件进行全面审查,而不受检察机关抗诉范围或者当事人上诉范围的限制。而在这种情况下,我国第二审法院像第一审法院一样,在本质上都是基于纠纷解决或者个案公正而存在的审判型法院,而不是基于规则治理或者公共目的而存在的政策型法院。正是因为第一审法院和第二审法院的审判目的都是为了解决纠纷,所以我国刑事裁判文书都是就事论事地围绕被告人是否构成被指控的犯罪以及如何对被告人的刑事责任适用具体的刑罚来展开,而根本不可能存在对法律的解释或者创造,更不会对一些可能备受关注的社会问题提供某种司法决策。

尽管法律审理与事实审理之间的区分在美国刑事审级制度中是不可或缺的技术要素,但是在我国刑事上诉程序和刑事初审程序存在功能趋同的情况下,这种事实审理与法律审理在我国两审终审制中并没有存在的空间。司法实践也充分证明,在我国刑事审级制度以解决纠纷为导向的情况下,第二审程序只能是事实审理与法律审理之间的混合,而无法像美国那样孕育出相对独立的法律审理。其突出表现就是,第二审法院的整个审理过程主要是围绕案件事实来展开的,而法律问题并不是法庭审理的重点。在法庭辩论阶段,尽管控辩双方也可以围绕法律问题展开辩论,但这种辩论由于是附着在控辩双方围绕事实问题的辩论之中的,因此,第二审法院对于法律问题的审查完全淹没在对事实问题的审查之中而不具有独立性。尤其是在第二审法院实行全面审查原则的情况下,我国刑事上诉程序在性质上完全可以视为"第二次的第一审",而不存在独立的法律审理程序。甚至从某种程度上讲,随着第二审法院对案件事实的查明,我国的刑事上诉程序基本上已经宣告结束了。因为,在案件事实得到查明的情况下,对法官来说,是否需要专门地围绕法律适用问题进行相对独立的审理似乎并不重要;法官根据法庭查明的案件事实完全可以实事求是地作出他们认为正确的裁判,而不用过多地考虑控辩双方在法律适用方面的意见。[①] 这也难怪,在我国刑事裁判文书中,法官总是不厌其烦地罗列大量事实和证据,而对如何适用法律问题却惜墨如金;控辩双方在法庭审理过程中围绕法律问题展开的争论也通常得不到充分的体现。

相对于美国刑事审级制度的锥形结构而言,我国刑事审级制度是一种柱形结构。这是因为,在我国两审终审制中,各级法院的审理范围是相互重合的,并不因为审级的变化而发生相应的改变,即无论是第一审程序还是第二审程序,法院都既审理事实认定问题,又审理法律适用问题。而在这种柱形结构中,第一审程序只是第二审程序的预备性程序。这是因为,第一审程序对事实的认定和对法律的适用只能算是一种预演,而对事实认定和法律适用真正起决定作用的是第二审程序的全面审查。而在第二审程序对第一审裁判进行全面审查的情况下,第一审裁判实际上相当于第二审裁判的草稿。而这种制度安排既是立法者对第一审程序审判质量不太信任的产物,也是我国坚持辩证唯物主义认识论的结果。

规则治理主导型刑事审级制度的最大优势在于这种模式充分体现了刑事初审程序(或初审法院)与刑事上诉程序(或上诉审法院)的各自优势和相互之间的

[①] 在很多法官看来,对于有争议的法律适用问题,裁判者应拥有绝对的和独断的裁判权,并可以完全不去了解控辩双方的争议点和不同主张。参见陈瑞华. 程序性制裁理论[M]. 北京:中国法制出版社,2005:472. 这也或许是为什么中国的法院可以改变检察机关指控的罪名的一个重要原因。

功能差异。一方面,随着时间的消逝和审级的增加,案件事实被证明的可能性越来越小,而初审程序作为最完善的审判程序,对案件事实的审理最为全面、彻底,因此,初审法院比相对于上诉法院而言更适合承担事实发现者的角色。另一方面,随着审级的增加,蕴含在案件中的法律问题越来越重要,而上诉审法官比初审法官通常具备更高的法律专业素质、更丰富的司法经验与更强的职业操守,因此,上诉审法院相对于初审法院来说更适合担当解释法律和发展法律的角色。既然如此,那么符合逻辑的做法应该是充分发挥初审法院和上诉审法院的各自优势,实现初审法院和上诉审法院之间的功能划分,即初审法院凭借最完善的审判程序,通过全面的事实审理,尽量查明案件的事实真相,彻底地解决控辩双方之间在事实方面的争议;而上诉审法院应当充分尊重初审法院对案件事实的认定,通过法律审理,集中纠正初审法院在法律适用方面的错误。如果遇到重大的或者具有普遍意义的法律问题时,上诉审法院应当重点考虑案件的处理结果对未来案件的可能影响,以及如何解释、发展和完善现行的法律。而从前面的分析不难看出,美国以规则治理为主导的刑事审级制度模式与上述逻辑完全吻合。

  以规则治理为主导的刑事审级制度模式不仅能够充分发挥初审法院和上诉审法院的各自优势,促进上诉程序与初审程序之间的合理分工,而且可以提高诉讼的效率、节约司法资源,促进上下级法院之间的相互独立。一方面,在刑事上诉程序充分尊重刑事初审程序事实认定的情况下,刑事初审程序认定的案件事实在客观上具有"一审终审"的效果。这不仅可以促使当事人在刑事初审程序中毫无保留地向法院提交所有证据和尽可能阐明自己的主张,进而提升刑事初审程序的审判质量,而且有助于防止和减少当事人的无聊上诉行为。而在刑事上诉程序无须对刑事初审程序认定的案件事实进行重复审理的情况下,既有助于减轻上诉审法院的负担和节约司法资源,又可以确保刑事上诉审法院充分考虑如何处理具有重大意义或者普遍意义的法律问题。很难想象,在上诉审法院既审理事实问题又审理法律问题的情况下,上诉审法院还能够既从容不迫地集中精力和时间去处理复杂的法律问题,又能够确保其审查法律问题时免遭复杂的事实问题的不当干扰。另一方面,在刑事初审程序侧重认定案件事实而刑事上诉程序侧重考虑法律问题的情况下,有助于刑事初审程序和刑事上诉程序各司其职,进而实现二者的相互独立。

  尽管以规则治理为主导的刑事审级制度模式具有上述优点,但是这种模式的缺陷也不容忽视。例如,由于某些特殊原因,当事人在刑事第一审程序当中确实无法及时提交某些证据,而在刑事上诉程序中又恰恰能够提交该项证据时,如果一概不允许当事人提交此项证据,对当事人来说是否公平不无问题。再如,在案件事实一审终审的情况下,初审法院是否会滥用其在认定事实方面的自由裁量权,并非没有可能。尤其是在实行陪审团审判的情况下,陪审团能否准确认定案件事实真相,进而做出正确的定罪裁决,在英美法系一直是一个饱受争议的话题,甚至长期以来遭受信任危机。① 相对于规则治理主导型的刑事审级制度模式而言,纠纷解决主导型的刑事审级制度模式的主要优势在于,第二审法院通过对初审法院认定的案件事实的再次审查或者重新评价,不仅在客观上有可能克服初审法官在审判过程中的局限性,确保整个司法系统在认定案件事实上的正确性,减少误认犯罪事实的概率,而且对第一审法院的刑事审判起到了监督和制约的作用,有助于预防和减少初审法官的偏私和主观臆断。更为重要的是,第二审法院通过对未生效裁判的全面审查,体现了整个司法系统对解决纠纷的审慎态度。这有助于增强公众对法院的信赖,从而提升司法的可接受性和权威性。

但是,纠纷解决型的刑事审级制度模式毕竟没有实现刑事上诉程序与刑事初审程序之间的功能区分,不利于充分发挥第一审法院和第二审法院的各自优势,因而存在诸多缺陷。② 首先,僵化的司法活动无法实现对现代社会的能动反映。从法理上讲,法律的概括性、抽象性、模糊性、稳定性和滞后性决定了法官在审判案件过程中应该具有一定的能动性,以便通过法律解释、法律创制、司法决策等功能,弥补现行法律存在的漏洞或者解决纠纷方面所面临的难题。但是,在第二审程序的审理事项过于宽泛的情况下,尤其是在第二审程序为了纠正一审错误裁判而不得不纠缠于事实问题的情况下,第二审法院往往由于负担过重而无法集中精力和时间充分考虑案件可能具有普遍意义的法律问题,从而影响到法律解释、司法造法、保障法律统一适用等功能的实现。其次,增加第二审法院

---

① [英]麦高伟,杰弗里·威尔逊. 英国刑事司法程序[M]. 姚永吉,等译. 北京:法律出版社,2003:347;[美]杰罗姆·弗兰克. 初审法院——美国司法中的神话与现实[M]. 赵承寿,译. 北京:中国政法大学出版社,2007:115—156;William T. Pizzi. Trials without Truth [M], New York:New York University Press,1999:200-203.
② 对于我国刑事审级制度的反思,还可以参见易延友. 我国刑事审级制度的建构与反思[J]. 法学研究,2009(3);俞亮,喻玫. 对我国刑事审级制度的反思[J]. 法学评论,2007(3).

的负担,影响诉讼效率。如前文所述,诉讼活动的基本规律与审判程序的制度设计决定了初审法院相对于上诉审法院来说更适合担任审理案件事实的角色,第二审法院并没有足够的手段确保其更准确地认定案件事实。既然如此,那么第二审法院对案件事实问题的重新审理不仅造成司法资源的浪费,而且在两审终审制无法限制上诉理由的情况下,极易激起当事人的上诉欲望,增加无聊上诉的比例,进而增添第二审法院的负担。再次,导致第一审程序和第二审程序之间的恶性循环。在两审终审制的柱形结构中,第二审法院对一审裁判的全面审查是建立在不太信任第一审法院审判质量的基础之上的。这种不信任有可能挫伤第一审法院的积极性,不利于第一审法院充分发挥其查明案件事实真相的功能,从而使案件的事实审理重心由第一审向第二审转移。① 其结果势必增加第二审法院的负担,而案件负担的增加反过来又会妨碍第二审法院发挥法律解释、法律创制等功能。最后,妨碍第一审法院独立行使审判权。刑事审级之间的相互独立是实现司法公正的重要基础。而刑事审级之间保持相互独立的逻辑前提是不同的审级具有不同的功能。但在两审终审制中,第一审法院与第二审法院之间并不存在明确的功能区分。而在二者功能出现混同的情况下,第二审法院就会凭借其终审权和对一审裁判的全面审查,加强对第一审法院的控制,从而影响到第一审法院独立行使审判权。

(三) 文献推荐

[1] 任蓉.陪审团审判机理与实效研究[D].上海:复旦大学,2007.

[2] 赵红星,国灵华.废除审判委员会制度——"公正与效率"的必然要求[J].河北法学,2004(6).

[3] 樊崇义,张中.俄罗斯刑事诉讼结构转向当事人主义[N].检察日报,2003-03-24.

[4] 左卫民.实体真实、价值观和诉讼程序——职权主义与当事人主义诉讼

---

① 一方面,在第二审法院可以更改初审法官的事实认定的情况下,初审法官在审理案件时就有可能不太认真,因为他知道,对于案件事实的认定,反正还有第二审法院可以通过再次的事实审理加以把关。另一方面,在初审法院认定的案件事实没有权威性和最终法律效力的情况下,再加上当事人在第二审程序中可以提出新的证据,当事人不仅具有上诉的欲望,而且有可能在第一审程序中故意"留一手",而将自己的主要精力放在第二审程序中,甚至在第二审程序中进行"证据突袭"。

模式的法理分析[J].学习与探索,1992(1).

[5] 徐阳.刑事诉讼中法官释明权的运用——以民事诉讼法官释明权为借鉴[J].社会科学辑刊,2015(5).

[6] 王强之.论刑事庭审实质化的庭外制度保障[J].政治与法律,2016(9).

[7] 张杨.我国刑事诉讼庭前程序研究[D].沈阳:辽宁大学,2018.

[8] 吕晓刚.刑事特别程序场域中"以审判为中心"的路径展开[J].湘江法律评论,2017(1).

[9] 牟军,张青.法院审前准备与刑事庭审程序的运行[J].西南民族大学学报(人文社会科学版),2012(5).

[10] 姜保忠,李义凤.刑事审级制度比较研究[J].铁道警官高等专科学校学报,2011(5).

[11] 易延友.我国刑事审级制度的建构与反思[J].法学研究,2009(3).

第六章 刑事庭审规则

一、案例与问题

（一）律师与侦控部门演绎控辩之争案

2009年11月14日凌晨2点左右,被告人裴某与被害人黄某,在某市北部湾西路和前进路交接处因琐事发生冲突,裴某离开后其众多同乡赶到。因言语不和,众人对黄某进行殴打致使黄某失联,一直到2009年11月19日,黄某的尸体在北海市渔轮厂码头海域才被发现。经鉴定是因为重度颅脑损伤造成其死亡。于是当晚参与殴打被害人的裴某等四人因为有重大嫌疑,于2009年11月23日,被刑事拘留,随后被批准逮捕并被提起公诉。根据起诉书所指控,在抓住被害人并压制住其反抗以后,被告人裴某指使其他被告人将黄某挟持到市水产码头,众人又一起对黄某进行殴打致其死亡,随即抛尸海里并逃离现场。市四名律师在分别接受犯罪嫌疑人的家属委托后,于2010年9月庭审前,对故意伤害案中的三名关键证人进行调查取证,并获知被告人裴某等人并无作案时间的证据材料。2010年9月26日,一审开庭。上述四名被告人都否认先前的有罪供述并称受到刑讯逼供。而上述三名证人也出庭作证,并接受法官询问,三名证人证实,冲突结束后,四名被告均回到旅社睡觉,并无作案时间。四名律师也做了无罪辩护,并对本案提出诸多合理怀疑。这时,市检方以辩方证人所做的证言与控方查证的事实严重不符,辩方提供的证人有作伪证的嫌疑为理由,随即提出延期审理,并建议侦查部门对涉嫌包庇罪的三名证人进行立案侦查。三名证人随后被逮捕。在取得三名证人涉嫌包庇罪的初步证据后,侦查部门又将侦查对象指向了辩护律师,在侦控部门看来,就是律师引诱证人作虚假证明对被告进行包庇的。于是,在2011年6月13日,侦查部门对四名律师采取了强制措施。律师被捕引起了全国各地律师以及法律界人士的广泛关注,2011年6月27日陈某等6名律师飞赴该市,对这起因故意伤害案而牵进来的律师和证人进行法律帮助。此后又有北京以及全国各地的多名律师加入,开始介入此前的被告人所涉嫌的故意伤害案。由此,律师与市侦控部门展开了一场旷日持久的控辩大战,不断地推动着审判的公开化和辩护的透明化。直到2013年2月6日,市中院以事实不清、证据不足的理由作出对公诉部门所指控的四名被告人故意伤害(致死)罪不成立而不予确认的判决。随后证人包庇案和律师妨害作证案也随即被撤销。①

问题:

1. 如何有效防止无根据的指控?
2. 本案有哪些启示?

(二)王某蹬三轮车撞人法院不受理检察院抗诉案

王某骑三轮车将一名9岁小女孩撞倒在地,致使其鼻口出血、昏迷不醒,经送医院抢救无效死亡。市人民检察院向市人民法院对王某提起公诉。法院认为,市交通队已对王某作了经济赔偿处理,受害人家属也没有要求追究王某的刑事责任,据此,裁定对检察院的起诉不予受理。市检察院不服市法院的裁定,向上一级人民法院提出抗诉。第二审人民法院对此案件进行审理后,认为案件事实清楚,证据确实、充分,被告人王某的行为已构成交通肇事罪,依照刑法规定,判处被告人有期徒刑一年。

问题:

1. 本案在诉讼程序上有哪些错误?
2. 如何理解"无职权行为"?
3. 本案提供了何启示?

---

① 广西北海四律师伪证案被撤销事件舆情观察[EB/OL].(2013-02-07)[2021-07-17].http://yq.jcrb.com/local/gx/201302/t20130225_1051823.html.

（三）法庭质证过程实录展示

法庭质证实录1[①]

公诉人：下面对被告人何××的抢劫罪进行举证，现在对第一起抢劫案进行举证。

公诉人：首先宣读被害人黄××的报案笔录，证实其被人抢劫。

审判长：被告人，你们对公诉机关举出的这一(组)证据有何异议？

被告人何：这一起抢劫我没有参与。

审判长：请公诉人继续举证。

公诉人：下面宣读证人证言，首先宣读证人黄某固的证言。

审判长：被告人，你们对公诉机关举出的这一(组)证据有何异议？

审判长：请公诉人继续举证。

公诉人：下面宣读同案人黄××的证言，证实抢劫事实。

审判长：被告人，你们对公诉机关举出的这一(组)证据有何异议？

被告人何：我真的没有抢面包车司机。

审判长：请公诉人继续举证。

法庭质证实录2[②]

公诉人：出示并宣读被告人兰×的供述。证实：蔡×曾安排王×等人对周某进行多次谈话。王×知道周某不愿意留下，为了离开而闹得很凶。

审判长：被告人对上述证据有何异议？

被告人王×：我当时不在那里。

被告人谢×：我不得看守。

其他被告人无。

审判长：辩护人对上述证据有何异议？

辩护人均：无。

审判长：公诉人继续举证。

公诉人出示并宣读被告人沈×的供述。证实：沈×给周某讲过几次课，不

[①] 唐丽芝.刑事庭审中证人证言质证问题的实证研究[D].重庆：西南政法大学,2012.
[②] 同①.

讲课时,坐在周某旁边起到看守周某的作用。

审判长:被告人对上述证据有何异议?

被告人沈×:我没有上课,只是听课。

其他被告人无。

审判长:辩护人对上述证据有何异议?

辩护人均:无。

审判长:公诉人继续举证。

审判长:上述证据经当庭质证,被告人及辩护人对部分证据提出了异议,对被告人及辩护人有异议的证据效力待合议庭合议后再做出评议。对被告人及辩护人无异议的证据效力予以确认。

公诉人:举证完毕。

审判长:经合议庭口头评议,认为控方当庭提供的证据具有合法性、真实性,与本案事实具有关联性,可以作为本案的定案依据。

法庭质证实录3[①]

公诉人:宣读证人谭某证言(略)。

审判长:被告人、辩护人对上述证据质证。

被告人:有异议(略)。

辩护人:同意被告人意见。

审判长:公诉人对被告人的异议是否有意见?

公诉人:被告人所提出的证据不能证实所说的事实。

审判长:公诉人继续举证。

审判长:控辩双方对提交法庭的物证、书证,证人证言,被告人的供述等证据的客观性、关联性、合法性都无异议,合议庭评议后认为,这些证据都是侦查机关依法提取,证据的内容客观真实,与本案指控的事实密切关联,可以采纳作为本案定案依据。

法庭质证实录4[②]

公诉人:宣读证人黎某证言,证实两四林场的承包情况和之后被砍伐的

[①] 唐丽芝.刑事庭审中证人证言质证问题的实证研究[D].重庆:西南政法大学,2012.
[②] 同①.

事实。

审判长：被告人容某，对证据有何异议？

被告：有异议。高风林场当时他们是叫我们帮忙清山的，而且也不属于木格林场，是在边界，那是属于大洲林场的。

审判长：辩护人对公诉人所举证据有何异议？

辩护人：请法院查明这两块林场是否都是董某经营。

审判长：公诉人继续举证。

审判长：本案经开庭审理，进行法庭调查和法庭辩论，听取了被告人的最后陈述，本案的事实已查清。本合议庭休庭评议后，择期宣判。

法庭质证实录5①

在一故意伤害案件中有七个被告人，分别传唤七个被告人时，公诉人、辩护人、法官均未进行讯问和发问。

审判长：被告人对起诉书认定的犯罪事实是否有异议？是否需要法庭陈述？

被告人：无异议，不需要。

审判长：公诉人是否需要讯问？

公诉人：不需要。

审判长：辩护人是否需要发问？

辩护人：不需要。

审判长：下面开始法庭辩论。

法庭质证实录6②

在审理一传销案件中，公诉人在对被告人进行讯问。

公诉人：有人专门接新人到房间，还有人躲在女寝或卫生间暂不出面，当新人到达房间后要求新人留下考察，新人如果不愿意留下，会有人对新人进行恐吓和殴打等行为要求交出手机等个人物品，若不愿意他们是出不去的，是不是事实？

被告人：是。

---

① 郑雪.刑事庭审实质化实证研究[D].北京：中国社会科学院研究生院，2017.
② 同①.

公诉人：若不配合考察,新人会受到罚蹲罚站等体罚,是不是事实?

被告人：是。

公诉人：新人的手机只能在监听下使用,不能自由使用,是不是事实?

被告人：对。

法庭质证实录7[①]

在审理一非法拘禁案件中,举证时公诉人只宣读了被告人有罪供述,未宣读对被告人有利的供述,被告人发表质证意见对情况进行补充,但公诉人未予以回应。

被告人：我们白天吃饭去哪儿都带着被害人吃,是让他出去的没有关着他。而且让他自己在三轮车上待了三四十分钟,他没离开也没报警。

审判长：你刚才所说的确实公安机关的笔录里都有。只不过因适用简易程序,公诉人对整个供述宣读相对简略,对于起诉书的基本事实你没异议吧?公诉人是否需要发表质证意见?

公诉人：不需要,到最后一起发表。

法庭质证实录8[②]

在审理一起故意杀人未遂案件中,对证据进行质证。

公诉人：首先出示物证照片,是伤害被害人的凶器,菜刀的提取地点在被害人家中卧室的电脑桌下。(未出示物证)

被告人：我有意见。

公诉人：现在是举证,不是你提问的时间。(审判长未发表意见)

那么接下来出示现场照片,显示被害人家中的情况。……

(将本案全部证据宣读完毕)

审判长：现在被告人发表质证意见。

被告人：没有意见。

法庭质证实录9[③]

审判长：现在开始法庭辩论,现在由公诉人发表意见。

[①] 郑雪.刑事庭审实质化实证研究[D].北京：中国社会科学院研究生院,2017.

[②] 同①.

[③] 同①.

公诉人：（发表公诉意见）……店内共16台赌博机，符合利用赌博机开设赌场罪的数量要求……

审判长：被告人你可以自行辩护。

被告人：没有那么多赌博机，那些都是别人不要的。没有16台，总共就9台。

审判长：（法庭沉默一会儿，控审均未说话）你还有些没跟你算，那些坏的没给你算。算的是8台捕鱼机，8台连线机。其余的没给你算，其余的给你算更多。其他还有没有为自己辩护的？

被告人：想不起来了。

审判长：森林乐园的也不是没给你算吗？

被告人：那些都是不要的。

公诉人：不要的没给算，算的是你店里的。到底是几台，不是我们算的，是有鉴定的。

审判长：你开设游戏机是什么时候开设的？

被告人：不记得了。

审判长：你在公安机关的供述是真实的吧？获利多少钱？

被告人：不记得了。

审判长：你供述说获利六七千，三七开，是不是真的？

被告人：是。

问题：

1. 上述实录中反映的质证过程是否符合《刑事诉讼法》？
2. 共同犯罪案件的质证有哪些特点？
3. 如何完善法庭质证制度？

二、相关理论提示

（一）刑事初审程序的概念与构成

刑事初审程序又称第一审程序，包括人民检察院提起的公诉案件的初次审判程序和自诉人提起的自诉案件的初次审判程序。本章主要讨论刑事公诉案件的第一审程序。

刑事初审程序主要由以下程序构成。第一，初审准备程序。在正式庭审开始之前的，为庭审顺利进行所做的一系列准备工作。比如给被告人送达起诉书、确定审判人员名单。第二，程序审。专门解决程序性问题的程序，有助于集中审的有效进行。如证据开示中的交换证据，对当事人提出的有关规则适用和证据问题的动议进行审查与决定。第三，集中审。即通常理解的法庭审判，控辩双方在法官主持下就案件事实、法律适用等实体问题集中发表意见的庭审环节。

（二）刑事初审准备程序①

当今世界，许多国家都确立了初审准备程序，法院对案件的审查情况呈现出以下几个特点。第一，日本实行彻底的起诉状一本主义。检察官向法院起诉时，除提交一份起诉书外，不得同时添附可能使法官对案件产生预断的文书和证物，也不得引用这些文书和证物的内容，目的是切断侦查与审判的直接联系，将控方的主张与举证分成两个步骤，使控辩双方影响法官心证的举证活动同步进行，以实现公平审判。第二，德国实行庭前实质审查制。德国实行完全的庭前法官实质审查制，不能防止法官预断。德国检察官起诉，应将起诉书和案卷一并提交法院，首席法官指定一名职业法官担任阅卷人，熟悉了解案件基本情况，可以自行调查或委托检察官进行补充侦查，收集证据。就是实行处刑命令程序（就是简易程序），也要对案件进行实质审查。第三，美国、英国、意大利和法国等国实行预审与主审分离制度，可以在较大程度上防止法官预断。最为典型的初审准备就是法官预审。

1. 法官预审

所谓法官预审主要指在初审准备程序中，由预审法官先对控辩双方提交的材料进行审查。对不符合起诉条件的案件或者条件不充分的案件，禁止其进入正式庭审程序。

（1）审查主体

预审应当由预审法官进行，为了避免庭审法官在庭前接触到案件信息，防止法官先入为主，影响庭审的实质性，预审法官与正式庭审中的庭审法官不能是同

---

① 本部分内容源自马贵翔，胡铭. 正当程序与刑事诉讼的现代化[M]. 北京：中国检察出版社，2007：126—133.

一主体。英国负责预审的权力主体是治安法官。

（2）预审目的

首先，法官预审制度把一部分不符合条件的案件阻挡在法庭正式庭审之外，起到过滤的作用，提高诉讼效率，减少司法成本。其次，法官预审制度是法官中立原则在初审准备程序中的体现，有利于维护被告人的人权，防止案件的拖延。最后，法官预审制度对公诉权起到制约作用，可以防止公诉权的滥用，阻止无理的起诉，保障无罪的公民免受审判之苦。

（3）审查标准

预审法官在预审时，主要以案件事实是否符合开庭审判的条件为标准，应考虑如下因素。第一，定性是否明确。这是指犯罪事实的性质，被告人所触犯的刑事法律关系。第二，事实是否清楚。这一阶段对事实的证明标准不要求达到无合理怀疑的程度，但也需要基础事实清楚，比如犯罪情节已经清楚，查明犯罪动机等。第三，侦查、起诉等环节的程序是否合法，有关手续是否完备，检察官是否有选择性、报复性起诉，以及案件管辖有无错误等。

（4）审查方法

应以书面审查为原则。英国曾经在法官预审中采用过言词审查的形式。《1967年刑事审判法》规定预审应通过开庭的方式进行，双方可提供证据、口头辩论、传唤证人。随后英国对预审程序进行改革，《1980年治安法院法》对言词预审进行了限制，一般采用书面审查方式。《1996年刑事诉讼与侦查法》取消了言词预审，废除了言词审理的模式，改为书面审，预审法官根据双方提供的书面陈述作出裁决即可。在探索过程中，发现法官预审制度与证据开示结合进行，可以提高诉讼效率，也有助于预审法官实现对案件初步审查。

（5）审查结果

对于通过审查的，符合条件的案件，裁决开庭；不符合条件的，法官驳回。驳回又分为根本性驳回和修改性驳回。根本性驳回指被驳回的原因是案件倾向于报复性、选择性起诉。报复性起诉是指检察官基于"惩罚性"或"报复性"目的而提起的指控，即带有报复性动机的指控。[①] 选择性起诉是指检察机关对同一类

---

① 高通.美国禁止报复性起诉规则研究[J].国家检察官学院学报，2011(1).

群犯罪案件中多个符合起诉条件的犯罪人不合理地只起诉了某一个或者少数犯罪人的行为。[①] 可以看出根本性驳回的原因主要是基于检察机关不合理的起诉行为;修改性驳回,是指提交的起诉材料不充分,需要进一步补充材料、证据。

2. 公告通知

通过庭审准备程序之后,需要通知相关人员进入程序审的日期。程序审不必通知证人参与。因为设置程序审的目的是对案件的程序性问题进行解决,提高诉讼效率。比如证据开示,其目的是改善控辩不平等,防止证据突袭。代表国家行使权力的控方在收集证据方面具有强大的支持力量。证据开示的内容主要指互换证据目录、证人名单、主要证据的复印件或照片。开示这些内容就可以实现上述目的,并不需要证人的参加,这也符合诉讼效率的价值。由于证人作证依据的是自己对案件的了解情况,如果证据开示阶段,证人出现,容易受到双方对案情辩论的影响,不利于后续作证。

(三) 刑事初审程序审

1. 争点整理

争点整理程序是指为防止当事人随时提出诉讼请求和证据引起多次开庭而导致拖延诉讼,于是在实质性的法庭审判之前增设的确定争论点与证据范围的审判程序。法庭应当首先明确争点,以确保集中审程序顺利进行。刑事诉讼程序的争点整理相比民事诉讼简单。因为刑事案件罪名较单一,而民事请求较复杂。争点整理程序在对抗式诉讼中是指问罪程序或提审程序,以此形成认罪答辩程序,主要听取被告人的答辩。

首先公诉人宣读起诉书,然后法官问被告人答辩意见:是否同意、认可起诉书中的罪行,被告人可选择认罪、认轻罪、不认罪、沉默等。若被告人不认罪或沉默,开始进行普通审理程序;若认罪,进入简易程序,择日进行量刑辩论。英国、澳大利亚采取这种方式。美国在该程序中则进行辩诉交易,对是否认罪,何种罪名,以及量刑如何,控诉双方均可协商一致。在庭审阶段,只需要法官对双方达成的协议进行审查,确认是否存在基础事实,以及是否存在强迫被告人的行为。如果被告人认罪属于自愿,法官可直接根据协议作出判决。

[①] 张旭,李峰. 论刑事诉讼中的"选择性起诉"[J]. 法学评论,2006(4).

2. 证据开示

证据开示是指在法官的主持下控辩双方均到场,要求双方当场提出己方掌握的证据,对方可拍照或者记录。在集中审中,如果一方提出新证据会使另一方措手不及,另一方就会提出延期审判。因此,证据开示是为防止证据突袭提出的方案,此阶段对证据的实质内容不予辩论。某些证据概要性说明即可,如申请几个证人出庭,有关证据的证明对象,证据有无证据资格,对非法证据可申请法官予以排除,不得在集中审程序中出示。当然,在证据开示程序中,也可能发现新证据,因此证据开示程序时间通常较长。

(四)刑事初审集中审[①]

初审集中审的结构应当是定罪程序和量刑程序,而不是我国目前设置的法庭调查、法庭辩论,即控辩双方首先围绕指控事实举证质证,然后再集中对案件事实、证据、适用法律分别发表意见并相互进行质疑。刑事庭审的基本任务无非首先是解决定罪问题,然后在厘清定罪问题的基础上解决量刑问题,以此设置定罪程序和量刑程序两个大的程序组件是符合刑事庭审的目的和运行规律的。其一,定罪程序与量刑程序是集中审判的宏观分段;其二,定罪与量刑本身又可进一步分层,其要义是法官按争点进行排列;其三,段与段之间使用中间判决,层与层之间使用释明。

1. 定罪程序

第一,定罪程序的概念。定罪程序作为刑事庭审纵向构造的第一个大的程序组件,是指在法庭上,控、辩、审三方共同解决被告人是否构成检察机关指控的犯罪以及指控的罪名是否成立的问题,主要涉及对定罪事实和证据的调查、辩论,罪名的辩论以及固定定罪事实和罪名的中间判决程序。

第二,定罪程序的构成。在定罪程序中,要依次解决案件事实是否成立以及在案件事实成立的基础上确定罪名的问题。因此,在定罪程序内部,应当具体划分为犯罪事实的调查、辩论以及罪名的确立两个主要阶段。定罪程序内部的第一阶段就是对犯罪要件事实的调查和辩论。在定罪程序中,无须严格区别调查和辩论的界限,可以边调查边辩论,对每一项定罪事实都进行充分的辩论,查清

[①] 马贵翔,孔凡洲.定罪量刑分立的程序运作探析[J].贵州民族大学学报(哲学社会科学版),2015(2).

是否有犯罪行为发生,犯罪事实是否由被告人实施。定罪程序的最后,控辩双方应当以结案陈词的方式,对定罪事实、证据进行总结陈述,表明本方观点。

定罪程序内部的第二阶段是罪名的确立。公诉人在起诉书中除了列举犯罪事实,还会提出指控的具体罪名。一般而言,被告人及其辩护人对公诉人的有罪指控可能持无罪辩护、认罪且同意指控的罪名、认罪但对指控的罪名有异议三种观点。无罪辩护或认罪但对指控的罪名有异议的情形下,经过犯罪事实及证据的调查、辩论之后,还应当对构成何种罪名进行辩论,即定罪程序还有一个集中解决构成何种犯罪的阶段。罪名的辩论,应当在定罪事实、证据认定之后进行。罪名的确立以定罪事实为基础,涉及对法律的适用问题。

为执行定罪程序中的上述内容,具体程序是:(1)按争点确定顺序,通常一个案件会涉及多项争点,对此可按照争点的时间、主次等因素确定顺序;(2)每个争点实行交叉询问,举证中控方传唤证人,控方进行主询问,辩方反询问,控方再询问,辩方再反询问,然后控方传唤第二个证人,同样进行,接着辩护传唤证人,同样的方式进行;(3)评议与裁决,电影《十二怒汉》集中体现了陪审团评议的场景;(4)判决,结案陈词完毕后由法官作出中间判决,依据陪审团是否作出有罪的裁决宣判。之后的审理过程将不再纠缠定罪问题,直接讨论量刑。

在此程序中,陪审团对案件的评议与裁决较为复杂。[①] 陪审团一旦被指示,即退席进入评议室,单独对案件进行评议。陪审团的评议是秘密进行的,并且应该有法警或其他正式的法院官员保证没有人来打扰评议,在评议期间,陪审员会被提供膳食,直至评议终了。裁断结果以表决方式进行。但在陪审团评议的某段时期,通常是评议刚开始时,陪审团可先进行暂时性投票,以决定分歧的程度。暂时性投票结束后,陪审团便进行讨论,然后再进行投票,直到陪审团全体同意或意见僵持不下。在评议过程中,陪审团如要求重新口述某些证词或要求法官重新口述某部分指示,法官应在可能的情况下,给予陪审团其要求的证人的全部证词或案件审判的全部指示,并且附言告诫陪审团要对其要求的资料做通盘的考量,从而避免过分强调该部分证词或指示,而忽略其他部分的证词或

[①] 谢琼.论陪审团的价值与制度构建[D].杭州:浙江工商大学,2007.

指示。

如果陪审团向法官报告其意见僵持不下,法官应要求陪审团继续评议,并给予陪审团解决其分歧的告诫。有时,法官要给予陪审团重新考虑其立场的指示。① 如果陪审团的意见确实僵持不下,则形成"悬而未决的陪审团",法官只能宣布"未裁决的审判"。

只要达成裁决,即取得一致(或多数一致,一般要十人以上达成一致)后,陪审团要立即派代表将裁决告知法官。法官在检视裁决的形式正确无误后,再将裁决交还给书记官,让其在法庭上大声宣读。在宣读陪审团裁决结果后,控辩双方都有权利要求法官逐一询问陪审员,要求其郑重陈述被宣读裁决是其作出的裁决。如有陪审员突然开口反对该裁决,则法官应要求陪审团继续评议,以解决这个问题。但是如果有必要,法官会宣布未裁决的审判,下令选拔新的陪审团重新审判案件。如没有陪审员反对,则陪审团的全部职责至此终了,陪审团即可解散。

2. 量刑程序

(1) 量刑程序的概念

量刑程序主要是指在法官的主持下,对已经定罪的被告人,就其量刑事实进行调查、辩论,双方可围绕量刑情节、法律适用发表意见,以解决对被告人应处以何种刑罚以及刑罚的幅度问题。经过定罪程序,被认定有罪的被告人应当进入量刑程序,否则可终止庭审程序。

(2) 量刑程序的构成

完整的量刑程序包括依次解决量刑事实、确定刑罚种类与具体刑事责任的确定等问题。

首先,量刑事实调查,如是否存在自首行为、是否累犯、是否达到刑事责任年龄。定罪程序中若已调查,那么可不再调查。如共同犯罪主犯、从犯问题,遵循有利于被告原则,在模糊不定时,作出有利于被告人的解释。

其次,量刑辩论,双方发表意见。量刑辩论的具体内容是确定刑罚种类与具体刑事责任。量刑事实清楚之后,则展开针对适用何种刑罚以及刑罚幅度的量

---

① 在美国,这种指示被称为"Allen 训谕"(Allen charge)或"炸药训谕"(dynamite charge)。Allen 训谕或炸药训谕的内容,最主要是指示陪审团要认真考虑其立场,以及仔细倾听其他陪审员的辩论。

刑辩论。对刑种和刑罚幅度的辩论，主要依据法庭固定的定罪事实、罪名以及法庭查清的量刑事实。以此为基础，检察机关、被告方以及被害人等均可对适用何种刑罚以及处罚的轻重发表各自的观点，各方应当在法官的主持下就有争议的问题进行辩论，无争议则无辩论。

最后，判决。定罪和量刑均会作出裁决，定罪、量刑程序结束后，应将所有裁决合并为大判决，最终以判决书的形式呈现。除定罪程序、量刑程序两次判决外还有无数小判决。

我国《刑事诉讼法》确立的集中审程序存在一些局限。一是法庭调查定罪事实和量刑事实不分，法庭辩论应就所有犯罪事实和适用法律问题进行全面集中的辩论。未突出定罪、量刑区分，对审判效率有所影响。二是我国定罪量刑程序中缺乏中间判决，量刑时可能纠结定罪。而定罪问题未解决就匆忙进入量刑留下了制度隐患，也容易引起控辩双方一方主张事实不清而另一方又主张量刑建议这样一个左右为难的局面。三是法庭辩论含混不清，融合在定罪、量刑中进行。法庭辩论中还要辩论事实是否清楚的问题，削弱了法庭调查的功能，使法庭调查实际上变成了证据展示会议。四是无完整的交叉询问制度。虽然刑事诉讼法中确立了询问证人规则，但未建立有针对性的询问规则，比如未区分主询问和反询问。

（五）刑事初审质证规则[①]

首先，质证是当事人的重要权利，也是保障法庭准确认定案件事实的重要程序机制。科学的质证程序主要包括如下内容。

其一，包括定罪质证与量刑质证，前者为主。与定罪量刑事实有关的争议证据都应当进行质证，但基于先定罪后量刑的纵向诉讼构造，定罪程序的结论直接影响量刑程序。而对定罪证据的质证在先，部分证据既涉及定罪事实，又涉及量刑事实，对此类证据则应在定罪阶段的质证程序中一并质证，而无须在量刑阶段重复质证。因而，质证程序以定罪质证最为典型。

其二，质证程序的原则是平等、充分、科学。质证程序的平等原则强调控辩双方具有平等参与质证的权利，法官对控辩双方的质证意见应当同等重视。质

[①] 孔凡洲.质证规则研究[D].上海：复旦大学，2017.

证程序的充分原则是指对控辩双方有权围绕证据充分发表质证意见,不受无故限制。在庭审中双方围绕证据的质证活动应当以"轮"计算,一方进行发表意见之后,另一方也有权进行陈述和回应,直到双方不再有意见提供为止。质证程序还应遵循科学原则,既要在认识论的指导下对证据进行有效质证,以达到准确认定案件事实的目的,也要注意平衡刑事诉讼的其他价值。

其三,我国现行立法对质证程序已有规定,但立法上对质证概念并没有明确的界定,导致实务界对质证程序的理解和重视存在差异。未建立统一规范的质证模式,没有规定如何进行质证,导致一些散见质证规则也难以在具体的质证过程中得到较好地遵守。比如司法解释在询问证人的程序中确立了诱导性询问规则,但没有明确诱导性询问规则的例外情形和具体适用程序,导致实践中无论询问于己方有利的证人还是不利的证人都需要遵守禁止诱导性询问规则。《刑事诉讼法》已有证人证言当庭质证、物证当庭出示、鉴定人和侦查人员出庭等规定,但应当如何进行质证以及如何对人证进行言词询问则缺乏体系性的规则。而法律与司法解释之间关于质证规则的规定协调性不足,存在不一致的现象。比如《刑事诉讼法》把质证的对象局限于证人证言,而司法解释则将其扩大到所有证据。

其四,质证程序的实质是引进交叉询问机制。交叉询问是控辩对辩的核心机制,是指以控辩双方交替盘问证人为依托的甄别证据方式。交叉询问是控辩对抗的集中体现,也可以说是直接言词原则的规则化。

其次,进行交叉询问应当遵循的要点包括以下几个方面。第一,以争点为基础。即交叉询问应当围绕案件争议焦点展开,对于非争点问题无须纠缠。第二,以询问证人为主线附随出示实物证据。质证具有直接言词的特点,对言词证据和实物证据均应进行言词质证。而实物证据属于"哑巴证据",对此,在询问证人时根据证言内容附随出示实物证据,可以实现对实物证据的有效质证。另外,实物证据的附随出示还能够实现对证人证言的验证。第三,以公诉人出证,辩护人反驳以及由此引起的相互辩论为主线。公诉人应当承担举证责任,其通过申请证人出庭,对证人进行主询问,即完成出证的任务;辩护方对控方申请的证人有权进行反询问,质疑其证言的证据能力或证明力,反驳控方的主张。对某一证人的交叉询问按轮进行,虽然发问方不得与证人进行辩论,但询问双方通过对证人的交叉询问往往具有互相辩论的色彩。第四,辩护人反驳包括口头反驳及时出证和口头反驳与集中出证两种方式。针对控方出示的证据和主张,辩护方可以口头方式进行质疑和反驳,同时出示相应证据予以反驳;辩护方也可以在控方出示证据环节先进行口头质疑和反驳,随后在辩护方出示证据的环节再出示证据反驳。第五,对单个证人先盘问后总结,全部证人作证完毕双方发表结案陈词。此外,交叉询问的运行还需要一些辅助规则,比如对质规则、法庭实验规则、法庭辨认规则以及共同犯罪并案审理中对共犯发问的协调程序。

三、扩展阅读

(一)刑事证据开示的程序设计[①]

1. 问题的提出

诉讼结构的设置在理念上要求通过正式的审判来确定案件事实,而且为了充分发挥审判的效果,要求控辩双方在审前各自"备战",互相隐蔽,以保持相当程度的审判"悬念"。但是,现实的诉讼运作打破了这种假设,即在现实的法庭审判中,当一方当事人提出一项对方当事人毫无心理准备的证据时,对方当事人"仓促应战"的效果较差:一是不能立即提出恰当的反对理由而妨碍事实真相的探求;二是提出延期审理进行准备的请求并延期审理时,会减损诉讼效率。正是为了解决这样的"证据突袭"问题,立法者试图通过在审判前或者更准确地说法庭证据调查开始前实行控辩双方相互披露或开示(discovery)证据信息的方法以确保最好的审判效果。[②] 考虑到在刑事诉讼中关涉到的人权问题最重大而使证据突袭造成的后果更为严重的因素,刑事证据开示的实践意义就更为突出。

为有效实现在正式的证据调查前控辩双方相互开示证据的设想,涉及一系列制度问题。制度基础当然是基本原则问题。其一,不开示不得出示原则。即控辩任何一方隐藏证据而不向对方开示的,所隐藏的证据原则上禁止在法庭上

[①] 本部分源自马贵翔.刑事证据开示的程序设计[J].政治与法律,2008(5).
[②] 当然,证据开示制度本身也是有弊端的,主要表现为两点:一是证据开示不同程度地弱化了法庭审判的功能;二是证据信息相互披露会增加威胁证人、伪造证据的机会。这也是反对设立证据开示制度的学者的主要理由。

出示。这是刑事证据开示最有代表性的保障性规则。① 其二,对等原则。对等原则是指控诉方和辩护方都赋有向对方披露证据信息的义务。对等并不是指证据数量或质量上的相当或相同,其本质是指控诉方或辩护方都有向对方开示全部证据②的义务而不能有意隐藏证据。③ 其三,有限原则。有限原则是指控辩双方相互开示的证据信息应当维护在合理的限度之内,主要目的是防止因证据开示而过度弱化法庭审判功能甚至使法庭审判成为"走过场"。为达此目的,刑事证据开示的范围宜限定为开示证据而不开示意见。④ 其四,司法审查原则。司法审查原则是指控辩双方开示证据的过程应当在法官的监督下公开进行。在法

---

① 如根据美国联邦刑事诉讼规则关于证据开示中违法制裁的规定,对于未能遵守该规则要求进行证据开示的,法院可以采用几种方式处理:命令该当事人进行证据开示;批准延期审判;禁止该当事人提出未经开示的证据;做出其他在当时情况下认为是适当的决定。在全部制裁措施中,最严厉的可以说是排除应开示而未开示的证据,包括禁止未开示姓名和住址的有关证人出庭作证或排除其证词。一些法院实际运用了这种惩罚措施。龙宗智.刑事诉讼中的证据开示制度研究(下)[J].政法论坛,1998(2).
② 当然,所谓全部证据也是有范围限定的。如根据经1983年修订的美国《联邦刑事诉讼规则》第16条的规定:
检察官方面可以开示的证据有:(1)被告人的陈述;(2)被告人的前科记录;(3)文件和有形物品;(4)检查和试验报告。不可出示的材料有:(1)与本案的侦查或起诉有关的检察官或其他侦讯人员所制作的报告、备忘录或其他控方内部文件;(2)控方证人或者可能成为控方证人者所作的陈述(法律有特别规定的除外)。
被告人方面可以出示的材料包括:(1)被告方掌握的文件和有形物品;(2)任何与案件有关的身体检查和(或)精神检查以及科学试验的结果或报告(如果这些证据是被告方准备在审判中作为重要证据提出的话)。不可出示的材料有:(1)与本案的调查和辩护有关的被告人或其律师或者代理人所制作的报告、备忘录或其他内部的辩护文件;(2)被告人对其代理人或律师所作的陈述,或者控方或辩方证人或可能提出的控方或辩方证人对被告人或其代理人或律师所作的陈述。
③ 法国庭外控辩双方的证据展示,主要包括四方面的基本内容。一是控诉方应当向辩护方告知他将要在法庭审理中作为指控根据使用的所有证据,即所谓"预先提供信息的义务"。其方法是在案件移送刑事法庭之前检察官要将全部起诉证据复印件展示给辩护方。二是控诉方应该向辩护方展示他不准备在审判过程中使用的任何相关材料,即所谓"无用材料"。这叫作"初次展示义务"。三是辩护一方在法定的情形下应该向检察官展示本方证据或提供本方辩护理由。四是在辩护一方履行了展示义务以后,检察官必须将所有原来没有展示给一方的辩护材料向后者进行第二次展示。如果不存在这些材料,检察官必须提供给辩护方有关这个情况的声明。
美国刑事诉讼实行庭审前的证据开示制度。根据《美国联邦刑事诉讼规则》第16条和联邦最高法院1957年关于杰克斯(Jencks)一案的判例,凡是从被告人处获得的,或者属于被告人的,或者通过扣押或诉讼程序从第三人处获取的,并且被告人行使辩护权所必要的书刊、文书或有形物,以及证人向检察官或其他政府机关所作的陈述的笔录中同证人在法庭上的陈述内容有关的部分,均须向被告开示。进入80年代以后,各州扩大了证据开示制度的适用范围,要求实行对等原则,即被告方同样向检察官开示其所获证据,即实行相互开示制度(reciprocal discovery)。
④ 作为意见的专家证言当然例外。

官监督下控辩双方公开开示证据是一般模式,也可以考虑采用书面开示的简化模式,比如在一些轻微案件中控辩双方在法官之外相互开示或交换证据后各自签字认可,之后将各自签字认可的证明材料提交法官即可。其五,权利自治原则。权利自治原则是指控辩双方均享有向对方要求披露证据的权利,但此权利既可以行使也可以放弃,体现为规则的话:一是如果一方向另一方开示了证据而自己可以不要求对方向自己开示证据;二是如果控辩双方均不愿意向对方开示证据就可以不启动证据开示程序。权利自治原则具有重要的效率意义,如果控辩双方认为无须开示证据而法律强求他们一定要开示,这在大多数情形下会造成人力物力和时间的浪费。①

然而,对这些原则问题,相对而言,国内理论界探讨得较系统,成果较多,认识也趋于成熟或一致,但对于刑事证据开示运作的具体操作程序则缺乏力求精细的探讨。如何在我国现有的刑事诉讼框架下合理配置刑事证据开示程序,对于确保刑事诉讼有效率地进行具有重要意义。本节试图通过对较有代表性的对抗审判下证据开示程序的逻辑推演来展示刑事证据开示程序运作规则的基本模式,并以此来指导在我国现行刑事诉讼框架下刑事证据开示的程序设计。

2. 刑事证据开示正当程序的逻辑推演:以对抗式审判为视角

第一,刑事证据开示的启动。刑事证据开示必要性的前提是被告人不认罪而需要进行证据调查。换句话说,如果被告人认罪而之前却进行了证据开示的话,这样的证据开示实属多余的劳动。因此,按照英美法系国家刑事诉讼正当程序的设计,刑事证据开示的正当程序是在提审或问罪程序(Arraignment)之后,视被告人做出的答辩而决定是否启动证据开示。如按照美国《联邦刑事诉讼规则》第二条第四项的规定,依照检察官的裁量,检察官可于提审时或于提审后尽可能快地将其意欲在审理中使用的具体证据告知被告人,以便被告对这些证据提出异议。同时被告人也可以在提审时或提审后要求检察官将其欲在法庭审理

---

① 日本《刑事诉讼法》第299条第一款规定:"检察官、被告人或辩护人请求询问证人、鉴定人、口译人或笔译人时,应当预先给予对方知悉他们的姓名和住所的机会。在请求审查书证或物证时,应当预先给予对方阅览的机会。但对方没有异议时,不在此限。"这里对方没有异议时不在此限的规定较为典型地体现了证据开示的当事人自治原则。

时作为主要证据的任何证据向其告知。在提审时或提审后正式审判①前,被告人也应当依法向检察官开示证据。这里的所谓提审时或提审后的证据开示,当然是被告人做出无罪或沉默答辩后法官决定择日进行正式证据调查后的诉讼行为。在被告人做出不认罪的答辩时,法官接下来的工作有两部分:一是决定择日进行正式证据调查,并决定是否使用陪审团;二是做出控辩双方开示证据的决定。在具体操作上,法官先询问或征询控辩双方有无开示证据的申请,如果双方都有开示证据的申请,法官即命令择日双方交换证据,如果只是单方要求开示②,则决定择日由未要求开示方向要求开示方开示证据。显然,这些开示证据的法官征询、控辩双方申请和法官决定的启动模式体现的证据开示的主要原则是当事人自治原则。

第二,刑事证据开示过程。正当的开示过程是法官主持双方开示。如果控辩双方在提审程序法官征询开示申请时都表示要求对方开示的,法官先释明开示证据的基本要求和后果:基本要求是包括全部开示证据在内的对等原则、有限原则;后果主要是如不开示或不全部开示,那么这些未向对方展示的证据禁止在以后的正式证据调查中出示。法官要求控诉方先向辩护方开示自己掌握的所有证据,这是先控诉后辩护的自然顺序使然。具体做法可由控诉方将证据复印件直接交与对方。在控诉方向辩护方开示证据后,法官再命令辩护方将自己掌握的证据以同样的方式向控诉方展示。如果在提审程序法官征询开示申请时只出现单方申请的,则开示证据的过程是,法官宣布开示程序开始后直接命令未申请方向申请方开示证据并释明不开示的后果。当然,一个显而易见的问题是,如果未申请方反悔而重新要求开示时是否允许?基于诉讼效率的考虑,对这样的反悔要求原则上应予拒绝,除非对方同意。这样做可以达到使控辩双方在提审程序法官征询开示申请时认真对待而不轻率放弃又反悔的程序性效果。

第三,刑事证据开示特别程序。刑事证据开示特别程序的第一种情形也是主要情形是指发现新证据后的特别开示程序。依证据开示防止证据突袭的基本理论,在第一次证据开示后,如果控辩任何一方发现了新证据当然应向对方展

---

① 这里的正式审判实指正式的证据调查,提审程序实质上也是正式审判程序而非准备程序。
② 单方要求开示是理论上的假设,实践中是不多见的。

示。由于不开示证据不能在法庭上出示,控辩任何一方都有向对方开示的积极性或压力,开示自然是有程序保障的。一般情形是掌握新证据的控辩任何一方在庭外提出申请然后由法官主持证据交换。此外,控辩任何一方也可当庭提出新证据。如果控辩任何一方出示的证据是之前第一次开示后新发现的证据,而出示方又未加特别说明的,一般情形下对方会提出反对,此时法官可裁决出示方当庭向对方展示。展示的方法一般是允许继续出示完毕。如果证据内容复杂,应当庭命令对方将证据复印件交予对方。在出示方履行了上述义务后,法官接着征询对方是否提出休庭或延期审理的请求,如果提出这样的请求,法官应裁决休庭或延期审理,以便对方做好准备后再开庭,如果对方同意不休庭或延期审理,当然可继续审理。如果控辩任何一方出示的证据是之前第一次开示后新发现的证据,而出示方又未加特别说明的,对方又不明确提出反对的,依据刑事证据开示的当事人自治原则,自应免予进行专门开示程序而继续审理。刑事证据开示特别程序的第二种情形是,控辩任何一方在法庭上出示了本应在第一次开示时予以开示但隐藏起来的证据的情形。此种情形理论上当然予以禁止。但对方无异议的,应不在此限。这是证据开示当事人自治原则的又一体现。此种情形下法官不宜直接禁止。刑事证据开示特别程序的第三种情形是,控辩任何一方出示的证据,如果对方以事先未开示为由提出反对,而出示方坚持是已开示过的证据,即双方发生争议时,则由法官释明并作出裁决。此种情形理论上是存在的,比如之前控辩任何一方曾向对方出示某证人证言的主要内容,但证人在出庭作证时对方认为其证言主要内容有新增加的成分,出示方又坚持认为并非新增加而是已经出示过的。

3. 刑事证据开示程序简化分析

在对抗式审判下,刑事证据开示程序简化的主要内容如下。

第一,刑事证据开示与法官预审结合运用。前面已经讨论过,刑事证据开示的正当程序是在提审程序中被告人做出不认罪答辩后进行的,其价值之一在于确保诉讼效率,即在做出不认罪答辩后,才有进行证据开示的必要,如在答辩之前就进行开示,而后被告人实际上作出有罪答辩的话,就造成司法资源的浪费。然而,这种假设是一种理论模式。事实上,在实际的提审程序之前的法官预审程序中,预审法官完全可以征求被告方对起诉的看法,即事先获得答辩信息并同时进行证据开示。在对抗式审判国家,法官预审同时实行证据开示是证据开示实际上的主要做法。① 这样做的效果是在法官预审程序中同时解决证据开示,可以减少不认罪答辩后专门进行证据开示而造成的时间和人力上的耗费。而实际上,将法官预审和证据开示结合运用,还可以进行有效的技术性配置,达到事半功倍的效果。

首先,检察官向预审法官移送起诉材料。检察官在准备好起诉材料以后应将起诉材料的复印件移送法院。起诉材料包括起诉书和证据材料两类。移送证据材料的范围由检察官自行决定,法律不必强制要求检察官移送全部案卷材料。检察官未获得预审法官对起诉的准许一般不会敷衍了事,他会选择移送那些最有说服力的证据。

其次,预审法官征求辩护方对起诉材料的意见。预审法官在接到检察官移送的起诉书和证据材料后,如果被告人已经委托辩护人的,应通知辩护人在一定的期限内到法院查阅案卷材料。辩护人如在规定期限内不去法院阅卷会导致两个后果:一是预审法官可视其为自动放弃要求检察官开示证据的权利;二是预审法官可以据此推定为辩护方已经认可检察官的起诉符合开庭条件。在此种情形下,预审法官可采取两项行动:一是免去对预审材料的实质审查并把案件直接提交审判;二是向检察官发出通知,告知其有权要求辩护方开示证据。如果检察官在规定时间内未提出要求辩护方开示证据的请求则可视为自动放弃这项权利。如果检察官在法定时间内提出了要求辩护方开示证据的请求,预审法官则应启动单独的证据开示程序。辩护人在阅卷后在规定期限内对案件事实、证据未提出大的异议时,预审法官也可免去对控诉方材料的实质审查而把案件直接提交审判。此时预审法官同样应通知检察官证据开示事宜。如果被告人没有委托辩护人,预审法官应将起诉书送达被告人并当面征求被告人对起诉书的意见,预审法官应记录被告人的意见并由被告人签名。在此种情形下,如果被告人对起诉书未提出大的异议或保持沉默时或拒绝签字时,预审法官也可免去对案件的实质审查。被告人是案件的当事人,预审法官不必向他送达证据材料,也不必

---

① 在美国,经侦查获得证据后,被告人如系被控犯重罪,在被正式起诉前享有要求法官预审(prelitminary examination)的权利。预审的主要目的是审查是否存在合理根据以支持对被告人提出的指控,以确定是否交付审判。如缺乏合理根据就要撤销指控,以防止轻率将被告人交付审判。而预审程序还包括一项重要内容,即证据开示。各方当事人应根据法律规定的开示范围,在预审法庭出示自己手中掌握的对诉讼有意义的证据。龙宗智.刑事诉讼中的证据开示制度研究(下)[J].政法论坛,1998(2).

与检察官实行证据开示。

再次,预审法官对案件的实质审查。预审法官对案件进行实质审查的条件是被告人、辩护人对起诉证据提出了大的异议。① 为提高诉讼效率,预审法官进行实质审查应当进行书面审,不必举行言词审判。当然,预审法官如果认为必要可以做必要的调查了解。

最后,实质审查后的处理。预审法官对起诉材料进行书面审查后,如果认为起诉材料符合开庭条件,除了将案件提交审判并通知控辩双方外,还应特别通知控辩双方提出开示证据申请的法定时间。如果控辩双方有一方或双方提出了开示证据的申请,预审法官则择日启动证据开示程序。如果控辩双方在法定时间内均未提出开示证据的申请则推定为双方均放弃了证据开示的权利。法官预审与证据开示合并的后果是,在提审程序之被告人不认罪答辩后,法官将不再启动专门的证据开示程序。具体操作是,预审法官在通过预审的决定中附带说明控辩双方已完成证据开示,庭审法官在获得这一通知后可决定免予重新启动证据开示程序。

第二,自行开示法官验收。自行开示法官验收是指控辩双方在庭外自行交换证据,并由法官最后验收确认的证据开示方式。自行开示是控辩双方按照证据开示的法定要求在法官不在场时自行交换证据。为了防止控辩任何一方隐藏证据,可实行双方签收的方式,比如控诉方向辩护方开示证据后,辩护方应将开示证据的数量、具体内容写成书面收据并签名后交控诉方保存。反之亦然。② 如以后任何一方在法庭上出示了未开示证据,对方均可凭此收据当庭提出反对。法官验收是指在提审程序被告人做出不认罪答辩后法官征询控辩双方是否提出开示证据申请时,控辩双方如果已经进行了双方无异议的自行开示,应

---

① 异议当然是指对事实与证据的异议,在法官预审程序中不必征求控辩双方对犯罪构成、罪名认定以及量刑的看法。
② 美国有书面开示的相关规定,如美国《联邦刑事诉讼规则》第12条规定,被告人作不在犯罪现场的辩护时,应根据检察官要求说明所指称的犯罪的实施时间、日期和地点的书面催告,被告人应在10日内,或在法院可以指定的其他时间,将他想要提出不在犯罪现场辩护的书面通知送交检察官。被告人这一通知应当说明指称的犯罪发生时据他声称他所在的具体地点,以及他打算证实这一不在犯罪现场辩护所依靠的证人的姓名和地址。在被告人就不在犯罪现场问题作特别开示的情况下,检察官也应在此后10日内,至迟在审理前10日,除非法院另有指令,检察官应将记明检察官打算赖以证实被告人在被指称的犯罪的案发现场的证人的姓名和住址以及据以反驳被告方的证明被告人不在犯罪现场的证人证言的任何其他证人的姓名和住址的书面通知,送交被告人或其辩护律师。

当庭表示已经自行开示,不必另行组织专门的证据开示。而控辩双方做出这样表示的后果是,在正式开庭调查证据之前,不再启动专门的证据开示程序,而以双方自行开示相互签收的证据范围作为执行标准。考虑到前述法官预审程序可合并证据开示,自行开示也可以在法官预审程序中实行。具体操作是,预审法官在接到起诉材料后如认为起诉可以通过,之后可征询被告人的答辩(可通过律师获得答辩信息),如果被告人做出不认罪答辩①,即可提前告知控辩双方可以自行交换证据以提高诉讼效率并消除控辩双方在以后诉讼中专门进行证据开示的讼累。

4. 我国刑事证据开示程序设计

在我国现行《刑事诉讼法》规定的框架内进行刑事证据开示,应当首先确立不开示不得出示、对等、权利自治等基本规则。其运作程序可作以下设计。

第一,刑事证据开示正当程序。在法庭调查公诉人宣读起诉书后,如果被告人表示承认起诉基本事实的(相当于作出有罪答辩),即可简化审程序进行审理,不存在证据开示;如果被告人不承认起诉基本事实(相当于作出无罪答辩),法官应当庭征询控辩双方是否提出开示证据的申请。如果任何一方提出了开示证据,法官可做出两种选择:一是按前面论述过的开示规则,先决定休庭,并择日主持开示;二是当庭开示。在控辩双方已携带全部证据材料并无异议时可当庭开示。这样做的好处是免去了择日开示的麻烦。由于存在不开示不得出示的基本规则,控辩双方如实出示证据是有程序保障的。当庭交换证据复印件后,一般应休庭以便双方做准备,除非控辩双方均同意不休庭继续审理的才可以继续审理。这是证据开示当事人自治原则的要求。

第二,刑事证据开示简化程序。首先,在辩护律师或辩护人于法院开庭前去法院查阅公诉方指控犯罪事实的材料时,可由承办法官征询辩护方对起诉的态度,即是否承认起诉书指控的基本事实,如承认则不存在开示,反之则通知控辩双方实行自行开示,并告知自行开示的方法。开示方法主要是前面论述过的控辩双方相互签收规则。其次,法院开庭公诉人宣读起诉书后被告人明确表示不承认起诉基本事实时,法官应当庭征询控辩双方是否提出开示证据的申请。如果控辩双方表示证据已自行开示而且没有其他异议时,法官可当庭宣布取消专

---

① 此时被告人做出的无罪答辩与专门的提审程序中被告人做出的无罪答辩相比是非正式的。

门的证据开示程序,并在以后的审理中以双方签名的收据为标准进行操作。

第三,关于新证据开示和隐藏证据的开示,按照前面讲过的证据开示的特别程序进行操作。

(二)刑事庭前会议运行实证研究[①]

有学者在《刑事庭前会议运行实证研究》一文中的调研数据显示:我国庭前会议总体适用率不高,召开庭前会议的案件数占全部公诉案件数量之比最高为0.6%,占以普通程序审理的案件数量之比最高为2.2%,并且呈逐年下降之势。83%的法官、93%的检察官认为,普通程序审理的案件中,有必要启动庭前会议比例在10%以下;在当前庭前会议适用数量很少的情况下,94%的法官、97%的检察官认为,可增加的比例不超过10%。而律师对这两个问题的回答则完全不同,87%的律师认为,适用普通程序审理的案件中,有必要召开庭前会议的案件比例在10%以上,当前召开庭前会议的案件比例过低,有很大的提升空间。哪些因素会影响申请、建议或决定启动庭前会议?在可多选的情况下,70%的法官、58%的检察官和79%的律师选择了"案件的复杂程度、社会影响";68%的法官、75%的检察官和71%的律师选择"是否存在可能需要排除的非法证据";55%的法官、49%的检察官和38%的律师选择了"是否存在管辖、新证据等程序性争议"。访谈中,一些法官、检察官认为,程序性争议在实践中很少。如一位有20年工作经验的检察官所述:"在我的工作中,从未遇到过要求回避的。"其他程序性争议,如果存在,处理起来一般都比较简单,如果律师提出异议,私下沟通即可解决,无须召开庭前会议。实践中召开庭前会议的动因,主要是处理非法证据的争议及在案情复杂、社会影响大的案件中确定争点、协商证据质证方式,甚至进行辩诉交易。这一点也可得到X市相关案例的佐证。X市启动庭前会议的102个案件中,涉及"非法证据排除的"为14个案件,占案件总量的13.7%;涉及"证据材料较多、案情重大复杂的"为82个案件,占案件总量的80.4%;涉及"社会影响大的"为77个案件,占案件总量的75.5%;涉及管辖权异议的为2个案件,占案件总量不到2%。法官因涉及"非法证据排除""证据材料较多、案情重大复杂""社会影响大"等因素召开的庭前会议中,其目的不仅在于防止程序性争

[①] 秦宗文,鲍书华.刑事庭前会议运行实证研究[J].法律科学(西北政法大学学报),2018(2).

议导致庭审中断,更重要的是了解控辩双方意见,增强法官控制庭审能力,保证庭审效果。要实现这一目的,往往涉及实体问题,如一些法官会引导控辩双方对证据证明力进行初步的辩论,以明确双方争点所在;允许辩护人提出自首、立功、退赃等量刑情节问题。这些问题如果不允许在庭前会议上提出,并在庭审前核实,庭审可能要进行两次以上,影响庭审效果。如L1律师所言,"庭前会议已演变为'庭前的会议',所有庭前的问题都可以带到这里面解决"。

当前庭前会议适用率不高,是否是因为启动难度过大?针对"您认为庭前会议启动容易吗"这一问题,法官的选择是:"容易"占17%、"不容易"占15%、"还可以"占68%;检察官的答案是:"容易"占44%、"不容易"占28%、"还可以"占28%;律师则为:"容易"占22%、"不容易"占32%、"还可以"占46%。

在庭前会议的启动由法官掌握的情况下,为何有15%的法官认为庭前会议启动不易?接受访谈的法官认为,这主要是因为案件压力,没有时间召开庭前会议。我国被告人多被羁押,被告人出庭往往涉及安保、提押问题,这使被告人是否参加庭前会议往往成为利益衡量问题。对被告人出庭的必要性,在单选的情况下,法官选择"有必要""没有必要""看案件具体情况"的比例分别为30%、6%、64%;检察官的选择比例分别是41%、24%、35%;律师的选择比例则为19%、15%、67%。实践中,被告人很少参加庭前会议,原因主要有三点。一是被告人参加与否对某些争议的处理影响甚微。如管辖问题,此类法律问题由律师处理更有优势。二是提押被告人涉及安保、诉讼效率问题,法官不愿通知被告人参加。三是法官通过其他措施可以弥补被告人缺席的不足。如一位法官所言:"决定开庭前会议的案件,我们都会通知律师在参加庭前会议前见一下被告人,了解被告人有什么问题需要在庭前会议中提出。庭前会议结束后,律师在会见被告人时都会将庭前会议中的情况与被告人沟通。被告人虽然没有亲自参加庭前会议,但通过律师的沟通作用,与亲自参加差别不大。"

如果被告人以视频方式参加庭前会议,与亲自到场比较,效果如何?68%的法官认为视频方式效果更差一些,但其中34%的法官认为虽有差别,但可接受;这两组数字在检察官群体中分别为74%和33%,在律师群体中分别为98%和46%。X市、T市都试用过视频形式,但现在已基本不用了。某检察官介绍:"我们院里有远程视频系统,我们模拟下来有个问题,即说话有滞后性。通话延时问题在技术上解决费用比较大。"这种技术缺陷影响视频效果,接受访谈的法官、检察官普遍认为以视频形式召开庭前会议效果不好。"现场效果真的和视频效果不一样,就像看电视和看剧场表演效果的区别。"

在刘志军案中,由于已召开庭前会议,庭审仅进行了三个半小时,这引起了以庭前会议规避司法公开的疑虑。有意见认为庭前会议应公开进行。调查结果显示,认为庭前会议可公开进行的法官为49%、检察官为23%、律师为50%。

从实证调研可知,一是提升庭审效率是庭前会议制度创制的基本出发点,但个案中庭审效率的提升具有不确定性。二是强化被告人权利保障的效果不明显。理论上,庭前会议对被告人权利保障的作用主要体现在三个方面:实现控辩双方的资讯平等;防止公诉机关的不当追诉;满足被告人的参与权、表达权。由于案卷移送制度和检察机关对无罪判决、撤诉等考核要求的影响,庭前会议的前两项功能在我国当前司法环境下意义不大。因而,庭前会议对被告人权利保障的作用应主要体现为对被告人的程序参与权、表达权的强化。但被告人基本上不参加庭前会议,这样,庭前会议所具有的强化被告人程序参与权、表达权的功能基本上被虚置了。三是庭前会议成为控、辩、审三方的沟通平台,强化庭审对抗的作用有限。四是集中审理的目标得到了较好实现,但外溢效应不足。

对庭前会议现状的考察说明,其运行状况与立法、理论预期有较大出入。未来,一是不宜以过高的适用率作为评价庭前会议制度成功与否的主要标准;二是庭前会议的变革进程取决于庭审实质化的推进程度;三是庭前会议适用量的适当提升应以案件的程序分流为前提;四是庭前会议应有一定的效力。

(三)刑事诉讼法庭对质规则探析[①]

1. 问题的提出

在刑事审判中,对同一事实作出矛盾陈述的证人,在单独质证中无法澄清事实时,组织证人对质有助于法官辨别证言真伪,查清犯罪事实。然而,我国刑事诉讼法律及相关司法解释对证人对质的具体规则尚无明确规定,导致对质在庭审实践中缺乏可操作性。"当今时代,证人证言作为独立的法定证据种类,由于无须采用专门技术设备发现和收集,以及具有不可替代性、信息量大、直观形象

---

① 本部分源自马贵翔,施岚.刑事诉讼法庭对质规则探析[J].江西警察学院学报,2019(3).

等特征,其证据价值和证据地位毋庸置疑。"①但是,证人通常会受到自身因素和外界因素的影响,前者诸如感觉、愿望、记忆等,后者如环境、事后信息、询问人员的提问方式等,其证言相对于真实情况来说往往存在偏差。华盛顿心理学教授德加·詹姆士·斯威弗在他的试验中曾得出结论:"一般来说,诚心地相信自己讲实话、靠回忆叙述事件或谈话的人,平均起来约有四分之一的叙述是不正确的。距离原来经历的时间越长,记忆犯错误的可能性也就越大。"②由此可见,诚心讲实话的证人存在误证的可能,这是证人证言虚假性的主要表现,此外也存在证人故意作伪证的情形。为了判断证人证言的证据能力和证明力,一般而言,在法庭审判中控辩双方会对证人进行质证,通过交叉询问暴露证人证言中的不实之处,从而发现事实真相。当轮番质证仍无法在相互矛盾的证言中判断孰真孰假时,让提供矛盾证言的证人在法官的主持下进行对质则有可能有效地消除误会,揭露谎言,并且在对质的过程中还可能会发现新的证据。有学者认为,对质可以创造现场感,通过场景重塑以及细节提示,能够勾起回忆,从而发现认知与记忆中的错误。并且直接面对和质询具有一种威慑的力量,这种力量会对证人面对面说谎造成心理压力。③因此使用对质的方式辅助法庭查明事实是必要且有效的。

以对质主体是否需要隔离审查为标准可以将对质分为两种类型,即被告人与证人的对质和原本处于隔离状态的主体进行的对质。在英美法系国家,被告人与证人之间的对质实质上是基于正当程序原则而赋予被告人的对质询问权。美国《宪法》第六修正案规定,在所有的刑事指控中,被告人享有与不利于自己的证人进行对质的权利。④由此可见对质询问权是被告人与对己不利的证人进行对质的权利,被告人在法庭审判中对不利于己的证人证言有异议时,应获得面对面质询证人的机会。被告人的对质询问权在我国虽未被赋予宪法权利的地位,

---

① 陈增宝. 法律心理学视野下的证人证言[N]. 人民法院报,2014 - 06 - 13(5).
② [美]威尔曼. 法庭对质的艺术[M]. 林纪熹,译. 大连:辽宁教育出版社,2005:124.
③ 龙宗智. 论刑事对质制度及其改革完善[J]. 法学,2008(5).
④ Amendment VI "In all criminal prosecutions, the accused shall enjoy the right to a speedy and public trial, by an impartial jury of the State and district wherein the crime shall have been committed, which district shall have been previously ascertained by law, and to be informed of the nature and cause of the accusation; to be confronted with the witnesses against him; to have compulsory process for obtaining witnesses in his favor, and to have the Assistance of Counsel for his defence".

但《刑事诉讼法》对此也作出了相关规定,被告人与证人的对质询问主要体现在法庭交叉询问的过程中,如我国《刑事诉讼法》第一百九十四条①规定,证人作证时被告人及其辩护人经过审判长许可,可以对证人和鉴定人发问,由此明确了在刑事审判中被告人享有在证人出庭作证时在场并向证人质证的权利。除了法律规定外,学界针对被告人与证人之间的对质亦研究硕果颇丰,这里不再进行赘述。

第二类对质是作为法庭查明事实的方法,是原本处于隔离状态下的主体进行的对质,也即本节所讨论的法庭对质。这种对质一般发生在证人与证人之间、共同犯罪的被告人之间,即原则上应该隔离调查的对象之间。在隔离审查原则下若不同的证人、共同犯罪的被告人对同一待证事实作出相互矛盾的陈述,为了查明案情则可让矛盾的双方同时到庭,面对面进行质证以揭露虚假陈述。我国《最高人民法院关于适用〈中华人民共和国刑事诉讼法〉的解释》(法释〔2012〕21号)第一百九十九条规定,法庭讯问被告人在必要时可以传唤同案被告人到庭对质。②《人民检察院刑事诉讼规则(试行)》第四百三十八条第四款规定:"被告人、证人对同一事实的陈述存在矛盾需要对质的,公诉人可以建议法庭传唤有关被告人、证人同时到庭对质。"③《人民法院办理刑事案件第一审普通程序法庭调查规程(试行)》第八条第二款规定:"同案被告人供述之间存在实质性差异的,法庭可以传唤有关被告人到庭对质。审判长可以分别讯问被告人,就供述的实质性差异进行调查核实。经审判长准许,控辩双方可以向被告人讯问、发问。审判长认为有必要的,可以准许被告人之间相互发问。"《人民检察院公诉人出庭举证质证工作指引》第四章"质证"一节从公诉人的角度对被告人、证人对质进行了规定,其中第七十五条建议"在对质过程中,公诉人应当重点就证据之间的矛盾点进行发问,并适时运用其他证据指出不真实、不客观、有矛盾的证据材料"。纵观我国刑事诉讼法律及相关司法解释中关于对质的规定不难发现其中的问题:第

---

① 《中华人民共和国刑事诉讼法》第一百九十四条:证人作证,审判人员应当告知他要如实地提供证言和有意作伪证或者隐匿罪证要负的法律责任。公诉人、当事人和辩护人、诉讼代理人经审判长许可,可以对证人、鉴定人发问。审判长认为发问的内容与案件无关的时候,应当制止。
② 2021年3月1日,新的《最高人民法院关于适用〈中华人民共和国刑事诉讼法〉的解释》第二百六十九条也保留了相关规定。
③ 2019年12月30日起施行的《人民检察院刑事诉讼规则》在第四百零二条保留了相关规定。

一,对质主体范围不统一,最高人民法院的司法解释中规定的对质主体是被告人,而最高人民检察院的司法解释中规定的对质主体是被告人、证人,不同司法解释中关于对质主体的规定存在出入;第二,适用对质的条件不明确,最高人民法院司法解释中对适用对质的条件使用了"必要时"和"存在实质性差异"等指代模糊的词语,并且最高人民检察院的司法解释关于适用对质的条件也仅仅限定在"对同一事实的陈述存在矛盾"这唯一的条件,导致对质适用的标准过于笼统,容易造成在法庭审理过程中不用或滥用对质;第三,启动对质的方式不明确,最高人民法院司法解释中规定"法庭在讯问被告人时可以传唤同案被告人到庭对质",依此解释法庭可依职权启动对质,而最高人民检察院的司法解释中则规定"公诉人可以建议法庭传唤有关被告人、证人到庭对质",依该解释法庭则是依申请启动对质。对质启动方式不明确会造成对质在实践中缺乏可操作性,并且被告人及其辩护人是否可以申请对质在上述规定中也未予以明确。

2. 刑事诉讼法庭对质规则的概念与功能

关于法庭对质的概念应明确如下几点。首先,关于对质的阶段。对质应发生在法庭审理过程中,并在审判人员的主持下进行。若在法庭以外进行对质会使证人提前知晓其他证人证言,这可能会阻碍后续侦查工作的开展,并且先行对质会造成法庭对质实质上被架空。其次,关于对质主体。法庭对质的双方应是原处于隔离状态之下各自作证的,双方本该在对方作证时互不在场,但因出现了证言矛盾的情况而同时到庭进行对质。不论是被害人陈述还是证人证言,其本质都是言词证据,而言词证据受到主客观条件的影响容易偏离客观事实,这就决定了这类言词证据必须在法庭上经受控辩双方的交叉询问,若交叉询问后仍不能辨明证言真伪,则可谨慎适用对质。因此对质应发生在共同犯罪的被告人之间、证人与证人之间、被害人与被害人之间、证人与被害人之间。根据国际人权法中"证人"的定义,凡是其陈述由法庭审查并加以评估的任何人,被害人、共同被告和其他偶然目击犯罪事件之人均为《欧洲人权公约》所称的"证人"。[①] 借鉴此标准,前述对质主体均属于广义上的"证人",为了表述方便,本文将对质双方统称为"证人"。

综上,法庭对质是指当证人针对同一事实的陈述出现矛盾时,由法官在庭审

---

① 熊秋红.刑事证人作证制度之反思——以对质权为中心的分析[J].中国政法大学学报,2009(5).

中组织双方证人面对面质询、相互诘问，以判断证言真伪查明案件真相。关于法庭对质规则，是指为了判断相互矛盾的证言真伪，由法官组织证人当庭对质所应遵循的一系列规则的总称，该规则包括对质的条件、对质中应遵循的原则和具体的运作程序等。其目的是在法官的主持下为证言矛盾的证人提供互相质询、辩驳的机会，帮助法官查明案件事实，同时对证人对质进行规范，防止与矛盾点无关的信息泄露，干扰证人独立作证引发串供。一方面，有效设立对质规则能够辅助证人回忆案件事实，或激发证人的潜在记忆，或揭露证人谎言，从而还原事实真相；另一方面，对质规则应注重于对双方证人的发言控制，当证人的对质内容偏离对质主题时法官须及时制止，确保刑事诉讼的顺利进行。

　　通常来说，对质的主要功能是解决证言的证明力问题，概括来说分为以下三点。第一，对质能够消除误证。"当证人受到主客观条件的影响时，其证言会出现一定偏差，但证人对该偏差的主观心理是无恶意的，称之为误证。"[1]在对质中，通过其他证人对事实的描述能够唤起误证证人的潜在记忆，提示他想起被自己忽略的某些细节，而记忆的激发由同样经历过案件的证人来相互引导能更加全面地还原真相。第二，对质能够揭露伪证。一般来说证人作伪证有两种形式：一是证人无中生有，捏造事实，提供虚假证明；二是证人故意隐瞒其知晓的情节，掩盖事实真相。[2] 让作伪证的证人与其他证人当庭对质能够加剧证人的忧惧心理。面对其他知晓案情的证人，若伪证证人继续说谎恐会漏洞百出，难以自圆其说，在当面、当时、当场的压力下，除少数心理素质极佳的证人外，大多数谎言会不可避免地被与其对质的证人揭穿。以《检察日报》刊登的一则庭审案件为例：被告人王某联系同案被告人陈某在一酒店房间内出售冰毒 96.56 克，被公安机关当场抓获，另在王某的手提包和裤子口袋中查获甲基苯丙胺 2.26 克。对于公诉人非法持有毒品罪和贩卖毒品罪的指控，王某一口咬定毒品是陈某的，购毒款也是陈某收取的，而自己一无所知。随后在审判长的主持下陈某与王某当庭对质，陈某陈述道是王某让自己将购毒款存入其指定的账户内，并有王某发送银行账号的短信记录为证，至此王某再无反驳，最终法院判决王某的行为构成非法持

---

[1] 江鹰.刑事证人的心理衍变探论[J].法制与社会，2007(10).
[2] 徐文.拒证与证人保护制度[J].现代法学，1999(3).

有毒品罪、贩卖毒品罪。① 在该案中从被告人独自接受讯问时的狡辩到对质时的哑口无言,印证了对质对于揭穿谎言所具有的积极意义。第三,对质可能发现新线索。发现新线索是对质的附带功能,双方证人在对质的过程中,可能会想起之前从未在证言中提到过的情节或者暴露证人故意隐瞒的信息,而对质产生的新证言或许能够为法官和控辩双方提供考虑案件的新思路和发现新证据的线索,抑或能够加强原有证据的证明力,从而影响被告人的定罪量刑,完善认定被告人有罪的证据链或者证明被告人无罪。除了以上所述的正面价值外,对质也存在一定的负面效应,如果控制不当,对质可能会造成证人泄露重要信息引发串供,影响刑事诉讼程序顺利进行。例如一方证人在对质中说出了对方证人本不知情的信息,干扰证人独立陈述证言,抑或一方证人因身份地位等因素在对质时对另一方证人造成心理压迫,引起证人翻证。而如何控制对质的负面效应产生,降低其不利影响,将对质的功能发挥到最大,依赖于制定合理的对质规则。

3. 刑事诉讼法庭对质的基本规则

刑事诉讼法庭对质的基本规则是刑事法庭使用对质方式查清案件事实时必须遵守的基础性准则,包含对质的条件和对质应遵循的基本原则两方面内容。

第一,刑事诉讼法庭对质的条件。对质作为一种辅助法庭查清案件事实的方式应谨慎适用,只有当满足特定条件时法官才能作出允许对质的决定。若滥用对质会造成证人证言相互"污染",原本真实的证言可能反而会被排除,导致证言真伪愈加复杂难辨,影响法官对案件事实作出正确的判断。法庭对质应满足以下几个条件。其一,对质双方原处于隔离审查的状态之中。区别于被告人的对质询问权,法庭对质的主体本应遵循隔离审查原则的要求单独在法庭上接受质证。隔离审查原则是指为了防止证人串供,而采用分别调查的方式获取证人的独立陈述,使证人相互之间不受干扰,从而保证其证言的自愿性和真实性。换言之,按照隔离审查原则的要求,证人应当逐一在法庭上陈述案件事实并接受质询,其他证人不能同时在场而应在庭外隔离等候,通过这种方式阻隔证人之间的信息交流,使其不能获知其他证人的陈述内容,从而避免造成信息干扰影响判决结果。法庭对质是隔离审查原则的例外情况,当法官经过隔离审查后无法对矛盾证言作出判断时,方有必要突破隔离审查的限制让原本不能见面的证人同时

---

① 张志勇. 当庭对质[N]. 检察日报,2015-04-09(6).

到庭,帮助法官作出正确的判断。其二,证人对同一事实的陈述互相矛盾。对质发生在证言相互矛盾或完全对立的证人之间,也即证人证言针对同一情节所构建的案件事实存在出入,并不能相互印证,并且矛盾的事实不能通过常识验证或者其他证据证明。例如共同被告人为减轻自己的罪责相互指证对方在共同犯罪中承担重要的角色,或实施了更为严重的犯罪行为。再如一方证人陈述自己亲眼看见被告人在特定时间内出现在特定场所,而另一方证人则证明在该时间段内自己也曾处于该场所但并未看见被告人出现。只有当证人证言相互矛盾时,法官才有必要通过当面对质的方法增强双方对抗性,使证人之间的冲突加剧,从而暴露谎言发现事实真相。其三,关涉定罪量刑的重要事实。证人相互矛盾的证言应是关于定罪量刑的重要情节,对被告人定罪量刑无影响的一般情节则无须采用对质。例如在盗窃罪的审判中,根据已有证据能够确定被告人实施了盗窃行为且盗窃数额较大构成盗窃罪,但对于具体的盗窃金额,不同的证人证言之间存在差异,若证人证明的盗窃数额处在不同的量刑区间内,为了确保对被告人量刑适当,法官应组织证人进行对质以确定被告人的犯罪所得,若证人证明的盗窃金额处在同一量刑区间内且相差无几,则无须通过对质的方法寻求一个不影响被告人量刑结果的精确数额。对质作为法庭辨别证言真伪查清事实的辅助方式,其本身存在着干扰证人独立作证的风险,并且启动对质也会造成一定程度上的诉讼拖延,因此若证人产生矛盾的陈述与被告人定罪量刑的要件事实并无相关,不应启动对质程序以较大的代价换取较小的利益。其四,证人在隔离状态下经单独质证后,仍然无法辨别其证言的真伪。在质证阶段,通过控辩双方的交叉询问能够实现对证据的审查判断,经过主询问、反询问、再主询问、再反询问的过程,证言相互矛盾的证人迫于心理上的压力,其证言中的虚假之处会逐渐暴露而无法自圆其说,该份证据也会因为不符合真实性的要求顺利被排除不再影响法官对案件的判断。如若经控辩双方的质证之后,相互矛盾的证言仍不能辨别出真伪,则需要启动对质程序进一步判断证言的真实性。也即当出现矛盾证言时,应首先通过法庭常规的询问或讯问方式获取可靠证言,若法庭询问穷尽后仍无法排除伪证,方能适用风险较大成本也较高的对质方式查清事实。

第二,刑事诉讼法庭对质的基本原则。若法官认为满足对质条件同意双方证人进行对质的,在对质过程中应遵循如下一般性原则。其一,法官主持原则。

法官主持原则意味着对质从开始到结束的全过程均由法官主持和控制。该原则主要包含三项内容,首先对质的启动由法官决定,当控辩双方向法官提出进行对质的申请时,是否允许对质的决定权掌握在法官手中;其次,对质的过程由法官主持并控制,法官引导双方证人就证言中的矛盾之处各自陈述并互相发问,法官的及时控制不仅起到防止对质双方串供的作用,而且有助于"避免对质人之间因为矛盾冲突和利害关系而导致相互辱骂攻击,影响法庭的正常秩序"[①];最后,对质证人其证言的证据能力由法官认定。法官在对质结束后,根据双方证人的各自陈述和互相发问形成心证,对证言真伪作出判断。其二,对质双方平等原则。对质过程中双方证人地位平等的同时法庭还应保障他们享有平等的机会和权利。首先,对质的证人应有平等的发言机会,针对法官总结的矛盾事实各自陈述。其次,经过法官许可后,对质的证人均有向另一方证人发问的权利,除法官制止与矛盾点内容无关的发言外,任何人不得干扰一方证人向另一方证人发问。最后,法官应对双方证人的陈述给予同等程度的关注和评断,在近距离观察对质证人的言语表情和肢体动作的基础上形成对案件事实的最终判断。其三,对质公开原则。在公开审理的案件中,对质的公开包括向当事人公开和向社会公开,而在不公开审理的案件中,对质的公开对象仅限于当事人。不论案件是否公开审理,对质均须在控辩双方在场的情况下进行,使控辩双方及时了解证人的对质情况,经过法官允许还可对证人进行询问。对质结束后法官对证人证言真伪的判断也须在公开的判决书中呈现。其四,直接言词原则。直接言词原则包括直接原则和言词原则两项内容。直接原则意味着法官、当事人和其他诉讼参与人必须亲自到庭参与对质活动,审理的法官应直接听取双方证人的对质,并直接根据对质的情况对双方证人的证言真伪作出判断。言词原则要求在对质过程中,证人间的相互对质、法官的主持引导对质和控辩双方的补充发问都必须采用言词的方式进行,不得以书面方式进行对质。因此直接言词原则意味着证人应在"面对面"的情况下以口头方式进行对质。有学者将"面对面"的对质方式更加形象地形容为"眼球对眼球",以此强调当面作证时如若说谎对于说谎者来说至少会比背后说谎更为困难。[②]

---

① 吴畅. 论刑事庭审对质[J]. 重庆科技学院学报,2006(4).
② 易延友. "眼球对眼球的权利"——对质权制度比较研究[J]. 比较法研究,2010(1).

除上述一般性原则以外,法庭对质作为质证中的特殊情况,还应遵循以下特有原则。其一,一对一对质原则。对质虽然是隔离审查原则的例外,但这并不意味着对质可以同时在多名证人之间开展,对质人数应严格限定在两人,也即一次对质只允许两名证人一对一进行。一对一的方式有利于法官更有效地控制对质过程,对于证人超出对质范围的陈述或其他不适宜的陈述法官能够及时予以制止,同时限定对质人数能够起到控制案件相关信息传播范围的作用,降低证人串供的风险。若允许三名及三名以上证人同时对质,则对质过程不可避免地会陷入混乱。首先,对质人数过多会造成法官难以对证人发言进行有效控制;其次,对质人数过多会增加证人、法官以及控辩双方在同一时间内接收的信息数量过多,容易产生模糊对质焦点甚至遗漏重要信息的情况;最后,三名及三名以上证人同时对质会干扰证人作证的独立性和自愿性。在非一对一的模式下可能会发生多数证人的证言在一定程度上相吻合,而少数证人的证言与之相矛盾的情况,在这种一对多的局面下,作为少数一方的证人可能会因为从众心理或迫于压力而更改证言造成串供。其二,严格控制对质范围原则。证人在对质过程中陈述的证言范围以及互相辩驳质询的范围都应当受到严格的控制。法官在对质开始前须对双方证人证言的矛盾之处进行整理,整理后所确定的矛盾点范围即为对质的范围。法官引导证人围绕矛盾点展开对质,当证人陈述的内容超出对质范围时法官应打断其发言,提醒证人重新回到与矛盾点相关内容。严格控制范围的作用主要有以下两点:一是明确指出证人证言的矛盾之处,使矛盾点能够清晰地展现在证人以及控辩双方面前,不致发生争议焦点模糊不清的情形,从而提高对质效率;二是为证人明确划定对质范围可以避免证人在对质过程中透露与矛盾点无关的信息,防止证人被本不应知晓的信息干扰,影响证言的真实性。其三,职权式对质和辩论式对质相结合原则。所谓职权式对质,是指法官作为对质过程中的核心,由其主导并推进对质的全过程,通过法官的轮流询问实现证人的间接对质。在这种模式下法官占据重要的地位,充当证人对质的桥梁,证人之间并不以互相询问的方式直接对质,而是由法官向证人轮流询问,法官在要求证人甲对某一事实作出陈述后,向证人乙询问其对于证人甲证言中与其矛盾的地方作何陈述,根据证人乙的解释法官再对证人甲进行询问,如此循环往复直至矛盾澄清。所谓辩论式对质,是指证人作为对质的核心推进对质过程,双方证人以互相发问的方式进行直接对质。法官在辩论式对质中扮演消极的裁判角色,在为对质双方限定对质范围后便由双方证人相互发问、辩驳,在对质过程中法官不积极引导双方证人进行对抗,而只在证人"违规"发言(偏离对质焦点或其他不适宜发言)时予以制止,等待对质双方在直接对质中逐步暴露谎言。两种对质模式对比来说,一方面职权式对质有利于法官最大限度地控制对质过程,在法官的积极指挥下引导证人围绕对质焦点有序发言,而辩论式对质则易使对质陷入混乱无序的状态。另一方面辩论式对质比职权式对质更具冲突性和对抗性,直接的对质方式相较于间接的传话式对质更容易揭露证人的谎言,激发证人的潜在记忆。因此在对质的具体运作程序中,应结合使用职权式和辩论式两种对质模式,发挥各自优势以实现对质的功能。

4. 刑事诉讼法庭对质的程序

第一,刑事诉讼法庭对质的启动。在刑事审判活动中,对质的启动以控辩双方的申请为主,法官依职权启动为辅。当发生证人证言相互矛盾需要以对质的方式查清案件事实时,控辩双方可以向法官提出申请进行对质,法官根据申请判断是否符合对质条件,若符合条件则由法官决定启动对质。如果控辩双方未向法官提出对质的申请,而法官认为当前案件审理情况符合对质条件,有必要启动对质的,则法官可以依职权要求双方证人进行对质。

第二,刑事诉讼法庭对质的过程。法官宣布进入对质程序后,首先通知双方证人同时到庭,宣布对质时的注意事项。例如在对质的过程中,对质的双方以及公诉人、被告人、辩护人等需经过法官的许可方能进行陈述或询问,未经许可不得随意发言,当法官制止证人发言时,证人应立即停止发言。双方证人在对质时不得陈述与矛盾事实无关的内容,不得使用侮辱性的语言攻击另一方证人,也不得威胁、恐吓或利诱另一方证人。证人之间或控辩双方与己方证人之间禁止以手势、暗语或动作等传递消息,给予对方某种暗示或提醒,引诱证人作出违背真实意思的陈述。除此之外,法官在对质正式开始之前应先梳理归纳对质双方证言的矛盾之处,明确对质范围。其次,对质的具体运作程序可在职权式对质为主辩论式对质为辅和辩论式对质为主职权式对质为辅的两种模式中选择其一。在职权式对质为主辩论式对质为辅的模式中,具体对质过程如下:法官宣布对质正式开始后,按照证言的矛盾点轮流询问对质双方,引导证人再次陈述各自证言,让对质双方了解自己与他人所述有何矛盾,在一方证人陈述证言的同时另一方证人对自己的证言进行回忆和思考,再三确认自己所述内容是否真实肯定。

在一方证人完成陈述后,法官以其证言询问另一方证人,另一方证人的辩驳和陈述又成为法官再次询问先发言一方证人的根据,为了避免证言的冲突之处过多造成双方证人在对质中遗漏信息或掺杂无关信息,法官应针对矛盾点逐个询问。证人轮流接受询问后如仍有矛盾未澄清,法官可要求对质双方相互质问,证人的发言顺序由法官指定。在辩论式对质为主职权式对质为辅的模式中,具体对质过程如下:法官在宣布对质正式开始后要为对质双方释明对质的范围,即主要的矛盾争点,并告知证人应围绕矛盾点展开对质,随后便由双方证人开始互相询问。证人在相互质问过程中既可以围绕矛盾的事实向对方提出疑问要求对方作出回答,也可以指出对方证人证言的不实之处要求对方做进一步解释。在此过程中法官对双方证人的发言应及时控制,防止证人发生冲突的同时也要避免证人泄露过多信息引起串供。此外证人在发言之前应先明确其发言性质,例如"说明案件事实真相、指出对方发言不尽不实之处、向对方提出质问、驳斥对方发言内容,以及对另一方的揭发作辩解等"[1]。证人陈述时应尽可能详尽充分,对时间,地点,人物,事件的起因、经过和结果等进行详细说明,并提出相关证据证明其所述内容的真实性。在双方证人相互质问的过程中或质问结束后,法官可以对证人发问不明的问题或者证人提出的新事实进行补充询问,寻找突破口判断对质双方的证言真伪,发现事实真相。最后,在对质双方的相互质问结束后,公诉人、被告人以及辩护人在征得法官许可后可以对证人进行补充发问。由于对质的双方证人在文化水平、思维能力、社会经验和法律知识等方面存在差异,在面对面的对抗环境下,对质证人可能会因为情绪紧张或反应不及而忽略一些关键信息,错失向对方发问的机会,若此时控辩双方能够捕捉关键信息进行补充发问便可以扭转证人发问不充分的劣势,增强己方证言的说服力,促使法官对案件事实形成有利于己方的判断。经过证人的相互质问和控辩双方的补充发问,法官对于已消除矛盾冲突的事实应及时予以确认,若相关矛盾事实都已分辨清楚或双方证言虽仍存在矛盾但无碍于法官心证形成的,法官可宣布结束对质。除此之外,"为使对质过程具有可检验性和成果的可应用性,对质过程应被固定下来"。[2] 因此书记员应详细地记录对质的全程,包括法官的询问、证人的陈述、证

---

[1] 沈廷混.对质的条件和实施要领[J].甘肃政法学院学报,1993(2).
[2] 龙宗智.论刑事对质制度及其改革完善[J].法学,2008(5).

人的相互询问以及控辩双方的补充发问等,庭审结束后对质双方以及其他参与对质的相关人员应在对质记录中签字确认。

5. 刑事诉讼法庭对质中的特殊问题

除上述刑事诉讼法庭对质的基本制度以外,还应关注以下几个特殊问题。

第一,存在特殊关系的证人之间原则上不适用对质。对质的证人之间应不存在可能对证人作证的自愿性产生影响的关系。在实践中有可能妨碍证人独立作证的关系主要包含如下几项:其一,证人之间存在亲属关系,如长辈与晚辈或兄弟姐妹间基于亲情而产生的保护心理,会使得证人在对质时改变自己原本的陈述,转而帮助对方完善证言,从而加大了判断证言真实性的难度;其二,证人之间存在从属关系,如上下级关系,领导与被领导的关系等,此时双方证人的地位处于实质上的不平等状态,当处于弱势地位的证人发现自己的证言与处于强势地位的证人证言相互矛盾时,很可能会因为种种顾虑而推翻自己的证言,服从对方的证言;其三,证人之间存在其他利害关系,如一方证人能够以其社会地位或以某些相关利益对另一方证人造成胁迫等情况。在隔离审查的原则下,证人之间本应互不知晓其余证人的身份和证言内容,然而一旦启动对质程序双方证人就会在面对面的情况下暴露证言中的冲突之处,若证人之间存在可能会受到胁迫的利害关系,则一方证人会因担忧庭外遭受打击报复或利益受损而非自愿地改变证言。因此当证言相互矛盾的证人之间存在以上可能会干扰证人独立作证的关系时,原则上不适宜进行对质。如果在具体案件中证人之间虽然存在上述利害关系,但因某些特殊原因并不会影响到证人作证的独立性,例如对质的证人之间虽然存在亲属关系,但亲情淡薄不足以产生相互包庇的心理,或者证人虽为上下级关系,但双方利益冲突,若下级改变证言会导致自己利益受损等情况,法官可以依据其自由裁量权决定是否需要启动对质程序。

第二,对拒绝对质的证人适当降低其证言证明力。双方证人同时到庭后,如果在法官宣布进行对质时出现一方证人拒绝对质的情况,则法官应向拒绝对质的证人作出释明,即一方证人拒绝对质须承担证言证明力降低的不利后果。对质是法官在相互矛盾的证言中判断证明力孰高孰低的过程,通过综合评判双方证人的语言、面部表情和肢体动作等,法官的内心会在对质中逐渐偏向其中一方的证言,从而作出一方证人证言的证明力高于另一方的认定。假若证人认为自己所述皆为真实情况,则该证人不会抗拒以面对面的方式和另一证人进行对质,但是若证人明知自己的证言中含有虚假成分,则该证人可能会因担忧在对质中被当场揭穿谎言而不敢接受对质。因而当一方证人以实际行动拒绝对质时,如证人拒绝出庭或出庭后保持沉默等,法官可推定愿意接受对质的证人其证言的证明力高于拒绝接受对质的证人证言。此外根据我国《刑事诉讼法》第一百九十三条规定,若证人拒绝作证的,法官可视情节轻重对证人予以训诫或拘留。因此对于证人来说拒绝作证要面临双重风险,不仅要承担证言证明力降低的不利后果,还可能会被处以拘留。

第三,鉴定人的对质。鉴定人不同于普通的证人,他们以专业知识和技能对案件中的专门性问题进行判断,协助法官查明案件事实。因鉴定人作证的问题具有相当程度的专业性,普通人不能对其充分理解和掌握,故而鉴定人在对质时与普通证人之间的对质存在一定差别,虽然大体上遵循对质的基本原则,但鉴定人不宜采用职权式对质模式而应采取辩论式对质模式,其原因主要有以下两点。第一,不同于普通证人亲身经历过案件事实,鉴定人所了解的案件范围仅限于其中的专门性问题,鉴定人适用辩论式对质模式其泄露与矛盾点无关信息的风险要小于普通证人。第二,在职权式对质模式中,双方对质需通过法官轮流询问的方式进行而不能直接对抗,若鉴定人对专门性问题的不同意见涉及较为复杂和深入的专业知识,法官对此又缺乏足够了解的话,这种以"外行人"引导"内行人"的对质方式不利于鉴定人充分表达其观点,并就专业相关的矛盾点展开深入辩驳。相反,在辩论式对质模式下,鉴定人在了解对方与自己意见的差异后,可以根据各自对相关专业知识的理解,以及在实际鉴定中的具体操作和对方鉴定人相互比对探讨,从中发现矛盾所在。

(四)"万盛小区盗窃案"庭审简介[①]

某市万盛小区发生一起盗窃案(以下简称"万盛小区盗窃案"),犯罪嫌疑人张某、杨某、范某被逮捕但拒不承认犯罪事实。案件移送到检察院后,检察院认为三名被告人虽然拒不承认犯罪事实,但依据警方提供的证据足以认定三名被

---

① 本案是关于共同犯罪法庭调查的自编案例,来源于马贵翔教授主持的国家社会科学规划基金资助项目"共同犯罪诉讼程序研究"(项目批准号:13BFX072)结项成果,摘录于此,供读者了解共同犯罪法庭调查程序。

告人的共同盗窃事实,遂提起公诉。法院在某年12月8日,进行了公开审理。公诉人在起诉书中指控被告人张某、杨某、范某三人经事先策划于某年10月3日用翻窗入室手段进入XX路万盛小区被害人王某居室盗走金项链三串(被害人自称18K金项链2串,分别重10克和15克;24K金项链1串,重20克)、中华香烟三条,总价值约15 000元。但三人均否认作案。法庭上的证明过程如下。

审判长宣布开庭以后,被告人张某、杨某、范某被带入法庭。在查明身份告知被告人诉讼权利之后审判长宣布开始法庭调查。

【公诉人举证辩护人质证阶段】

公诉人宣读起诉书以后,法官分别询问三名被告人是否承认公诉书指控的犯罪事实,三人均表示不承认犯罪事实。之后,法官宣布由公诉人提供证据。

公诉人先对被害人王某进行了发问。公诉人要求被害人王某陈述她的房间被盗窃的经过。王某说9月30日她离开家坐火车到九寨沟旅游,10月8日大约12点半回到家里,发现防盗门没有反锁,就觉得情况不妙。因为她清楚地记得走的时候是反锁了防盗门的,打开门进去以后,发现大衣柜里的衣服散落了一地,靠墙的长柜上的几个抽屉全部被拉开,东西扔得到处都是,她就意识到被盗,经过清点以后发现被盗物品有金项链三串,其中18K金项链2串,分别重10克和15克;24K金项链1串,重20克,中华香烟三条,总价值约15 000元。之后便报了案。

公诉人对王某发问完以后,三位辩护人分别就被盗物品的数量、规格的准确性反问了被害人,被害人王某解释了三根金项链的来源,声明自己的贵重东西自己不可能忘记,至于三条中华香烟全是软中华,是朋友在三个月前送给他们家的,藏在大衣柜里结果被盗窃者发现了。

对被害人王某的发问结束后,公诉人传唤刑警队主办本案的侦查员程某某出庭作证,主要对话如下。

问题:请先讲一下现场勘查的大致经过。

回答:XX派出所10月8日下午1点接到XX路万盛小区居民王某报案,称其家中被盗。公安局分局刑警队于下午两点钟赶到失主王某房间X幢X单元X楼X号。

现场勘察发现,防盗门完好无损,盗窃者是从西卧室窗户爬入然后到东卧室搜索到被盗物品。而从西卧室爬窗入室需要从一楼攀爬至三楼,主要依托工具是三楼至一楼的空调室外机,作案后打开防盗门离开。

现场未提取到鞋印指印等痕迹,但在西卧室窗台上也就是进入房间的窗台上发现一枚铜纽扣,被害人辨认后说,他们家从来没有过这种纽扣。初步认为是作案人爬窗入室时遗留在现场的。

盗窃时间应在9月30日至10月8日之间。考虑到从一楼攀爬至三楼作案者要不被人发现,一般会选择在深夜进行作案。经了解,对门住户在10月4日凌晨3点曾听到被盗住户防盗门开关门的声音,于是确定作案时间为10月4日凌晨3点。

侦查员讲完现场勘查大致经过后,张某辩护人问被害人王某,西卧室窗台上警察提取的铜纽扣是否经过了她的辨认。王某表示他们家确实没有那样的纽扣。

此后公诉人对侦查员程某某进行具体发问。

问题:现场勘察中你所发现的最有价值的信息是什么?

回答:最有价值的信息就是在西卧室的窗台上发现了一枚纽扣。王某当场辨认说他们家不可能有这样的纽扣,怀疑是入室行窃者翻窗时遗留。

问题:10月8日下午,现场勘察结束之后你还发现了哪些和被告人张某有关的信息?请按照时间顺序列举出来。

回答:

第一,调取监控录像显示10月4日凌晨3:20至3:30,万盛小区大门口先后出来三个人,其中一个高个儿的人和两个个头较矮的人。高个子提着一只装满物品的黑色袋子。这三个人从大门口出来后在门口右拐约50米的路边汇合。几分钟后三人一起打了一辆出租车。这辆出租车走了大约三公里停在了XX路X号陆家桥小区门口。三人从出租车上下来后进了小区。进大门时由于大门已经关闭,三人叫醒看大门老头开门后进入小区。看门房老头叫高某某。经询问,高某某说10月4日凌晨叫门的人他认识,名叫张某,住在小区X幢X单元X室。另外两个人没有注意是谁。经调取户籍资料得知,张某28岁,身高1.62米,身体瘦小,应属于三人中最小最瘦的人。

对此证据的法庭审查过程:

此处法庭应公诉人要求播放了监控录像的相关内容,并且解释此监控录像显示信息的重要性。公诉人说,王某的对门住户曾听到凌晨3点钟王某家防盗门关门的声音,此时,极有可能是盗窃者作案后离开现场的时间。另外,从大门口出来的三个人一高俩矮,不仅人数相同而且体态相似,其中一个较矮的较胖的人走路有点跛脚,这一特征和保安范某的走路特征相同。3:20 至 3:30 在小区门口通常没有任何行人的情形下,出来三个人极有可能是本案犯罪嫌疑人。

张某辩护人认为,根据侦查员程某某的说法,小区面积很小,如果犯罪嫌疑人凌晨 3 点离开现场到大门口的时间 3 分钟就够了,根本用不到 20 至 30 分钟,要求传唤王某的邻居出庭作证,确定准确离开现场的时间。此外辩护人认为陆家桥小区门卫高某某是否看清楚了叫门人是张某,要求传唤高某某出庭作证。

针对辩护人的此项要求,公诉人再次发问被害人和邻居交往的大致情况,被害人王某说 9 月 30 日晚饭后她离家时碰到邻居的确曾告诉邻居去九寨沟旅游,大约 10 月 8 日回来。她旅游回来正在开防盗门时恰好碰到邻居主动给她讲 10 月 4 日凌晨 3 点曾经听到开关防盗门的声音,本来想立即打电话给她,但因为没有她的手机号而作罢,公诉人还进一步解释说他随后的举证会进一步说明作案时间在 10 月 4 日凌晨 3 点。鉴于此,法官驳回了辩护人的请求。

对辩护人提出的从离开现场到大门口的时间根本用不到 20 至 30 分钟的质疑,公诉人认为根据现场勘察情况,翻窗入户的极有可能只有一个人,另外两人在楼下望风。犯罪嫌疑人离开现场后可能在小区院子里逗留耽误了一定的时间。

对辩护人要求高某某出庭作证的请求,公诉人解释说本案侦查员之所以很快找到张某并查明他的身份就是高某某提供的线索。公诉人随后的举证将进一步说明高某某所说的是否真实,可以暂不传唤高某某出庭作证。鉴于此,法官暂时驳回了辩护人的此项请求。

第二,监控录像显示 10 月 6 日上午张某走出陆家桥小区门向左拐约 150 米到 XXX 路口,有一高一矮两个人已在路口等候,其中高个子还提着个黑色包。三人汇合后又往左拐大约 60 米到达一家小店铺门前,这是一家金银首饰打制店铺,约 10 分钟后离开。监控录像显示三人和店主有交谈和传递物品以及进出店铺的动作。之后三人又走到马路对面的一家香烟店,大约 5 分钟后离开。此后张某原路返回,另外二人打了辆出租车离开。

此时法庭应公诉人要求播放了监控录像的相关内容,然后当庭分别讯问了三名被告人,监控录像上显示的三人是否他们本人。由于此段监控录像是大白天的情形,视线好,三名被告人的相貌看得比较清楚,三被告人当庭承认是他们本人。随后公诉人解释说本案失主王某家被盗三根金项链和三条大中华香烟,此证据证明三人极有可能是去销赃的。另外此三人的身高体态和刚才播放的10月4日凌晨3点多离开万盛小区的三个人相似,特别是范某走路跛脚在这里得到了进一步的印证。据此认为是同一伙人。

对此辩护人认为虽然磁带录像显示的三人和10月4日凌晨3点走出万盛小区的三个人体貌特征相似,但不宜简单判断为是相同的人。

第三,在获取上述情况后刑警队于10月12日对张某住处进行了搜查并依法拘留,随后根据张某的交代又在绿陵小区拘留了10月6日上午跟他一起去首饰店和香烟店的另外两个人。其中高个子名叫杨某,矮个子名叫范某。在张某的住处大衣柜里发现一件有铜纽扣的紧身上衣,发现缺少一枚铜纽扣,便对此衣服予以扣押。在杨某住处发现一个黑色仿皮皮包,包里装着六条大中华香烟。这只仿皮皮包与10月6日上午去首饰店和香烟店时杨某所提的包相似。

此时应公诉人要求,侦查员程某某出示了紧身上衣原物、现场提取的铜纽扣一枚原物和黑色仿皮皮包以及六条大中华香烟的照片。紧身上衣经张某当庭辨认无误,黑色仿皮皮包及大中华香烟照片经被告人杨某辨认无误。上述所有物证也经过辩护人查验。公诉人解释物证的重要性时说,现场提取铜纽扣一枚,而张某的紧身上衣恰好缺少一枚纽扣,而且这枚纽扣和衣服上的其他纽扣大小和颜色相同,我们认为是张某穿紧身上衣翻窗入户时不小心把一枚铜纽扣掉落在现场。关于黑色仿皮皮包和大中华香烟我们认为杨某去首饰店和香烟店手提的黑包和我们扣押的黑色仿皮皮包是同一个包,并且在他去首饰店和香烟店时包里装的就是大中华香烟,回到他的住处后随手放在桌子上未加清理。

杨某辩护人认为监控录像距离较远,显示头像模糊,侦查员据此判断扣押的皮包和监控录像里杨某手提的黑色皮包是同一个皮包缺乏足够说服力,而且失主报案称说丢失的香烟是三条,而杨某包里装着的香烟有六条,这应该是一个疑点。

张某的辩护人特别提醒法官注意,经查验现场提取的纽扣和张某紧身上衣上的纽扣虽然颜色大小相似,但仔细辨认纽扣上的图案并不相同,同一件衣服使用不同的纽扣不符合日常生活经验。但公诉人认为本案张某紧身上衣的纽扣有可能在案发前就掉落过一枚,因找不到完全相同的纽扣就找了个相似的缝补上去,结果又掉落现场。

第四,10月13日我和另外两名侦查员去黄金首饰店询问店主。因店主拒不承认收购金项链的事实,我们随即对店铺进行依法搜查。虽然没有找到金项链,但找到了一个交易记录本,在交易记录本最后一页的空白上发现用铅笔写的字迹:"18K 35×300×0.75＝7 875;24K 20×300＝6 000;7 875＋6 000＝13 875"。

公诉人要求侦查员当庭出示了交易记录本,展示了最后一页的空白上记录的上述文字内容,三位辩护人当庭分别查验无误。

随后经公诉人要求传唤首饰店店主出庭作证,经公诉人询问,店主当庭承认交易记录本是自己的,最后一页上的字迹也是本人所写。经辩护人向证人发问,店主对字迹的解释是,很久以前有人打电话问金项链的价格,就随意拿起一支铅笔写下了上面的文字,至于三名被告人10月6日到店里去的情况,店主说好像记得确有三个人来过店里,但是不是被告人三人也记不清了,还说三人来店里只是询问制作戒指的价格而已,然后就走了。

让店主退庭后公诉人解释说,交易记录本上的字样所具有的证据价值是十分明显的:18K 35恰好是失主丢失的两根18K金项链的重量,24K 20恰好是失主丢失的24K金项链的重量,世界上没有这么巧的事吧。公诉人的合理推断是三名被告人10月6日去首饰店和店主谈收购金项链的事,店主在交易记录本上写下了价格计算方法。而三位辩护人认为监控录像只是显示了三名被告人去过首饰店,但他们去店里究竟做的什么,公诉人仅凭记录本上的字样就做出交易的推断有主观臆断之嫌。

【庭审进入集中听取并审查被告人对公诉人举证的意见阶段】

上述公诉人的举证结束后审判长便要求三名被告人发表对公诉人全部举证的看法。为了避免互相影响,在询问一名被告人时另外两名被告人被法警带出法庭候审。

被告人张某说:

警察在房子里找到的那颗纽扣根本不是我本人的,型号也不对,我衣服上缺少一颗纽扣已经是很久的事了,以后再没有补过。案发时他在家里睡觉,10月4日凌晨3点走出万盛小区的三个人中没有他,陆家桥小区门卫高某某虽然认识他,问题是那天晚上他说我叫门这是他胡说八道,不可能的事。至于10月6日上午我们三人去首饰店、香烟店的事,是因为我们相约去一处新开辟的景点"逍遥宫"去旅游而进去问路的。询问首饰店老板,老板说不知道,后又问香烟店老板也说不知道。事后我们三人又临时取消了旅游计划各自回家。

张某说完后,公诉人问他在家睡觉谁能证明时,张某说房子是他独立租用的,那天晚上也没有别人跟他睡在一起,所以无法证明。公诉人又问张某,既然是问路,在首饰店为何要停留那么长的时间?还跑到店里面?张某说用那么长的时间是因为除了问路还跟老板聊了天,走到店里面是因为洗手。

被告人杨某说 10 月 4 日凌晨他也在家里睡觉,对外面发生的事一概不知,录像上显示的 10 月 4 日连续走出万盛小区的三个人中没有他,10 月 6 日上午他们去首饰店、香烟店是问路的,当时提的黑色包里放的是食品衣物,警察在他住处发现包里装着六条大中华香烟是他回家后临时装进去的,准备给别人送礼,香烟是他自己买的。

公诉人问他在家睡觉有何证据时,杨某回答说房间里只有他一个人,无法证明;公诉人问他既然是去问路那么他们准备到哪里?杨某回答说准备去一家传说有歌舞表演的东北菜馆吃饭。公诉人又问他,到首饰店问路为何用那么长时间而且进入店里面干什么?杨某说进入首饰店是临时想观赏金银首饰,打听金银首饰的价格,他想给他的女朋友买首饰,所以要关心这些事。

被告人范某说 10 月 4 日凌晨他也在家里睡觉,无人可以作证。"10 月 6 日上午去首饰店、香烟店是问路的,具体去哪儿我不太关心,我们是好朋友,他们说去哪儿我就去哪儿,向来如此。他到首饰店里面是上厕所的。"

【对质程序】

三名被告人的集中陈述和对其陈述盘问结束后,公诉人认为,鉴于被告人张某否认侦查员程某某提供的 10 月 4 日凌晨陆家桥小区门卫高某某看到过他的证据,建议传唤高某某出庭作证,并与被告人张某对质。同时认为三名被告各自陈述之间又多有矛盾之处,建议组织三名被告人进行对质以便澄清:第一,10 月 6 日上午三人到首饰店里面到底做了什么;第二,三人到首饰店所谓问路的具体情况。而辩护人认为三名被告人都已经表明了自己的见解,如果公诉人有什么不清楚的地方可以单独盘问,就是把他们叫到一起对质也解决不了问题。合议庭经短暂评议后,审判长宣布同意公诉人对质建议,便决定先由三名被告人相互对质。张某和杨某被带入法庭后,三名被告人站成一排开始进行对质。

关于三名被告人到底为什么进入首饰店。公诉人指出：

张某说他进入首饰店是要洗手；杨某说他进入首饰店是想观赏首饰，顺便打听首饰价格；范某说他进入首饰店是上厕所的。对此，被告三人做何解释？三名被告人沉默一会儿后，杨某首先说进入首饰店之前本来就没有商量过，各干各的。张某和范某随即表示同意杨某的说法。

此后三个辩护人也表示各干各的，并不矛盾。

关于三名被告人问路的目的地。公诉人指出：

张某说问路是打听去逍遥宫的路线，而杨某说是打听最近东北餐馆吃饭的道路，你们到底问的什么路？请张某和杨某解释清楚。沉默一会儿后，杨某说我们打算先吃饭，然后再去逍遥宫。在问路的时候，张某问的是去逍遥宫的路线，而我问的是去东北菜馆吃饭的走法。张某随即表示事实就是这样。公诉人追问道，既然如此，为何张某在刚才回答问路目的地时只说了逍遥宫而没有涉及去东北菜馆吃饭的事，杨某则只讲了去东北菜馆吃饭而未讲去逍遥宫的事情？对此，张某说他最关心的是去逍遥宫旅游，所以就讲了主要的，杨某则说他最关心去东北菜馆吃饭的事，所以没说去逍遥宫旅游的事。

陆家桥小区门卫高某某被传唤到法庭后，公诉人问他是否认识庭上的三个人，高某某手指张某说认识他，住在我们小区，进出门口经常见面打招呼。公诉人又问他10月4日凌晨，大约3点多是否见过张某？高某某说："我见过，警察还问过我，做了笔录按了指印。"

公诉人让他讲一讲当时的情形，高某某说："那天凌晨小区大门已经关闭，我也马上就睡着了，突然听到窗户上有人敲玻璃的声音，我问是谁便打开窗户，发现是张某叫门，当时我还说这么晚才回来？他说在外面吃饭了。我按了电动按钮后大门慢慢打开，发现他们总共进了三个人，其他两个人没注意。"

公诉人问高某某怎么那么肯定？是看到了张某吗？高某某说肯定没有问题，他的声音长相身材一看就知。这时公诉人转而问张某对高某某的说法有何意见？张某犹豫了一下后，说反正那天他在家里睡觉，高某某肯定是看错人了。公诉人又问高某某你看错了吗？高某某说绝对不会看错。

公诉人又问高某某，对另外两个人是否真的没有一点印象，让他回忆一下。高某某说只记得其中一个人个比较高，公诉人让他好好回忆一下当时的情形。此时三位辩护人表示反对，认为公诉人是在诱导，要求停止提问。法官表示公诉人可以继续提问。高某某回忆了一会儿说：

"我想起来了，记得当时他们三个人进大门后其中一个人说'老大不是说要买香烟吗？我替你出去买'，这时走在最前面的高个子回头说了一句'不用买了'。"

此时公诉人让他看一看法庭上的三名被告人中有没有他所说的高个子，高某某看了一会儿三名被告人，指着杨某说应该是他，有点面熟。此时杨某的辩护律师问高某某你确定是他吗？高某某说不能说完全确定但可以说很像他。辩护人进一步追问当时天还没有亮你能看到他的面孔吗？高某某说，当时大门口有一盏灯是常亮的，虽然灯光不太明亮，但大致可以看清楚一个人的脸。辩护人说，不要说"好像""大概"，到底看清楚没有？此时公诉人表示反对，说证人高某某描述的是事实，他不肯定但是他说很像，这符合日常生活经验。辩护人进一步追问，请高某某解释为什么会认为很像？高某某说他当时回头的时候看到的脸是长脸、皮肤白、长头发戴着一副眼镜，与现在庭上的这位高个子很相似。公诉人进一步问高某某说，你刚才说进大门时有一个人问"老大你不是说买香烟吗"？你确定有人问过这句话吗？高某某说确定，但肯定不是张某问的，应该是第三个人问的。公诉人进一步强调，你确定在问话里有"老大"这个词吗？高某某回答确定。

【法庭辩论阶段】

在上述公诉人举证和证人对质结束后，审判长宣布法庭调查结束并转入法庭辩论。鉴于本案是共同犯罪，案情相对复杂，审判长要求公诉人先总结证据证明力，辩护人可做总结性质疑。

公诉人认为，被告人张某、杨某、范某合伙盗窃他人财物，已有足够的证据支持，证据的综合证明力已经达到了无合理怀疑的程度

首先，对三人实施共同盗窃行为有统一的、直接的证明价值的证据如下。

第一，10月4日凌晨3点多，也就是失主王某的邻居听到防盗门关门声音之后的20分钟内，从万盛小区出来的三个人共同打的到陆家桥小区，并且三人的体貌特征与三名被告人的体貌特征很相似。这一证据对于证明三名被告人作案后离开现场具有直接价值。

第二，监控录像显示并且三名被告人都承认案发两天后的10月6日上午10点多，三人一起去首饰店和香烟店。此事实重要性在于：其一，三人的体貌特征和10月4日凌晨从万盛小区出来的三个人体貌特征高度相似；其二，王某丢

失了金项链和香烟,而三名被告人事后恰巧去首饰店和香烟店。此事实对于证明三人盗窃后去销赃具有重要的直接的证明价值。

第三,从首饰店找到的交易记录本上写有"18K 35×300×0.75＝7 875;24K 20×300＝6 000;7 875＋6 000＝13 875"字样与王某丢失的金项链数量、型号、价格高度吻合;从杨某处找到了装有大中华香烟的黑色皮包,并且这个皮包和监控录像显示的10月6日上午三人去首饰店和香烟店杨某所提的皮包相似。这两项证据对于证明包括张某在内的三名被告人涉嫌盗窃后销售赃物具有进一步的直接的重要的证明价值。

第四,三名被告人都说10月4日凌晨他们都在家睡觉,但都没有人证明以及三名被告人对进入首饰店目的以及所谓问路的目的的解释自相矛盾,也对三人共同实施盗窃行为有一定证明作用。

其次,对三名被告人各自实施盗窃行为有直接证明价值,对共同实施盗窃行为有间接证明价值的证据如下。

对于被告人张某而言,第一,现场提取到的纽扣和从被告人张某住处找到的缺少一颗纽扣的紧身上衣相吻合。这种吻合不仅仅是数量上的吻合,更重要的是这颗纽扣和衣服上的纽扣颜色和直径相同,虽然仔细辨认这颗纽扣的图案花纹和衣服上的其他纽扣图案花纹并不相同,但放在一件衣服上常人是看不出来的。那么为什么张某的衣服上使用的这颗纽扣与其他纽扣有微小差别?合理解释应当是此案发生前张某穿的这件衣服就掉了一颗纽扣,但因为找不到完全相同的纽扣就找了一颗类似的纽扣缝补上去,这完全符合日常生活经验,本人就有过相同的经历。现场提取到的纽扣和从被告人张某住处找到的缺少一颗纽扣的紧身上衣相吻合,对于证明张某到过现场有重要的直接的证明价值。

第二,陆家桥小区门卫高某某非常确定地指认张某就是10月4日凌晨要求开大门的人。这一事实对于证明张某涉案后离开现场回家具有重要的直接的证明价值。

第三,被告人张某身体瘦,体重只有90斤,身高只有1.62米,此证据对于证明张某具有攀爬能力并进而对证明张某入室行窃具有一定的证明价值。

对于杨某而言,10月4日凌晨从万盛小区打的到陆家桥小区以后,看门房的高某某说有一个高个子、长脸、白皮肤、长头发、戴眼镜,和本案被告人杨某相貌很像。这一证据对证明杨某存在盗窃行为具有重要的直接的作用。

对于范某而言,10月4日凌晨从万盛小区出来的三个人中有一个人走路跛脚,这一特征和范某本人的实际状况相符合,这一证据对于范某的盗窃行为有直接证明作用。

以上证据所构成的证据链已经无合理怀疑地证明了三名被告人共同实施了盗窃王某财物的行为。把这些证据连贯起来可以合理推断出三名被告人的大致盗窃过程:三名被告人图谋盗窃,经踩点和策划发现王某家适合盗窃。10月4日凌晨大约2:30到达万盛小区王某家楼下,按计划由身体瘦小、具有攀爬能力的张某从王某家西卧室窗口进入房间,杨某和范某在楼下院子里望风。张某入室以后在东卧室经仔细寻找,找到了王某放在抽屉里的首饰盒,拿到三根金项链,又在大衣柜里找到三条大中华香烟,之后打开反锁的防盗门下楼。在张某进入西卧室时由于身体和窗户的摩擦作用导致一颗纽扣掉落现场,张某并未意识到。打开防盗门,出门时恰好被对门的邻居听到关门声。张某下楼到达院子以后,在小区里逗留了十几分钟,为避免引起他人注意,三人决定分头走出大门。出大门以后三人打了一辆的士到达张某的住处陆家桥小区,进大门时被看门房的高某某目击。两天以后三人决定把偷到的东西卖掉,于是相约在XX路口汇合。到达首饰店后先在门口和老板交谈,老板随后让他们到店里面细谈,在店里面三名被告人和老板就三根金项链的交易达成协议,获得赃款13875元,首饰店老板之所以不承认金项链交易的事是担心为此而承担私自买卖黄金的法律责任。随后三人又到香烟店,但因价格问题和老板没有谈成,于是三人决定各自回家,香烟由杨某带回住处。

公诉人总结完以后,三名被告人的辩护人共同推举了张某的辩护人对公诉人的举证发表了三位辩护人都同意的总结性质疑,其观点基本重复法庭调查时观点,在最后的总结中主张,根据法庭调查和辩论形成的一个基本事实是公诉人提出的证明三名被告人共同盗窃的证据不能达到《刑事诉讼法》所要求的排除合理怀疑的程度。随后杨某的辩护人和范某的辩护人各自发表了独立观点,都强调直接证明杨某、范某盗窃的证据不足。

在公诉人和辩护人各自总结完毕后,审判长要求控辩双方发表量刑意见。

公诉人认为,张某亲自攀爬入室实施盗窃行为,在本案中发挥了主要作用,宜认定为主犯;杨某在三人中到底具有什么样的地位,陆家桥小区门卫高某某在出庭作证时讲到10月4日凌晨三人进大门时有人喊他老大,因此在案件中杨某有可能是主要策划人和领导人，建议法庭把杨某也列入主要犯罪人之列。至于范某从现有证据看，应该只是一个协助者，建议法庭认定为从犯。

三位辩护人在辩护中首先强调的基本观点是指控三人盗窃的证据不足，而审判长要求发表量刑意见，并不意味着对此基本观点的放弃。之后张某的辩护人认为张某在三人中年龄最小，没有前科记录，建议法庭量刑时考虑这一情况；范某的辩护人认为范某应属于从犯；杨某的辩护人强烈主张证明杨某是主犯的证据是公诉人仅仅提出高某某听到的"老大"一词是不够的，认为杨某也应该属于从犯。

在控辩双方发表了量刑意见之后，审判长宣布听取被告人最后陈述，之后审判长宣布因本案案情复杂，合议庭决定提交审判委员会讨论决定后宣判。

【本案简评】

第一，该案的一个明显特征是三名被告人都否认犯罪，其法庭调查过程是共同犯罪中最复杂的，而这种复杂性为全面解读共同犯罪法庭调查程序创造了良好条件，所以为典型案例。[①]

第二，该法庭调查过程总的来说是顺畅的，首先没有发现违反《刑事诉讼法》规定的情形，[②]本案辩护方对公诉人出示的每一项证据，都引发了比较多的辩论，这种辩论虽有法庭辩论提前之嫌，[③]但难得的是每个法庭调查过程是有效率的，未发现明显累赘之处。这说明本案的法庭调查有成功的经验可供总结。

第三，本案的证人对质花费了较多时间，有些是较为成功的。比如被告人张某和陆家桥小区门卫高某某的对质，不仅凸显了高某某证言的真实性，而且进一步挖掘出其他有价值的信息。而三名被告人的对质却收效甚微，这一现象提醒我们如何有效率地组织对质，特别是涉及多人对质的情形时应当设置什么样的规则来尽可能避免弄巧成拙是必要的。

[①] 根据我们调查获取的信息，实践中大多数共同犯罪被告人是承认犯罪的，可以说几乎不存在法庭调查。少部分案件是部分认罪，部分不认罪，这种情形下不妨让认罪的被告人可以指证另一部分不认罪的被告人，再辅之以其他证据，法庭调查的过程往往也较为简单。

[②] 我国刑事诉讼法律和有关司法解释规定的法庭调查程序总的来说比较原则，采用可以这样或可以那样的表述，给法庭调查提供了宽松的环境。当然，造成这种状况的原因主要是法学界对法庭调查规则科学性的探索不足而造成规则缺失。

[③] 法庭调查质证中自然引起的辩论反映了案件调查的规律，我国刑事诉讼法律关于法庭调查和法庭辩论的明确划分本来就有改革的必要。

（五）文献推荐

[1] 王欣,马书振.庭前审查程序不足及设立预审法官的构想[J].中国检察官,2014(13).

[2] 闫平平.法官预审制度研究[D].上海:复旦大学,2012.

[3] 丁晓明,苟振伟.公诉审查程序改革探究[N].人民法院报,2016-01-13(6).

[4] 柴晓宇.刑事证据开示制度研究[D].上海:复旦大学,2014.

[5] 吴小军.庭前会议的功能定位与实践反思——以 B 市 40 个刑事案件为样本[J].法学杂志,2020(4).

[6] 步洋洋.审判中心语境下的刑事庭前会议制度新探[J].河北法学,2018(7).

[7] 孙长永.当事人主义刑事诉讼中的法庭调查程序评析[J].政治与法律,2003(3).

[8] 彭海青.定罪量刑程序关系模式及其影响因素[J].社会科学家,2011(3).

[9] 赵江涛.法庭调查程序完善研究[D].呼和浩特:内蒙古大学,2013.

[10] 刘静坤.刑事案件法庭调查的基本原则和程序设计[J].法律适用,2018(1).

[11] 谢进杰.刑事法庭调查制度改革——以审判对象理论为分析工具[J].公民与法(法学版),2012(11).

[12] 朱德华.略论刑事审判法庭调查方式的缺陷及改革[J].政法论坛,1996(1).

[13] 王志坚.从形式化到实质化：我国刑事庭审质证的困境与出路[J].江西警察学院学报,2019(1).

[14] 施鹏鹏.职权主义与审问制的逻辑——交叉询问技术的引入及可能性反思[J].比较法研究,2018(4).

[15] 卢莹.庭审实质化视阈下交叉询问规则建构[J].南海法学,2018(2).

[16] 倪志娟.刑事诉讼交叉询问制度研究[D].长春:吉林大学,2013.

[17] 刘少军,马玉婷.庭审实质化视角下量刑程序完善研究[J].西部法学

评论,2017(3).

[18] 包献荣,张正昕.量刑程序多元化事实调查机制研究[J].法律适用,2021(2).

第七章 刑事审判简易程序

一、案例与问题

（一）国内辩诉交易第一案

2000年12月18日，两群人互殴。被害人王某小腿骨折、脾脏破裂。犯罪嫌疑人孟某承认因车辆争道，孟某自己和王某等数人发生争吵，孟某觉势单力薄，打电话叫来五六个人，最后发生互殴。案发15个月后公安机关没能抓到孟某同案的其他人。公诉机关牡丹江铁路运输检察院欲以故意伤害罪起诉孟某。辩护人认为该案事实不清，证据不足。而公诉机关则认为：追逃需要大量时间及人力物力，而且由于本案是多人混战造成的后果，证据收集也将困难重重。控辩双方意见严重分歧。为解决问题，公诉方建议辩方同意采用案件管辖法院准备试用的辩诉交易方式审理本案。辩护人征得孟某的同意，向公诉机关提出了辩诉交易申请。经双方协商：辩方同意认罪，并自愿承担民事责任；控方同意建议法院对被告人适用缓刑从轻处罚。协议达成后，公诉机关向法院提交了辩诉交易申请，请求法院对双方达成的辩诉交易予以确认。牡丹江铁路运输法院收到该申请，对辩诉交易程序进行严格审查后，决定受理。开庭前，合议庭组织被告人和被害人双方就附带民事赔偿进行庭前调解，达成赔偿人民币4万元的协议。2002年4月11日，牡丹江铁路运输法院开庭审理此案。法庭休庭合议后，当庭宣判：孟某犯故意伤害罪判处有期徒刑三年缓刑三年。这起国内第一例试用辩诉交易方式审理的刑事案件开庭时间仅用了 25 分钟。①

问题：

1. 在中国的法庭上使用美国的辩诉交易程序除了违法性评价外还应关注哪些问题？

2. 前述案例中的辩诉交易与美国的辩诉交易有何区别？

（二）被告人同意适用简易程序多次反悔案

在被告人贺某涉嫌诈骗的审查起诉阶段，检察官认为犯罪事实清楚被告人又认罪，移送起诉时建议法院适用简易程序。法院同意检察院建议。在向被告人送达起诉书副本时贺某也表示同意适用简易程序。考虑到贺某的诈骗行为是属于可能判三年以下有期徒刑的情形，遂决定由审判员赵某一人独任审判。开庭时，赵某按规定询问贺某是否同意适用简易程序，贺某突然表示不同意适用简易程序，赵某决定暂时休庭对贺某反复做思想工作，但贺某仍坚决表示不同意适用简易程序。赵某只好宣布中止审理，案件改为普通程序进行。数天后组成三人合议庭时，检察官通知主审法官，经与辩护人联合做思想工作，贺某已同意适用简易程序并签下书面保证，建议法院仍适用简易程序。法院遂决定仍由赵某独任审判。开庭时按程序询问被告人是否同意起诉书事实指控时，贺某又突然表示不同意起诉书指控，休庭教育仍不改口。赵某只好再次决定中止审理，案件改为普通程序。数日后再组成三人合议庭，开庭后贺某又表示完全承认起诉书指控并主动申请适用简易程序。审判长当庭驳回贺某申请，理由是不同意适用简易程序。

问题：

1. 本案被告人把法官玩得团团转的原因是什么？

2. 本案提供了哪些启示？

（三）被告人认罪认罚法院未采量刑建议检方抗诉案

2019 年 6 月 5 日，中铁公司总部纪检干部余某酒驾撞死人并且逃逸，案发 8 小时后投案。一审判决时，检方鉴于余某自愿认罪认罚，给出判缓刑的量刑建

---

① 国内诉辩交易第一案审结[EB/OL].(2002-04-19)[2021-7-17].https://www.chinacourt.org/article/detail/2002/04/id/3918.shtml.

议,但一审法院对此不予采纳,判处余某有期徒刑 2 年。此后,检方提出抗诉,但二审法院北京市第一中级人民法院认定,余某酒驾肇事致一人当场死亡,明知撞人却为逃避法律追究而逃离现场,置他人生命于不顾,可以认定其犯罪情节特别恶劣而非较轻,不应对其适用缓刑。此外,二审法院还纠正了一审认定余某构成自首并据此减轻处罚,以及余某酒驾却未据此从重处罚的裁量,最终改判余某有期徒刑 3 年 6 个月。①

问题:
1. 认罪认罚的案件允许上诉抗诉是否合理?
2. 法官的量刑判决与检察官、律师的量刑建议之间的关系?
3. 本案有何启示?

二、相关理论提示②

(一) 刑事简易程序概念与体系

1. 刑事简易程序的概念

刑事简易程序是指对普通刑事审判程序进行一定限度的简化所形成的审判制度,集中体现了诉讼的效率价值,具有以下几个方面的特点。

第一,以被告人认罪为前提。认罪是简易程序的基础,意味着此种情形下对承认的案件的事实可以不再调查。建立预审分流机制,刑事简易程序中的争点整理,就是询问被告人认罪不认罪,如果不认罪肯定不能适用简易程序。需要特别注意的是,当控辩双方均同意适用简易程序时,基于法官职权原则,法官仍有权力拒绝接受适用简易程序,而使用普通程序审理。另外,并非所有被告人认罪的案件都可以适用简易程序,社会影响比较大的案件(如死刑案件),即使认罪也不宜适用简易程序。

第二,程序的简化体现在可以把庭审事实调查部分予以省略。因为被告人认罪,对案件事实部分无异议的情况下,集中审证据交换、非法证据排除等都没

---

① 纪检干部酒驾撞死人后逃逸,一审获刑 2 年,检方抗诉求缓刑,二审改判 3 年半[EB/OL]. (2020-4-16)[2021-7-17]. https://baijiahao.baidu.com/s? id=1664134546490910200.
② 本部分内容源自马贵翔. 刑事简易程序的价值及其实现[D]. 北京:中国政法大学,2005.

必要,交叉询问程序也不再进行,证人可以不出庭,无须进行质证。

第三,法官独任审判。由于对案件事实无争议,从陪审制的功能出发,由陪审员进行审理便无必要,这就免去了挑选陪审员的程序,即节省了陪审团制度下组建陪审团,进而节省了由陪审员调查证据和事实的时间。法官独任审判是主体简化中的审判方简化的模式。

第四,一般情况下通过简易程序作出的判决不允许上诉,至少对已经自愿认罪的事实部分不应再上诉。另外,第二审也可考虑适用简易程序,不过二审简化审关注点还是对事实调查的省略。

2. 简易程序的体系划分

传统上,根据审判的方式和行为划分,将方式和行为进行简化。方式简化模式是指不考虑诉讼主体简化的前提下对诉讼主体实施诉讼行为的简化,其实质是放松对诉讼主体的程序约束而由诉讼主体根据其追求简易与效率的本性采取恰当行动。最具有代表性的简易程序划分成三类:认罪答辩程序、辩诉交易、处刑命令程序。

认罪答辩程序也叫作"提审""传讯""问罪"程序、认罪处刑程序,是指被告人在正式的法庭上承认指控事实后法官省略法庭调查而直接进行认定罪名和量刑的刑事简易程序。认罪答辩程序是英美法系国家普遍采用的一种简易程序。认罪答辩程序的实质是法官在被告人承认指控的情况下即推定指控为真实,因而它是一种推定真实的简易程序。这是一种典型的、传统式的简易程序。

辩诉交易是指法官在法庭上对控辩双方在庭审前就本案的事实、定罪和量刑达成的协议进行审查、确认的审判制度。辩诉交易程序是认罪答辩程序的发展形态。认罪答辩简易程序是在被告人认罪的情况下采用,若做进一步推论,即如果控辩双方对量刑问题也能取得一致,那么,法官则就量刑问题举行听证在较大的程度上将变得不必要。这样一来,调查与辩论都可以省去,法官主要在形式上对控辩双方的庭前协议予以确认就可以解决问题。当然,法官也有权进行实质审查。此类简易程序较为激进。

处刑命令程序是指法官对检察官的定罪量刑建议不经正式审判而予以审查、确认的刑事简易程序。处刑命令程序的基本操作程序是:检察官将自己认为合适的定罪量刑书面建议提交法官,法官先进行书面审查,如同意检察官的建议则以检察官的建议作出处罚令,此处罚令在被告人同意时等同于生效判决,被告人不同意则开始正式审判程序。处刑命令程序的实质是一种试探性审判过程。表面上,检察官以试探的心态把自己的定罪量刑建议提交法官,如法官、被告人同意则取得了用最简易的程序结案的效果。实质上,由于检察官在制作定罪量刑建议时根据案情和经验经过了深思熟虑,确信可以得到法官、被告人在绝大多数情况下的认可,体现了检察官的自信并具有极大的适用价值。如不做此种试探,处理案件的程序将变得费时费力。处刑命令程序较之辩诉交易程序在公正性方面有所降低,除了不举行正式审判外,被告人所受的压力可能大于辩诉交易,即被告人可能产生如不接受控方建议同时给法官增加麻烦会招致被判更重刑罚的恐惧。

在新的划分方式上,从控、辩、审三方构成,对主体进行简化后形成各种简易程序。主体简化模式是对刑事诉讼基本结构之一般形态的主体构成进行简化以后形成的刑事简易程序理论模式。

审判方简化(独任制),即单个法官进行审判。从其他国家的情况来看,独任审判一般适用于较轻微的案件。

控诉方简化(自诉案件),即国家公权力机关不作为控方,无公诉人和侦查机关,由被害人自行起诉。现在世界许多国家一般采取自诉的方法解决证据简明的轻微刑事案件,即在无法达成"辩诉交易"时,由刑事被害人亲自向法院起诉,由法院采取更简便的方法进行审判。自诉制度的设立同样是追求诉讼效率的结果。其理论依据有两点:一是轻微刑事案件侵害个人利益的比例较之轻罪、重罪侵害个人利益的比例要大,国家没有必要设置专门的侦查、起诉机关来耗费不必要的时间与费用,人常说"杀鸡焉用牛刀"就是这个道理,所以,对于简明轻微刑事案件可以由当事人直接起诉法院解决;二是自诉程序不能等同于民事诉讼程序。这是因为自诉案件也是刑事案件。所以,自诉人并非仅仅代表的是个人,同时也扮演着代替公诉人的角色。

控诉方简化(警察机关起诉),英国在1985年以前就一直采用主要由警察机关提起公诉的方式。英国在19世纪以前对犯罪实行私人起诉。19世纪随着警察机关的形成,警察机关逐渐承担起提起和处理诉讼的责任。在这方面,英格兰和威尔士的43个警察区构成了独立的起诉机关。警察机关作为控诉方的组成部分是否可以充当公诉人?警察充当公诉人从简化刑事诉讼程序的角度来分析也具有一定的必要性和可行性。其一,公诉的本质是代表国家起诉,检察机关代表国家起诉并不意味着必然排斥警察机关代表国家起诉。其二,对于那些简单轻微的又不属于自诉范围的刑事案件,由警察机关直接起诉是完全可以保证起诉和审判质量的,因为此类案件不必经过复杂的法庭调查,法庭辩论一般也不会复杂,由较高素质的警察充当公诉人是基本可以信赖的。此外,警察对案件直接进行过侦查应该说比检察官了解得更为清楚、直接,这也是警察起诉的一个有利条件。当然,为了防止出现混乱的局面,在警察起诉的操作层面可以增加程序设置。

辩护方简化(缺席审判),即被告人不出庭,庭审中只剩下控告方。缺席审判程序作为一种刑事简易程序的理由在于:其一,对潜逃的犯罪人及时予以判决避免了因等待抓获犯罪嫌疑人而必然造成的诉讼拖延,提升诉讼效率;其二,通过对潜逃犯罪人的及时判决,防止了因日久天长可能造成的证据灭失引起的侦查、起诉和审判上的麻烦,有利于实体正义的实现。

缺席审判程序是在犯罪嫌疑人、被告人无法行使辩护权的情况下进行的,那么审判程序是否具有公正性?对此可以做两点解释:一是犯罪嫌疑人、被告人负有接受国家审判和追诉的义务,如果潜逃应当视为主动放弃辩护权并应当推定为他作有罪答辩;二是如果犯罪嫌疑人、被告人符合法律规定的指定辩护律师辩护的条件当然应当为他指定辩护人,此时的辩护人当然只能在他的委托人潜逃的情况下唱独角戏。

(二)刑事简易程序的理论基础

1. 公正为先

首先,不能本末倒置。必须在公正的前提下提高效率,一旦造成大量冤假错案,简易程序效率过高反而会造成负面影响。

其次,公正总要作出一部分让步,但不会很大。即使强调了在公正前提下提高效率,那么这么大的幅度,不在根本上损害,也肯定有一定程度的损害,不过这种损害是微小的,可接受的。比如美国的辩诉交易,犯罪嫌疑人实际上没有犯罪,但是担心自己羁押时间过长,在检察官的诱惑下就签字承认了一些不太重的罪名。不过,这毕竟还是有犯罪嫌疑人自己选择的空间。

2. 程序简化的底线

刑事简易程序大幅度提高了诉讼效率,但这只是一种表面现象,亦即所谓现象价值。一个不容回避的问题是,大幅度提高诉讼效率会不会影响到公正审理案件？为什么在同样能提高诉讼效率的前提下有的简化方法是可取的而有的简化方法是不可取的？这就涉及了刑事简易程序的本质价值问题。总的原则是，突破底线的简易程序是不可取的，未突破底线的简易程序是可取的。可见，所谓刑事简易程序的底线是指在确保公正前提下对刑事诉讼结构进行简化的最高限度，超过这一限度将走向刑事诉讼目的的反面，背离设立刑事简易程序的目的。在具体操作时把握的关键是刑事诉讼结构的哪些内容是不能简化的，刑事诉讼程序的简化不应突破以下两个原则。

第一，自然正义原则。一是法官中立。即任何人不能做自己案件的法官，法官在刑事诉讼中的任务在于全面听取控、辩双方的意见，并最终形成对证据和事实的判断，其应当超然于双方。二是两造对抗。法官应当直接听取双方当事人的陈述，维护当事人平等的陈述权。

第二，正当程序原则。刑事诉讼基本结构是指刑事诉讼控辩审三方的基本关系（以法庭审判的三方组合为主），这是刑事诉讼结构的一般形态，此种形态的实质是诉讼的基本结构。在此基础上设立陪审团制度，则形成了刑事诉讼的完善形态。相对普通诉讼结构一般形态进行诉讼结构简化，便形成了简易形态。可见，一般形态是相对于完善形态（以陪审团审判为标志）和简易形态而言的，一般形态介于完善形态和简易形态之间。不论案件审理程序简化到什么程度，一定要呈现等腰三角的构造：法官中立，控辩平等。公正的刑事诉讼之结构的一般形态，在理论上可作两个层次的解析，一个是静态结构，一个是动态结构。刑事诉讼基本结构之静态结构是以控辩平等与法官中立的基本格局为主，以控、辩、审各方内部构成为辅。刑事诉讼基本结构之动态结构是指在静态结构之下增设一些程序性规则以使刑事诉讼结构能够公正而有效地运作起来的动态模式。一般认为，应坚持正当程序原则，自然正义原则太低。总之，刑事简易程序的底线坚持的是刑事诉讼基本结构的基本精神，不管主体构成是否完整，只要平等，只要中立就没有突破底线。

（三）认罪处刑程序

认罪处刑程序也叫认罪答辩程序，它是指被告人在正式的法庭上承认指控事实后法官省略法庭调查而直接进行认定罪名和量刑的刑事简易程序。英国最为典型。认罪处刑程序的实质是法官在被告人承认指控的情况下即推定指控为真实,因而它是一种推定真实的简易程序。认罪答辩程序是普通审判程序的前置程序但也是正式审理程序。认罪答辩程序提高诉讼效率的依据在于把大部分被告人认罪的案件阻挡在普通审判程序之外并使用简易的前置但也是正式的审判程序解决案件。如果不设此程序将使大部分已经策划并组织起来的普通审判程序包括陪审团审判因被告人的认罪变得不必要并形成浪费。事实上,因为大部分被提起公诉的刑事被告人是认罪的,所以认罪答辩程序是极具预见性与务实性的刑事简易程序。认罪处刑程序的适用范围极为广泛,它可适用于几乎所有案件,包括自诉、警察起诉、未达成辩诉交易或因不属于辩诉交易范围无法达成辩诉交易的情形,认罪处刑程序广泛的适用性决定了它旺盛的生命力。

1. 启动

(1) 开庭

对于未达成辩诉交易也未按处刑命令程序处理的起诉,法院必须先举行认罪处刑程序。对于经过预审的正式起诉,法官择日开始提审被告人。

(2) 被告人认罪答辩

审判开始后法官要征询被告人对起诉的意见。被告人对法官的询问可以作出三种回答:第一种是承认指控事实的答辩;第二种是否认指控事实的答辩;第三种是保持沉默或表示不愿争论的答辩。被告人一般是承认指控的事实。依照英国的法律,有罪答辩只能由被告本人作出,而不能由被告人以外的其他任何人提出,否则,对被告人的有罪裁决无效。

2. 审理

法官(且只有法官有权)自由裁量审查,并对被告人承认指控事实进行审查。第一,向被告人提问。了解被告人认罪是不是真实意思表示,询问其是否受到威胁或利诱,是否明白承认指控事实可能导致的定罪或判刑的后果。如果被告人的承认不是出于自愿或者被告人有精神病史,法官应当裁定被告人的承认无效。第二,要求公诉方出示证据。被告人虽然承认指控事实,但法官如认为必要也可以对事实做进一步调查,包括向控辩双方调取必要的证据材料,以全面把握被告的真实情况。在英国,被告在作有罪答辩的情况下,法庭必须注意收集和查清如下五个方面的情况。一是被告人的一贯品格表现及其有无前科的报告。依照英国的法律规定,该方面的情况由被告人所在地的警官提供。警官提供的材料报告中应当包括:(1)被告人在以前是否有犯罪前科;(2)被告人的年龄、受教育程度和捕前职业;(3)被告人的家庭和亲属情况以及声誉、交际等方面的情况;(4)被告人被逮捕或被采取其他强制措施的日期,是否已实行保释以及最后一次被释放的日期等问题,必须如实陈述;(5)如果警官断言被告人同品格不好的人有来往,必须能够根据自己的了解提供确凿的证据加以证明。二是被告人在候审期间的现实表现。该材料应当由羁押被告人的看守所的负责人提供,主要是使法官通过被告人在看守所的现实表现,了解被告人的思想动向及情绪变化。三是被告人的精神情况的法医鉴定报告。四是有关被告人的一份社会调查报告。这份社会调查报告通常是在审判前经被告人同意而由负责该地区的缓刑官整理准备的。

3. 决定与救济

法官在确认被告人对指控事实的承认是出自真实意思的表达后应宣布接受被告人的承认。之后可省略法庭调查而由控辩双方就犯罪构成罪名以及量刑进行辩论,之后作出判决。

如果被告人否认指控事实、保持沉默或表示不愿答辩时,法官应当宣布休庭并于之后择日举行陪审团或合议庭审判。被告人承认指控事实,指控事实的含义应当限定为承认影响到犯罪构成和定罪量刑的所有事实,如果被告人否认的事实法官认为不影响犯罪构成和定罪量刑也可以看作是对指控事实的承认。如果法官认为被告人否认的事实影响到犯罪构成和定罪量刑,则视为否认指控事实。一般而言,如果被告人否认犯罪构成事实宜举行陪审团审判;如果被告人否认罪名与量刑事实宜举行合议庭审判。

认罪处罚程序也有救济机制。被告人对经认罪处刑程序作出和判决的犯罪构成、罪名以及量刑有权提起上诉。对于自己承认的事实部分无权提起上诉。

(四)辩诉交易的运作

1. 启动

(1)启动时间

辩诉交易一般应当在提审或问罪之前达成协议并通知法院,以便法院在履行提审或问罪这样的认罪答辩程序中及时完成正式审查。

(2)启动前提

检察官掌握的证据不足。在绝大部分情况下辩诉交易是由检察官首先提出的。检察官提出辩诉交易的前提当然是被告人拒不承认犯罪,如果被告人事先承认犯罪,检察官也不可能提出辩诉交易。检察官出示交易协议,一经出示就启动辩诉交易程序了。

(3) 检察官告知

在确定提出辩诉交易后,应将辩诉交易的意图通知被告方。如果被告方同意则正式开始谈判,如果不同意,检察官还可以作一定的说服工作。正式谈判的核心是一种讨价还价。被告人的谈判筹码是承认犯罪即作出有罪答辩;检察官的谈判筹码主要是在指控上作出让步。控辩双方谈判可以对定罪量刑全部达成协议。根据美国《联邦刑事诉讼规则》第11条(e)款之规定:检察官与辩护律师之间,或者与被告之间可以进行讨论以达成协议,即被告人对被指控的犯罪,或者轻一点的犯罪或其他相关犯罪作承认有罪的答辩或不愿辩护也不承认有罪的答辩,检察官应做下列事项:①提议撤销其他指控;②建议法庭判处被告人一定刑罚,或者同意不反对被告人请求判处一定刑罚,并使被告人理解检察官的建议或被告人的请求对法庭均没有拘束力;③同意某一具体判决是对该案件的恰当处理。

2. 审查

与认罪答辩程序类似,法官对辩诉交易的正式审查,可以提问、要求出示证据。在控辩双方达成定罪量刑协议后应在举行认罪答辩程序之前通知法官。法官不参与双方的谈判。法庭应要求在公开法庭宣布该答辩协议并记录在案;如果有充足的理由也可以不公开进行。该答辩协议对法庭没有硬性约束力。法庭可以接受也可以拒绝该协议。如果接受该协议,应当通知被告人准备按协议定罪量刑。如果拒绝该协议,应当通知被告人并记录在案,被告人可以撤回答辩。对于答辩协议的正式审查,法律规定了一些要求:(1)法官必须确信该辩诉交易是在自觉自愿且有事实基础上作出的;(2)法官必须保证被告了解做认罪答辩的后果,即放弃了被公审的权利并且承认有罪。

3. 决定与救济

决定主要是指是否接受协议,法官接受认可协议则协议本身就作为判决书。救济机制是确保该程序有效运行的基础。交易协议中达成一致的问题都不允许上诉。被告人在庭审结束后撤回认罪的条件也较为严格,通常只有在避免明显非正义的情形时,才有可能被允许撤回。

（五）处刑命令程序的运作

处刑命令程序是指法官对检察官的定罪量刑建议不经正式审判而予以审查、确认的刑事简易程序。该程序是德国最为典型的简易程序。

1. 启动

检察官移交处罚令（处罚建议）意味着处刑命令程序的开始。适用范围主要是一年以下的案件，有点类似治安管理处罚案件，比例很高，因格式类同判决书，才有"检察官提前写好判决书"的说法。检察官应事先制作类似于判决书的处罚令申请，法官和被告方所作的只不过是签署而已。德国《刑事诉讼法》第407条规定，法官签发处罚令时，只允许对行为单处或者并处以下的法律处分：罚金、保留处罚的警告、禁止驾驶、追缴、没收、销毁、废弃、对法人或者联合会宣告有罪判决和罚款；在不超过两年的时间内禁止颁发驾驶执照的剥夺驾驶权；免于处罚。被诉人有辩护人的时候，如果是缓期执行交付考验的，也可以对他判处一年以下的自由刑。可见，处刑命令程序适用的案件范围是那些轻微案件。

2. 审查

首先，法官在接到检察官的处罚令申请后，应对该处罚令进行审查。法官审查不用开庭，在办公室审核提交的材料。有人据此提出是书面审查程序，但是实际上和书面审具有实质性差异。

其次，公开征求被害人意见。为了保护刑事被害人权益，检察官提出的处罚令申请应有被害人同意的签署意见，这就要求检察官事先与刑事被害人取得一致。

3. 决定与救济

（1）决定程序

法官在接到检察官的处罚令申请后，应对该处罚令进行审查，如不同意处罚令有权拒绝签发，处罚令无不当时应当予以签发。法官在同意或签署处罚令申请后应将处罚令送达被告人，在法定期限内被告人签署同意的，法定期限届满时处罚令生效。在法定期限内被告人签署不同意或拒绝签署的，法定期限届满后处罚令失效。为慎重行事，被告人在签署处罚令时应获得辩护律师的帮助，被告人没有委托辩护律师的应当为他指定。

（2）不准上诉

生效处罚令是被告人签署同意的判决书，因而禁止被告人对生效处罚令提起上诉。

三、扩展阅读

（一）认罪认罚从宽制度的有关争议

认罪认罚从宽制度中量刑建议之效力和被告人上诉权在理论界存在争议。

首先，认罪认罚从宽制度中量刑建议的核心问题实际上是其效力问题。根据2018年修订后的《刑事诉讼法》第二百零一条的规定，对于认罪认罚从宽案件，法院一般应当采纳检察机关指控的罪名和提出的量刑建议。根据全国人大法工委工作人员介绍，这样规定的原因在于：一是它属于认罪认罚的法律后果的一部分，即总体上法院对案件的实体性判断是从宽把握的，通过这种方式，有利于鼓励犯罪嫌疑人认罪认罚；二是提升了检察院量刑建议的法律效果，使得量刑建议更具分量，犯罪嫌疑人在考虑认罪认罚时，能够对认罪认罚产生的法律效果有直观的预期，也能较好地实现犯罪嫌疑人认罪服判。①

有学者将量刑建议的效力场域剖析为两个方面：一是从诉讼主体上来看，量刑建议对指控方、被追诉方、裁判方均应具有相应的约束效力；二是从诉讼流程上来看，审判阶段是发挥量刑建议效力的主要场域。② 有学者认为，量刑建议定位上的激励性、内容上的合意性以及程序上的枢纽性是认罪认罚从宽程序中量刑建议的鲜明特质。这决定了认罪认罚案件的量刑建议应当产生对量刑裁判更强的制约力。③

对量刑建议效力的不同观点使得学界对我国《刑事诉讼法》第二百零一条第一款规定的"一般应当采纳"条款的理解产生了争议。有学者指出，经与辩方协商一致后确定的量刑建议能否对法院形成约束？在这一问题上，目前各国立场基本一致，即认为量刑是法律适用问题，属于法官的职权范围，尤其是2005年以后，美国联邦量刑指南被最高法院认定为不具有强制性，只是"建议性的"，上述立场从比较法的角度来看已经没有例外。因此，经控辩双方协商一致的量刑建

---

① 王爱立.中华人民共和国刑事诉讼法释义[M].北京：法律出版社，2018：429—430.
② 卞建林，陶加培.认罪认罚从宽制度中的量刑建议[J].国家检察官学院学报，2020(1).
③ 闫召华.论认罪认罚案件量刑建议的裁判制约力[J].中国刑事法杂志，2020(1).

议对法庭没有约束力,对审判中查明的犯罪行为如何量刑,属于法庭固有的职权。通过"一般应当"这样的表述让法院在试点期间尽量配合,无可厚非。但是,如果这种明显具有约束意味的条文出现在严肃的国家立法中,不仅不符合诉讼原理,而且违背"人民法院依法独立行使审判权"的原则。[①] 有学者明确指出"一般应当采纳"条款,在立法论上存在明显失误,对控审分离这一刑事诉讼基本原则造成了相当程度的冲击。为化解立法带来的不利影响,应在解释论层面探索适用该条款的妥善方案:一方面,允许法官在提供特别论证的基础上,不采纳检察机关的量刑建议,并通过上诉审的事后审查机制敦促法官善尽论证义务;另一方面,当法院决定不采纳指控罪名与量刑建议做判决时,应充分保障被告人的程序选择权,并探索在审判阶段适用认罪认罚从宽制度的具体方式。[②] 有论者认为,"一般应当采纳"条款使得量刑建议成为一种"准司法裁判",侵蚀了法院审判权的完整性,加重了被追诉人自白(认罪认罚)在刑事诉讼中的重要性,弱化了法院对案件实体真实的追求。[③] 也有学者认为,量刑建议仅具取效性质,无任何直接的实体效力。虽然《刑事诉讼法》第二百零一条第一款的"一般应当"只能解释为"应当",但将该条第二款的量刑建议"明显不当"与第一款的"其他可能影响公正审判的情形"相关联,仍可维持审判机关在量刑中的决定地位。[④] 但也有学者认为,控辩主导下的量刑建议效力转型与审判权统一归属法院并不矛盾。传统刑事司法模式中量刑建议的作出具有闭合性,由检察机关单方面予以垄断,此时量刑建议与法院量刑裁量权是"权力对权力"的关系。在这一语境中,量刑建议权是起诉权之组成部分,法院是中立的最后裁决者,方合刑事诉讼"等腰三角形"之传统三方构造。此时量刑建议作为控方一种"请求",于法院仅具"参考"之效用不言而喻。"认罪认罚从宽"项下,随着量刑建议的形成过程从闭合走向开放,被追诉方开始参与并直接影响量刑建议之最终内容,就"凝聚控辩合意"而言,量刑建议具有契机与载体双重意味。也就是说,此时量刑建议渗入了"权利"属性,其与法院的量刑裁量权变成"权力+权利对权力"之复合关系。甚至,于当事人主义视角观之,此时检察官所提出的量刑建议相当于当事人间

[①] 魏晓娜.结构视角下的认罪认罚从宽制度[J].法学家,2019(2).
[②] 孙远."一般应当采纳"条款的立法失误及解释论应对[J].法学杂志,2020(6).
[③] 熊秋红.认罪认罚从宽制度中的量刑建议[J].中外法学,2020(5).
[④] 陈卫东.认罪认罚案件量刑建议研究[J].法学研究,2020(5).

的"调解协议",法院"一般应当"对其效力予以尊重,合乎逻辑。①

其次,关于应否限制认罪认罚被告人上诉权问题,实务界和理论界存在分歧,法律实务界主导性意见则主张对认罪认罚被告人的上诉权进行严格限制,只有在例外情况下,被告人才应当被赋予上诉权。② 理论界的主流观点是支持被告人的上诉权,但具体观点也有区别。有论者认为,参考域外认罪协商类制度上诉权的范围以及被告人权利保障、司法风险、效率等价值之间的平衡,我国应限缩认罪认罚案件的上诉权。应基于被告人上诉的真实动因进行分类,设置有条件的上诉权。③

有学者从比较法的角度对此问题进行了考察,认为英美法对认罪的被告人就定罪问题的上诉权进行了极其严格的限制,但对其不服量刑的上诉权仍然给予保障;大陆法系的意大利、德国也分别通过立法或者实践对认罪协商案件中的上诉权进行了限制。我国认罪认罚从宽制度的运行条件与域外不同,现阶段不宜对认罪认罚案件的上诉权进行限制。但从发展方向看,对认罪认罚被告人的上诉权进行一定的限制,乃是完善刑事诉讼中认罪认罚从宽制度的内在要求,也符合以审判为中心的刑事诉讼制度改革的趋势和刑事司法规律。在立法模式上,可以借鉴域外立法经验,对允许上诉的理由进行列举性规定;在立法修改以前,司法机关可以开展通过协议限制被告人上诉权的试点工作,但应提供必要的程序保障。④

也有观点认为应当根据认罪认罚案件适用程序的不同或者被告人判处的刑期,分别决定是否赋予上诉权。对于速裁程序案件,"由于是经协商处理的简单轻微刑事案件,且被告人也已经认罪认罚,再允许其上诉将严重影响该制度带来的效率价值";适用普通程序审理的案件,则"有必要赋予被告人上诉的权利,但需要重新限定提出上诉的法定情形"。⑤ 对于速裁程序审理的认罪认罚案件,应

---

① 郭烁.控辩主导下的"一般应当":量刑建议的效力转型[J].国家检察官学院学报,2020(3).
② 最高人民法院刑一庭课题组,沈亮.关于刑事案件速裁程序试点若干问题的思考[J].法律适用,2016(4);山东省高级人民法院刑三庭课题组,傅国庆.关于完善刑事诉讼中认罪认罚从宽制度的调研报告[J].山东审判,2016(3).
③ 赵菁.认罪认罚案件上诉问题研究[J].法学论坛,2020(1).
④ 孙长永.比较法视野下认罪认罚案件被告人的上诉权[J].比较法研究,2019(3).
⑤ 陈卫东.认罪认罚从宽制度研究[J].中国法学,2016(2).

考虑所判处的刑罚来考量是否赋予被告人上诉权:"适用速裁程序审理、判处有期徒刑一年以下刑罚的轻微案件由被告人自愿舍弃上诉权;适用速裁程序审理的判处被告人有期徒刑一年以上三年以下刑罚的较轻案件只能针对程序问题提出上诉;对判处有期徒刑三年以上刑罚的认罪认罚案件完全保留上诉权。"①

也有观点认为被告人只能以正当理由上诉。"被告人享有上诉权是毋庸置疑的",但"违背具结协议上诉无理的,不予支持,该依法发回的,坚决发回,不再按认罪认罚案件从宽程序处理,让'失信被告人'付出程序与实体双重代价。"② 有观点与之类似:"应当明确被告人的上诉权不可剥夺",但"对被告人否认指控的犯罪事实,不积极履行具结书中赔礼道歉、退赃退赔、赔偿损失等义务以及以量刑过重为由,而提出上诉,符合抗诉条件的,检察机关应当依法提出抗诉。特别是现阶段对检察机关提出精准量刑建议,法院采纳后被告人无正当理由上诉的,原则上应当提出抗诉"。③

也有观点认为不限制或者原则上不限制认罪认罚案件被告人的上诉权。基于我国刑事诉讼制度本身的缺陷及运行环境,"考虑到我国认罪认罚从宽制度在适用范围上具有广泛性、适用速裁程序的案件最高可判处 3 年有期徒刑、检察官的量刑建议有时缺乏精准性、量刑指南尚不完善、认罪认罚从宽具有强烈的职权色彩、被追诉人诉讼权利保障不充分等因素,对于认罪认罚从宽案件原则上不宜限制被告人的上诉权"。④ 有学者认为应允许认罪认罚案件被告人上诉,可通过细化操作标准、加强沟通来解决无理上诉问题。⑤ 还有观点认为,不应限制认罪认罚案件被告人的上诉权,较之修法和否定被告人的上诉权,更为恰当的做法是不断强化认罪认罚从宽制度的正当性,完善相关程序的操作规范。⑥ 也有学者认为,"应否限制认罪认罚被告人上诉权"的问题,需要在考量我国上诉审运作逻辑和认罪认罚从宽制度的实施状况基础上得出结论。结合上诉权理论以及若干

---

① 臧德胜,杨妮.论认罪认罚从宽制度中被告人上诉权的设置——以诉讼效益原则为依据[J].人民司法(应用),2018(34).
② 胡云腾.正确把握认罪认罚从宽 保证严格公正高效司法[N].人民法院报,2019-10-24(5).
③ 苗生明.认罪认罚后反悔的评价与处理[N].检察日报,2020-02-20(3).
④ 熊秋红.比较法视野下的认罪认罚从宽制度——兼论刑事诉讼"第四范式"[J].比较法研究,2019(5).
⑤ 周新.认罪认罚从宽制度立法化的重点问题研究[J].中国法学,2018(6).
⑥ 樊崇义,徐歌旋.认罪认罚从宽制度与辩诉交易制度的异同及其启示[J].中州学刊,2017(3).

比较法经验,应明确认罪协商之基石在于"对抗基础上的合意",需有一系列制度安排予以保障;而认真观察我国认罪认罚从宽制度的立法渊源及司法实践,不难发现该制度运行充斥着职权主义,甚至强职权主义色彩。在完全实现审前正当程序保障、一审庭审实质化之前,我国二审程序功能的发挥,将仍遵循"职权主义自我修正"的逻辑主线,因此,全面保障被追诉人的上诉权是题中之义。① 有学者认为,应否赋予认罪认罚案件尤其是其中的轻罪案件被告人上诉权,这本质上是个价值选择问题。在我国,二审是为防止一审裁判错误而设置的监督与纠错程序;对被告人而言,二审是一种防止冤错、维护合法权利的救济程序。从逻辑上看,只要一审有可能发生错误,无论一审是适用普通程序审理,还是适用认罪认罚从宽制度以速裁程序、简易程序或普通程序简化审审理,均有设置二审程序进行再次审理的必要。因此,从价值选择的角度看,准许认罪认罚案件被告人上诉,更有利于司法公正的实现。当前语境下,不应剥夺认罪认罚案件被告人的上诉权,也不应以各种方式限制"上诉不加刑"原则的适用。②

(二)简易程序案件集中审理初探③

1. 问题的提出

为了应对诉讼案件的不断增长,在司法机关的员额不断增加的情况下,诉讼程序的简化也在不断推进。刑事简易程序在维持基本诉讼结构、保证诉讼公正底线的前提下实现了诉讼效率的极大提升。不同国家与地区不约而同地采取了繁简分流的手段来配置司法资源,正如波斯纳对平均主义的回应那样,"司法平等意味着相同案件相同对待,而不是对所有案件都相同对待"。④ 不论是辩诉交易还是书面审理,均有助于使占案件总数之大部分的简单案件的诉讼程序得到大幅简化,从而实现将大部分的司法资源分配给小部分争议较大案件以提升刑事案件效率的整体正义。从我国的司法实践来看,不论是美国的辩诉交易还是德国的处罚令程序,尚未全面引入。从司法实践的现状来看,简易程序的庭审时间普遍在10—30分钟左右,在庭审时间如此之短的情况下欲进一步提升程序效

---

① 郭烁.二审上诉问题重述:以认罪认罚案件为例[J].中国法学,2020(3).
② 汪海燕.被追诉人认罪认罚的撤回[J].法学研究,2020(5).
③ 本部分内容源自马贵翔、蔡震宇.简易程序案件集中审理初探[J].国家检察官学院学报,2014(6).
④ [美]波斯纳.联邦法院:挑战与改革[M].邓海平,译.北京:中国政法大学出版社,2002:182.

率,存在两种路径。一是在单个案件的层面,省略诉讼程序的某些环节,如全国人大常委会授权"两高"开展刑事速裁程序的改革试点,拟在刑事速裁程序开庭时不进行法庭调查和法庭辩论,便体现了上述思路。二是在多个案件的层面,将简易程序的特定环节予以集中审理。将集中审理制度予以规范化、正当化,将为简易程序改革开辟新天地,并为司法资源优化配置带来新的增长极。

简易程序的集中审理,指将多个简易程序案件进行集中审理。广义的集中审理包括审查起诉与集中审判,狭义的集中审理则仅指集中审判。集中审理的概念主要存在于两个层面,一个层面是单一案件的集中审理,一个层面是多个案件的集中审理。单一案件的集中审理要求单个案件审理的密集、持续进行,多个案件的集中审理则致力于将多个案件依一定的规则进行集中审理,着眼于多个案件审理程序的统筹性。单一案件的集中审理主要针开庭审判程序,通常适用于较为复杂的普通程序案件;多个案件的集中审理涵盖了检察院的集中审查与法院的集中审判,通常适用于较为简单的简易程序案件。

简易程序的集中审理,主要关注的是多个案件的集中审理,其主要包含两个层面:一是复杂集中,即将多个案件的特定环节予以集中,这种集中打破了每起案件的完整性,集中程度更高;二是简单集中,即将多个案件集中于特定时间段的集中审理,这种集中保留了每起案件的完整性。司法实践中,各地的探索以简单集中为主,同时也在积极探索着各种类型的复杂集中,如对案件程序环节、实体环节的集中审理。

新修订的《刑事诉讼法》及随后出台的一系列司法解释构建了较为完整的刑事简易程序制度,但对集中审理尚未作出细致规定。《人民检察院刑事诉讼规则（试行）》为了缓解案件压力,在第四百六十八条原则性规定检察院可以对适用简易程序的案件相对集中提起公诉,并建议人民法院相对集中审理,但简易程序集中审理在实践中仍面临制度概念不清、适用范围不明、运作规程不细等问题。[①] 在各地陆续开展简易程序集中审理的现实状况下[②],对该项制度进行正当

[①] 在2019年12月30日起施行的《人民检察院刑事诉讼规则》正式稿中删去了相关规定。
[②] 据笔者对公开报道的不完全统计,开展探索简易程序案件集中审理的主要有河北、浙江、山东、四川、广西、福建、吉林、湖北、江苏、安徽、山西、陕西、河南、甘肃、天津等省,主要做法将在后文涉及。当然,上述不完全统计并非意味着其余未公开报道的省市并未开展相关探索,如上海市同样开展了相关工作,只是并未公开报道或者未予大力报道。

化、规范化显得尤为重要。

2. 简易程序案件集中审理的基本原则

简易程序集中审理的着眼点在于效率提升,但在通过集中审理提升效率的同时,应当注意避免"手段的目的化":一要避免一味地提高个案效率而导致整体案件的效率下降,即效率均衡原则;二要避免一味提升效率而破坏案件实体的完整性,即实体完整原则;三要在提升程序效率的同时注意保障程序公正,即公正保障原则。

(1) 效率均衡原则

效率均衡原则要求对案件诉讼效率的提升应注意平衡单个案件的效率与整体案件的效率。刑事诉讼的效率包含两个层面:一是单个案件的效率,二是整体案件的效率。单个案件的效率提升并不必然意味着整体案件的效率提升,反之亦然。为了实现刑事诉讼的效率均衡,简易程序案件的集中审理应解决以下三个主要问题:一是限定简易程序案件集中审理适用的案件范围,防止特定案件对集中审理案件的诉讼效率造成消极影响;二是根据不同情况与需要,实行简易程序集中审判的多样化模式,针对不同的区域与案件类型采取不同的集中审理模式,如采取复杂集中与简单集中相结合的方式,对诉讼环节可以集中审理的案件实行复杂集中,实现实体环节的集中或者程序环节的集中审理,对诉讼环节难以集中审理的案件实行简单集中;三是处理好简易程序案件集中审理与案件等待之间的关系,既通过对简易程序案件的集中审理提升诉讼效率,又避免为了实现案件的集中审理而导致过分的案件等待。如山东滕州市检察院确立"集中管理、集中起诉、集中出庭、集中监督的流程'四集中'机制"。[①] 又如四川省检察机关探索"三集中三简化","三个集中即集中移送、集中起诉、集中开庭"。[②] 需要注意的是,若将本可早日结案的简易程序案件通过人为的不当延期来满足集中审理的要求,则反而可能本末倒置。若每周有6起案件开庭审理的,那么在一周中的某两天集中审理自然会在一定程度上提升效率。但若每月仅有6起案件开庭审理的,那么在当月的某两天集中审理自然会造成不必要的程序拖延。可见,在人均办案数较高的情况下,案件集中审理的效率提升更多而案件拖延更

---

① 张灿灿. 简易审案件"四集中"全部出庭没压力[N]. 检察日报,2012-04-19(1).
② 杨傲多. 四川检察常见案流水式轻松办结[N]. 法制日报,2012-06-12(5).

少,集中审理的需要也相应地更为迫切。反之,在人均办案数较少的情况下,集中审理造成的案件拖延更严重而效率提升更少。

(2) 实体完整原则

实体完整原则要求每一起案件诉讼程序的实体环节应保持完整,法庭调查与辩论环节不宜被拆分。简易程序案件的集中审理实际上就是将一类案件的人员要素与时间要素进行集中,即由特定的法官、检察官在特定的时间段进行案件审理。但并非案件的所有要素都可以成为集中审理的划分依据。刑事案件的人员要素、对象要素都具有明显的特定性。除履行公务的法官、检察官、侦查人员、鉴定人员等人员外,每一起案件的被告人、被害人、证人都具有显著的特定性。除相同被告人的不同事实会被集中在一次庭审中进行审理以外,多个案件出现相同的被害人、证人的情况并不常见。特定的审判对象是每一起案件必备的对象要素,审判对象相同的案件会受到一事不再理原则的严格规制。司法机关在探索集中审理的过程中,出现过对简易程序的实体环节进行集中审理的模式,即法院将简易程序中涉及案件实体性内容的环节进行集中的探索。如广西宜州尝试将法庭调查程序也进行了集中,即先由公诉人就集中审理的案件逐案宣读起诉书,被告人表示同意适用简易程序后,法庭再分别进行法庭调查、法庭辩论、被告人最后陈述,最后由法官统一定罪量刑并宣判。① 实体环节的集中审理将案件庭审程序解体,庭审调查阶段的公诉人宣读起诉书环节也被纳入集中的范畴,只剩下法庭调查的质证环节、法庭辩论与被告人最后陈述环节相对独立。福建云霄的探索还囊括了宣判②的集中,实行"三集中、三单独"机制,即"在法庭调查前集中核实身份、告知权利,庭审后集中宣判;个案单独庭审调查、单独辩论、单独听取最后陈述"。③ 案件人员要素与对象要素的差异导致不同案件的实体环节即使被集中审理也不会取得相应的效益。如法庭调查环节作

---

① 李贤.创造性解决"案多人少"难题——宜州市法院探索简易程序刑事案件集中审理模式之观察[N].广西日报,2013-4-24(10).值得注意的是,该院还使用了量刑规范化办案系统,法院将基本案情、确定量刑起点、确定基准刑、确定宣告刑、常见量刑情节、个罪量刑情节、基准刑的调节结果等信息——输入系统,系统将计算出具体的量刑结果。

② 宣判环节相对于其他程序环节而言,具备更多的实体环节的属性。从实体环节的属性分析,其在实体上针对检察院的指控,对被告人的定罪与量刑问题作出了具体、明确的判决。从程序环节的属性分析,其宣告了一审程序的相对终结。

③ 张仁平.58 分钟审理了5 起案[N].检察日报,2012-6-15(2).

为案件的实体环节,其目的在于通过证据认定案件事实,不同案件的案件事实必然存在差异,不论是控方的起诉书还是控辩双方出示的各种证据,均具有显著的个案特点。又如法庭辩论环节同样是案件的实体环节,其目的在于控辩双方不同意见的碰撞,案件事实的差异则决定了法庭辩论的差异同样显著。可见,作为案件实体环节的法庭调查与法庭辩论,环节集中所带来的效益非常有限。

(3) 公正保障原则

简易程序案件集中审理的主要价值在于诉讼效率的提升,但与此同时,仍可以积极探索程序集中对诉讼公正的提升。如在简易程序案件的集中审理制度中积极探索集中法律援助,即对于进行集中审理的简易程序案件,犯罪嫌疑人、被告人未单独委托辩护人的,检察院、法院应当集中委托法律援助机构,指派一名或者多名律师提供法律援助。我国刑事案件的辩护率并不高,根据最高人民法院公布的数据,除被告人自行辩护、人民团体或被告人单位推荐的人以及被告人的监护人、亲友辩护以外,律师出庭辩护率2003年为22.35%,2007年为18.65%,其中,指定辩护占有辩护人案件的比例由2003年的21.67%上升到2007年的23.32%。[①] 左卫民教授主持的对S省D县的实证研究发现,2007年、2008年D县法院的全部456起一审刑事案件的686名被告人中,有律师辩护的共96起147人,[②] 刑事案件的律师出庭辩护率约为21.05%,与前一组数据基本持平。同时,法律援助覆盖面并不宽,根据2013年《关于刑事诉讼法律援助工作的规定》第九条,只有犯罪嫌疑人、被告人具有下列四种情形之一没有委托辩护人的,公安机关、人民检察院、人民法院应当通知所在地同级司法行政机关所属法律援助机构指派律师为其提供辩护:未成年人;盲、聋、哑人;尚未完全丧失辨认或者控制自己行为能力的精神病人;可能被判处无期徒刑、死刑的人。集中法律援助的推行将有助于提高辩护率、扩大法律援助的覆盖面,以较小的成本获得较大的收益,也使集中审理在提升诉讼效率的基础上通过集中法律援助进一步提升诉讼公正。

---

① 引自2008年最高人民法院《关于加强刑事审判工作维护司法公正情况的报告》之附件《有关用语说明》。
② 左卫民,马静华.效果与悖论:中国刑事辩护作用机制实证研究——以S省D县为例[J].政法论坛,2012(2).

3. 简易程序案件集中审理的范围界定

(1) 集中审理的基本条件

适用集中审理的简易程序案件,应同时符合三项条件。第一,基层人民检察院、法院办理的一审刑事公诉案件。二审案件与审判监督案件通常存在一定争议,不宜进行集中审理。自诉案件系自诉人提起,若与公诉案件集中审理,对于公诉人与自诉人而言均意味着付出更多的等待时间,而自诉案件本身数量较少,难以在特定时间内同时对多个自诉案件进行集中审理。况且在自诉案件中很可能会出现当事人之间的和解或者被告人的反诉,庭审时间难以预估,同样不宜集中审理。第二,根据《刑事诉讼法》第二百一十四条对可以适用简易程序审理的规定,不符合简易程序适用条件的案件,自然不得进行集中审理。第三,案情简单,证据确实、充分,对于被告人认罪但案情复杂、证据较多或存在一定争议的案件,由于庭审时间可能较长,为避免对其他简易程序案件的审理造成影响,一般不宜进行集中审理。

(2) 不得集中审理的情形

若案件进行集中审理与法律规定相抵触的,不得集中审理。如法律规定不公开审理或者法院决定不公开审理的案件,便不得与其他案件集中审理。从集中审理模式选择的角度考虑,若对不公开审理的案件与公开审理的案件进行集中审理,因无法对两类案件的程序环节和实体环节进行集中,只能选择简单集中审理的模式。从集中审理的实际运行角度考虑,在简单集中审理模式下,两类案件可能出现交替进行的情形,可能导致旁听人员的反复入席与退席,造成诉讼程序的无谓拖延。即使将不公开审理的案件与公开审理的案件相对分离,先审理不公开审理案件后审理公开审理案件或者相反,不公开审理的案件同样可能因公开审理案件受到更多的间接性关注。从集中审理的效益角度考虑,不公开审理的案件包括未成年人犯罪案件,案件可能涉及国家秘密、个人隐私的,或者当事人以涉及商业秘密为由申请不公开审理的案件等,此类案件通常具有数量较少而单独审理更为适宜的特点,将此类案件与公开审理案件集中审理并不会带来较高的收益,反而可能对不公开审理案件本身产生消极影响。不得集中审理的条件属于强制性条款,符合条件的案件一律不得集中审理。

(3) 不宜集中审理的情形

若案件进行集中审理与其目的本身相抵触的,也不宜集中审理。案件集中审理的目的之一系出于提升诉讼效率的考量,若某一案件的庭审时间可能较长的、诉讼程序可能出现拖延的、因案件特点而单独审理更为适宜的,就不宜与其他案件集中审理。不宜集中审理的条件属于任意性条款,对司法机关具有参照、指引的作用,由司法机关视情况决定是否进行集中审理。比较复杂的一人犯数罪、多次犯罪案件、共同犯罪案件,因涉及多人、多事实、多罪名,庭审所需的时间可能较长的,不宜集中审理。比较复杂的共同犯罪案件还需要考虑各名被告人分别委托律师,导致庭审同时出庭的律师人数较多。虽然各名被告人均自愿认罪并同意适用简易程序,但律师的辩护具有独立性的特点,除无罪辩护的情形不适用简易程序审理外,律师仍有可能对案件的任何问题提出相应的辩护意见,在被告人人数较多、案件较为复杂的情况下,为维护各自委托人利益考量的各名律师之间的意见很可能出现相互冲突的情形。犯罪嫌疑人身份等情况不清可能影响量刑的,或者需要侦查人员、证人、鉴定人、专门知识人员等可能出庭作证的,也属于庭审所需的时间可能较长的案件,一般不宜集中审理。根据《刑事诉讼法》第一百九十二条、第一百九十七条的规定,侦查人员、证人、鉴定人、专门知识人员出庭的案件属于诉讼各方对证人证言、鉴定意见等证据存在异议的情形。此类案件的庭审时间通常难以预估。翻译人员出庭的通常为涉外刑事案件或者被告人系少数民族的案件,由于庭审内容需要依赖翻译人员加以转换,庭审节奏难以把握,庭审时间同样难以预估。若将此类案件与其他案件进行集中审理,可能会造成其他案件的无谓拖延。因司法鉴定、事故责任认定、刑事和解或者犯罪嫌疑人、被告人委托辩护人、聘请翻译人员以及其他客观原因无法及时审结的,也不宜集中审理。附带民事诉讼尚未达成和解的案件,案件的刑事部分与民事部分又不宜分离的,则案件就不宜与其他案件集中审理。职务犯罪案件及其他社会影响大、受关注度高的案件,采取单独审理效果更好的,一般不宜集中审理。此类案件由于社会关注度高,庭审程序的外部因素通常更为复杂。不论是检察院还是法院,出于法律宣传的目的,都会邀请人大代表、社会团体代表、人民监督员、其他司法机关人员等案外人员旁听庭审,会对庭审过程进行详细的录音录像,同时相对其他案件而言还意味着更多的旁听人员。如将此类案件与其他案件集中审理,会导致其他案件因此受到不必要的关注。需要注意的是,集中审理适用范围列举的各项条件主要适用于狭义的集中审理,即法院集中审判。由于检察院的审查起诉程序运行不要求诉讼主体同时到场,也不存在旁听人员,故集中审查起诉受到各种条件的限制较少,如不公开审理的案件可与公开审理的案件集中审查,集中审查的案件诉讼进程可能拖延的,可随时调整进行单独审查。法院集中审判的剧场化特征较为明显,通常情况下诉讼各方均会出席法庭参与诉讼。为保证集中审理的进程顺畅,自然需要事先对集中审理的案件类型进行筛选。

4. 简易程序案件的集中审查起诉

集中审查起诉,指根据不同的案件与人员情况,确定相应的办案组织模式与职能模式,对案件进行繁简分流、集中审查、集中起诉。

(1) 办案组织与办案职能

办案组织模式,指针对不同案件进行分流后相对应的办案组织分类模式。若办案组织的分类程度较高,则各类办案组分工明确,有复杂案件办案组、简单案件办案组、特定案件办案组等功能划分,则案件分流的功能得以充分体现,并且凸显不同功能办案组之间的特定优势,但通常适用于案件数量较大、检察官人数较多的检察院。对于案件数量较小、检察官人数较少的检察院,难以细化不同功能的办案组,但仍可对不同检察官的职能划分进行探索,由相对固定的检察官集中办理简易程序案件。办案职能模式,指案件审查不同职能的承担模式,可以分为集中办案模式与分散办案模式。在集中办案模式下,检察官之间的协作程度较低,每一起刑事案件由特定的检察官负责从收案到起诉的全过程。[1] 在分散办案模式下,检察官之间的协作程度较高,每一起刑事案件的不同职能或环节由不同的检察官负责,多名检察官协作完成刑事案件的案件审查、提审、文书制作、庭审预案制作、出庭等一系列审查起诉工作。[2] 集中办案模式的优点在于检察官对案件的情况有全面、系统的全局性把握,有助于发现案件存在的深层次问题,且案件办案全程由一名检察官负责,权责明确,其缺点在于耗时较长,检察官同时审查的数量较小,通常适用于相对复杂的案件。分散办案模式的优点在于将案件办理纳入流水线式作业模式,检察官的某一项职能在短时间内得到迅速强化并积累明显的经验优势,其缺点在于检察官对案件的整体把握稍显不足,且

---

[1] 这种模式相当于美国的竖式诉讼,又称"一对一制度",详见[美]爱伦·豪切斯泰勒·斯黛丽,南希·弗兰克. 美国刑事法院诉讼程序[M]. 陈卫东,徐美君,译. 北京:中国人民大学出版社,2002:224.
[2] 这种模式相当于美国的横式诉讼,又称"区域制度",详见[美]爱伦·豪切斯泰勒·斯黛丽,南希·弗兰克. 美国刑事法院诉讼程序[M]. 陈卫东,徐美君,译. 北京:中国人民大学出版社,2002:224—225.

由于各项职能由不同检察官承担,办案责任难以显著区分,通常适用于相对简单的案件。

(2) 分案

不同的办案组织分类程度,决定了不同的案件分配模式。在办案组织分类程度较高的检察院,经过侦查机关分流的简单案件与复杂案件被迅速分配给相应的办案组,简单案件数量多但耗时短、节奏快,复杂案件耗时长、节奏慢但数量少。刑事案件的繁简分流加快了案件流转、减少了案件的排队时间,简单案件的集中审查也使审查起诉程序终结后的简易程序案件集中化程度更高。在办案组织分类程度较低的检察院,对受理的刑事案件无法进行细致的繁简分流,而是根据案号排序平均分配给具体的检察官办理,一名检察官有可能需要同时办理简单案件与复杂案件,由于不同类型案件的所需时间差异较大,便造成耗时长的复杂案件办理延误了耗时短的简单案件的办理,而耗时短的简单案件的办理又导致复杂案件的耗时更长。在案件数量多而办案组织滞后的情况下,可以尝试安排专人办理简易程序案件来提高案件办理效率与实现集中化。

(3) 集中法律援助

检察院受理案件后决定进行集中审理,犯罪嫌疑人未委托辩护人的,检察院应当集中通知法律援助机构为犯罪嫌疑人指派法律援助律师。通常情况下,法律援助机构指派法律援助律师以一人为宜,即由一名法律援助律师为集中审理的犯罪嫌疑人提供法律援助。在集中审理的案件较多的情况下,可指派多名律师集中提供法律援助。指派一名律师集中提供法律援助有助于提高法律援助的集中效益,并在一定程度上减少同时指派多名律师的成本。但鉴于简易程序案件的准备时间有限且律师的精力局限,每名律师集中提供法律援助的对象人数不宜过多,一般不宜超过五人。从庭审程序的实际情况来看,简易程序案件集中审理时出庭的律师不宜超过三人,否则将导致辩护人席位相对拥挤,辩护人的座席难以充分满足,且发言时的人际转换也会略显繁杂,对辩护工作造成消极影响。若指派多名律师集中提供法律援助的,可由多名律师对集中审理的案件进行简单分配,分别负责多起案件的法律援助,也可由多名律师以团队协作的形式共同负责集中审理案件的法律援助。

(4) 集中审查

简易程序案件被集中于特定的办案组或者特定的检察官后,为检察官集中办理案件创造条件。除早已实现集中办理的权利义务告知、换押、重新办理取保候审、监视居住手续等程序性事项外,提审、案件审查、文书制作等实体性事项的集中效益也得益于简易程序案件的集中而被放大。[①] 同理,案件审查与文书制作的集中均有望实现简易程序案件办理的规模化效应。不同的检察官协作模式,决定了不同的案件集中审查模式。在集中办案模式下,简易程序案件的集中有助于实现一名检察官同时审查 3—5 件简易程序案件并放大案件集中的规模化效应。在分散办案模式下,审查起诉的各项职能被分割成独立环节由一个办案组中的 3—5 检察官分别承担,一个办案组将实现同时审查 10—15 件以上的简易程序案件,案件集中的规模化效应将得到进一步放大。

(5) 集中起诉

侦查终结后的案件分流与集中有助于刑事案件在审查起诉阶段的集中,而审查终结后的集中起诉有助于刑事案件在审判阶段的集中。在集中办案模式下,检察官将自己特定时期内同时办理的案件集中起诉并建议法院集中审理,法院采纳建议后将集中起诉的案件集中排期、集中开庭,实现简易程序案件在审判阶段的集中审理。在分散办案模式下,不同刑事案件经承担不同职能检察官的审查,最终汇总至负责出庭职能的检察官,由其集中起诉并出庭公诉,同样实现简易程序案件在审判阶段的集中审理。此外,也可以将集中办案模式与分散办案模式相结合,由一名检察官负责刑事案件在审查起诉阶段的全过程,但审查终结后由相对固定的检察官负责出庭公诉,既保证了刑事案件在审查起诉阶段得到全面、系统的审查,也为简易程序案件在审判阶段的集中创造了条件。但由于负责审查案件的检察官与负责出庭公诉的检察官的职能上既有联系又有分工,需要承办检察官制作完善的庭审预案,对案件情况作充分说明。案件情况已作充分说明,但出庭检察官执行不当的,应由出庭检察官承担办案责任;案件情况未做充分说明,导致庭审效果欠佳的,应当由审查案件的检察官承担办案责任。在分散办案模式下,各名检察官之间的协作及责任承担也应遵循上述原则。

5. 简易程序案件的集中审判

集中审判,指法院对案件进行集中的起诉审查与庭前准备,并针对不同类型

---

① 如简单案件的提审通常不超过一小时,案情简单、节奏快的案件甚至只需不到二十分钟,则简单案件的集中也为简单案件提审的集中创造了条件,检察官得以在特定的时间内提审更多的犯罪嫌疑人。

的简易程序案件依不同的模式进行集中审判,并对诉讼程序与法庭记录作相应的简化。

(1) 起诉审查与庭前准备

人民法院应当对检察院集中公诉的案件进行集中审查。经审查后,法院认为符合条件的,可以决定进行集中审理①,并将案件集中分配给确定的合议庭或者审判员,并在送达出庭通知书时附随《集中审理案件清单》。出庭通知书上除载明案件的开庭日期与时间外,还需特别注明"集中审理"。在开庭以前,若诉讼各方提出申请回避、出庭证人名单、非法证据排除等事由,审判人员认为庭审时间可能难以预估的而不适宜进行集中审理的,应对案件另行排期并重新通知、送达。

(2) 集中法律援助

法院受理案件后,决定对检察院未建议集中审理的简易程序案件一并集中审理而被告人未委托辩护人的,或者检察院建议集中审理的被告人未接受法律援助的,法院应当集中通知法律援助机构为被告人指派法律援助律师。法律援助机构一般情况下可以指派先前已接受指派为集中审理的其他案件被告人提供法律援助的律师为其辩护,如有需要也可以重新指派律师为其提供法律援助。被告人拒绝指派的法律援助律师为其辩护的,应当允许其自行辩护。其自愿认罪且同意适用简易程序审理的,简易程序案件集中审理仍按原计划进行。

(3) 集中审判

简易程序集中审理作为一项审理活动的工作机制,与简易程序相比只发生审理环节上的变通与集中,对当事人的权利义务并未产生实质性的影响,故简易程序的集中审理只需在开庭时及时宣布即可,无须另行征求当事人的意见。② 由于适用简易程序集中审理的案件案情简单、争议较少,且庭审节奏快、程序简化,为节约资源,公诉人出庭公诉时可以不配备书记员。

其一,程序环节集中审理。开庭审理前,书记员应当向到庭的集中审理案件

---

① 对于检察院提起公诉时未建议集中审理的案件,法院经审查后认为符合条件的,也可以决定进行集中审理。检察院收到出庭通知后,认为法院的决定不符合法定条件的,应及时提出纠正意见或者建议法院不适用集中审理。
② 人民法院在审理过程中,发现不宜适用简易程序集中审理的,应依法按照普通程序或者简易程序的规定重新审理。公诉人发现上述情况的,应当向法庭提出相应的建议。

的旁听人员集中宣读法庭规则。审判长宣布开庭并传唤当事人集中到庭后，应依次对被告人的身份信息进行核对。审判长公布案件来源等信息后，除宣布合议庭组成人员、书记员外，应对集中审理案件的公诉人、辩护人、鉴定人和翻译人员名单予以集中宣布。审判长应向集中审理案件的当事人、法定代理人、被害人及辩护人集中告知在法庭审理过程中依法享有的诉讼权利。审判长应依次分别询问当事人、法定代理人是否申请回避。如果当事人、法定代理人申请审判人员、公诉人回避，合议庭认为符合法定情形的，应当宣布休庭与依法处理，其余案件继续集中审理；若被认为不符合法定情形的，当庭驳回后，继续法庭审理。上述环节终结后，庭审进入法庭调查环节，依次对案件进行分别审理，审判长宣布进行法庭调查案件的被告人及其案由，法警将其他被告人带出法庭外等候。

其二，实体环节集中审理。可以集中审理的实体环节主要有合议与宣判。集中合议主要适用于合议制简易程序集中审理的案件，集中宣判则适用于所有集中审理的案件。在所有集中审理案件的法庭调查、法庭辩论、被告人最后陈述环节终结后，审判长宣布休庭，合议庭应对适用合议制简易程序的案件进行集中评议。合议庭可以依照法庭调查与法庭辩论的顺序依次对集中审理的案件进行评议，也可以视情况对合议庭没有争议或者争议较小的案件先评议，对争议较大的案件后评议。集中合议完毕后，审判长宣布集中宣判的被告人及其案由，法警将被告人集中带至法庭。被告人集中到庭后，由审判长逐一宣判。宣判结束后，审判长集中告知被告人诉讼权利。未能当庭宣判的案件，应定期集中宣判，并集中送达出庭通知书。

其三，简单集中审理。简单集中审理与一般案件审理的区别在于将一批案件集中至特定的开庭日进行简单集中审理，其庭审程序与通常的简易程序案件并无显著区别，但应当允许法院对被集中审理案件的开庭时间进行弹性调整。实践中，集中审理的案件庭审时间大多在 10—30 分钟之间，但由于不同案件的具体耗时存在差异，为节约等待时间及预留突发事件处理时间，法院可以每半小时为单位，在特定的开庭日安排若干简易程序案件依次开庭审理。若开庭顺序靠前的案件因特别简单，庭审时间相应缩短的，法官可以对开庭顺序靠后的案件相应地变更开庭时间，提前开庭；若开庭顺序靠前的案件因出现突发事件，庭审时间相应延长的，法官可以对开庭顺序靠后的案件相应地延后开庭；若简易程序案件开庭后转为普通程序案件，或者虽未转为普通程序但仍需耗费较长时间的，法官可视情况将本案延期审理,也可继续审理本案而将未开庭的其他案件延期审理。

(三)文献推荐

[1] 龚善要,王禄生.内外定位冲突下刑事简易程序的实践困境及其再改革——基于判决书的大数据挖掘[J].山东大学学报(哲学社会科学版),2020(3).

[2] 魏化鹏.刑事简易程序庭审制度研究[J].西南民族大学学报(人文社科版),2018(1).

[3] 刘根菊,李利君.刑事简易程序比较研究[J].比较法研究,2009(5).

[4] 陆晓芳.中美刑事诉讼简易程序之比较[J].内蒙古财经学院学报(综合版),2008(4).

[5] 祖鹏.刑事简易程序研究[D].北京:中国政法大学,2006.

[6] 马骐轩.庭前认罪答辩制度之构建[J].祖国,2020(3).

[7] 郭华,高涵.认罪认罚从宽制度实施风险及程序控制——基于美国辩诉交易制度实施风险的展开[J].法学论坛,2021(1).

[8] 刘军,王慧媛.从美国辩诉交易制度看我国认罪认罚从宽制度之路径完善——基于中美20则案例的实证分析[J].河南工程学院学报(社会科学版),2020(4).

[9] 方舟.中美德刑事速裁程序比较研究——美国辩诉交易制度和德国协商制度的对比借鉴[J].辽宁公安司法管理干部学院学报,2018(2).

[10] 兰跃军,李欣.德国的处罚令程序及其借鉴[J].犯罪研究,2020(4).

[11] 李永航.德意日刑事处罚令程序对我国刑事速裁程序的启示[J].江苏警官学院学报,2016(4).

[12] 郑瑞平.比较法视野下我国刑事速裁程序之完善——以处罚令制度为视角[J].中国刑事法杂志,2016(6).

第八章 上诉、执行与再审程序

一、案例与问题

（一）被告人二审供认新罪法院改判案

刘某在抢劫时被赵某等人抓获。讯问时，刘某对抢劫行为供认不讳，同时指认参与抓获他的赵某曾强奸过妇女高某。对刘某的抢劫案经一审判决后，检察院以量刑过轻为由提出了抗诉。在二审过程中，刘某又供认曾有盗窃行为。二审法庭调查后证实刘某供认的盗窃属实，并构成盗窃罪。二审法院据此直接对刘某以抢劫罪和盗窃罪，判处刘某有期徒刑七年。因刘某的指认，公安机关对赵某强奸案进行侦查。受害妇女高某证实曾遭强奸，所描述的作案人体貌特征与赵某相似，经辨认却又不能肯定是赵某。讯问赵某时，赵某不承认。后经侦查人员逼供，赵某被迫承认，但所供述的内容与高某所述作案过程在细节上多有不符，本案虽无其他证据，但检察院仍决定提起公诉。法院审理期间，正在外地某监狱服刑的刘某承认，强奸高某的是他自己。其所交代的强奸犯罪过程与高某所述细节相符，经查证，刘某的这一供述属实，法院遂判决赵某无罪。后检察院以涉嫌强奸对刘某提起公诉，要求法院对刘某所犯新旧罪予以并罚。

问题：

1. 本案司法机关的办案过程有哪些错误？

2. 对二审中发现的新事实如何处理？

（二）被告人猥亵儿童检方抗诉致重判案

张某某在任某小学教师期间，利用在家办补习班、在校上课给学生辅导讲解之机，猥亵四名未满14周岁的女学生，社会影响极其恶劣。县法院以张某某犯猥亵儿童罪，一审判处有期徒刑一年。张某某提出上诉，市中级人民法院以事实不清、证据不足、程序严重违法为由，发回重审。县法院经重审后又作出相同判决。县检察院以法院未认定"公共场所当众猥亵"和"猥亵另二名儿童犯罪事实"，属认定事实错误、量刑明显不当为由提出抗诉，市检察院支持抗诉，同时查明张某某亲属陈某、朱某某利用非法手段，妨害被害人、证人作证的犯罪事实。最终市中级法院采纳抗诉意见，改判张某某有期徒刑十二年。陈某、朱某某也因妨害作证被公安机关立案侦查并分别被判处有期徒刑九个月。①

问题：
1. 设置第二审程序的目的是什么？
2. 检察院的抗诉权应不应该废除？

（三）有期徒刑生效后罪犯未被移交执行案

某地法院某年以贪污罪判处罪犯李某有期徒刑十三年，因罪犯审判前没有被羁押，判决后因有上诉期，判决没有生效，罪犯自行离去，判决生效后，法院将判决书、执行通知书等文件交看守所。公安局认为，法院没有将该罪犯羁押后送公安机关交付执行，公安局无法执行，最终导致该罪犯长期逃避刑事处罚。该案在十三年后才被发现。②

问题：
1. 导致本案罪犯未被移交执行的原因是什么？
2. 刑事执行阶段，能否采用《刑事诉讼法》中规定的强制措施？
3. 本案被告人是否应该移交执行机关？

---

① 山东省检察机关通报加强未成年人司法保护典型案例[EB/OL]. (2016-5-14)[2021-7-17]. http://www.qlfz365.cn/Article/fzyw/201605/20160514192123.html.
② 杨光华. 刑罚交付执行活动中的问题与对策[J]. 人民检察, 2009(6).

（四）李某、夏某自认为表现优秀而监狱不报送减刑案

某监狱一次性将384名服刑人员减刑材料报某中级人民法院审查裁定。法院在审查过程中接到两名未移送减刑人员李某、夏某的律师代理申诉，理由是，李某、夏某认为他们在监狱一贯表现优秀，但因得罪了中队长，每次考核计分受到歧视对待打分偏低。要求法院一并审查减刑。承办法官认为，单独申诉不符合程序，对申诉不予理睬，只对监狱报送的384名人员进行了审查裁定。

问题：
1. 本案承办法官的做法是否合法？
2. 如何解决本案李某、夏某自认为优秀而监狱不报送减刑问题？

（五）死刑犯执行死刑后复活案

聂某因抢劫杀人被判处死刑立即执行。在某县使用枪决方法执行。执行后法医检验并出具了死亡检验结论。聂某家属在收殓尸体时发现聂某尚有呼吸便急送医院治疗，经抢救复活。十天后被害人家属得知情况后报警。报警后执行法官命令重新拉到刑场进行了再次执行。

问题：
1. 本案执行死刑的过程是否合法？
2. 对本案的罪犯能否再次执行？

（六）聂树斌案件二十年后再审改判无罪案

原审被告人聂树斌，男，汉族，1974年11月6日出生，初中文化，原河北省鹿泉市冶金机械厂工人，捕前住河北省获鹿县（现石家庄市鹿泉区）×××村。1994年9月23日被传唤，9月24日被监视居住，10月1日被刑事拘留，10月9日被逮捕。1995年4月27日被执行死刑。河北省石家庄市人民检察院指控被告人聂树斌犯故意杀人罪、强奸妇女罪一案，石家庄市中级人民法院于1995年3月15日作出（1995）石刑初字第53号刑事附带民事判决。宣判后，被告人聂树斌、附带民事诉讼原告人康某2分别提出上诉。1995年4月25日，河北省高级人民法院做出（1995）冀刑一终字第129号刑事附带民事判

决,并根据最高人民法院授权高级人民法院核准部分死刑案件的规定,核准聂树斌死刑。

2005年1月,涉嫌犯故意杀人罪被河北省公安机关网上追逃的王书金,被河南省荥阳市公安机关抓获后自认系本案真凶。此事经媒体报道后,引发社会关注。2007年5月,申诉人张焕枝、聂学生、聂淑惠向河北省高级人民法院和多个部门提出申诉,请求宣告聂树斌无罪。2014年12月4日,根据河北省高级人民法院请求,本院指令山东省高级人民法院复查本案。

山东省高级人民法院依法组成合议庭,对本案进行全面审查后认为,原审判决缺少能够锁定聂树斌作案的客观证据,在被告人作案时间、作案工具、被害人死因等方面存在重大疑问,不能排除他人作案的可能性,原审认定聂树斌犯故意杀人罪、强奸妇女罪的证据不确实、不充分。建议本院启动审判监督程序重新审判,并报请本院审查。本院对山东省高级人民法院的复查意见进行了审查,于2016年6月6日作出(2016)最高法刑申188号再审决定,提审本案。本院依法组成合议庭,根据《中华人民共和国刑事诉讼法》第二百四十五条第一款、《刑事诉讼法解释》第三百八十四条第三款之规定,依照第二审程序对本案进行了书面审理。审理期间,本院审查了本案原审卷宗、河北省高级人民法院和山东省高级人民法院复查卷宗;赴案发地核实了相关证据,察看了案发现场、被害人上下班路线、原审被告人聂树斌被抓获地点及其所供偷衣地点,询问了部分原办案人员和相关证人;就有关尸体照片及尸体检验报告等证据的审查判断咨询了刑侦技术专家,就有关程序问题征求了法学专家意见;多次约谈申诉人及其代理人,听取意见,依法保障其诉讼权利;多次听取最高人民检察院意见。就附带民事诉讼部分通知原附带民事诉讼原告人康某2,其近亲属告知,康某2已去世,并表示不再参与本案诉讼。本案现已审理终结。①

问题:
1. 本案为什么过了二十年才开启再审程序?
2. 本案采用书面审是否合理?
3. 再审程序与普通程序的一审、二审中的审理程序有何区别?

---

① 《中华人民共和国最高人民法院刑事判决书》(2016)最高法刑再3号。

二、相关理论提示

（一）刑事上诉审程序

1. 刑事上诉审程序的概念

"上诉审程序是第二审人民法院根据上诉人的上诉或者人民检察院的抗诉，就第一审人民法院尚未发生法律效力的判决或裁定认定的事实和适用的法律进行审理时应当遵循的步骤和方式、方法。"① 大多国家提供两次上诉审机会，我国因为是两审终审制，因此对初审未生效裁判只能进行一次上诉，我国的上诉审就是第二审程序。就上诉审与原审之间的关系区分，可分为复审制、续审制、事后审查制。复审制是指原审已调查之证据，上诉审必须完全重新审理调查，一般认为此制比较能发现真实，但不符合司法经济原则。续审制是指原审已调查之证据，上诉审毋庸重新调查，原审之诉讼在上诉审仍有效力，一般认为符合司法经济原则，但违反直接审理主义原则。不论在复审制或续审制之下，当事人皆得于上诉审提出新的事实或新证据，上诉审法院应依原审证据以及上诉所提出之新证据，重为事实之认定。事后审查制则不准当事人于上诉审提出新事实或新证据，仅依据原审卷宗证物，审查原审判决有无违误。事后审可分为法律审查以及法律与事实同时审查两种。②

2. 刑事上诉审程序的目的

从纯粹理性的角度讲，第一审程序总是存在发生错误的先天不足，上诉审程序则为弥补这种先天缺陷提供或保留了程序空间，以进一步压缩可能的司法恣意。上诉审程序的设立主要源于审判程序本身是一种罗尔斯所讲的不完善的程序正义，也就是说，"即便法律被仔细地遵循，过程被公正恰当地引导，还是有可能达到错误的结果。一个无罪的人可能被判作有罪，一个有罪的人却可能逍遥法外。在这类案件中我们看到了这样一种误判：不正义并非来自人的过错，而是因为某些情况的偶然结合挫败了法律规范的目的"。③ 既然一审的错误是不

---

① 陈光中.刑事诉讼法[M].北京：北京大学出版社、高等教育出版社，2016：368.
② 王兆鹏.美国刑事诉讼法[M].北京：北京大学出版社，2014：682.
③ [美]约翰·罗尔斯.正义论[M].何怀宏，何包钢，廖申白，译.北京：中国社会科学出版社，1988：81.

可避免的,那么设计一审之上的复审程序以逐渐压缩误判的可能性,是保证正确解决案件的良好选择。此外,现实的第一审程序存在的缺陷会更大,其中包括法官有意犯错,这使上诉审程序在纠错方面发挥的作用比它应起的作用更大。纠错成为上诉审程序的主要功能。

事实上,关于上诉审的目的存在争议,主要有以下几种说法。一是认为上诉审的目的是全面纠错,控辩双方均可提起上诉。通过上诉审,纠正第一审的错误裁判。目前大陆法系国家均采用这种观点,我国上诉审程序也是此目的。二是认为上诉审是救济审。为被告提供救济渠道,维护被告方诉讼权利,保护被告方的合法利益。在这种观点下,检察官不允许抗诉,或者只能提起有利于被告人的抗诉。个人利益处于弱势,在上诉审中优先于公共利益,上诉审的设置有利于实现控辩平等。以美国为代表的英美法系国家均是这种情形。英国学者杰斐·鲍曼指出,上诉制度具有私人和公共两方面的目的。其私人目的在于,纠正导致不公正结果的错误、不公或不当的法官自由裁量;公共目的在于,确保公众对司法裁判的信心,并在有关案件中阐明并发展法律、惯例和程序以及协助维持一审法院和审裁处的水准。[①]

3. 刑事上诉审的一般程序

(1) 审级制度

审级制度中主要考虑案件经过几级法院审判才告终结。西方国家通常是允许两次上诉,经过三级审判,案件才审结。法院主要分为三级,包括初审法院、上诉法院和终审法院,这里的上诉法院只管辖上诉案件,不审理任何初审案件。上诉审包括对案件事实和法律的审查;终审法院只对管辖案件进行法律审,不包括对案件事实的审理。我国高级人民法院、最高人民法院均可管辖一审案件,并且最高人民法院审理的一审案件无法上诉,属于一审终审。借鉴国外审级设置通行做法,我国的改革思路可以考虑:明确基层人民法院为初审法院,中级人民法院为上诉法院,终审为最高人民法院。撤销高级人民法院,现有高院人员分流到初审法院、上诉审法院。或各省设置初审、上诉审、终审,内部协调避免高级人民法院管辖第一审案件。重大案件才上诉到最高人民法院。立法应当明确某些重大案件可进行三审终审。我国死刑复核程序就具有事实上的第三审特点。

---

① 徐昕.英国民事诉讼与民事司法改革[M].北京:中国政法大学出版社,2002:363—364.

(2) 启动程序

为确保被告人获得上级法院救济的权利,关于提起上诉的条件,我国《刑事诉讼法》并无限定,只要被告人不服初审判决即可上诉;检察机关代表国家进行抗诉,抗诉理由不能带有随意性,以体现国家执法机关的严肃性。因此,人民检察院认为本级人民法院第一审的判决、裁定确有错误的时候方可向上一级人民法院提出抗诉。而考虑到效率价值,多数国家对明显违法、无理上诉进行限制,但一般要确保对被告人的平等保护,美国对陪审团作出的事实判决不允许上诉。由上诉法院预审法官进行审查,判断是否符合上诉的条件。预审法官作出是否受理的决定。如果上诉人有新证据提出,那么法庭应当组织双方进行证据交换。

(3) 审理方式

基本上,参照第一审的审理规则,如采用交叉询问的方式进行法庭调查。

在现代各国诉讼中,二审审判的范围分为两种,即部分审查和全面审查。部分审查仅限于当事人在上诉状或复审申请书中申明不服的部分。对上诉状或复审申请书中没有涉及的部分,即使错误十分明显,第二审也不做审查,坚持不告不理原则。全面审查则不受上诉状或复审申请书限制。大陆法系国家一般倾向于全面审查,英美法系国家普遍倾向于部分审查,而且以法律审查为主。客观上,全面审查比部分审查更能发现一审裁判的错误,更有利于保证二审裁判实体上的正确性。但从上诉审的目的看,建议采用续审原则,提高二审审理效率。

以开庭审理为原则,允许极少数的书面审。美国某些州也允许一定数量书面审,但应严格控制书面审。我国规定对事实问题没有争议,在无抗诉、非死刑时可不开庭审理,此范围太广,导致二审以不开庭审理为原则,开庭审理反而成为例外。在两审终审制下,为确保上诉审程序的正当性,事实审和法律审均须开庭审理,以实现上诉审的纠错与救济功能。

(4) 禁止不利变更

"禁止不利变更"原则为现代世界各国普遍采用,是人道精神在审判中的重要体现。它的目的是使被告人毫无顾忌地行使上诉权,在很大程度上包含着保护重于打击、"宁纵勿枉"的司法理念。强调二审法院即使发现第一审判决刑罚较轻,也不得在二审中加重刑罚,不恶化被告人的处境。对此,我国确立了上诉不加刑原则。上诉不加刑中的"不加刑"包括:同一刑种不得在量上增加;不得改变刑罚执行方法,如将缓刑改为实刑,延长缓刑考验期,将死刑缓期执行改为立即执行等;不得在主刑上增加附加刑;不得改判较重的刑种,如将拘役6个月改为有期徒刑6个月;不得加重数罪并罚案件的宣告刑;不得加重共同犯罪案件中未提起上诉和未被提起抗诉的被告人刑罚。在我国,检察院抗诉、自诉案件自诉人上诉,不受上诉不加刑限制。

(二)刑事执行程序

1. 刑事执行程序的相关概念

(1)刑事执行

刑事执行是指刑罚执行机关实施已经发生法律效力的判决和裁定的内容的全部行为的总称。它是刑事诉讼纵向构造中的最后一个程序,也是大部分有罪裁判案件的必经程序。刑事执行的主要功能在于刑罚权的实现。贝卡里亚曾说过:"刑罚的目的仅仅在于:阻止犯罪再重新侵害公民,并规诫其他人不要重蹈覆辙。因而,刑罚和实施刑罚的方式应该经过仔细推敲,一旦建立了对应关系,它会给人以一种更有效、更持久、更少摧残犯人躯体的印象。"① 所以实施刑罚的方式——刑事执行程序是非常重要的程序。

首先,刑事执行与民事执行不同,没有主动执行期限和申请强制执行,判决后直接移交执行。判决和裁定一经发生法律效力,就应立即迅速执行,任何单位、个人都无权拖延。这体现出执行程序的及时性。"惩罚犯罪的刑罚越是迅速和及时,就越是公正和有益。"② 及时执行刑罚,意味着诉讼程序可以在短时间内终结。一方面,对犯罪嫌疑人、被告人而言,身份转换为罪犯,可以尽早结束未决羁押的监禁状态,而且也减轻判决没宣布之前给犯罪嫌疑人、被告人的折磨。另一方面,对于公众来说,刑罚的功能主要体现在一般预防,即刑罚对公众有着威慑、教育功能。要实现这一功能,执行程序的及时性是必要的。刑事诉讼程序因出现犯罪行为启动,直到做出生效的裁判、执行刑罚而结束。及时进入执行程序,会使公众把犯罪行为与刑罚结果紧密联系在一起,产生深刻的印象。拖延刑罚的执行,则不会有这种效果。

其次,已经发生法律效力的判决和裁定,具有普遍的约束力,这体现出执行

---

① [意]切萨雷·贝卡里亚.论犯罪与刑罚[M].黄风,译.北京:北京大学出版社,2008:29.
② 同①.

程序的强制性。生效裁判的执行,是由国家的强制力做后盾的。犯罪行为是对公共安全的威胁,国家当然有权对此行为进行惩罚。刑事执行机关也是代表国家行使刑罚权。

最后,刑事执行,表现为一种持续时间较长的行为或活动。刑事执行程序包含着刑事交付执行、行刑、直到刑罚终结。程序环节较多,运行时间长。

(2) 刑事执行制度

刑事执行制度是指刑事执行主体享有法律授予的权力,处于强势地位,在刑事执行过程中,容易侵犯罪犯的合法权益,为了防止刑事执行恣意,对刑事执行程序和组织制度进行严格规范,这些统称为刑事执行制度。

其一,组织制度,即监狱管理制度。该制度的实质内容是对关押罪犯的数量、监狱地址、监狱管教干部的配置等进行细致地规定。监狱法学作为一门法学基础课程,对管理犯人的技巧等有关内容进行讲授。有些国家通过立法确立监狱管理制度,像英国、意大利等国就通过单行立法的方式对监狱的组织管理制度进行了规定。[1]

其二,程序制度,包括内部程序和司法程序。前者如监狱管理程序,后者如《刑事诉讼法》规定的程序。刑事执行相关程序制度的规定不仅通过监狱管理程序进行详细的规定,在《刑事诉讼法》中也针对不同的刑罚种类、不同的执行主体进行了明确的规定。

(3) 刑事执行程序

刑事执行程序,即刑事执行制度的司法程序,包括执行启动、执行诉讼、执行变更等内容。

2. 刑事执行的一般程序

(1) 执行的启动

一般由法院启动,西方国家执行多为法官启动,判决后一般移交执行机关。少数情况下刑罚直接由审判法官执行。法院直接执行的刑罚应停留在无罪、免除刑罚范围。移交执行涉及多种刑罚种类,如罚金、没收财产等财产性刑罚。根据刑罚种类选择不同执行方式,英美国家划分为监禁与非监禁。监禁即限制自由一定期限,执行机关为监狱。根据不同的犯罪类型、罪犯的年龄、性别等,有着

---

[1] 闫佳. 国外刑罚执行体制介绍及其启示[J]. 中国司法,2015(3).

不同的监狱分类,比如:未成年监狱少管所应当独立于成人监狱;男监、女监应当分开;暴力犯罪、故意犯罪、过失犯罪,犯罪类型不同,应分开关押。根据刑罚种类不同,有些会依据就近原则关押,有些会异地关押。看守所在一定程度上允许起到监狱作用,可关押余刑三个月以下的罪犯。非监禁刑罚包括社区矫正、假释、缓刑、暂予监外执行,我国有管制、缓刑以及社区矫正、罚金等。

(2) 刑事执行的实施

刑事执行的实施也就是行刑,是指实现国家刑罚权的具体行为。在性质上属于司法行政行为。所要遵守的规则一般由监狱法规定。

(3) 刑事执行中的诉讼行为

刑事执行中的诉讼行为是指需要由刑事诉讼法律规制的行为。

第一,重大执行行为的运作规则。重大执行行为以死刑执行为代表。死刑执行程序,如何保障被执行人的人权?"死刑执行程序是指死刑的执行机关从接到死刑决定机关签发死刑执行命令后至执行完毕善后工作结束,这一时间跨度内所进行的工作的步骤和顺序。"[1]死刑是对罪犯生命权的剥夺,是一种极其严重的刑罚方式。所以在适用、执行死刑这一刑罚时,应当十分慎重,注重对被执行人的人权保障。首先,作出死刑判决时要慎重。因为死刑是一种酷刑,而且一旦出现错杀,会造成不可弥补的后果。所以对于判处死刑的主体应该有更严格的要求。一方面是指作出死刑判决的法院审级要高,并应采用合议制审理案件,不能是通过独任制审理。另一方面作出死刑判决后,不管被告人是否上诉,死刑判决案件应自动允许由更高一级的审判机关对死刑判决进行复核。复核案件时,应允许辩护律师介入。核查通过,达到"无合理怀疑"的标准,则核准死刑执行。核查不通过,应重新审理。通过提高审级、增加复核程序来减少误判的可能性。其次,死刑判决核准通过,进入执行程序后,应保障被告人及其法定代理人、近亲属的申诉权、控告权的行使。在死刑执行前,还应保障被告人救济性权利的行使。对于判处死刑的罪犯,应该设置"特殊通道",优先及时审查他们的申诉控告材料。同时,通过法律的形式,明确规定判决死刑的罪犯在执行前有会见近亲属的权利。这应在刑事诉讼法律中明确规定,并且这是一项权利,根据罪犯的意愿行使。近亲属要求会见的,从人道主义的角度出发,羁押机关应及时安排。再

---

[1] 韩玉胜.刑事执行法学研究[M].北京:中国人民大学出版社,2007:327.

次,在执行过程中也应注意保障人权。在执行死刑的方式上,目前主要有枪决和注射两种。从保障人权层面看,应多采用注射执行的方式。同时,采用何种执行方式,应考虑罪犯的意见。此外,根据联合国《关于保护死刑犯权利的保障措施》第五条的规定:"任何被怀疑或被控告犯了可判死罪的人有权在诉讼过程的每一阶段取得适当法律援助。"[1]应考虑赋予律师的死刑执行程序参与权,在介入时间和可行使的权利上予以明确规定。最后,死刑执行监督。对死刑的执行应当通过法律法规明确监督机关、监督的手段等。从死刑执行前至执行结束,全程监督。

第二,刑事执行变更规则。其一,减刑假释。减刑和假释都属于刑事执行变更的重要组成部分。减刑是指被判处管制、拘役、有期徒刑或者无期徒刑的罪犯在执行期间认真遵守监规,接受教育改造,确有悔改或立功表现的,可以依法减轻其刑罚的一种制度。[2] 假释是指被判处有期和无期徒刑的罪犯在执行一定期限的刑罚以后,确有悔改表现且不致再危害社会的,将其附条件地予以提前释放的制度。[3] 其二,暂予监外执行。被执行人出现法定情形时,可在执行场所之外执行,比如患有重大疾病办理保外就医。在西方,暂予监外执行是一种中断执行的制度。暂予监外执行期间不计算在刑期之内。我国则可折执刑期。但我国暂予监外执行的程序有待完善,例如在审核、执行、监督机关的程序衔接方面。其三,新罪漏罪的追诉规则。新罪是指罪犯在执行期间再次犯罪,漏罪是指罪犯在执行期间,发现其在判决宣告前所犯的尚未判决的罪行。执行机关对于新罪和漏罪,应当移送检察机关进行处理,对其管辖问题,我国《最高人民法院法关于适用〈刑事诉讼法〉的解释》第十三条有明确规定。而我国《刑法》中对判决宣告后发现漏罪的并罚与判决宣告后又犯新罪的并罚也作出了具体规定。

(三)刑事再审程序

1. 刑事再审程序的概念

刑事再审程序是对已经发生法律效力的判决和裁定依法进行重新审判的特

---

[1] 于天敏.刑罚执行程序研究[D].重庆:西南政法大学,2012.
[2] 陈光中.刑事诉讼法[M].北京:北京大学出版社、高等教育出版社,2016:426.
[3] 同[2].

别审判程序。刑事再审制度是一种特殊救济审,特殊在于其是裁判发生法律效力以后启动。我国强调"实事求是、有错必纠"是刑事再审程序的基本理念。基于"一事不再理"原则,裁判生效后即产生既判力,为了维护裁判稳定性,世界各国对这一制度有意进行严格限制。大陆法系对再审制度的启动规定较为宽松,而英美法系以"禁止双重危险"为原则,对再审的启动规定较为严格。在英国,议会下辖刑事审查再审委员会专门处理再审问题。

2. 刑事再审程序的启动

(1) 启动主体

再审程序的启动主体应当是原审中的控辩双方,他们与案件结果有利害关系,因而有对生效错误裁判提起再审的内在要求。在法国,启动再审的主体还包括司法部部长。我国《刑事诉讼法》规定的启动再审的主体是各级人民法院以及人民检察院,法院可以决定再审,检察院可以通过抗诉启动再审。而当事人只有申诉权,并不能直接启动再审程序。

(2) 启动条件

刑事再审针对已经发生法律效力的裁判,因此启动条件普遍较严。从世界各国的规定来看,主要有以下几种情况:一是裁判的事实基础已经动摇或已丧失,包括发现了新情况、新证据,比如证据虚假、裁判矛盾、发现足以对原裁判产生怀疑的新证据;二是裁判适用法律错误,很多大陆法系国家(如法国、日本、意大利)都专门规定了适用法律错误的再审程序;三是裁判有重大的"程序瑕疵",包括原审中出现职务犯罪、审判组织不合法、被告人的宪法性权利受到侵害等。①

(3) 启动原则

一是坚持有利于被告人原则。再审是一种救济审,在刑事诉讼中应区别有利于被告人和不利于被告人两种情况分别处理,允许有利于被告人的再审,限制不利于被告人的再审,比如法国就禁止启动不利于被告人的再审,并且未来的趋势应当是只允许为被告人利益的再审。

二是不限制无罪错判有罪者申请再审的权利。无辜者不受刑事追究,是现代刑事司法人权保障的基本要求。因此,无辜者被错判,不能在启动时间上进行限制,任何时间提出都应该给予纠正。

---

① 黄士元. 刑事再审制度的价值与构造[M]. 北京:中国政法大学出版社,2009:99—104.

（4）启动的程序

第一，一般审查程序。一般审查程序的核心在于适用听证程序。再审启动决定主体组织听证。听证会中被告方与检察院、被害方当面提出证据、陈述意见并对争点问题针对性地进行辩论。听证程序中不适用严格的直接、言辞原则，双方一般出示书面证据材料，在对证人证言的真实性产生重大疑问的情况下，可以传唤证人到场进行直接询问。符合公开审判条件的案件允许公民旁听、媒体采访或通过微博等网络渠道进行直播。但是被告方或被害方申请不公开审查的，决定主体经审查认为其申请理由真实的，可以决定不公开审查。

第二，特别审查程序。为提高刑事再审启动审查的效率，在特定情形下可以对一般审查程序简化适用，无须举行听证。特定情形主要指被告方或检察院提出有利于被告人的申诉或抗诉，被害人没有异议的。

3. 刑事再审审理程序

（1）审理原则

参照作出原来生效裁判的法院决定再审的审级。原生效裁判是第一审作出，则再审按照第一审程序审理。原生效裁判是第二审作出，则再审按照二审程序审理。上级法院提审的案件，再审时按照第二审程序审理。

（2）程序特殊性

再审可以采用开庭审理方式，也可以进行书面审理等。申诉人及其律师可以就再审事由进行口头或者书面的解释。以开庭的方式进行再审，只需对案件事实、证据进行调查核实即可，并不一定要按照初审程序进行。

三、扩展阅读

（一）上诉审的续审及审理范围限制[①]

1. 续审

第二审程序是在第一审程序的基础上进行的，无论是事实的审理还是适用法律问题的审理都事先经过一审中的详细运作，由此产生了刑事第二审的两个著名的审判方式，即复审与续审。第二审程序简化的可能性或条件来源于对复

[①] 本部分内容源自马贵翔，王秋荣. 关于刑事上诉审程序简化的思考[J]. 甘肃政法学院学报，2011(2).

审与续审的比较。

"复审"指上级法院就当事人提出上诉的事实部分对案件进行重新审理,法院不仅可以采纳当事人提出的新的证据,而且要对原审调查完毕的证据进行再次调查,重新认证,从而对案件事实、证据问题作出新的认定和裁判,完全不受一审判决中有关认定的限制。其审理程序基本上是对一审程序的重复,又被一些学者称作"第二次一审"。英国刑事法庭审理不服治安法院判决的案件的方法就是较为典型的复审制。在英国,95%的刑事案件是由基层刑事法庭即治安法院的业余治安法官或者领薪治安法官进行审判的。被治安法官判决有罪的被告人,只要他作出了无罪答辩,那么他就可以对其有罪判决向刑事法庭提起上诉。由于该上诉属于重新审判型上诉,即对原先指控的进行审判,所以被告人无须给出上诉的理由。除非被告人同意将一审中的证据记录进行宣读,否则在第二审判中应当重新进行举证。在第二审判中,通常是由一名法官或另外两名与一审无关的业余治安法官来对被告人是否有罪进行重新审判。依据英国《1981年最高法院法》第四十八条第二款的规定,刑事法庭对治安法院裁决中的任何部分都有权进行撤销、变更或者确认,并且可以行使治安法官所行使的任何权力。依据《1981年最高法院法》第四十八条第四款的规定,刑事法庭可以作出一个新的判决。所有被治安法院判决有罪的被告人都可以对其量刑判决向刑事法庭提起上诉。刑事法庭所要决定的问题并不是原先的量刑判决是否合理,而是原先的量刑判决是否是刑事法庭所要作出量刑判决。如果不是,刑事法庭将会作出其所认为恰当的量刑判决来取代原先的量刑判决。①

"续审"是指上级法院以一审法院就事实问题的认定为基础,继续就案件事实和实体问题进行调查。对一审已经调查过的证据承认其效力,不再进行重复调查,但可以调查、认定一审中并未提出或并未被法院认定的新的证据。② 在德国,续审包括对法庭决定、命令的申诉、对法庭判决的上诉和二次上诉以及对逮捕命令的抗议。上诉是不服地方法院的判决而提起的、典型的续审制,即由阅卷法官向法庭报告以前的审理过程,上诉人首先发言,被告人有最后陈述权。

---

① [英]麦高伟,杰弗里·威尔逊.英国刑事司法程序[M].姚永吉,等译.北京:法律出版社,2003:439—440.
② 有关复审、续审、事后审的含义可参见蔡敦铭.两岸比较刑事诉讼法[M].台北:五南图书出版公司,1997:365—366.

关于续审的运作问题,主要有以下几个要点。

第一,如果当事人只就法律问题提起上诉,上诉法院当然只应当审查法律问题。普通审理方式当然是就法律问题重新辩论或听证一次,但续审即简化的基本方法是:在当事人双方到场后先播放原审控辩双方就法律问题辩论的录音、录像资料或宣读书面庭审记录,播放或宣读完成后由控辩双方在此基础上各自发表意见。此种方法的核心问题是,控辩双方在原审法院就法律问题已经发表过的意见不再重复进行,而应当在此基础上举行新的辩论。

第二,如果当事人就事实问题提起上诉,普通的复审方法当然是按照原审程序重新审理一次,并不受原审过程的任何影响。但简化的续审方法则应当在原审的基础上进行新的调查,具体操作方法可实行以下两种方式:一是先全部播放原审法庭调查过程的录音、录像资料或宣读书面庭审记录,然后在此基础上控辩双方就上诉的争议点进行新的举证、问证;二是在宣读一审判决书以后直接就上诉的争议点进行新的举证、问证,需要播放、宣读原审记录的相关内容时再有选择地播放、宣读。此种方法主要是考虑到原审法庭调查在许多情形下时间较长、过程较复杂而提出的一种相对实用的措施。

2. 审理范围

关于上诉范围的限制问题,一条基本的规则应当是禁止对陪审团就事实所作出的裁决提起上诉。[①] 如果原审没有进行陪审团审判,上诉的范围至少从理论上讲是不应该作出任何限制的。

在英国,如果是刑事法院经陪审团作出的判决,被告人或其辩护律师对法律问题的上诉不受限制,对事实问题的上诉,须经上诉法院批准或者由原审法院发给适合于上诉的证明书。仅因为陪审团的错误对有罪判决提起上诉的大部分案件是很难成功的。其原因首先在于陪审团并不给出判决原因,法庭如何判定陪审团在评定案件事实或者在对这些事实适用法律时是否存在错误?法官有时向陪审团询问判决被告人的原因,但是不能强迫陪审团来回答,并且在实践中是不赞成这样做的。如果其他人向陪审团询问判决有罪的原因,那么他将违反《1981年蔑视法庭法》第八条,该条规定禁止任何可能导致在陪审团的房间里所讨论的

[①] 除非陪审团的审判过程存在较严重违反审判规则的情形,比如应当回避的陪审员没有回避、法官对陪审官的指示发生较严重的错误、陪审团的讨论受到外界的不当干预等。

问题被揭露的询问,在任何情况下,上诉法庭将不采纳有关陪审团房间里的讨论的证据以防会给陪审员施加压力,并且破坏他们在作出判决时无须给出原因的权力。上诉法院也非常重视陪审团判决的终局性。最初,上诉法院拒绝因为只有少量的证据而对判决进行干涉,为了响应立法改革,上诉法院缓和了其做法。然而,如果辩护方不能提供新的证据,那么要劝说法庭有罪判决是错误的仍然是非常困难的。因为陪审员亲自听到和看到了证人,所以陪审员同上诉法院的法官相比具有评判证据的优势,这种信念加强了上诉法院审结上诉案件的期望。法官从经验中可以知道,当存在证据的可信性问题时,并且是对一些特定种类的证据(如辨认证据)产生怀疑时,有可能发生错判。然而,如果依据证据陪审团可以给出判决,那么法官的这种经验的本身并不能作为对陪审团判决进行质疑的原因。并且大多数的上诉法官认为,有罪判决不应该由他们而应该由陪审团作出。在迈克·伊肯尼一案中,劳埃德法官指出:"由于公正司法是对犯罪分子的有罪判决和对无罪人的无罪释放,并且对犯罪分子作出有罪判决是陪审团的本质职责,而不是法官的,所以限制上诉法院的刑事庭的作用是必要的。因此,可以正确地说,尽管上诉法院的民事庭具有完全受理上诉的权限,但是将刑事庭描绘成为一个'审查法庭'可能会更为准确。"①如果是治安法院审理的案件,向刑事法院上诉不受限制,向高等法院王座庭上诉则只限于法律问题。向高等法院王座庭上诉:一是对刑事法院第二审不服,再向王座庭上诉;二是直接请求王座庭向治安法院发出复审令状。当然,任何一方当事人都可请求治安法院向王座庭报核。双方当事人不服高等法院上诉判决的,可以再就法律问题向上议院提出上诉。但要经过高等法院或上议院的批准。

在美国,如果被告人被判无罪,不论何种原因都不能提起上诉。对陪审团就事实问题作出的裁决不得提起上诉。非由陪审团作出的判决,被告人享有完整的上诉权(检察官原则上不享有上诉权,但如认为法院犯了法律错误从而导致定刑过轻,可以上诉。)

在日本,对判决的上诉包括控诉和上告。前者是针对地方法院、家庭法院或简易法院所作的第一审判决提出的上诉;后者是指对判决向最高法院上诉,包括

---

① [英]麦高伟,杰弗里·威尔逊.英国刑事司法程序[M].姚永吉,等译.北京:法律出版社,2003:445—446.

控诉审的判决、高等法院的第一审判决以及对地方法院第一审判决的"飞跃上告"。前者范围不限,后者限于法律。对裁定和命令的上诉叫抗告,包括对最高法院的特别抗告。

在德国,上诉是不服地方法院的判决而提起的,范围不受限制。对独任法官判决的上诉由州法院小审判庭受理,对陪审法庭判决的上诉由州法院大陪审法庭受理。二次上诉包括三种情形:对第二审(州法院)的判决不服而再次向州高级法院的上诉以及从地方法院向高级法院的越级上诉和对州法院、州高级法院一审判决不服向联邦法院提起的二次上诉。除越级上诉范围不限外,其他情形只针对法律。检察官可以为被告人的利益提起上诉和二次上诉。

关于审理范围,世界各国的通行做法是上诉法院所审查的内容仅限于当事人在上诉书或复审申请书中明确表示不服的部分,而对于上诉书或复审申请书中没有涉及的部分,即使存在一些错误,上诉审也不做重新审理和更正。德国是实行部分审查制的典型国家,该国刑事诉讼法第 327、352 条第 1 款对上告审、上诉审的审查判决范围作出了明确规定,即"法院只能对法院判决被要求撤销的那部分进行审查""上诉法院只是根据所提出的上诉申请进行审查,如果上诉是依据程序上的错误时,只审查提出上诉申请时所说明的事实"。法国刑事诉讼法第 509 条规定:"案件转归上诉法院,依第 515 条之规定,以上诉状所确定的限制以及上诉人之身份所定之限制为条件。"第 515 条第 1 款规定,"上诉法院可以依据检察院提出的上诉,或者维护原判,或者利于或不利于被告人,撤销原判之全部或部分","上诉法官的权力实际上有赖于向其提出之上诉的标的在一审法院的判决书包含数个判刑之主要罪状,但提出的上诉仅针对其中一个或某几个罪状时,上诉法院的法官只能对这一个或数个受到上诉的罪状进行审理裁判"。[①]

(二) 行刑制度

1. 刑事执行立法

有学者认为要改革刑事执行体制,首先必须建立健全关于刑事执行的法律规范体系,确立"刑事执行一体化"。即在实行统一的刑事执行法律规范调整的

[①] [法]卡斯东·斯特法尼,乔治·勒瓦索,贝尔纳·布洛克. 法国刑事诉讼法精义(下)[M]. 罗结珍,译. 北京:中国政法大学出版社,1999:827—828.

基础上,结合现行的刑事司法组织体系,逐步建立专门、统一、健全的刑事执行司法体制,以实现对基本性质一致、价值取向相同的刑事执行司法活动规范统一管理。① 关于刑事执行的立法问题,概括来说主要有独立法典说和分散立法说两种。独立法典说认为,我国的刑事执行工作的种种问题在立法层面上源于缺乏一部与刑法、刑事诉讼法相对应的统一的刑事执行法典。刑事法律体系是由刑法、刑事诉讼法、刑事执行法共同形成的一个有机整体,"刑法规定什么行为是危害社会的犯罪行为,应当受到怎样的处罚;刑事诉讼法规定如何查明犯罪事实、如何适用法律;刑事执行法则规定如何具体实施刑罚行为"。② 另外,由于多头立法的存在,致使一些具有总则性质的执行原则在立法的规定上缺乏相应的载体,规定在任何一部仅仅有关某一刑种甚至几种刑种执行的法律中都欠妥。③

2. 刑事执行主体

关于刑事执行权主体问题即刑事执行权的配置问题,目前主要存在维持分散执行机关说和统一执行机关说,而后者得到了多数学者的支持,包括以下四种学说。第一,司法部说。由司法部统一行使刑事执行权,首先是因为司法行政机关目前所承担的行政职能相对较少,且司法行政机关层级鲜明、人员充足。其次,国外如法国、日本刑事判决的执行一般由司法部负责(有的国家的最高司法行政部门被称为法务部、法务省等)。④ 第二,国家执行总局说。国家执行总局说在司法部说的基础上认为,司法部要在条件成熟时将民事、行政裁判执行包括进来,最终实现国家执行权的专门和统一行使。⑤ 第三,刑事执行部说。刑事执行部说主张先在司法部下设刑事执行总局,将生命刑和自由刑收归该局负责,然后成立国家刑事执行部,将财产刑、资格刑等附加刑收归该部执行,最后将刑事领域其他限制人身自由的处罚均收归刑事执行部执行。⑥ 第四,检察院领导说。检察院领导说是指检察院领导刑事执行工作,其他执行机关予以配合并接受其指挥。"从刑事诉讼构造的原理上讲,刑事诉讼系由检察机关所提起,实现国家

---

① 高伟. 刑事执行制度适用[M]. 北京:中国人民公安大学出版社,2012:16.
② 徐静村.《刑事执行法》立法刍议[J]. 昆明理工大学学报(社会科学版),2010,(1).
③ 李树民. 论刑事执行立法一体化[J]. 上海公安高等专科学校学报,2009(6).
④ 韩玉胜,沈玉忠. 行刑一体化与刑罚执行权的新配置[J]. 河北学刊,2008(1).
⑤ 谭世贵,郭林林. 我国刑事执行权配置:现状、问题与优化[J]. 浙江工商大学学报,2014(1).
⑥ 国林. 论合理配置刑事执行权[J]. 政法论坛,2001(3).

刑罚权是检察机关提起公诉的根本目的之所在,因此,作为实现国家刑罚权的执行,往往也同时被视为检察机关的专属职权,在动态上构成了公诉权的延伸。"因此应借鉴日本、韩国的经验,由检察院领导刑事执行,确立检察指挥执行的集中型执行体制。①

3. 刑事执行权

事实上,刑事执行权的性质直接关系到执行机构的设置,是执行体制改革的基础问题,也是目前关于执行体制改革争议较多的问题。有关执行权的性质,主要有三种观点。第一,行政权说。行政权说认为,"刑事执行权虽产生于刑事司法权,但通过自身要素的不断整合,又表现出较为明显的行政权特征,但又不是一般的行政权,准确地说,它应当是一种刑事行政权"。② 第二,司法权说。有学者认为,执行行为是一种司法行为,执行权属于司法权,执行权是为保障裁判文书得以实施的强制性权力。③ 也有学者认为,"执行权是法院审判权的组成部分,因而强制执行权在性质上是司法权"。④ 还有学者认为"执行权包含执行裁判权与执行实施权,执行裁判权具有司法权的属性,执行实施权具有行政权的属性,且执行裁判权对执行实施权具有指示、引导作用,因而在执行权中应当处于核心地位,故执行权属于司法权"。⑤ 第三,司法行政说。这种观点认为,执行权既有行政权的属性,又有司法权的属性。有学者从执行工作的具体内容出发,认为执行权是综合性权力,部分属于司法权的范畴,部分属于行政权的范畴:对执行争端做出裁判属于司法权性质;依申请或主动作出的裁定、决定中,有的属于司法权性质,如裁定中止执行,有的属于行政权性质,如具体执行事务的实施属于行政权。⑥

4. 行刑社会化

行刑社会化也是目前执行阶段需要关注的重大问题。真正意义上的行刑社

---

① 万毅.刑事执行制度之检讨与改造[J].甘肃政法学院学报,2005(6).
② 王公义.刑事执行法学[M].北京:法律出版社,2013:14.
③ 邢军,刘文涛.关于执行权的性质及执行机构设置的思考[A]//樊崇义.诉讼法学研究(第6卷)[C].北京:中国检察出版社,2003.
④ 信春鹰,李林.依法治国与司法改革[M].北京:中国法制出版社,1999:431.
⑤ 牟逍媛.民事执行权的性质[J].华东政法学院学报,2005(3).
⑥ 严仁群.民事执行体制设计的理论基础——执行程序中权力的性质、分配与控制[J].法学评论,2003(5).

会化是指刑罚执行的社会化包括狱内行刑社会化和狱外行刑社会化两个方面。前者指监狱内在尽可能放宽对罪犯人身自由的限制的基础上创造尽可能接近狱外社会的环境氛围,后者指狱外的社区矫正主要指缓刑、假释的执行,我国的管制也属于此类社区矫正。监外执行属于特殊情形下的行刑社会化。很明显狱内行刑社会化是典型的行刑社会化,我们把它叫作狭义上的行刑社会化。① 狱内行刑社会化主要包括以下几方面的内容。

第一,累进处遇制。它是根据罪犯表现得好坏相应升降罪犯待遇的一种制度。具体而言是将犯罪人裁判上所宣告的自由刑刑期分为数个阶段,按其在监狱执行期间表现好坏之程度,逐渐放宽其行刑上拘束自由之程度,同时加重其自律责任并给予进级,级数愈高处遇愈优,以促其改悔向上,适于社会生活,达到再社会化的目的。累进处遇制度是由早期的点数制几经改进演变而来。② 累进制的精神是利用自由刑的弹力性给犯罪人以激励并对犯罪人予以社会生活训练逐渐缓和其处遇减少刑罚的强制性至一定阶段后以中间监狱、假释等方式取代使他逐渐复归社会。

第二,罪犯分类制。罪犯分类制在西方国家已相当发达,一般被称为"人格调查",③由专门机构的专业人士进行。主要利用医学、心理学、社会学等科学的方法对犯罪人的个性、心身状况、境遇、经历、教育程度等进行适当的调查;而后依照调查的结果按犯罪人为初犯、再犯并按其年龄、罪质、刑期以及身体、心理、精神、社会环境等诸特性进行适当的分类,将其分别收容以达到矫治目的之罪犯管理制度。罪犯分类制是对罪犯分级处遇的基础。

第三,开放式处遇制。它是在基本确保自由刑惩罚效果的前提下尽可能放宽对罪犯自由的限制的一种制度,主要包括开放式监狱和半自由刑制度。1955年在第一届联合国预防犯罪和罪犯处遇大会上通过的《关于开放式监所和矫正机构的建议》指出开放式监所和矫正机构即没有防止囚犯逃跑的物质措施和人

---

① 以下内容参见马贵翔.狱内行刑社会化的价值及其实现[J].复旦学报(社会科学版),2005(2).
② 累进处遇制1842年产生于澳大利亚。1842年英国殖民岛 Norfolk 岛之典狱长马克诺基(Captain Machonochie)发明点数制就是现在的考核分数,凡犯罪人表现良好即取得一定的分数,达到一定的分数时可进升一级并给予较好的处遇。1854年爱尔兰岛的科拉夫顿(Walter Crofton)更增设了中间监狱。此后为各国仿效。
③ 人格调查分为三种一是审前人格调查主要服务于审前决定处遇形态;二是服刑期间人格调查主要用于处遇之升降;三是释放后人格调查目的是了解行刑效果预防重新犯罪。

员措施(如围墙、门闩、武装看守等)是建立在囚犯自觉遵守纪律和对其所在群体生活负责的基础上的一项制度。开放式监所和矫正机构标志着当代监狱制度发展到一个重要阶段,是执行旨在使囚犯重新适应社会的刑罚自负原则最适宜的做法之一,有助于减少短期监禁的缺陷。在英国,41所中央监狱中有9所是不设围墙、电网的开放式监狱关押短期犯和接近于释放的长刑犯;美国的开放式监狱叫作"最低警戒监狱",关押被认为不会逃跑和彼此伤害的轻刑犯;丹麦全国15所监狱中有9所是开放式监狱,在开放式监狱中服刑的罪犯数量超过封闭式监狱;瑞典共有72所监狱,其中43所为开放式监狱。[1] 半自由刑制度也叫间歇监禁或中间处遇,是介于完全监禁处遇与完全社区处遇之间的罪犯处遇主要形式有周末监禁、夜间监禁、业余监禁等。

第四,保障罪犯同社会正当联系。这是一种尽可能放宽罪犯获取社会信息的制度。它主要包括通讯、阅读、视听以及准假外出等方面的保障。1980年第六届联合国预防犯罪和罪犯处遇大会通过了《制订囚犯社会改造措施》的决议,该决议建议成员国放宽通讯、访问及准假外出的规定从而力图维持与发展囚犯的个人和社会关系。

第五,矫正处遇制。这是通过使用各种教育手段(包括技能训练)完善罪犯人格、提高罪犯素质的制度。第六届联合国预防犯罪和罪犯处遇大会通过的《制订囚犯社会改造措施》的决议,建议成员国保证尽最大的可能让囚犯有机会通过教育发挥他的潜力以及有机会接受社会技能和工艺技能训练,并且努力促进囚犯利用这种机会。矫正处遇也包含社会教育制度即利用监狱外的社会力量参与对罪犯的矫正。《联合国囚犯待遇最低限度标准规则》第61条指出:囚犯的待遇不应侧重于把他们排斥于社会之外而应注重使他们继续成为组成社会的成员。因此应该尽可能请求社会机构在恢复囚犯社会生活的工作方面协助监所工作人员。《制订囚犯社会改造措施》的决议还建议成员国监狱和矫正机构与各种教改机构和社会机构密切合作规划和执行便于犯罪人在释放后适应社会的种种措施。

第六,罪犯劳动制。这种制度通过组织罪犯参加一定的生产劳动以促进罪犯的改造。《联合国罪犯处遇最低限度标准规则》第71条第4款及第72条第2

---

[1] 刘中发.论开放式处遇制度[J].中国监狱学刊,2000(4).

款规定监狱劳动的主要目的在于"保持和增进囚犯出狱后诚实谋生的能力","囚犯及其在职业训练上的利益不得屈从于监狱工业营利的目的之下"。第一届联合国预防犯罪与罪犯待遇大会通过的《关于监狱劳动的总原则》第5条进一步指出:"应该从囚犯重新适应社会的角度出发探讨哪些工种对于监狱最为合适。"

(三)刑事再审程序的有关理论争议

综观世界各国刑事再审启动模式,概括起来主要有以下三种。第一种模式是法院启动型。采取这种类型的国家有法国、德国、日本等。在这些国家,检察机关、当事人及其代理人等,如果对生效裁判不服,只能向法院提出申诉,申请法院再审,但是当事人的申诉并不能直接引起刑事再审,而只有经过法院的审查,认为申诉符合法律规定的启动再审的条件时,才能由法院决定启动刑事再审审判程序。第二种模式是法院和检察院并行启动型。这种类型的国家十分强调维护国家法律的统一实施,为此设立了检察院作为国家的法律监督机关,以监督法律的正确统一实施,如果当事人对生效的裁判不服,既可以向法院申请再审,也可以向检察院申请抗诉,法院或检察院审查认为符合刑事再审条件的,都可以决定启动刑事再审审判程序。俄罗斯联邦和我国属于这种类型。第三种模式是特殊机构启动型。在英国,为了保证启动刑事再审程序的公正性,对法院裁判进行有效的监督,议会设立了刑事案件审查委员会(Criminal Cases Review Commission)专门负责对法院的刑事生效判决是否公正进行审查,并决定是否启动刑事再审审判程序。①

有学者认为法院不应当成为启动再审的主体。法院可以自行启动刑事再审程序不符合"不告不理"的诉讼基本原理,违背了控审分离的基本原则,违背了判决效力基本理论,所以建议完全取消人民法院主动提起再审的权力,未经检察机关或者原审被告人提出再审申请,法院绝对不能自行启动再审程序,而只能被动地接受并审查控辩双方提出的再审申请。② 也有学者认为应从我国的实际情况出发,并适当借鉴外国的有关立法,将再审分为有利于被告人的再审和不利于被告人的再审。对于不利于被告人的再审,不能由法院主动提起,而必须由人民检

---

① 邓思清.完善我国刑事再审启动程序之构想[J].当代法学,2004(3).
② 陈瑞华.刑事诉讼的前沿问题[M].北京:中国人民大学出版社,1999:503.

察院抗诉或者被害人方申诉才能提起;对于有利于被告人的再审,可以由法院主动提起。① 在人民法院自身发现其生效裁判存在错误时,取消其自我纠错权显然不当。目前情况下,不宜对审判监督启动权主体进行颠覆性改变。可考虑将再审分为有利于被告人的再审和不利于被告人的再审,规定人民法院可主动启动有利于被告人的再审,一般不能主动启动不利于被告人的再审。②

我国现行审判监督程序实事求是、有错必纠的价值取向与法的安定性、裁判的既判力理论存在冲突,也与禁止双重危险、有利于被告人等原则相悖。科学合理的刑事审判监督程序需要在发现事实真相、追求司法公正与维护法的安定性、裁判的稳定性和终局性之间进行协调,刑事审判监督程序实际上就是在法的安定性与法的公正性之间寻求平衡的特别救济程序。应在立法层面确立禁止双重危险原则,区分有利于被告人的再审和不利于被告人的再审,区分对事实错误的再审和对法律错误的再审,适当限制检察机关作为追诉一方发动再审的权力。③ 也有学者认为针对生效裁判的事实认定问题,我国应建立"再审之诉"制度,规定被告人和检察机关可以提起再审之诉,法院对再审之诉应给予充分的程序保障。被害人没有提起"再审之诉"的权利,但是可以向检察机关提起申诉。法院不应再主动启动再审,毕竟法院不可能享有诉权,法院主动启动再审将使司法的中立性、消极性、被动性不复存在,导致控审不分,庭审结构失衡。针对事实认定问题,检察机关应只是和被告人一样,在认为原裁判符合再审事由时,向法院申请再审,由法院审查再审事由是否存在,从而决定是否进行再审。④

关于再审审判程序问题,学界也提出了一些改革思路。有学者认为现行法律规定审判监督程序适用的具体审判程序是根据再审案件在普通程序中的审级确定的。这种因原审级不同确定审判再审案件应依照不同审判程序的规定,忽视了再审程序的特殊性与再审案件多变性,存在诸多问题。应根据再审程序的特殊性并结合再审案件的具体情况,设计审判监督程序的审判程序,它是独立的程序,不再区分为第一审程序、第二审程序,统一为审判监督程序之审判程序,即

---

① 陈卫东.刑事审判监督程序研究[M].北京:法律出版社,2001:133.
② 江必新.完善刑事再审程序若干问题探讨[J].法学,2011(5).
③ 卞建林,王贞会.检察机关基于法律错误提起再审抗诉之探讨——以马乐案为例[J].河南社会科学,2016,(10).
④ 黄士元.我国刑事再审构造的模式及其改进[J].烟台大学学报(哲学社会科学版),2009(4).

再审程序实行一审终审制。这一程序同普通程序之第一、二审程序存在相同之处,但具有自己特别的规定性。① 还有学者把刑事再审案件分为两类:一类是刑事难案,其虽因"确有错误"而被提起再审,但再审后仍可能维持原判;另一类是刑事冤案,即再审前已确信原生效裁判确定的"罪犯"事实上是无辜之人,再审只是为了从法律上加以确认。对于后者,司法实践中采用实质上回归原审程序的再审程序进行审判,产生了诸多问题。鉴于此,应当专门设立在审理法院、当事人及其他参与人、审理方式、审理内容、裁判依据等方面既不同于一审程序也不同于二审程序的特别再审程序。②

(四) 文献推荐

[1] 孙远. 论刑事上诉审构造[J]. 法学家,2012(4).

[2] 刘亦峰,高建梅. 论刑事二审庭前会议制度——基于 S 省 C 市裁判样本的实证考察[J]. 西南交通大学学报(社会科学版),2020(3).

[3] 刘根菊,封利强. 论刑事第二审程序的审判范围——以程序功能为视角[J]. 时代法学,2008(6).

[4] 王幼君,韩建霞,高飞. 刑事发回重审制度域外考察及借鉴[J]. 河南警察学院学报,2014(3).

[5] 刘泉. "上诉不加刑"原则的异化与回归[J]. 法学论坛,2013(2).

[6] 陈官. 试论刑事变更执行程序的行政性倾向及其司法化归位——以减刑、假释程序为研究起点[J]. 广西政法管理干部学院学报,2008(4).

[7] 张亚平. 法国减刑、假释程序司法化之演进及其启示[J]. 法商研究,2014(5).

[8] 汪友海. 暂予监外执行制度研究[D]. 重庆:西南政法大学,2017.

[9] 王春燕. 刑事执行变更程序的若干基础理论问题探析[J]. 江汉论坛,2005(11).

[10] 招璐. 论死刑执行程序的正当化[D]. 上海:复旦大学,2013.

---

① 陈卫东. 刑事再审—审终审制之改造[J]. 法学家,2000(4).
② 顾永忠. 关于刑事冤案再审程序的几个问题——以刑事冤案应当专设再审程序为研究重点[J]. 法学杂志,2016(1).

[11] 王波.刑事再审程序研究[D].北京:中国政法大学,2019.

[12] 殷闻.刑事再审启动程序的理论反思——以冤假错案的司法治理为中心[J].政法论坛,2020(2).

[13] 龙宗智.刑事再审案件的审理方式与证据调查——兼论再审案件庭审实质化[J].法商研究,2019(6).

[14] 樊崇义,李思远.从聂树斌案纠正看刑事诉讼中再审程序的创新[N].人民法院报,2017-01-26(2).

主要参考文献
REFERENCE

[1] 卞建林.刑事诉讼法学[M].北京:法律出版社,1997.

[2] 蔡墩铭.两岸比较刑事诉讼法[M].台北:五南图书出版公司,1996.

[3] 陈光中.21世纪域外刑事诉讼立法最新发展[M].北京:中国政法大学出版社,2004.

[4] 陈光中.刑事诉讼法[M].北京:北京大学出版社,2016.

[5] 陈瑞华.刑事诉讼的前沿问题[M].北京:中国人民大学出版社,2000.

[6] 陈瑞华.刑事审判原理论[M].3版.北京:法律出版社,2020.

[7] 陈卫东.刑事审判监督程序研究[M].北京:法律出版社,2001.

[8] 樊崇义.刑事诉讼法实施问题与对策研究[M].北京:中国人民公安大学出版社,2001.

[9] 房保国.被害人的刑事程序保护法律[M].北京:法律出版社,2007.

[10] 高伟.刑事执行制度适用[M].北京:中国人民公安大学出版社,2012.

[11] 韩流.被害人当事人地位的根据与限度——公诉程序中被害人诉权问题研究[M].北京:北京大学出版社,2010.

[12] 韩玉胜,张绍彦,王平,等.刑事执行法学研究[M].北京:中国人民大学出版社,2007.

[13] 何家弘.外国犯罪侦查制度[M].北京:中国人民大学出版社,1995.

[14] 何勤华.英国法律发达史[M].北京:法律出版社,1999.

[15] 何勤华.法国法律发达史[M].北京:法律出版社,2001.

[16] 黄士元.刑事再审制度的价值与构造[M].北京:中国政法大学出版社,2009.

[17] 李心鉴.刑事诉讼构造论[M].北京:中国政法大学出版社,1992.

[18] 龙宗智.相对合理主义[M].北京:中国政法大学出版社,1999.

[19] 马贵翔.刑事司法程序正义论[M].北京:中国检察出版社,2002.

[20] 马贵翔,胡铭.正当程序与刑事诉讼的现代化[M].北京:中国检察出版社,2007.

[21] 裴苍龄.新证据学论纲[M].北京:中国法制出版社,2002.

[22] 施鹏鹏.意大利刑事诉讼与证据制度专论(第一卷)[M].北京:中国政法大学出版社,2020.

[23] 宋英辉.刑事诉讼原理[M].北京:法律出版社,2003.

[24] 孙谦.世界各国刑事诉讼法——刑事审判制度(下)[M].北京:中国检察出版社,2017.

[25] 孙长永.日本刑事诉讼法导论[M].重庆:重庆大学出版社,1993.

[26] 谭世贵.刑事诉讼法学[M].北京:法律出版社,2009.

[27] 王爱立.中华人民共和国刑事诉讼法释义[M].北京:法律出版社,2018.

[28] 王超.刑事上诉制度的功能与构造[M].北京:中国人民公安大学出版社,2008.

[29] 王公义.刑事执行法学[M].北京:法律出版社,2013.

[30] 王以真.外国刑事诉讼法学[M].北京:北京大学出版社,1994.

[31] 王兆鹏.美国刑事诉讼法(第二版)[M].北京:北京大学出版社,2014.

[32] 吴四江.被害人保护法研究——以犯罪被害人权利为视角[M].北京:中国检察出版社,2011.

[33] 谢佑平.刑事诉讼国际准则研究[M].北京:法律出版社,2002.

[34] 信春鹰,李林.依法治国与司法改革[M].北京:中国法制出版社,1999.

[35] 熊秋红.刑事辩护论[M].北京:法律出版社,1998.

[36] 徐昕.英国民事诉讼与民事司法改革[M].北京:中国政法大学出版社,2002.

[37] 杨正万.刑事被害人问题研究——从诉讼角度的观察[M].北京:中国人民公安大学出版社,2002.

[38] 朱云.刑事诉讼证据制度[M].北京:法律出版社,1986.

[39] 日本刑事诉讼法[M].宋英辉,译.北京:中国政法大学出版社,2000.

[40] [德]黑格尔.哲学史演讲录(第二卷)[M].贺麟,王太庆,译.北京:商务印书馆,1983.

[41] [德]克劳思·罗科信.刑事诉讼法(第24版)[M].吴丽琪,译.北京:法律出版社,2003.

[42] [德]托马斯·魏根特.德国刑事程序法原理[M].江溯,等译.北京:中国法制出版社,2021.

[43] [法]贝尔纳·布洛克.法国刑事诉讼法(原书第21版)[M].罗结珍,译.北京:中国政法大学出版社,2009.

[44] [法]卡斯东·斯特法尼,[法]乔治·勒瓦索,[法]贝尔纳·布洛克.法国刑事诉讼法精义(下册)[M].罗结珍,译.北京:中国政法大学出版社,1999.

[45] [法]罗伯斯比尔.革命法制和审判[M].赵函舆,译.北京:商务印书馆,1985.

[46] [美]爱伦·豪切斯泰勒·斯黛丽,[美]南希·弗兰克.美国刑事法院诉讼程序[M].陈卫东,徐美君,译.北京:中国人民大学出版社,2002.

[47] [美]贝兹·卓辛格.把他们关起来,然后呢?[M].陈岳辰,译.中信出版社,2017.

[48] [美]哈罗德·伯曼.美国法律讲话[M].陈若桓,译.北京:生活·读书·新知三联书店,1988.

[49] [美]汉斯·托奇.司法和犯罪心理学[M].周嘉桂,译.北京:群众出版社,1986.

[50] [美]理查德·A.波斯纳.法律的经济分析[M].蒋兆康,译.北京:中国大百科全书出版社,1997.

[51] [美]理查德·A.波斯纳.联邦法院 挑战与改革[M].邓海平,译.北京:中国政法大学出版社,2002.

[52] [美]马丁·夏皮罗.法院:比较法上和政治学上的分析[M].张生,李彤,译.北京:中国政法大学出版社,2005.

[53] [美]马丁·P.戈尔丁.法律哲学[M].齐海滨,译.北京:生活·读书·新知三联书店,1987.

[54] [美]米尔伊安·R.达玛什卡.司法和国家权力的多种面孔——比较视野中的法律程序[M].郑戈,译.北京:中国政法大学出版社,2004.

[55] [美]威尔曼.法庭对质的艺术[M].林纪熹,译.沈阳:辽宁教育出版社,2005.

[56] [美]约翰·罗尔斯.正义论[M].何怀宏,何包钢,廖申白,译.北京:中国社会科学出版社,1988.

[57] [美]H. W. 佩里.择案而审:美国最高院案件受理过程表的形成[M].傅郁林,韩玉婷,高娜,译.中国政法大学出版社,2010.

[58] [美]P. S. 阿蒂亚,[美]R. S. 萨默斯.英美法中的形式与实质——法律推理、法律理论和法律制度的比较研究[M].金敏,陈林林,王笑红,译.北京:中国政法大学出版社,2005.

[59] [日]松尾浩也.日本刑事诉讼法[M].丁相顺,张凌,译.北京:中国人民大学出版社,2005.

[60] [日]田口守一.刑事诉讼法[M].刘迪,张凌,穆津,译.北京:法律出版社,2000.

[61] [意]切萨雷·贝卡里亚.论犯罪与刑罚[M].黄风,译.北京:北京大学出版社,2008.

[62] [英]彼得·斯坦,[英]约翰·香德.西方社会的法律价值[M].王献平,译.北京:中国法制出版社,2004.

[63] [英]戴维·M.沃克.牛津法律大辞典[M].北京社会与科技发展研究所,译.北京:光明日报出版社,1988.

[64] [英]丹宁勋爵.法律的正当程序[M].李克强,杨百揆,刘庸安,译.北京:法律出版社,2011.

[65] [英]麦高伟,[英]杰弗里·威尔逊.英国刑事司法程序[M].姚永吉等译.北京:法律出版社,2003.

[66] BARLOW F. The Feudal Kingdom of England 1042-1216 [M]. London:Longmans, 1961.

[67] DAVID M. WALKER. The Oxford Companion to the Law [M]. Oxford:Clarendon Press, 1980.

[68] JEFFREY ABRAMSON. We, the Jury:The Jury System and the Ideal of

Democracy, With a New Preface [M]. Cambridge, Mass: Harvard University Press, 2000.

[69] MAITLAND F. W., POLLOCK F. History of English Law, Vol. 1 [M]. 2nd edn. London: Cambridge University Press, 1952.

[70] 姜青. 未决羁押之研究[D]. 杭州: 浙江工商大学, 2010.

[71] 马贵翔. 刑事简易程序的价值及其实现[D]. 北京: 中国政法大学, 2005.

[72] 孙凡洲. 质证规则研究[D]. 上海: 复旦大学, 2017.

[73] 唐丽芝. 刑事庭审中证人证言质证问题的实证研究[D]. 重庆: 西南政法大学, 2012.

[74] 王志华. 公诉权理论新探[D]. 湘潭: 湘潭大学, 2002.

[75] 于天敏. 刑罚执行程序研究[D]. 重庆: 西南政法大学, 2012.

[76] 张莉. 论连体人的法律人格及其保护[D]. 福州: 福建师范大学, 2007.

[77] 郑雪. 刑事庭审实质化实证研究——以全国90个庭审视频为样本[D]. 北京: 中国社会科学院研究生院, 2017.

[78] 卞建林. 论我国侦查程序中检警关系的优化——以制度的功能分析为中心[J]. 国家检察官学院学报, 2005(03).

[79] 卞建林, 李菁菁. 从我国刑事法庭设置看刑事审判构造的完善[J]. 法学研究, 2004(03).

[80] 卞建林, 陶加培. 认罪认罚从宽制度中的量刑建议[J]. 国家检察官学院学报, 2020, 28(01).

[81] 卞建林, 王贞会. 检察机关基于法律错误提起再审抗诉之探讨——以马乐案为例[J]. 河南社会科学, 2016, 24(10).

[82] 常英, 王云红. 民事公诉制度研究[J]. 国家检察官学院学报, 2002(04).

[83] 沈丙友. 刑事诉讼公正与效益关系之检讨[J]. 中国刑事法杂志, 1998(01).

[84] 沈廷湜. 对质的条件和实施要领[J]. 政法学刊, 1993(02).

[85] 陈光中, 步洋洋. 审判中心与相关诉讼制度改革初探[J]. 政法论坛, 2015, 33(02).

[86] 陈光中, 陈海光, 魏晓娜. 刑事证据制度与认识论——兼与误区论、法律真实论、相对真实论商榷[J]. 中国法学, 2001(01).

[87] 陈瑞华. 应当如何设计刑事审判程序[J]. 中外法学, 1996(03).

[88] 陈卫东.认罪认罚从宽制度研究[J].中国法学,2016(02).

[89] 陈卫东.认罪认罚案件量刑建议研究[J].法学研究,2020,42(05).

[90] 陈卫东,郝银钟.侦、检一体化模式研究——兼论我国刑事司法体制改革的必要性[J].法学研究,1999(01).

[91] 陈闻高.论侦查的任意性与强制性——以任意侦查与强制侦查的关系为视角[J].河南警察学院学报,2015,24(05).

[92] 陈兴良.案例指导制度的规范考察[J].法学评论,2012,30(3).

[93] 陈永生.侦查体制比较研究[J].国家检察官学院学报,2000(02).

[94] 邓思清.完善我国刑事再审启动程序之构想[J].当代法学,2004(03).

[95] 杜永浩.论我国刑法中刑事被害人保护的缺失——兼及检察机关公诉权与刑事被害人保护的利害冲突[J].政法学刊,2003(03).

[96] 樊崇义.客观真实管见——兼论刑事诉讼证明标准[J].中国法学,2000(01).

[97] 樊崇义,徐歌旋.认罪认罚从宽制度与辩诉交易制度的异同及其启示[J].中州学刊,2017(03).

[98] 高通.美国禁止报复性起诉规则研究[J].国家检察官学院学报,2011,19(01).

[99] 高一飞.法律真实说与客观真实说:误解中的对立[J].法学,2001(11).

[100] 耿龙玺.英国普通法的历史基础——亨利二世前英国法对普通法形成的影响[J].甘肃政法学院学报,2005(01).

[101] 顾培东.效益:当代法律的一个基本价值目标——兼评西方法律经济学[J].中国法学,1992(01).

[102] 顾永忠.关于刑事冤案再审程序的几个问题——以刑事冤案应当专设再审程序为研究重点[J].法学杂志,2016,37(01).

[103] 郭烁.二审上诉问题重述:以认罪认罚案件为例[J].中国法学,2020(03).

[104] 郭烁.控辩主导下的"一般应当":量刑建议的效力转型[J].国家检察官学院学报,2020,28(03).

[105] 国林.论合理配置刑事执行权[J].政法论坛,2001(03).

[106] 韩玉胜,沈玉忠.行刑一体化与刑罚执行权的新配置[J].河北学刊,2008(01).

[107] 何家弘.陪审制度纵横论[J].法学家,1999(03).

[108] 胡立新.略论刑事诉权——兼议公诉案件中被害人的诉讼地位[J].法治论丛,1993(04).

[109] 胡莲芳,解源源.论可转换的动态四方诉讼构造[J].江西社会科学,2014,34(04).

[110] 胡铭.审判中心与被害人权利保障中的利益衡量[J].政法论坛,2018,36(01).

[111] 黄士元.我国刑事再审构造的模式及其改进[J].烟台大学学报(哲学社会科学版),2009,22(04).

[112] 季美君,单民.论刑事立案监督的困境与出路[J].法学评论,2013,31(02).

[113] 季卫东.法律程序的意义——对中国法制建设的另一种思考[J].中国社会科学,1993(01).

[114] 季卫东.世纪之交日本司法改革的述评[J].环球法律评论,2002(01).

[115] 江必新.完善刑事再审程序若干问题探讨[J].法学,2011(05).

[116] 雷连莉.论双三角诉讼结构下被害人的量刑参与[J].湘潭大学学报(哲学社会科学版),2014,38(01).

[117] 雷鑫洪.刑事立案监督实证研究[J].国家检察官学院学报,2016,24(06).

[118] 李奋飞.对"客观真实观"的几点批判[J].政法论丛,2006(03).

[119] 李树民.论刑事执行立法一体化[J].上海公安高等专科学校学报,2009,19(06).

[120] 林劲松.美国无效辩护制度及其借鉴意义[J].华东政法学院学报,2006(04).

[121] 刘东根.犯罪被害人地位的变迁及我国刑事立法的完善[J].中国人民公安大学学报,2007(02).

[122] 刘计划.逮捕审查制度的中国模式及其改革[J].法学研究,2012,34(02).

[123] 刘中发.论开放式处遇制度[J].中国监狱学刊,2000(04).

[124] 龙宗智.刑事诉讼的两重结构辨析[J].现代法学,1991(03).

[125] 马贵翔.刑事诉讼的'两重结构论'质疑——与龙宗智同志商榷[J].现代法学,1991(06).

[126] 马贵翔.刑事诉讼对控辩平等的追求[J].中国法学,1998(02).

[127] 马贵翔.刑事司法程序正义探微[J].复旦学报(社会科学版),2002(01).

[128] 马贵翔.公正与效率调和的两条路径[J].中国法学,2003(01).

[129] 马贵翔.狱内行刑社会化的价值及其实现[J].复旦学报(社会科学版),2005(02).

[130] 马贵翔.刑事证据开示的程序设计[J].政治与法律,2008(05).

[131] 马贵翔,蔡震宇.简易程序案件集中审理初探[J].国家检察官学院学报,2014,22(06).

[132] 马贵翔,林婧.刑事被害人当事人化的反思与制度重构[J].河北法学,2020,38(01).

[133] 马贵翔,施岚.论刑事立案司法审查程序的构建[J].政法学刊,2018,35(05).

[134] 马贵翔,谢琼.希望与抉择:陪审团的功能与实现解析[J].甘肃政法学院学报,2005(06).

[135] 闵春雷.论审查逮捕程序的诉讼化[J].法制与社会发展,2016,22(03).

[136] 牟军.试论英国刑事诉讼中的陪审团制度[J].西南民族学院学报(哲学社会科学版),2000(07).

[137] 牟逍媛.民事执行权的性质[J].华东政法学院学报,2005(03).

[138] 裴苍龄.刑事诉讼结构论[J].诉讼法论丛,1998(02).

[139] 秦宗文,鲍书华.刑事庭前会议运行实证研究[J].法律科学(西北政法大学学报),2018,36(02).

[140] 阮防,邵培樟,李唐.试论建立我国的判例法制度[J].法学评论,2005(4).

[141] 山东省高级人民法院刑三庭课题组,傅国庆.关于完善刑事诉讼中认罪认罚从宽制度的调研报告[J].山东审判,2016,32(03).

[142] 施鹏鹏.论实质真实——以德国刑事诉讼为背景的考察[J].江苏社会科学,2020(01).

[143] 宋英辉,杨光.日本刑事诉讼的新发展[J].诉讼法论丛,1998(01).

[144] 苏力.基层法院审判委员会制度的考察及思考[J].北大法律评论,1998(02).

[145] 苏鹏冲,杨明.公安机关提高互联网安全监控能力研究[J].中国人民公安

大学学报(自然科学版),2013,19(02).

[146] 孙远."一般应当采纳"条款的立法失误及解释论应对[J].法学杂志,2020,41(06).

[147] 孙长永.比较法视野下认罪认罚案件被告人的上诉权[J].比较法研究,2019(03).

[148] 谭世贵,郭林林.我国刑事执行权配置:现状、问题与优化[J].浙江工商大学学报,2014(01).

[149] 汤维建.英美陪审团制度的价值论争——兼议我国人民陪审员制度的改造[J].人大法律评论,2000(02).

[150] 万毅.转折与定位:侦查模式与中国侦查程序改革[J].现代法学,2003(02).

[151] 万毅.刑事执行制度之检讨与改造[J].甘肃政法学院学报,2005(06).

[152] 万毅.秘密搜查制度批判[J].法学,2011(11).

[153] 万毅.审查逮捕程序诉讼化改革的背景与框架[J].人民检察,2017(10).

[154] 汪海燕.被追诉人认罪认罚的撤回[J].法学研究,2020,42(05).

[155] 王超.刑事审级制度的两种模式:以中美为例的比较分析[J].法学评论,2014,32(1).

[156] 王德光.侦诉关系研究[J].中国刑事法杂志,1998(06).

[157] 魏晓娜.结构视角下的认罪认罚从宽制度[J].法学家,2019(02).

[158] 吴畅.论刑事庭审对质[J].重庆科技学院学报,2006(04).

[159] 邢晓东.专门化侦查与一般化侦查[J].江苏公安专科学校学报,2002(03).

[160] 熊秋红.刑事证人作证制度之反思——以对质权为中心的分析[J].中国政法大学学报,2009(05).

[161] 熊秋红.认罪认罚从宽制度中的量刑建议[J].中外法学,2020,32(05).

[162] 徐静村.《刑事执行法》立法刍议[J].昆明理工大学学报(社会科学版),2010,10(01).

[163] 徐静村.侦查程序改革要论[J].中国刑事法杂志,2010(06).

[164] 徐文.拒证与证人保护制度[J].现代法学,1999(03).

[165] 闫佳.国外刑罚执行体制介绍及其启示[J].中国司法,2015(03).

[166] 闫召华.论认罪认罚案件量刑建议的裁判制约力[J].中国刑事法杂志,2020(01).

[167] 杨光华.刑罚交付执行活动中的问题与对策[J].人民检察,2009(06).

[168] 杨旺年.论刑事被害人的诉讼地位、诉讼权利及其保障[J].法律科学.西北政法学院学报,2002(06).

[169] 杨正万.刑事被害人权利保护论纲[J].中外法学,2007(02).

[170] 易延友.陪审团在衰退吗——当代英美陪审团的发展趋势解读[J].现代法学,2004(03).

[171] 易延友."眼球对眼球的权利"——对质权制度比较研究[J].比较法研究,2010(01).

[172] 臧德胜,杨妮.论认罪认罚从宽制度中被告人上诉权的设置——以诉讼效益原则为依据[J].人民司法(应用),2018(34).

[173] 张建伟.从积极到消极的实质真实发现主义[J].中国法学,2006(04).

[174] 赵朝,李忠诚,岳礼玲,等.英国刑事诉讼制度的新发展——赴英考察报告[J].诉讼法论丛,1998(02).

[175] 赵菁.认罪认罚案件上诉问题研究[J].法学论坛,2020,35(01).

[176] 赵新江,刘净瑜.浅析禁止夜间搜查原则[J].楚天法治,2014(8).

[177] 周国均,宗克华.刑事诉讼中被害人法律地位之研讨[J].河北法学,2003(01).

[178] 周新.认罪认罚从宽制度立法化的重点问题研究[J].中国法学,2018(06).

[179] 周振想,曲三强,杨新.论金钱保释制度[J].中外法学,1994(03).

[180] 最高人民法院刑一庭课题组,沈亮.关于刑事案件速裁程序试点若干问题的思考[J].法律适用,2016(04).

[181] 左卫民.有效辩护还是有效果辩护?[J].法学评论,2019,37(01).

[182] 左卫民,马静华.效果与悖论:中国刑事辩护作用机制实证研究——以S省D县为例[J].政法论坛,2012,30(02).

后记
AFTERWORD

  本教材主编马贵翔系复旦大学法学院教授、博士生导师；参编孔凡洲系上海外国语大学法学院讲师，法学博士；参编周涵系复旦大学法学院2020级博士研究生。具体分工：第一、二、四章由马贵翔独立编写；第三章由孔凡洲独立编写；第五、六、七章由马贵翔、周涵合作编写；第八章由周涵独立编写。全书由马贵翔负责总体设计和统稿。编写刑事诉讼法研讨型教材是一种新探索，不完善的地方在所难免，恳请读者批评指正。

编 者

2021年10月

图书在版编目(CIP)数据

刑事诉讼程序正当化的路径选择/马贵翔主编. —上海：复旦大学出版社，2022.11
（复旦法学. 研讨型教学系列教材）
ISBN 978-7-309-16193-9

Ⅰ.①刑… Ⅱ.①马… Ⅲ.①刑事诉讼-诉讼程序-研究-中国 Ⅳ.①D925.218.04

中国版本图书馆 CIP 数据核字(2022)第 093645 号

刑事诉讼程序正当化的路径选择
XINGSHI SUSONG CHENGXU ZHENGDANGHUA DE LUJING XUANZE
马贵翔　主编
责任编辑/张　鑫

复旦大学出版社有限公司出版发行
上海市国权路 579 号　邮编：200433
网址：fupnet@fudanpress.com　　http：//www.fudanpress.com
门市零售：86-21-65102580　　团体订购：86-21-65104505
出版部电话：86-21-65642845
上海四维数字图文有限公司

开本 787×1092　1/16　印张 19　字数 310 千
2022 年 11 月第 1 版
2022 年 11 月第 1 版第 1 次印刷

ISBN 978-7-309-16193-9/D·1117
定价：62.00 元

如有印装质量问题，请向复旦大学出版社有限公司出版部调换。
版权所有　侵权必究